复旦卓越·连锁经营管理系列

Chain Operation Management Series

殷延海 主编

连锁企业物流管理

复旦大学出版社

连锁经营管理系列丛书编委会

主　任　王胜桥

副主任　冯国珍　曹　静

编　委（以姓氏笔画为序）

　　　　　王胜桥　冯　牧　冯国珍　朱巧妮　李仉辉
　　　　　宋文官　沈荣耀　周　勇　易艳红　郑　蓓
　　　　　姜　何　赵黎黎　徐为明　殷延海　顾国建
　　　　　贾学芳　侯洪亮　曹　静　焦　玥

序 PREFACE

1995年3月5日，国务院在上海召开连锁经营现场座谈会，国务院在这次会议上正式布置了将超级市场和便民店的连锁经营作为流通领域改革的主要抓手，由此连锁经营在中国的大地上蓬蓬勃勃地发展起来了。现如今中国零售业、餐饮服务业等行业中规模性的企业都是在导入了连锁经营方式后迅速成长起来的。连锁经营这种从"一到无限"的经营方式会在中国大地上继续发挥出神奇的商业功能。

20世纪末，"连锁经营、物流配送和电子商务"是国家既定的较长远的三大流通政策，在此背景下，国内许多高校都纷纷设立了这三个专业，并出版了一大批相关的教材，为我国培养现代化的流通与商务人才作出了重要贡献。上海商学院是我国高校连锁经营教育研究领域的领跑者，拥有全国唯一的连锁经营管理国家特色专业建设点，本次出版的"连锁经营管理系列丛书"将以全新的视角和更具操作的层面提供高质量的教育研究成果。

与中国二十年前连锁经营发展初期相比，以往以地理性规模性扩张为主的连锁经营方式如今受到了一系列的挑战。挑战之一，昔日以单一业态在中国市场全域发展的世界零售巨头今日已不再辉煌，虽然从市场的全域性上看，他们的规模是大的，但他们在进入的每一个区域市场内都并不占有领先地位，这时再看全域性的地理扩张战略，就会发现其处在被区域连锁商分割包围的状态。挑战之二，地理性规模扩张是以店铺数量的扩张为主的，但在互联网和电子商务发展的条件下，网络零售突破了实体店连锁经营规模地域与店铺数量扩张的模式，大跨度地超越了实体店连锁经营在市场的时间和空间上的限制。有资料显示，一家好的电商网店一般是一家好的实体零售商店销售额的1 000倍！中国的网络零售的跨境业务正在蓬勃发展，"中国制造"不但通过对外贸易，也正在通过网络零售继续在国际市场上发挥着物美价廉的魅力，可以说，网络零售实现了真正的内外贸一体化。同样地，中国的消费者也可以通过网络购买全世界的商品与服务，由此，连锁业的规模化和国际化有了新的发展与含义。由网络零售跨境业务的发展引发的中国流通中贸易管理制度的变革要时不我待地开始了，如商品检验制度、海关通关制度等。挑战之三，连锁经营的实质是规模化经营，在网络电子商务平台出现之后，它就会挑战以店铺数量扩张为主的连锁经营方式，未来在中国流通业的整合中，网络零售商和网络批发商（B2B）将处于主导地位，没有电子商务业务的零售商和批发商要么被整合，要么成为网络电子商务平台线下业务的附属单元。实现线上线下业务融合的新型连锁商具有整合流通市场的后发优势。为什么这种主导会是电商而不是实体连锁商呢？因为电商掌握了远比实体连锁商多得多的消费者的需求与信息，这些需求与信息在大数据时代不但可转换为新的产品开发、新的服务提供和新的营销方式的不断涌现，而且还可成为整合产业和行业等社会资源的主导性力量，其中电子商务经营者的思维方式和所能运用的技术手段很是关键。

希望看到越来越多的连锁经营的专家学者们把研究视角放到连锁经营事业如何能够融合到电子商务业务发展中来，因为线上的电子商务和线下的连锁店经营业务即 O2O 业务（Online To Offline）一定是未来商业规模化发展的主要模式。这是我的期待。

上海商学院管理学院教授　顾国建
上海连锁经营研究所所长
2013 年 9 月 15 日

前 言 FOREWORD

连锁经营被称为现代商业的"第二次革命",是体现社会化大生产的现代流通方式。连锁经营的本质是把现代化工业大生产的原理运用于商业,实现商业经营活动的标准化、专业化、统一化,从而达到提高规模效益的目的。我国商业流通的现代化进程,正是伴随着以连锁经营为主体的新业态的发展和物流服务意识的提高而不断演进的。

连锁经营的运行机制决定了物流的必要性,而物流又决定了连锁经营能否发挥其不同于单个零售店的优势,物流在连锁经营中可以说处于核心地位。

目前伴随着连锁企业电商的快速发展,我国连锁企业物流处于转型的关键时期,企业现状是满足个性化、多品种、小批量、多频度的及时配送需求。

对于任何连锁企业来说,合理化、自动化、个性化和柔性化的物流运作都是生命攸关的因素,只有采取先进的物流方法与系统才能加以解决。现在无论是大企业还是小企业都已认识到搞好物流是取得连锁企业竞争优势的决定性因素。

本书的研究重点正是连锁企业在新形势下如何开展物流系统建设,如何做好物流转型的充分准备。

本书共分 10 章。第一章介绍了连锁企业物流管理概论,包括物流的起源、连锁企业物流配送的特点等。第二章论述了连锁企业物流作业的流程管理,包括订单作业流程、商品入库、盘点、拣货、出库、配送等流程。第三章介绍了连锁企业配送中心设计与布局方法,主要介绍了配送中心规模设计、内部布局设计、物流设备的配置方法等。第四章介绍了连锁企业配送中心选址方法,包括因素评分法、因次分析法、重心法、运输图表法、解析法等。第五章分析了连锁企业配送中心的存货管理策略,包括库存量预测、存货管理技术、安全库存量设计等策略。第六章介绍了连锁企业流通加工管理,包括流通加工移动方式设计、作业排序、下料方法设计等。第七章介绍了连锁企业的配送管理方法,包括配送线路的合理化、配送中心车辆调度、车辆积载管理等。第八章介绍了连锁企业物流成本管理,主要论述了物流成本的核算方法、ABC成本控制方法、作业成本法在配送中心的应用策略等内容。第九章介绍了第三方物流管理,主要介绍了第三方物流的特点、第三方物流的选择方法以及第三方物流与第四方物流的区别等。第十章分析了连锁企业物流绩效评估,主要分析了连锁企业配送中心绩效评价指标、评估内容、KPI评价方法、平衡积分卡方法等内容。本书各章开头有情景案例进行引导,各章结尾有拓展训练,可以帮助学生加深对本章知识的理解和掌握。

本书的编写分工是:殷延海编写第一、二、三、四、五、六、七、十章;朱巧妮编写第八、九章。全书由殷延海统稿。

本书建议授课学时为54课时,各章节的参考授课学时见下表。

章 号	授课学时	章 号	授课学时
第一章	4	第六章	4
第二章	4	第七章	8
第三章	6	第八章	8
第四章	6	第九章	4
第五章	6	第十章	4

本书在编写过程中,借鉴了国内外一些专家学者的学术观点和最新研究成果,同时参阅了许多物流资源网站和资料,并对很多企业的实际案例进行了整理和应用,在整理企业案例过程中得到了上海百联集团、京东商城、1号店等企业领导的大力支持,在此向他们表示深深的谢意和敬意。

本书是学生学习连锁企业物流管理方法、技能的重要渠道。它对于学生学习和掌握物流管理的基本思想、研究问题的方法、理论联系实际的方法都起着开阔思想、激发探索和创新精神、提高素质的重要作用。它不仅能让学生学习先进的物流管理理论,而且能使学生掌握物流实践技能和操作方法。

由于编者水平有限,疏漏之处在所难免,敬请各位读者和专家给予批评指正。

编 者

2015年1月

目录

第一章 连锁企业物流管理概论 ………………………………… 1
- 情景案例 ……………………………………………………… 1
- 第一节 物流的起源与发展 ………………………………… 2
- 第二节 配送管理的内涵 …………………………………… 15
- 第三节 连锁企业物流配送的特点 ………………………… 18
- 第四节 物流管理在连锁企业经营中的地位与作用 ……… 20
- 第五节 连锁企业物流管理新趋势——可视化物流管理 … 22
- 拓展训练 ……………………………………………………… 25
- 问题讨论 ……………………………………………………… 25
- 商务实战 ……………………………………………………… 26

第二章 连锁企业物流作业流程管理 …………………………… 28
- 情景案例 ……………………………………………………… 28
- 第一节 订单作业流程 ……………………………………… 29
- 第二节 商品入库作业 ……………………………………… 36
- 第三节 商品盘点管理 ……………………………………… 40
- 第四节 商品拣货与出库管理 ……………………………… 44
- 第五节 商品配送模式选择 ………………………………… 53
- 拓展训练 ……………………………………………………… 65
- 问题讨论 ……………………………………………………… 65
- 商务实战 ……………………………………………………… 65

第三章 连锁企业配送中心设计与布局 ………………………… 66
- 情景案例 ……………………………………………………… 66
- 第一节 配送中心概论 ……………………………………… 68

第二节　配送中心规模的设计 ………………………………………… 75
第三节　配送中心内部布局设计 ………………………………………… 78
第四节　配送中心的物流设备配置 ……………………………………… 88
第五节　配送中心收发货站台的设计 …………………………………… 102
拓展训练 …………………………………………………………………… 105
问题讨论 …………………………………………………………………… 105
商务实战 …………………………………………………………………… 106

第四章　连锁企业配送中心选址 …………………………………… 107
情景案例 …………………………………………………………………… 107
第一节　连锁企业配送中心选址概述 …………………………………… 109
第二节　因素评分法选址 ………………………………………………… 117
第三节　因次分析法 ……………………………………………………… 121
第四节　重心法 …………………………………………………………… 125
第五节　运输图表法 ……………………………………………………… 130
第六节　解析法 …………………………………………………………… 132
第七节　选址方案的评估 ………………………………………………… 133
拓展训练 …………………………………………………………………… 136
问题讨论 …………………………………………………………………… 136
商务实战 …………………………………………………………………… 136

第五章　连锁企业配送中心的存货管理 …………………………… 140
情景案例 …………………………………………………………………… 140
第一节　连锁企业配送中心存货管理概论 ……………………………… 141
第二节　配送中心库存量预测管理 ……………………………………… 143
第三节　配送中心存货管理技术 ………………………………………… 149
第四节　安全库存量设计 ………………………………………………… 159
第五节　配送中心存货补货方法 ………………………………………… 166
拓展训练 …………………………………………………………………… 172
问题讨论 …………………………………………………………………… 172
商务实战 …………………………………………………………………… 172

第六章 连锁企业流通加工管理 ······ 176

情景案例 ······ 176
第一节 流通加工管理 ······ 177
第二节 流通加工过程中移动方式的设计 ······ 191
第三节 流通加工作业排序 ······ 193
第四节 流通加工排序的约翰逊—贝尔曼规则 ······ 197
第五节 流通加工下料方法设计 ······ 200
拓展训练 ······ 202
问题讨论 ······ 203
商务实战 ······ 203

第七章 连锁企业配送管理 ······ 204

情景案例 ······ 204
第一节 连锁企业配送线路不合理的表现 ······ 205
第二节 连锁企业配送线路合理化 ······ 209
第三节 连锁企业配送线路优化方法 ······ 212
第四节 配送中心车辆调度管理 ······ 222
第五节 配送车辆的积载管理 ······ 230
拓展训练 ······ 238
问题讨论 ······ 238
商务实战 ······ 238

第八章 连锁企业物流成本管理 ······ 254

情景案例 ······ 254
第一节 物流成本概述 ······ 255
第二节 物流成本的核算 ······ 257
第三节 ABC物流成本法 ······ 267
第四节 物流成本控制 ······ 278
第五节 作业成本法在配送中心的应用 ······ 291
拓展训练 ······ 302
问题讨论 ······ 303

商务实战 …… 303

第九章　第三方物流管理 …… 306
情景案例 …… 306
第一节　第三方物流概论 …… 307
第二节　第三方物流为连锁企业带来的效益 …… 311
第三节　选择第三方物流的方法 …… 315
第四节　第四方物流 …… 322
拓展训练 …… 327
问题讨论 …… 327
商务实战 …… 327

第十章　连锁企业物流绩效评估 …… 335
情景案例 …… 335
第一节　配送中心绩效评价与指标 …… 336
第二节　配送中心绩效评估的内容 …… 340
第三节　配送中心绩效评估KPI方法 …… 346
第四节　配送中心绩效评估的平衡计分卡方法 …… 352
第五节　配送中心绩效评估结果的分析方法 …… 355
拓展训练 …… 357
问题讨论 …… 357
商务实战 …… 358

主要参考文献与资源链接 …… 363

第一章　连锁企业物流管理概论

> **学习目标**
> - 了解物流的含义
> - 了解物流的起源与发展
> - 掌握物流与配送管理的内涵
> - 掌握连锁企业物流管理的特点
> - 了解物流管理在连锁企业经营中的地位与作用

情景案例

为民连锁超市赢在高效物流配送

目前连锁企业门店竞争已由店前、店内竞争发展到店后竞争。后台系统的实际运行状况决定了前台、店内能做什么。归根结底,连锁门店的比拼已经渐渐转化为店后的物流配送体系支持的竞争。

为民连锁超市就是这样通过利用新技术、新方法来提高自身物流配送水平,从而提高竞争力的。

连锁企业的物流是典型的"拆零配货"型,如店铺多而分散、拆零量大、配货要求及时、分拣速度要快。随着连锁超市从小到大的规模扩大,物流中心的能力要能跟着延展,在此情况下,为民物流中心采用了一系列的新技术和新方法。

在新技术方面,为民物流采用了WMS仓库管理系统,支持单据和无线手持终端两种作业方式,能做到优化仓库货品货位布局、自动分拣复核、自动装车管理、动态存储管理、自动收货管理、先进先出管理等,还有抽样盘点、退货扫描、方便的基本资料输入方法等。配备了无线射频手持终端,用于整箱收货、整箱盘点和拆零分拣的复核。引入了计算机辅助拣货系统,以一连串装于货架格子上的电子显示装置取代拣货单,指示应拣取之物品及数量,辅助拣货人员之作业,减少目视寻找的时间。不仅减少拣错率,更大幅提高效率。

连锁超市门店的库存面积一般都很小,为了减少商品缺货损失及由此引起的对门店形象的影响,为民物流配送由原来的一天一次发送配货请求,调整为根据当天实际销售情况,每天多次在门店发送配货请求。这些请求通过网络,实时传送到为民物流中心仓库管理系统与计算机辅助拣货系统,物流中心可及时为这些请求进行配货,然后配送到门店。

每天配货请求次数增加,使得门店配货数量更贴近于实际消费者需求数量,既有效地避免了门店库存的增加,也有效地减少了因订货数量少而产生的缺货现象。

新技术、新方法在物流体系中的应用给为民带来了巨大的转变,如表1-1数据分析所示。

表1-1 为民新物流技术应用前后各关键业绩指标(KPI)的变化

	新技术应用前	新技术应用后
各门店的分拣速度	90秒	40秒
配货时间	24小时	12小时
所配备的拣货人员	40人	20人
拣货差错率	下降至0.2‰	
复核率	高达100%	
配送路程	缩短20%	
车辆装载利用率	提高15%	

同时,仓库存储空间利用率也有较大提高,由过去的平面储存改为立体储存,并且实现了动态存储管理。

思考题

1. 根据案例,谈谈物流在连锁企业经营过程中有哪些作用?
2. 为民连锁超市是如何从技术、方法、效率等方面来实现"新物流"的?

第一节 物流的起源与发展

一、物流的起源

物流,是人类社会一类历史悠久的实践活动,普遍存在于物质生产的各个部门。从微观静态上看,现代物流是应用于工农业生产和流通、运输、仓储、信息等服务领域的一种先进的系统化管理技术。从微观动态上看,它是对原材料、产成品从起点至终点有效流动的全过程的管理活动,是将运输、仓储、装卸、加工、整理、配送与信息等服务有机结合,形成完整的供应链,为用户提供多功能、一体化、综合性服务的过程。现代物流充分合理地使用现代信息技术,强调各个物流环节的综合运作,注重系统集成的效率,可以极大地加快周转、降低成本。从宏观上看,物流是社会再生产过程中与原材料、产成品(货品)流动相关的所有活动的总和,是保证社会再生产顺利进行的必要条件,是支撑国民经济顺畅运行的基础性活动。

物流一词是在1979年才传入我国。但"Distribution"最早出现在美国。1921年阿奇·萧在《市场流通中的若干问题》(Some Problem in Market Distribution)一书中提出"物流是创造不同需求的一个问题",并提到"物资经过时间或空间的转移,会产生附加价值"。

1918年,英国的利费哈姆勋爵成立了"即时送货股份有限公司"。其公司宗旨是在全国范围内,把商品及时送到批发商、零售商以及用户的手中。这一举动被以后的一些物流学者誉为有关"物流活动的早期文献记载"。

1935年,美国销售协会最早对物流进行了定义:"物流(Physical Distribution)是包含于销售之中的物质资料和服务从生产地到消费地的流动过程中伴随的种种活动。"

上述历史被物流界普遍地认为是物流的早期阶段。

1981年,日本综合研究所编著的《物流手册》,对"物流"的表述是:"物质资料从供给者向需要者的物理性移动,是创造时间性、场所性价值的经济活动。从物流的范畴来看,物流包括:包装、装卸、保管、库存管理、流通加工、运输、配送等诸种活动。"

"Logistics"一词出现在第二次世界大战期间。美国在对军火等进行战时供应时,首先采取了后勤管理(Logistics Management)这一名词,对军火的运输、补给、屯驻等进行全面管理。从此,后勤学逐渐形成了单独的学科,并不断发展为后勤工程(Logistics Engineering)、后勤管理(Logistics Management)和后勤分配(Logistics of Distribution)。后勤管理的方法后被引入到商业部门,被人称之为商业后勤(Business Logistics)。其定义为"包括原材料的流通、产品分配、运输、购买与库存控制、储存、用户服务等业务活动",其领域包括原材料物流、生产物流和销售物流。

1986年,美国物流管理协会改名为美国物流协会,其理由是因为Physical Distribution的领域较狭窄,后勤管理较宽广。改名后的美国物流协会对后勤管理做的定义是:"以适合于顾客的要求为目的,对原材料、在制品、制成品及其关联的信息,从生产地点到消费地点之间的流通与保管,为求有成本-效率的最佳效果而进行计划、执行、控制。"广义物流与狭义物流的关系如图1-1所示。

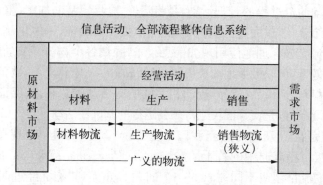

图1-1 广义物流、狭义物流的范围图

Logistics 与 Physical Distribution 的不同,它已突破了商品流通的范围,把物流活动扩大到生产领域。物流已不仅仅从产品出厂开始,而是包括从原材料采购、加工生产到产品销售、售后服务,直到废旧物品回收等整个物理性的流通过程。这是因为随着生产的发展,社会分工越来越细,大型的制造商往往把成品零部件的生产任务,包给其他专业性制造商,自己只是把这些零部件进行组装,而这些专业制造商可能位于世界上劳动力比较便宜的地方。在这种情况下,物流不但与流通系统维持密切的关系,而且与生产系统也产生了密切的关系。这样,将物流、商流和生产三个方面联结在一起,就能产生更高的效率和效益。近年来,日、美的进口批发及连锁零售业等在运用这种观念方面积累了不少成功的经验。

由此可以看出,当前提到的物流的特点是:

(1) 其外延大于狭义的物流,因为它把起点扩大到了生产领域;

(2) 其外延小于广义的物流(Business Logistics),它不包括原材料物流;

(3) 其外延与供应链的外延相一致,因此有人称它为供应链物流。

物流一词的出现,是世界经济和科学技术发展的必然结果。当前物流业正在向全球化、信息化、一体化方向发展。一个国家的市场开放与发展必将要求物流的开放与发展。随着世界商品市场的形成,从各个市场到最终市场的物流日趋全球化;信息技术的发展使信息系统得以贯穿于不同的企业之间,这使得物流的功能发生了质变,大大提高了物流效率,同时也为物流一体化创造了条件。一体化意味着需求、配送和库存管理的一体化。这些已成为国际物流业的发展方向。

二、物流的定义

1989年4月,第八届国际物流会议在北京召开,"物流"一词开始正式在我国使用。

1996年国内贸易部将《物流术语》列入行业编制计划，1997年国家技术监督局将其列入国家标准计划。经过一年来的工作，完成了《物流术语国家标准(征求意见稿)》。其中将Logistics仍译为"物流"，其定义是："以最小的总费用，按用户要求，将物质资料(包括原材料、半成品、产成品、商品等)从供给地向需要地转移的过程。主要包括运输、储存、包装、装卸、配送、流通加工、信息处理等活动"。

2001年我国发布的《物流术语》中给物流的定义是："物品从供应地到接收地的实体流动过程，根据实际需要，将运输、储存、装卸、搬运、包装、流通加工、配送、信息处理等基本功能实施有机结合。"

三、物流的主要分类

物流是社会经济活动的重要组成部分，它贯穿于社会再生产的全过程，存在于国民经济的各个领域。物流的主要分类包括宏观物流和微观物流。

(一) 宏观物流

宏观物流是社会再生产过程中，国民经济各部门之间、区域之间以及国家之间的物流活动。宏观物流又称社会物流或国民经济物流，具体包括部门物流、区域物流和国际物流。

1. 部门物流

部门物流指国民经济各部门之间物资资料的流转。部门物流反映了国民经济产业结构中的部门结构，是各部门协调发展的重要条件。

随着社会生产力的发展和科学技术的进步，社会生产的专业化程度不断提高，部门和企业之间的分工日益细化，这使得国民经济各部门之间、企业之间的物流活动越来越复杂。各个部门在生产上要相互衔接、紧密配合，以实现国民经济顺利运行，就要求投资品生产、消费品生产、中间产品生产以及生产和生活服务的部门，依据它们在生产和供应上的相互衔接性，形成相互适应、相互促进的物流系统。

部门物流还关系到生产资源在各个部门之间的合理分配和使用。在一定时间和一定的技术条件下，供应生产发展的各种资源是有限的，而且是不平衡的。有的生产资源供应相对充裕，有的则相对稀缺。部门之间物流能力不足和流向不合理，会造成充裕的资源闲置，得不到有效的利用，从而影响生产资源供给与需求的平衡，制约产业结构的合理配置，造成宏观经济效益低下。

2. 区域物流

区域物流包括一定区域范围内的物流和不同区域之间的物流。任何生产都是在一定的区域内进行的。由于自然、技术、经济、社会等因素的制约，客观上形成了一定的生产和经济协作区域,这些区域又构成国民经济产业结构的地区和空间布局。经济区域是以城市为中心的,一般来讲,一个城市就是一个经济中心。城市的经济活动以物流为依托,其发展对物流有很强的依赖性,区域内的发展规划,如工厂、仓库、住宅、商业以及道路、桥梁、车站、机场等都要以物流为约束条件。

我国地区之间经济发展严重不平衡,是现实的客观存在。沿海中心城市一般具有资金、技术和管理上的优势,却缺乏原材料和自然资源;而内地在资金、技术、人才和管理等方面处于劣势,但却有着丰富的自然资源。资源从内地流向沿海,产成品从沿海流往内地,是我国区域之间物资资料流动的显著特点。因此,沿海和内地之间的经济联合和协作,各个地区之间的经济往来和平衡发展,很大程度上依赖顺畅的物流。

3. 国际物流

这是国家之间经济交往、贸易活动中的物资资料流转。国际物流是伴随着国际贸易的发展而发展的。第二次世界大战以后,科学技术进步与社会化大生产的发展,使国际分工日益深化,世界经济联系日趋密切,生产国际化已成为世界经济发展的基本趋势。发达国家之间的经济联系全面强化,跨国公司内部的交换成为国际贸易的重要组成部分,国际分工从不同产业部门深入到同一行业不同产品之间,出现了若干国家协作生产的"国际产品"。世界经济的发展变化使国际贸易迅速增长,各国之间经济发展对国际贸易的依赖性大幅度提高。

(二) 微观物流

微观物流是局部范围的物流,又称企业物流。微观物流是企业生产过程各个阶段物质资料的流转。具体包括供应物流、生产物流、销售物流、回收物流和废弃物流。

1. 供应物流

企业供应生产所需原材料、零部件、燃料、辅助材料的物流活动。具体包括采购、运箱、装卸、检验、入库等环节。供应物流对企业生产有着直接的影响,生产所需物资资料供应的时间、数量和质量,在很大程度上决定着企业的生产节奏和生产成本,从而影响企业的经济效益。

2. 生产物流

这是指伴随着企业生产工艺的物流活动。生产物流一般从企业物资供应仓库开始,按照生产进度和要求,对物资进行分类,装卸搬运,向各个生产环节和作业场所配送。生产物流主要取决于生产工艺流程,配合生产计划的物流计划是否科学,对于生产工艺各个环节的衔接和缩短生产周期,有着直接影响。而工厂相关车间、仓库的配置,以及车间内流水线、作业点的布置,都会影响生产物流的路

第一章 连锁企业物流管理概论

线距离和装卸搬运的作业次数,从而影响生产物流的效率。

3. 销售物流

这是指伴随企业销售活动将产品转送给客户的物流活动,具体包括仓储、分类、包装、装卸、运输和售后服务。产品在销售之前,都需要存储起来,存储货物可以在工厂或者附近,也可以在各个销售地点分散存储。按照客户订单或供货合同,对存储的货物进行分类、包装、运达客户指定的地点,并进行必要的服务,是销售物流的全过程。销售物流是企业营销活动的重要组成部分,企业拿到客户订单开始物流过程,产品送达客户并经过售后服务,伴随商流的物流过程才算结束。

销售物流不仅是以最低的成本单纯地送货上门,而且是为客户提供更佳服务,赢得客户信赖,提高企业竞争力的有力手段。

4. 回收物流

这是指企业在供应、生产、销售过程中产生的可再利用物资的回收活动。具体包括供应物流过程和销售物流过程产生的可再利用的包装物、衬垫物等的回收。可再利用物资的回收物流不仅有利于降低成本,而且关系企业的生产环境和生产效率。

5. 废弃物流

这是指企业供应、生产、销售过程中产生的废弃物品的收集、处理和再生的物流活动。在生产过程中不可避免地会产生废水、废气、废油以及各种废弃物,随着工业化的发展,废弃物严重污染环境,危及人类的生活环境和健康,在世界各国都成为不可忽视的社会问题。

四、企业物流的特点

企业物流是现代物流不可分割的组成部分。企业物流只有与社会物流同步发展,人们才能真正感受到现代物流的魅力。总体而言,企业物流的发展趋势有以下四个特点。

(一) 一体化

企业物流一体化就是将供应物流、生产物流、销售物流等有机地结合起来,以较低的营运成本满足顾客的货物配送和信息需求。它的核心是 LRP(Logistics Requirement Planning),即物流需求计划,它将供应物流、生产物流、销售物流与商流、信息流和资金流进行整合,使现代物流在商品数量、质量、种类、价格、交货时间、地点、方式、包装及物流配送信息等方面都满足顾客的要求。一体化物流与传统物流的最大区别在于,后者是以低廉的价格提供服务,而前者则是把顾客需求放在第一位,它除了提供优质物流服务外,还承担促进销售、创造顾客需求的功能,分享增值服务的利润。一体化的供应链管理强化了各节点之间的关系,使物流成为企业的核心竞争力和盈利能力。例如海尔集团以 JIT 采购、JIT 材料配送和 JIT 采购、JIT 配送和 JIT 分拨物流来实现同步流程,实现了在中心城市 8 小时、区域内 24 小时、全国 4 天以内配送到位。

(二) 社会资源整合

经济全球化把物流管理提高到一个前所未有的高度。企业可以利用各国、各地区的资源优势,分散生产和销售。这样,现代企业的物流就能延伸到上游供应商和下游消费者在内的各关联主体。企业产成品中,除了涉及核心技术的零部件是自己生产的之外,其他大多数零件、原材料、中间产品都是由供应商提供的,企业这种少库存或零库存的实现需要一个强大的物流系统。例如戴尔公司每天要求美国联合邮包服务公司从它在奥斯汀的工厂运走 1 万台电脑,并从索尼在墨西哥的工厂运走同样数量的显示器,再由美国联合邮包服务公司将电脑和显示器连夜配套送交顾客,戴尔公司则通过网络对全程的物流服务实行即时的管理和监控。物流社会化使企业可利用的物流资源成级数倍增长,经过整合的虚拟物流资源减少了企业自身的基建成本,提高了物流设施的利用率,优化了资源配置,节约了物流费用。

(三) 以信息和网络技术为支撑实现企业的快速反应

企业的资源、生产、销售分布在全球市场上,市场的瞬息万变要求企业提高快速反应能力,使物流信息化、网络化成为企业实现其物流管理一个必不可少的条件。物流信息系统增强了物流信息的透明度和共享性,使企业与上下游节点形成紧密的物流联盟。企业通过数字化平台及时获取并处理供应链上的各种信息,提高对顾客需求的反应速度。物流管理信息系统包括 ERP、MRP、WMS(仓库管理系统)等。企业通过互联网进行物流管理,降低了流转、结算、库存等成本。

(四) 企业物流外包与部分功能的社会化

在工业化高度集中的今天,企业只有核心技术才能在竞争中存得一席之地。而任何企业的资源都是有限的,不可能在生产、流通各个环节都面面俱到,因此,企业将资源集中到主营的核心业务,将辅助性的物流功能部分或全部外包不失为一种战略性的选择。例如,亚马逊公司虽然目前已经拥有比较完善的物流设施,但对于"门到门"的配送业务,它始终都坚持外包,因为这种"最后一公里配送"是一项极其繁琐、覆盖面极广的活动。

五、我国物流产业的发展现状

在我国,物流是否已经形成了一个产业?物流产业的边界如何界定?怎样才能促进我国物流产业的健康发展?这些无疑是我国物流业界须慎重思索的问题。

产业是社会分工的产物,是社会生产力不断发展的必然结果,它的含义具有多层次性,随着社会生产力的不断发展,可以细分到不能再分为止,并且内涵不断充实,外延不断扩展。可见,产业的形成和发展是动态的。物流业当然也不例外。

(一) 物流产业的界定

近年来,各种专业化物流企业的大量涌现,及其表现出来的快速发展趋势表明,专业化物流服务作为一个新的专业化分工领域,已经逐步发展成为一个新兴产业部门和国民经济的一个重要组成部分。

我国《国民经济行业分类》(GB/T4754—2011)对产业的划分中,还不包含物流产业。交通运输、仓储业是独立的产业。目前,对物流产业的界定还比较模糊,需要引起理论界的广泛重视,做进一步的研究和探讨。

(二) 我国物流产业发展阶段

当前,伴随经济全球化以及世界范围内服务经济的发展,物流产业作为一个新兴的服务部门,正在全球范围内迅速兴起,跨国化、规模化和网络经济化等现象已经成为全球物流产业发展的重要趋势。

我国物流产业正处在前所未有的高速增长阶段,纵观我国物流业发展的历程,大致可以分为五个阶段。

第一阶段是1978年以前,当时由于受到计划经济和苏联模式的影响,物流业主要是保证国家指令性计划分配指标的落实,很大程度上忽略了物流的成本与经济效益。

第二阶段是1978—1993年,伴随着改革开放,逐步实现了计划经济向市场经济的转变,西方先进的物流思想也同时在国内受到重视,物流产业处于初始成长期。

第三阶段是1993—2000年,由于市场经济不断发展和企业物流需求的不断增加,现代物流得到广泛重视并实现规模化的快速发展。

第四阶段是2000—2010年,外资物流企业大量涌入我国市场,推动国内物流产业的跨越式发展。物流产业已名副其实地成为我国经济发展的重要因素和企业创造利润的源泉之一。

这一阶段,我国物流产业呈现多元化格局,竞争更为激烈,物流市场主体正呈现国有、集体、个体、中资、外资等各种所有制物流企业相互依存、同台竞争、相互促进的多元化的局面。一是国外跨国公司以合资或独资形式建立外资物流企业,为其在中国的生产、销售和采购等物流活动提供越来越全面的服务;二是民营物流企业按照现代物流理念和经营模式建立的新型专业物流服务企业,成为物流市场最具活力的力量;三是传统的运输、货代、仓储、批发国有企业,仍是物流市场的主力军。这种多元结构使我国物流产业形成了激烈竞争的格局。

第五阶段是2010年以后,物流专业服务能力增强、供应链管理有新的发展;

快递速运迅猛发展、物流平台创新发展、物流网络化和一体化加快发展；供应链管理、电子商务物流、物联网应用与智慧物流等已经成为行业新的增长点。

1. 供应链管理有新的发展

物流业与制造业、流通业和金融业等多业联动进一步深化，供应链管理迎来快速发展新时期。首先，制造企业、商贸企业的一体化物流与供应链管理需求逐步显现，为物流与供应链的发展奠定了市场基础，制造、商贸、金融与物流联动发展的内生动力增强。其次，部分物流企业积极地由物流服务商向供应链管理提供商转变。部分物流企业以大宗商品物流需求增速回落为契机，低成本整合资源，主导构建供应链，提供全方位一体化服务。

2. 快递速运迅猛发展

在国民经济增速回落、传统大宗商品物流市场疲软的背景下，以"便捷、高效"为特点的快递物流"一枝独秀"。

3. 物流平台创新发展

伴随着社会各方对物流要求的提升和物流市场本身竞争的加剧，物流平台得到创新发展，与电商平台融合发展。物流平台以网络为基础，以信息平台和第三方支付为手段，发现和创造商机，形成撮合交易的平台，是融合制造业和服务业的新经济模式，能够整合产品资源、客户资源、物流资源和信息资源。

4. 物流网络化和一体化加快发展

物流网络化布局和一体化物流提供能力成为核心竞争力，行业内龙头企业借助信息化技术和行业物流资源整合，纷纷优化网络布局、延伸网络布局和覆盖范围，提高一体化物流能力，为减小物流环节、节约物流成本起到了积极的推动作用。

5. 物联网技术开始出现

物联网是通过射频识别（RFID）、红外感应器、全球定位系统、激光扫描器等信息传感设备，按约定的协议，把任何物品与互联网连接起来，进行信息交换和通讯，以实现智能化识别、定位、跟踪、监控和管理的一种网络。

物联网中非常重要的技术是射频识别（RFID）技术。RFID 是 20 世纪 90 年代开始兴起的一种自动识别技术，是目前比较先进的一种非接触识别技术。以简单 RFID 系统为基础，结合 EPC 标准和已有的网络技术、数据库技术、中间件技术等，构筑一个由大量联网的阅读器和无数移动的标签组成的物联网络。RFID 标签中存储着规范而具有互用性的信息，通过无线数据通信网络把它们自动采集到中央信息系统，实现物品（商品）的识别，进而通过开放性的计算机网络实现信息交换和共享，实现对物品的"透明"管理。

传感网络技术是借助随机分布的集成有传感器、数据处理单元和通信单元的微小节点,通过自组织的方式构成的无线网络。其特点是借助于节点中内置的传感器测量周边环境中的热、红外、声纳、雷达和地震波信号,从而探测包括温度、湿度、噪声、光强度、压力、土壤成分、移动物体的大小、速度和方向等物质现象。可以说,传感技术更加拓宽了物品信息的自动提取方式及范围,可以全面提取物品的各类特征信息,从而形成一个可以感知现实世界的智能网络。

GPS卫星定位技术等也是感知物品,尤其是感知动态物流,实现物品移动可视化管理的一项技术,它与传感技术及图像识别技术结合,可以动态感知现实世界。

物联网一方面可以提高经济效益,大大节约成本;另一方面可以为全球经济的复苏提供技术动力。

6. 智慧物流的理念开始出现

IBM于近年提出,建立一个面向未来的具有先进、互联和智能三大特征的供应链,通过感应器、RFID标签、制动器、GPS和其他设备及系统生成实时信息的"智慧供应链"概念,紧接着由此延伸而出"智慧物流"的概念。"智慧物流"重视将物联网、传感网与现有的互联网整合起来,通过以精细、动态、科学的管理,实现物流的自动化、可视化、可控化、智能化、网络化,从而提高资源利用率和生产力水平,创造更丰富社会价值的综合内涵。

我国智慧物流发展的具体体现主要集中在以下四个方面。

一是产品的智能可追溯系统。如食品的可追溯系统、药品的可追溯系统等,这些智能的产品可追溯系统为保障食品安全、药品安全提供了坚实的物流保障。例如:粤港合作的供港蔬菜智能追溯系统,通过安全的RFID标签,可实现对供港蔬菜进行溯源,实现了对供港蔬菜从种植、用药、采摘、检验、运输、加工到出口申报等各环节的全过程监管,可快速、准确地确认供港蔬菜的来源和合法性,加快了查验速度和通关效率,提高了查验的准确性。目前,在医药领域、农业领域、制造领域,产品追溯体系都发挥着货物追踪、识别、查询、信息等方面的巨大作用,有很多成功案例。

二是物流过程的可视化智能管理网络系统。这是基于GPS卫星导航定位、RFID、传感等多种技术,在物流过程中可实时实现车辆定位、运输物品监控,在线调度与配送可视化与管理系统。目前还没有全网络化与智能化的可视管理网络,但初级的应用比较普遍,如有的物流公司或企业,建立了GPS智能物流管理系统;有的公司建立了食品冷链的车辆定位与食品温度实时监控系统等,初步实现了物流作业的透明化、可视化管理。在公共信息平台与物联网结合方面,也有一些公司在探索新的模式。

三是智能化的企业物流配送中心。这是基于传感、RFID、声、光、机、电、移动计算等各项先进技术,建立全自动化的物流配送中心,建立物流作业的智能控制、自动化操作的网络,实现物流与制造联动,实现商流、物流、信息流、资金流的全面协同。如:有一些先进的自动化物流中心,就实现了机器人码垛与装卸,无人搬运车进行物料搬运,自动化的输送分拣线上开展拣选作业,出入库由自动化的堆垛机自动完成,物流中心信息与制造业 ERP 系统无缝对接,整个物流作业系统与生产制造实现了自动化、智能化。这也是物联网的初级应用。

四是智慧供应链。利用计算机信息技术、传感技术、EDI 技术、RFID 技术、条形码技术、视频监控技术、移动计算机技术、无线网络传输技术、基础通信网络技术、物联网技术等现代信息技术,构建完善的采购需求计划系统、物料需求计划系统、运输管理系统、仓储管理系统、配送管理系统,实现产品生产供应全流程可追溯;构建数据交换平台、物流信息共享平台、财务管理和结算系统、物流分析系统、决策支持系统,实现物流企业的信息化运作,实现整体供应链的信息共享,打造智慧供应链体系。

(三)我国物流产业的发展存在的问题

我国的运输、仓储、包装等行业已有长时间的发展,然而作为将几种功能有机结合的物流产业还尚未形成。从发展状况来看,我国的物流产业正处于形成阶段。主要存在以下五个方面问题。

1. 关于现代物流的理论研究和实际运作比较滞后

对物流产业概念的界定、物流企业的界定、单个物流作业环节提供的服务与一体化物流作业服务的界定、物流业投入产出统计指标体系的计量界定等理论与实践问题尚且无章可循。

2. "社会物流成本偏高"与"物流企业盈利偏低"相并存

当前,我国物流发展面临的核心问题是物流费用高、效率低,导致"社会物流成本偏高"与"物流企业盈利能力偏低"相并存。近年来,全社会物流总费用与 GDP 的比率维持在 18% 左右,难以下降。这一比率高于美国、日本和德国 9.5 个百分点左右;高于全球平均水平约 6.5 个百分点。

3. "物流围城"和"最后一公里"问题依然突出

一是仓储等物流基础设施资源紧缺。随着城市化进程加快,物流仓储设施、配送中心设施不断外迁,配送半径不断增加;由于缺乏科学的城市物流规划,致使城市周边仓库、货场供给不足,仓储租金不断提高,增加了物流成本,降低了物流运行效率。

二是城市内配送效率低下。在现行的大城市物流管理中,由于把货运车辆作为城市交通的拥堵源之一进行管控,导致"路难行、车难停、货难卸、证难求"的问题长期存在。

4. 物流企业融资困难、物流市场竞争日趋激烈

一方面，物流企业多属于轻资产企业，取得抵押贷款较难，资金不足制约了物流业的快速发展；另一方面，风险资本、制造业资本、商贸资本开始大量进入物流行业，发展物流园区和仓储基地，物流市场竞争日趋激烈；同时，也存在"炒地皮"、抬高土地价格等非真实性物流投资现象，已对物流企业造成较大冲击。

5. 物联网和智慧物流发展还很不成熟

目前，我国智慧物流发展在物流信息平台建设、物流企业信息化运作、物流作业智能化、物流供应链智慧化等方面取得积极成效。但是，我国智慧物流起步较晚，存在管理体制机制不健全、物流企业智慧化程度低、物流信息标准体系不健全、信息技术落后、智慧物流专业人才缺乏等问题，制约了我国智慧物流的进一步发展。

（1）我国智慧物流管理体制机制不健全。智慧物流业涉及商务、交通、信息技术等众多行业领域，业务管理涉及发改委、交通部、工信部等众多行政管理部门。目前，我国智慧物流业管理体制尚不能打破部门分割、条块分割的局面，仍然存在信息孤岛现象，造成我国智慧物流建设资源的不必要浪费，智慧物流管理责任不清晰，急需建立协调多部门资源的智慧物流专业委员会，加强顶层设计，统筹各种资源，确保智慧物流建设的顺畅运营。

（2）物流企业智慧化程度低。目前，有不少企业已经开始利用物联网技术构建智慧物流系统。但是，这些企业规模普遍不大，在全国范围内分布不平衡，且缺乏有效的管理措施，导致管理混乱，生产要素难以自由流动，资源配置得不到优化，难以形成统一、开放、有序的市场，特别是缺乏龙头企业带动，难以形成产业集群。大多数中小企业在物流信息化方面显得很吃力，由于缺乏相应的人才和资金，管理层对信息技术应用重视程度不够，即使引进了相关智慧物流技术，配套基础设备也跟不上，导致企业效益没有明显提高。

（3）物流信息标准体系不健全。物联网技术和智慧物流是建立在物流信息标准化基础之上的，这就要求在编码、文件格式、数据接口、电子数据交换（EDI）、全球定位系统（GPS）等相关代码方面实现标准化，以消除不同企业之间的信息沟通障碍。国外发达国家已经在条形码、信息交换接口等方面建立了一套比较实用的标准，使物流企业与客户、分包方、供应商更便于沟通和服务，物流软件也融入了格式、流程等方面的行业标准，为企业物流信息系统建设创造了良好环境。而我国由于缺乏信息的基础标准，不同信息系统的接口成为制约信息化发展的瓶颈，导致物流标准化体系建设很不完善，物流信息化业务标准与技术标准的制定和修改跟不上物流信息化发展的需要。很多物流信息平台和信息系统遵循各自制定

的规范,导致企业间、平台间、组织间很难实现信息交换与共享,"各自为政、圈地服务"的情况比较普遍,整个电子化的物流网络之间难以做到兼容,数据难以交换,信息难以共享,使得商品从生产、流通到消费等各个环节难以形成完整通畅的供应链,严重影响了物流行业的管理与电子商务的运作。

(4) 信息技术落后,缺乏完善的信息化平台。目前,条形码、射频识别、全球定位系统、地理信息系统、电子数据交换技术的应用不理想,多数企业物流设备落后,缺乏条形码自动识别系统、自动导向车系统、货物自动追踪系统,与国外的智慧物流相比,还存在较大差距。物流信息技术缺乏云计算、大数据、移动互联网技术支撑,物流云平台使用较少,缺乏基于大数据技术的数据挖掘平台、数据开发平台的使用,手机移动定位技术和手机物流移动服务终端产品使用较少。

(5) 缺乏物流专业人才。物流业迅速发展而产生的人才需求问题在我国日益突出。智能物流人才匮乏已经成为制约我国物流业发展的瓶颈,目前我国物流人才缺口至少有 30 万人,绝大多数物流企业缺乏高素质的物流一线岗位技能人才和既懂物流管理业务,又懂计算机技术、网络技术、通信技术等相关知识,熟悉现代物流信息化运作规律的高层次复合型人才,高端人才和一线技能型人才培养规模仅占 22.7%,现有物流管理人才中能真正满足物流企业实际需求的不到 1/10。大中专院校物流人才培养方案与企业实际需要相比还存在较大差距,培养智能物流合格人才的任务十分紧迫。

我国物流产业的形成和发展是一个长期而复杂的过程。首先必须明确我国物流业在理论和实践方面的发展现状,然后从这些实际出发,逐步解决问题,为物流业的进一步发展打好基础。

专栏 1-1

物联网的兴起

物联网(The Internet of things)的概念是在 1999 年提出的,它的定义很简单:把所有物品通过射频识别(RFID)、红外感应器、全球定位系统、激光扫描器等信息传感设备与互联网连接起来,进行信息交换和通讯,实现智能化识别、定位、跟踪、监控和管理。

"物联网"与现有的互联网整合起来,实现人类社会与物理系统的整合,在这个整合的网络当中,存在能力超级强大的中心计算机群,能够对整合网络内的人员、机器、设备和基础设施实施实时的管理和控制,在此基础上,人类可以实现无所不在的计算和网络,以更加精细和动态的方式管理生产和生活,管理未来的城市,达到"智慧"状态,提高资源利用率和生产力水平,改善人与自然间的关系。

物联网可分为三层：感知层、网络层和应用层。

1. 感知层

感知层是物联网的皮肤和五官——识别物体，采集信息。感知层包括二维码标签和识读器、RFID标签和读写器、摄像头、GPS、传感器、终端、传感器网络等，主要是识别物体，采集信息，与人体结构中皮肤和五官的作用相似。

2. 网络层

网络层是物联网的神经中枢和大脑——信息传递和处理。网络层包括通信与互联网的融合网络、网络管理中心、信息中心和智能处理中心等。网络层将感知层获取的信息进行传递和处理，类似于人体结构中的神经中枢和大脑。

3. 应用层

应用层是物联网的"社会分工"——与行业需求结合，实现广泛智能化。应用层是物联网与行业专业技术的深度融合，与行业需求结合，实现行业智能化，这类似于人的社会分工，最终构成人类社会。

第二节 配送管理的内涵

一、配送的内涵

配送属于物流范畴，是配送中心的核心业务，它是一种特殊的、带有现代色彩的物流运动。追溯历史，"配送"最早源于日本，在物流活动中最初主要是指运送、输送和交货，并不包含其他内容。

在经济快速发展的同时，物流量增多，物流活动日趋专业化、规模化、服务化，于是，配送也就显得日益重要。

在物流的几大环节中，有人主张包括配送，有人主张不包括，其原因之一是配送与运输含混不清，难以准确划分。配送的概念和定义目前也众说不一，1991年版日本《物流手册》中的表述：生产厂到配送中心之间的物品空间移动叫"运输"，从配送中心到顾客之间的物品移动叫"配送"。日本工业标准JIS中对配送下的定义是："把货物从物流基地送到收货者手里的活动。"我国出版的《现代物流学》对配送的定义是："配送是以现代送货形式实现资源最终配置的经济活动；按用户订货要求，在配送中心或其他物流结点进行货物配备并以最合理方式送交用户。"我国《物流术语》国家标准中对配送下的定义是："在经济合理区域范围内，根据用户要求对物品进行拣选、加工、包装、分割、组配等作业,并按时送达指定地点的物流活动。"从以上的概念和定义中可以把配送归纳为:配送是商流与物流的结合体;是拣选、包装、加工、组配、配备、配置、送货等各种物流活动的有机结合,不是一般性的企业之间的供货和向用户的送货;配送处于"二次运输"、"末端运输"的地位,与运输相比,更直接面向并靠近用户。运输一般是干线输送或直达送货,批量大,品种相对单一;配送同运输的区别不单单表现在数量、种类、距离、复杂程度等方面,更需要现代技术和装备的支撑。

根据配送的本质,可以把配送作为一种以现代送货形式来实现资源最终配置的经济活动。这种"最终资源配置",是接近顾客的配置。在经营战略中,接近顾客是至关重要的内容,因而配送是经济体制的一种形式。

另外,配送的主要经济活动是现代送货,它以现代生产力、劳动手段为支撑,依靠科技手段实现配送。因此,它不同于传统意义上的简单送货。在社会再生产过程中,配送处于接近用户的那一段流通领域。

在运送货物过程中,如果不进行分拣、配货,有一件运一件,需要一点送一点,就会大大增加运力的消耗。而配送是利用有效的分拣、配货等理货工作,使送货达到一定的规模,并利用规模优势取得较低的送货成本。

配送是将物品"以最合理方式送交用户",目的是为了避免过分强调"按用户要求"。对于配送者来说,必须以"要求"为根据,但是不能盲目,应该追求合理性,进而指导用户实现共同受益。因为用户的要求受用户本身的局限,有时在实际中会损失自我或双方的利益。从配送最终实现的环节来看,可以把配送描述为按用户订货要求,在配送中心或其他物流结点进行货物配备,并以最合理方式送交用户的过程,因此,配送包含了接近用户资源配置的全过程。

由于配送的实质是从物流结点至用户的一种特殊送货形式,它区别于一般送货。一般送货可以是一种偶然行为的送货,而配送是一种有确定组织、确定渠道、有一套装备和管理力量、技术力量,有一套制度的体制形式。同时,配送采用高科技的送货方式,如自动分拣技术、自动识别技术、GPS技术等实现现代送货过程。

配送是从用户利益出发、按用户要求进行的一种物流活动,因此,在观念上必须明确配送企业的地位是服务地位而不是主导地位,从用户利益出发,在满足用户利益基础上取得本企业的利益。配送物流活动的出发点是"用户第一,质量第一",所以,不能利用配送损伤或控制用户,更不能利用配送作为垄断部门、行业以及市场的手段。

配送不仅是将商品以恰当的时间、恰当的方式、恰当的费用最终传递给需求者,而且将优质的服务也传递给需求者,其完成的质量及其达到的服务水准最直观且具体地反映了物流系统对需求的满足程度。

从送货的功能看，其特殊性在于配送活动中从事送货的是专职流通企业，而不是生产企业，而且，配送是"中转"型送货过程，而非一般传统意义上的直达型送货过程。一般送货是生产企业生产什么送什么，有什么送什么。而配送则是以用户为驱动源，需要什么送什么。

配送包含了某一段的装卸、包装、流通加工、保管、运输等活动，但又不是这些活动的全部或全过程。因此，配送不能简单地等同于运输和其他物流功能的全部，它应是运输与其他活动共同构成的结合体。

配送可以将货物从物流节点一直送到用户的手中、仓库、营业现场、车间乃至生产线的起点。它是一项有计划的活动，即根据客户的需要以及从事配送企业的能力，有计划地进行现代送货活动，以满足客户预定的需要。

一般来说，配送的本质一定是根据用户的要求，在物流据点内，如仓库、配送中心等，进行分拣、配货等工作，并将配好的货物适时地送交收货人的过程。它是物流中一种特殊的、综合的活动形式。配送是商流与物流紧密结合的运作过程，既包含了商流活动，也包含了物流活动中若干功能要素。

二、配送的发展阶段

配送的发展大体上经历了三个阶段。

（一）萌芽阶段

配送的雏形始于20世纪60年代初。这一时期物流活动中的一般性送货开始向备货、送货一体化方向发展。从形式上看，这个时期的配送只是一种粗放的单一性的活动，其活动范围小，规模不大。这个时期所开展的配送活动的主要目的是为了促进产品销售和提高其市场占有率。因此，在该时期，配送主要是以促销手段的职能来发挥其作用的。

（二）发展阶段

20世纪60年代中后期至80年代，发达国家的经济发展迅速。随着货物运输量的急剧增加和市场竞争的日趋激烈，配送得到了进一步的发展。在这个时期，欧美的物流业相继调整了仓储结构，组建或设立了配送组织（配送中心），配送活动范围不断扩大。从配送形式和配送组织上看，其特征是建立适应物流发展的配送体系。

（三）成熟阶段

20世纪90年代以后，受全球经济发展的影响，配送有了长足的发展。在这个时期，配送已演化成了广泛的、以高新技术为支撑手段的系列化、多功能性的供货活动，具体表现为配送区域的进一步扩大、劳动手段日益先进、配送的集约化程度明显提高、配送方式日趋多样化，从而使配送能力达到了相当高的水平。

三、配送的基本形式

（一）定时配送

这是一种按固定的时间间隔提供的配送服务。配送的时间比如每天仅在上午 8 点配送一次，或上午一次，下午一次。时间间隔小的也有每小时配送一次的。一般采用"日配"的较多。上午 10 点前接受订单，下午 5 点前配送到位，下午 4 点前接受订单，次日 10 点前配送到位，原则是从接受订单到送达不超过 24 个小时。"日配"制配送适合鲜、活品种；医药、体育用品、书刊、报纸、酒类等也采用"日配"制。小型商店、便利店等商品周转快、随进随卖的店铺，要求"日配"或"小时配"者居多。

（二）准时配送

所谓准时配送，就是按照客户的规定时间，双方协议配送。一般不随意改动配送时间，配送的品种也不轻易改变。比如为汽车装配线的零部件配送就属于这种类型的配送。采用准时配送方式，生产线上只需维持 2—3 个小时的用量，基本是"零库存"。

（三）定时、定路线配送

配送的车辆每天按照固定的行车路线，按照规定的时间进行配送，恰似配送班车，按部就班、准时准点。这种配送方式的服务对象是商业区的繁华地段，人多、路窄、交通拥挤、商店集中。

（四）共同配送

共同配送主要指在一定区域内，为使物流合理化，有若干个定期需求的货主，共同要求某一个卡车运输企业，利用同一个运输系统完成的配送。

第三节　连锁企业物流配送的特点

一、提供系统化管理

现代物流的精髓就在于以系统的观点和方法来提供物流服务，这些系统化的物流服务也是连锁企业物流的核心功能。

物流系统化是指把物流各个环节视为一个大系统，进行整体设计和管理，以最佳的结构、最好的配合，充分发挥其系统功能的效率，实现整体的物流合理化。

连锁企业物流管理系统化追求的目标可以概括为"7R"，即适当产品（Right product）、适当数量（Right quantity）、适当的时间（Right time）、适当的地点

(Right place)、适当的条件(Right condition)、适当的成本(Right cost)和适当的用户(Right customer)。具体来说就是把合适的产品,以合适的数量和合适的价格,在合适的时间和合适的地点,以合适的成本提供给合适的客户。

现代物流管理强调运用系统方法解决问题。现代物流通常被认为是由运输、存储、包装、装卸、流通加工、配送和信息诸环节构成。各环节原本都有各自的功能、利益和观念。系统方法就是利用现代管理方法和现代技术,使各个环节共享总体信息,把所有环节作为一个一体化的系统来进行组织和管理,以使系统能够在尽可能低的总成本条件下,提供有竞争优势的客户服务。从这一理念出发,物流系统并不简单地追求在各个环节上各自的最低成本,因为物流各环节的效益之间存在相互影响、相互制约的倾向,存在着交替易损的关系,即"二律背反"现象,比如过分强调包装材料的节约,就可能因其易于破损造成运输和装卸费用的上升。因此,系统方法强调要进行总成本分析,以及避免次佳效应和成本权衡应用的分析,以达到总成本最低,同时满足既定的客户服务水平要求。

二、提供增值服务

物流配送可以利用电子商务协助客户完成售后服务,提供更多的增值服务内容。如跟踪产品订单、提供销售统计和报表等。商品配送中心除了要根据市场需求信息、商品销售信息、库存信息、供货商品信息等控制商品库存规模,还要将零售店铺商品销售信息进行统计并编制销售报表,为各单店铺提供尽可能多的关于商品信息的服务。顾客化的配送中心面向一些有很高专业需求的客户,配送中心可以涉入购买方与原材料供应方之间的交易过程,如:代替购买方向供应方下订单,原材料的运入和产成品的运出安排运输,还提供最终产品装配的操作和用仓库设施为顾客做产品测试,扩大配送中心的服务范围。对于客户的跨国交易,配送中心还可以帮其进行报关、缴税费等手续。

三、实行统一配送

连锁经营的优势之一就是统一配送,形成连锁业规模效益。

有了统一配送,才可能实现一头进货、集中库存、统一送货、门店分销的连锁经营方式,才可能实现直接的产销衔接,增强商业对市场信息需求的反馈能力,实现在商品配送中心内统一结算和商品信息的自动化处理;实现物流、财务乃至整个连锁企业的管理科学化,从而促进生产、满足消费、降低生产资源配置的成本和代价,以便企业享受较高的价格折扣,降低流通成本和销售价格。

第四节 物流管理在连锁企业经营中的地位与作用

物流在连锁企业经营中的具有不可替代的核心地位。

连锁经营的运行机制决定了物流的必要性,而物流又决定了连锁经营能否发挥其不同于单个零售店的优势,物流在连锁经营中的核心地位体现在以下六个方面。

一、物流配送中心有力支持连锁企业的市场营销体系

物流配送中心从事的是物流活动,是为经销服务的一种活动。物流配送中心的设置,强化了商品的生产与消费、进货与销售之间的协调能力;就配送中心来说,作为物流的一个重要内容是生产营销系统的延伸。如在向门店供货时,可进行小批量的商品包装、装卸和发运,使得配送中心如同生产过程的延伸;同时,配送中心的多项活动都以满足门店需求为目标,体现了物流活动的内涵,在某种意义上支持了市场营销活动。

物流配送中心不是以储存为目的的,但是,配送中心保持一定的库存,可以起到蓄水池作用。特别是对中秋节、国庆节、春节等销售量比平日成倍增加的销售高峰期间,配送中心的库存对确保销售,起到了有力的支撑。配送中心以集中的库存形式取代以往一家一户的库存结构方式,这种集中库存比传统的"前店后库"大大降低了库存总量,增加了供销的调控能力。

二、配送中心实现了连锁企业的规模效益

连锁经营优势之一就是规模效益。连锁业规模效益是通过"统一进货、集中存储、统一配送、门店分销"来达到减少环节、最短运输、最低费用、提高效率的目标。配送中心是使这些"统一"得以实现的必不可少的基础。从某种程度上来说,物流配送就是连锁经营的生命线。连锁企业的配送中心与各店铺联合经销的经营系统,使店铺与供应商等外部经济关系变为同一所有者的公司各部门内部业务关系。总部通过配送中心,一方面可以汇总多店铺的经营数量,形成相当需求规模,有利于争取到价格优惠并与供应商建立稳定的供求关系;另一方面可以在高度及广度上给各零售商店以业务上的指导,提高了店铺的经营水平,将集中化进货与分散化销售结合起来,使分散的销售力转化为大量集中的进货力,并介入生产,实现经营的规模化。具体内容体现在以下三个

方面。

(一) 合理经济地组织商品的运输、配送

配送中心通过集中配送的方式,按一定规模集约并大幅度提高其能力,实现多品种、小批量、高周转的商品运送,从而降低了物流的整体成本,使资源最终配置这一环节以大流通方式与大生产方式相协调,从而提高了流通社会化的水平,实现了规模经济所带来的规模效益。

(二) 配送中心通过集中配送的方式,按一定规模集约,有利于获取规模效应

例如,超市公司通过电子订货系统,把几百家门店的零星要货汇总,由供应商集中送货到配送中心,并在那里按"越库中转配送"的方式运作,实现了"集零为整"和"化整为零"的策略,从而大大降低了商品的库存成本和库内装卸搬运作业的劳动量。

(三) 密切了连锁超市公司与供货方的关系,并享受不少好处

如集中订货批量大,对供货方举足轻重;集中大批量订货可享受更优惠的价格折扣;供货方若集中送货,节省了费用,连锁超市可得到部分利润让渡。

三、物流配送中心完善了连锁经营体系

由于物流配送中心为门店的销售活动创造了种种优势,从而使整个连锁经营体系的成本大大下降,成为零售业中的一种有竞争力的零售经营形式。配送中心对整个连锁经营体系的作用表现在:

(1) 统一进货,有利于严把质量关;

(2) 加速商品周转、减少商品损耗、降低流通费用;

(3) 扩大配送中心的拆零、分拣能力,改善了门店的存货水平,有利于实现零星商品无库存、少库存经营;

(4) 保证门店管理逐步向"办管销售"方向发展。

"企业经营决策权向总部集中,物流活动向配送中心转移"是连锁超市成功的关键之一。例如,流通可减轻门店的工作量;拆零作业有利于商场多出样,以增加销售商品的品种数。

四、物流配送提高了连锁企业的速度效益

在高度专业化基础上的经营使连锁店获得了竞争中的速度优势,但高度专业化是与配送中心的物流活动密切相关的。连锁店的营运是在总体规划下进行专业化分工,在分工的基础上实施集中管理,以便连锁店在激烈的竞争中能快速反应,领先对手。由此实现采购、库存、配送、商品陈列、促销、收银等分工,物流可以协调这些分工合作,形成高效率的专业化分工,从而达到连锁的速度优势。配送

中心作为总部与分店的联系纽带,通过分店快销、配送中心快送、采购部快购,使物流运转速度大大高于独立商店。

五、物流配送提高了连锁企业的库存效益

对于连锁分店而言,销售是其主营业务,因此经营场所的面积起码要达到整体的 70% 以上,这也就削减了库存场地的面积。而分店销售迅速,库存储备不足,就会出现供不应求的局面,进而导致利润降低。依靠配送中心强大的调控能力,就可以大胆地增大门店的营业面积,大大减少库存商品的储备量,从而提高库存周转率,节约库存成本。

六、物流配送提高了连锁企业的管理效益

连锁经营通过店名、店貌、商品、服务的标准化,采购、送货、销售、决策、经营的专业化,商品购销、信息汇集、广告宣传、员工培训、管理规范的一致化等,把复杂的商业活动分解为像工业生产流水线上的每一个环节那样相对简单,使商业经营转变成一种可管理的技术密集型的经济活动。而这些标准化的实施是以物流作为保证的。

众多的国际零售企业,如沃尔玛、家乐福等之所以有较强的竞争力,很大程度是因为拥有先进的物流系统和信息管理系统。连锁经营离不开物流配送,建立高度专业化、社会化的物流配送中心是连锁企业实现统一采购、统一配货、统一价格,发挥规模效应的基础。我国的物流业刚刚起步,国内零售企业的物流系统效率很低。统一配送效率低下、配送规模过小以及配送中心的地点设置不合理等问题已成为我国连锁零售企业发展的瓶颈。据统计,目前我国各类配送中心对连锁分店所经营商品的统一配送比例仅为 38.7%,而发达国家连锁商业的统一配送比例高达 80%—90%。同时经营信息化程度低,也严重阻碍了企业的发展,有些连锁企业尚未配置销售时点信息管理系统(Point of Sales),也未与总店实行联网,一方面使得企业无法把握市场并及时对市场做出反应,另一方面也使得总店对连锁店的信息无法及时掌握,从而大大提高了运行成本。

第五节 连锁企业物流管理新趋势
——可视化物流管理

基于 GPS/GIS/RFID/PDA 等技术为主的物流可视化管理平台,以物流过程,即仓储管理、流通加工、调度配载、装卸搬运、运输配送等为核心,在计算机软

硬件的支持下,以移动数据采集技术、数据库技术、网络技术、无线通讯技术为基础,对物流业务过程进行全面的计算机管理,并以基于平台化的方式为用户提供查询、统计、分析、图形显示和输出,实时、准确、动态地管理物流业务过程,从而实现物流业务过程管理的可视化。

一、可视化物流平台流程设计

可视化物流平台应用流程如图1-2所示。

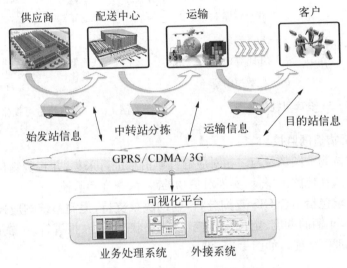

图1-2 可视化物流平台的应用

二、可视化物流平台的功能

可视化物流平台的功能主要体现在以下六个方面。

(一)配送中心管理监控

对配送中心设施使用情况、运作情况、运作人员工作效率进行监控,并对配送中心效益进行分析。

(二)仓库管理监控

可视化仓储管理是对计划存储、流通的有关物品进行相应的可视化监控管理,主要包括对存储的物品进行接收、发放、存储、保管等一系列管理活动。如图1-3所示。

(三)配送运输监控

应用3S技术(GPS、GIS、RS),实现对运输过程中车辆和货物的有效管理与监控。主要包括对运输车辆路线优化和物资的跟踪、管理、查询等一系列活动。如图1-4所示。

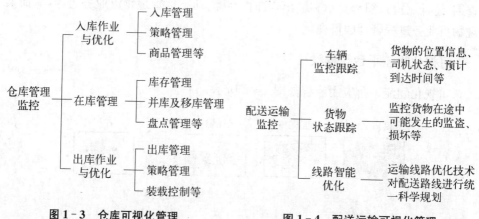

图1-3 仓库可视化管理　　　　图1-4 配送运输可视化管理

(四) 货物追溯监控

通过对货物的图像及与之相对应的订单信息进行采集,并将货物信息以图标或图像的方式在地图上展示,实现对货物的跟踪、查询和监控。

具体要求包括结合GIS查询分析,辅助决策支持,提高系统响应速度。完成对货物流动、车辆的调度、定位与监控、智能锁状态监控、报警管理、轨迹回放、地图的操作管理等功能。如图1-5所示。

图1-5 货物追溯管理

(五) 数据交换接口

根据客户要求提供报表、图片、视频等货物流转信息,根据客户的网络环境和定制要求提供数据交换接口。

(六) 计算机辅助决策

通过GPS/GIS/RFID的信息处理、数据库管理等功能,能实现货物在储存、加工、运输、配送过程中的应急处理、实时调度和辅助决策,使得中心可以快速、准确、及时、可靠、系统化地进行指挥和调度。

三、可视化平台的软件系统

(一) GPS/GIS 系统

主要以 GPS 和 GIS 系统的地理数据为主,针对物流运输及在途跟踪情况实时向指挥中心反馈,向其反映出运输车辆所处的地理位置和车辆的即时速度、运行情况等信息。控制指挥中心亦可通过 GSM 或者 GPRS 通信网络把指令传输给司机,及时地向车辆传达指令,使其能够准确地按照公司的既定安排行车,提高运营效率。

(二) RFID 电子标签及组态监控跟踪系统

以 RFID 电子标签为内核的相关监控设备则是"可视化物流监控平台"的移动数据传输载体。在"可视化物流监控平台"建设上,可采用的 RFID 技术包括有源 RFID 标签、RFID 电子封条以及基于 GPRS 的跟踪模式等。

(三) 智能仓储管理软件

这主要包括商品电子标签入库维护、电子标签出库维护、电子标签盘点维护、电子标签拣货维护、商品分类维护、商品查询统计维护、结算维护等仓储基本功能。还包括商品存货的 ABC 分类、经济订货批量、安全库存量设计、收发货站台数量的设计、货架区域面积的设计、仓储设备布局设计等仓储管理功能。

(四) 运输配送管理软件

这包括 GIS 配送路径优化系统、短信平台支持系统、RFID 中间件、组态监控软件,也包括订单系统、仓储系统、运输系统、配送系统、客户查询系统等。

(五) 决策系统

根据可视化物流平台掌握的资讯,进行决策模型设计、选择合理的决策方案。物流可视化管理以物流过程监控为基础,通过监控系统收集物流业务过程状态信息和货运物品信息,为企业物流管理提供更为实时准确的数据来源。可视化管理使物流系统的管理者以直观的可视化方式,方便、简捷、清楚地把握物流业务运作过程,实时调整物流业务的管理。

 拓展训练

一、问题讨论

1. 物流的起源有什么样的背景?
2. 逆向物流与回收物流有什么区别?
3. 连锁企业的物流配送有哪些特点?
4. 物联网和智慧物流今后的发展趋势有哪些?

5. 可视化物流在实际应用过程中会给企业带来哪些优势?

二、商务实战

百联配送——连锁经营的供货枢纽

从世界各国连锁超市业的成功经验来看,连锁经营方式之所以能够产生高效率、高效益,就在于连锁超市实行的是统一采购、统一配送、统一价格,并具有实现这一职能的商品配送中心,从而从根本上实现了"决策权向连锁超市总部集中,物流活动向商品配送中心集中";达到一套资金、一套库存,集中优势,将单个门店不可能投入的人力、物力、财力,用于采购供应活动。

百联集团一直在努力提高连锁超市的集中配送比例。实行商品供货的集中配送,正是连锁经营的精髓之所在。由于将商品集中保管、流通加工,按各门店的需求配货,统一配送,实现了"最少环节、最短运距、最低费用、最高效率",从而大大提高经济效益。同时,通过统一进货,严把质量关,杜绝"假冒伪劣"商品,提高了连锁超市企业的信誉。

门店与客户满意是百联配送服务的宗旨。百联集团认为物流系统构筑的目的,就是提供能使门店(或客户)满意的物流服务。而影响"顾客满意度"的"物流范围项目",大致可归纳为以下十个方面:

(1) 商品结构与库存服务;

(2) 配送过程如何确保商品本质;

(3) 门店紧急追加减货的弹性;

(4) 根据实际确定配送时间安排;

(5) 缺品率控制;

(6) 退货问题;

(7) 流通加工中的拆零工作;

(8) 配送中心的服务半径;

(9) 废弃物的处理与回收;

(10) 建立客户服务窗口。

本着让客户与门店满意的宗旨,百联集团做了大量工作,如采用机械化作业与合理规划,减少搬运次数,防止商品保管与配送中的损伤;通过计算机控制等手段控制商品保质期;通过调查,制定门店追加减货条件。增加配送系统的"紧急加减货功能";根据商场的销售实绩、门店的要货截止时间、门店的交通状况、门店的规模大小以及节假日等来确定配送时间等;并采用"电子标签拆零商品拣选设备",进一步扩大拆零商品的品种数(增加到 8 000 种),提高拆零商品的拣选速度和准确率,以满足加盟店的需要;以配送中心最佳服务半径 250 公里为基础,研究如何构筑百联集团配送网络体系等。

合理规划物流配送的流程是构筑配送体系的重要前提。百联集团根据经营商品进销的不同情况和商品的 ABC 分析,按三种类型的物流来运作。

储存型物流类型的商品进销频繁,整批采购、保管,经过拣选、配货、分拣,配送到门店;通过型物流(即越库配送)类型的商品通过计算机网络系统,汇总各商场门店的订货信息,然后整批采购,不经储存,直接在配送中心进行拣选、组配和分拣,再配送到门店;直送型物流类型的商品由供货商不经过配送中心,直接组织货源送往超市门店,而配货、配送信息由配送中心集中处理。

百联集团配送是连锁经营的供货枢纽,百联集团的配送中心具有较高的技术含量。

(1) 仓储立体化:配送中心采用高层立体货架和拆零商品拣选货架相结合的仓储系统,大大提高了仓库的空间利用率。在整托盘(或整箱)商品存货区,下两层为配货区,存放整箱出货、周转快的商品,上三层为储存区;拆零商品配货区,在拆零货架上放置2 500种已打开运输包装纸箱的商品,供拆零商品拣选用;上部货架作为拆零商品的库存区。

(2) 装卸搬运机械化:采用前移式蓄电池叉车、电动搬运车、电动拣选车和托盘,实现装卸搬运作业机械化。

(3) 拆零商品配货电子化:近年来,连锁超市对商品的"拆零"作业需求越来越强烈,国外同行业配送中心拣货、拆零的劳动力已占整个配送中心劳动力的70%。百联集团的配送中心拆零商品的配送作业采用电子标签拣选系统,使用了电子标签设备。只要把门店的订单输入电脑,存放各种拆零商品的相应货格的货位指示灯和品种显示器,立刻显示出需拣选商品在货架上的具体位置以及所需数量,作业人员便可从货格里取出商品,放入拣货周转箱,然后按动按钮,货位指示灯和品种显示器熄灭,订单商品配齐后进入理货环节,标签拣货系统自动引导拣货人员进行作业。任何人不需特别训练,即能立即上岗工作,大大提高了商品处理速度,减轻作业强度,大幅度降低差错率。

(4) 物流功能条码化与配送过程无纸化:采用无线通讯的电脑终端,开发了条形码技术,从收货验货、入库到拆零、配货,全面实现条码化、无纸化。

(5) 组织好"越库通过型物流"、"直送型物流"和"配送中心内的储存型物流",完善"虚拟配送中心"技术在连锁超市商品配送体系中的应用。

思考题

1. 根据百联集团的案例谈谈物流配送对于连锁企业的重要性有哪些?
2. 如何提高连锁企业物流配送的技术含量?

第二章 连锁企业物流作业流程管理

学习目标

- 了解连锁企业订单作业流程
- 了解商品入库作业流程
- 了解商品盘点作业流程
- 掌握商品拣货流程和拣货技术
- 掌握商品配送模式的种类,掌握商品配送模式选择的方法

情景案例

华美公司物流业务流程改造

华美公司是一家集生产、销售、服务及品牌运作于一体的酒店餐饮用品专业供应商。公司长期以来专为星级酒店、大型酒楼、咖啡西餐厅、酒店公寓等餐饮娱乐行业提供完整的餐饮用品配套服务。近年来多元化的销售模式使其销售业绩持续攀升。但是,华美产品从各地分公司到专卖店、专柜的过程中,却常常发生差错。如华美公司规定经销商必须到各地分公司取货,但由于经销商分布很广,取货时,有的经销商常常要坐一整天车才能到达分公司仓库,有些没车的经销商拿到货物后还要租车运输、自行装卸,这给他们带来很大困难。

不仅经销商感到吃力,华美公司也感到运作成本太高。

华美采用这种方式通过长途陆运或空运将货物从广州工厂运到各地分公司的仓库,然后通知经销商到各分公司提货,要配合这种物流模式,华美在中国的75家分公司就要建75个大大小小的仓库,分散的库存导致信息的不畅通,华美销售额流失巨大。加上多个环节操作使华美不得不投入大量的人力成本,这种消耗大、速度慢、管理难的物流模式严重阻碍了华美的发展。

为了解决这一问题,华美公司决心重组在中国的供应链体系。

经过将近一年的考察、研究,华美公司最终拿出了一套叫做"直达配送"的物

流解决方案。华美在北京、上海、广州、重庆、沈阳、郑州、西安、武汉等城市共设立了8个物流中心,取消了原来在各分公司设立的几十个大大小小的仓库。华美生产出的货物直接运输到8个物流中心,各地经销商、专卖店通过上网直接向华美总部订购货物,然后由总部将这些订货信息发到所分管的物流中心,物流中心据此将经销商所订货物分拣出来整理好,在规定的时间内送到经销商手中。

"直达配送"项目确定以后,华美公司还通过招标方式选择了中邮物流为公司提供第三方物流服务。

中国邮政物流开始为华美提供以北京为中心的华北地区直达配送业务,并逐步渗透到东北、西南等地。中邮物流重组了华美产品销售物流体系,并与华美实现了信息系统对接,还开通了网上代收货款服务。

中国邮政物流在运输、仓储、配送、信息服务和资金收付结算等物流环节均制订了科学、完善的操作规程和监管制度,确保在每个环节注入"精益意识",以优质服务和良好信誉打造精益物流品牌。在华美一体化物流体系中,中邮物流还指定专人负责网上数据信息管理,实现了数据信息管理的网络化。经过3个多月的初期运作,华美产品配送服务得到了国家邮政局的肯定和华美公司的认可,配送准时率99%,物品完好率100%,信息反馈率98%,客户满意率99%,均达到国家邮政局的要求。

可以说,中邮物流已为华美公司提供了包括干线运输、仓储、配送、退货处理、信息服务、代收货款等多项服务,华美的供应链开始变得紧凑起来。重新调整物流系统给华美公司带来的最明显的变化是:过去70多家分公司仓库减少为8个区域分拨中心后,物流操作人员由过去的600人减少到182人,降低了物流成本和物流资产占用。

而且,在配送时间上,实行直达配送前,如果厦门的一家经销商要货,必须先通过华美厦门分公司订货,由分公司统计好各经销商的订单后给总部下订单,再由广州工厂将货物运到厦门分公司,分公司通知经销商自提。这样的过程通常需要5—10天左右。实行直达配送以后,从经销商上网订货到送达只需要2—3天时间,降低了缺货损失。

思考题

1. 物流业务流程改进要考虑哪些问题?
2. 物流业务流程改进能为企业带来哪些效益?

第一节 订单作业流程

要使配送中心高效准确的运行,必须建立规范有序的作业流程,进行合理的作业组织。作业流程是一项管理业务的完整处理过程,它反映配送中心某一项相对独立的管理业务应该包括哪些环节、完成某一环节所涉及的工作内容与任务、进行某一环节处理的时间要求、上下环节之间的信息沟通等。

配送中心的一般作业项目包括采购、进货(验收、入库)、库存、流通加工、分拣配货、发货,以及进出配送中心及库内作业常会涉及的装卸搬运和运输作业,如图 2-1 所示。这些作业对客户的营业活动有制约和影响作用。

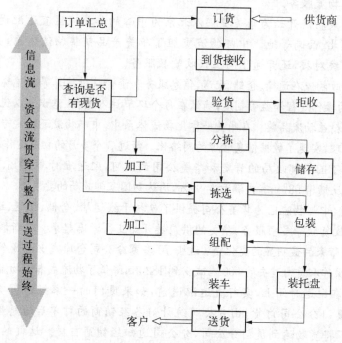

图 2-1 配送作业流程图

配送流程各环节具体如下:

(1) 订货:在订单拉动的情况下,配送中心根据市场上商品销售情况和客户或自身生产的需求情况与供应商签订供货协议,提前订货;如遇需求紧急而配送中心无现货可发,配送中心立即查询供应商,并向供应商发出订单。

(2) 到货接收:供应商根据配送中心的订单组织发货,送货人员应持配送中心订单的送货联给配送中心送货,配送中心对送货供应商及此批货进行确认。

(3) 验货:配送中心根据双方的供货合同,对商品数量、质量进行验收,如无问题则进行分拣作业。

(4) 分拣:配送中心在接收供应商按订货单上的商品种类送来的商品后,配送中心按种类或下一步作业的需求将商品分开,分类暂存或进行下一步作业。

(5) 订单汇总：配送中心的作业需要规定,需求计划或要货单必须在每日规定的时间前通知配送中心,配送中心在当日订货截止时点之后将各店要货单按商品名和规格及数量进行汇总。

(6) 查询是否有现货：要货单或需求计划到配送中心后,配送中心查询现有企业库存系统中是否有所需数量的现货商品,如有则进入拣货环节,按订单进行拣选或其他相关作业。

(7) 拒收：验收中如发现在数量、质量等方面有任何与合同不符的情况,均详细记载,配送中心拒绝收货,商品由供应商自行处理。

(8) 储存：为了取得批量进货的折扣,配送中心常对一些商品采取大批量进货,这些商品必须在配送中心仓库中储存一段时间,之后分批出货。

(9) 加工：有些商品按供应商与配送中心的协议,要在配送中心完成最后的加工过程。如服装供应商将成衣批量送至配送中心,在配送中心拴上服装的标签并套上塑料套；鲜活商品、蔬菜、水果等要在配送中心切割、称量、洗净、装袋等。这些加工作业是现代配送中心的增值服务。

(10) 选拣：是配送中心出货的第一个环节。配送中心根据连锁分店的要货单,将存放在配送中心仓库不同货架上的商品拣出,并将同一分店的不同商品放在同一理货区域。

(11) 包装：一个店铺的要货单选拣完毕,配送中心有时要将商品进行重新包装,使之适于运输、送货、减少因多个店铺的商品组配在同一辆送货车内而导致错送及混送等失误。

(12) 加工：配送中心在将商品送给连锁店之前要做好上架前的一切准备工作,以利连锁店的货架陈列,如将店内码和价签贴于商品的销售包装或中包装上。按每个店铺的不同要求对商品进行加工,如将散装商品进行定量罐装,将大包装改成小包装等。

(13) 装托盘：有些批量较大的实重商品为方便机械化装卸搬运,提高末端作业效率,减轻作业人员劳动强度,将其装于托盘上运往店铺,店铺用叉车将其卸下,整个过程既迅速又省力。

(14) 组配：将送往同一线路上不同店铺的不同商品按送货车的容积和载重量要求进行配载,以使送货车的容积和载重量利用率最佳,减少交通流量,降低送货成本,提高配送速度。这是配送作业中最主要的环节之一,也是区别传统仓储作业与现代配送作业的一个重要标志,它可改变一店一车、车车不满的状况。可以说没有对不同商店的组配就没有配送。

(15) 装车：用托盘盛装的商品可用叉车组织装车,否则需要人力组织装车。注意,要按送货的先后顺序装车,先到的放在上面和外面,后到的防在下面和里面,要做到重不压轻。

(16)送货:送货安排可有多种,如按固定时间、固定路线、为固定店铺送货,按店铺的要求准时送达。返程可捎回搁置在店铺的空托盘、包装箱及退换货等。

在整个配送中心作业的流程运作过程中,信息流(票据、单证及其他许多相关信息)贯穿于始终,确保了配送作业各程序的有效运作和流畅运行。资金流(如贷款、运费、杂费等的结算流程)则确保所配货物的产权顺利转移,为配送中心的运作提供了前提。

一、产生订单的流通渠道

配送中心一般在流通渠道中担任着制造商与零售商中间桥梁的批发机能,所接触的流通渠道组织为商品供给者的制造、进口、代理商以及商品销售对象的零售商。就流通渠道流程来看,本书将配送中心的订单处理界定为处理零售商的订货、下单作业,而不包含配送中心向供货商的订货、下单作业,如图2-2所示。

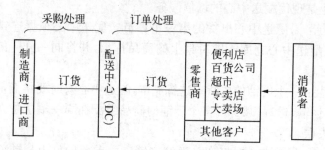

图 2-2 订单流通渠道

二、配送中心订单流程

就商业活动来看,配送中心的订单处理为商业交易的一环,是配送中心与零售门店或其他客户的互动作业,因此并不是单独的内部作业即可完成。从客户(门店)下单、配送中心接单、订单资料输入处理到出货商品的拣货、配送、签收,直至最后请款、取款,这一连串的数据处理不是物流中心单方面的内部系统作业,而是双方之间相关系统的一体活动,如图2-3所示。

三、接单作业

接单作业是订单处理的第一步,目的在于取得客户的订货资料。随着流通环境及技术的发展,企业或零售门店的订货方式由传统的人工下单、接单方式,演变为计算机间接或直接送收订货资料的电子订货方式。

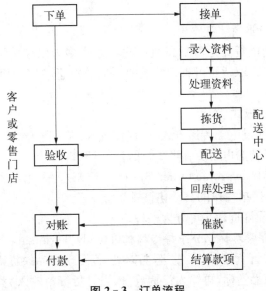

图 2-3 订单流程

（一）传统订货方式

1. 厂商铺货

供货商直接将商品放在车上，一家家去送货，缺多少补多少。此种方式对于周转率较快的商品或新上市商品较常使用，对于周转率较慢的商品较不可行。近来因商品种类繁多、消费需求多变且交通状况恶化，此种方式已较少使用。

2. 厂商巡货、隔日送货

为目前最流行的方式。厂商可利用巡货人员为店头整理货架、贴标或提供经营管理意见、市场信息等，亦可促销新品或将自己的商品放在最占优势的货架上。此种方式的缺点是厂商可能会将巡货人员的成本加入商品的进价中，而且厂商乱塞货将造成零售业者难以去管理、分析自己所卖的商品。

3. 电话口头订货

订货人员将商品名称及数量，以电话口述方式向厂商订货。零售商每天需订货的品项可能有数十项，而且这些商品可能由不同的供货商供货，因此利用电话订货所费时间太长，且错误率高。

4. 传真订货

货物需求者将缺货资料整理成书面资料，利用传真机传给厂商。利用传真机虽可快速传送订货资料，但因其传送数据质量不良常增加事后确认作业。

5. 邮寄订单

零售店将订货资料，或订货磁盘、磁带邮寄给厂商。近来的邮寄效率及品质已不符所需。

6. 零售商自行取货

零售商自行到供货商处看货、补货，此种方式多为以往传统杂货店因地缘近所采用。零售商自行取货虽可省却配送中心配送作业，但个别取货可能影响配送作业的连贯性。

（二）电子订货方式

电子订货，即通过电子传递方式，取代传统人工书写、输入、传送的订货方式，也就是将订货资料转为电子资料形式，通过通讯网络传送。

电子订货系统（Electronic Order System，EOS）为采用电子资料交换方式取代传统商业下单/接单动作的自动化订货系统。

一般而言，电子订货做法可分为三种。

1. 订货簿或货架卷标配合手持终端机（Handy Terminal，H.T.）及扫描仪

订货人员携带订货簿及H.T.巡视货架，若发现商品缺货则用扫描仪扫描订货簿或货架上的商品卷标，再输入订货数量，当订货资料输入完毕后，利用调制解调器将订货资料传给供货商或总公司。

2. POS（Point of Sale，销售时点管理系统）

零售商若有POS系统，则可在商品库存档里设定安全存量，每当销售一笔商品资料时，计算机自动扣除该商品库存，当库存低于安全存量时，即自动产生订货资料。亦有零售商将每日的POS资料传给总公司，总公司将POS销售资料与库存资料比对后，根据采购计划向供货商下单。

3. 订货应用系统

零售商信息系统里若有订单处理系统，可将应用系统产生的订货资料，经由转换软件功能转成与供货商约定的共通格式，在约定时间里将资料传送出去。

对零售业而言，电子订货能够体现以下优势：快速、正确、简便地下单；商品库存的适量化，仅订购所需数量，可分多次下单（适合多样、少量、高频度订货）；缩短交货时间；降低库存；减少因交货错误所造成的缺货；减轻进货检验作业。对供货商而言，电子订货带来的好处有：简化接单作业、缩短接单时间、减少人工处理错误从而快速、正确、简便地接单；减少退货处理作业；满足客户多样、少量、高频度的订货；缩短交货的前置时间。

四、订单处理

接受订单后，首先要将其输入管理系统，然后进行库存分配，最后将订单处理结果打印输出，如拣货单、出货单的打印，根据这些输出单据进行出货配送作业。

(一) 订单资料输入

获得客户订货资料后，紧接着将此资料输入系统。将订货资料输入系统有两种方法。

1. 人工输入

企业利用人员将客户的订单、电话、传真、邮寄等订货资料输入计算机。人工输入需要人工成本，也存在效率及正确性的问题，特别是大规模的配送中心面临成千上万不同品类的商品时，这种问题尤其突出。

2. 联机输入

结合计算机与通讯技术，将客户的电子订货资料通过电信网络直接转入计算机系统可以省却人员的输入。电子订货方式即为联机输入，不过若传送的资料格式不是双方约定的标准，仍需经过转换文件格式后才能进入订单处理系统。

(二) 订单资料查核及确认

订单资料输入前，须仔细检查订单上的各项资料是否完备、符合要求，若有疑问须立即与客户联络，确认清楚后再输入。对于经由电子订货所接收的订货资料亦须加以查核确认。订单资料的查核确认包括输入检查和交易条件确认，其中交易条件又包括客户信用状况、订单形态、现有库存、销售配额、价格等内容。

(三) 库存分配

为了达到物流体系在适当的时间、适当的地点，提供适量、适价和正确品类的商品的目标，反映到订单处理上便是如何将现有的库存做最好的分配。订单资料输入系统，确认无误后，最主要的处理作业在于如何将大量的订货资料，做最有效的汇总分类、调拨库存，以便后续的物流作业能有效地进行。

存货的分配调拨，可分为单一订单分配及批次分配。

单一订单分配多为线上实时分配，亦即在输入订单资料时，就将存货分配给该订单。

批次分配即累积汇总数笔已输入订单资料后，再一次分配库存。物流中心因订单数量多、客户类型等级多，且多采用一天固定配送次数，因此通常采取批次分配，以确保库存能做最佳的分配。

(四) 订单数据处理输出

根据订单资料对库存进行分配后，即可开始打印一些出货单据，以展开后续的配送作业。这些出货单据包括两类。

1. 拣货单(出库单)

拣货单据的产生，在于提供商品出库指示资料，作为拣货的依据。

拣货单的打印应考虑商品储位，依据储位前后相关顺序打印，以减少人员重复往返取货，同时拣货数量、单位亦需明确标示。随着拣货、储存设备的自动化，传统的拣货单据形式已不符需求,利用计算机、通讯等方式处理显示拣货资料的方式已取代部分传统的拣货窗体,如利用计算机辅助拣货的拣货棚架、拣货台车以及自动存取的 AS/RS。采用这些自动化设备进行拣货作业,需注意拣货资料的格式与设备显示器的配合,以及系统与设备间的资料传送及回馈处理。

2. 送货单

物品交货配送时,通常需附上送货单据给客户清点签收。因为送货单主要是给客户签收、确认出货资料,所以其正确性及明确性很重要。要确保送货单上的资料与实际送货资料相符,除了出货前的清点外,亦须注意出货单据的打印时间及修改。

第二节　商品入库作业

入库作业是在接到商品入库通知单后,经过一系列作业环节构成的工作过程。入库作业是仓库管理过程的开始。入库作业直接影响到后续在库作业以及物流客户服务,因此必须综合考虑影响入库作业的因素,按照入库作业的基本流程,根据不同的管理策略、货物属性、数量以及现有库存情况,自动设定货物堆码位置、货物堆码顺序建议,实现货物的高速入库,从而提高入库作业效率。

入库作业的基本业务流程包括:入库申请、编制入库作业计划及计划分析、入库准备、接运卸货、核查入库凭证、物品检验、办理交接手续、处理入库信息、生成提货凭证(仓单)等作业。具体见图 2-4 所示。

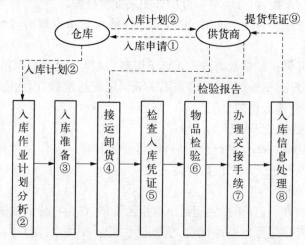

图 2-4　入库作业的基本业务流程

一、入库申请

入库申请是存货人对仓储服务产生需求,并向仓储企业发出需求通知。仓储企业接到申请之后,对此项业务进行评估并结合仓储企业自身业务状况做出反应,或拒绝该项业务,并做出合理解释,以求客户的谅解;或接受此项业务,并制定入库作业计划,并分别传递给存货人和仓库部门,做好各项准备工作。所以,入库申请是生成入库作业计划的基础和依据。入库申请表如表2-1所示。

表 2-1 入 库 申 请 表

编号:　　　　　　　　　　　　　　　　申请日期:　　年　月　日

交易商名称		席位代码		联系人	
联系电话		入库方式		预计入库日期	
拟交货仓库		数量( )		重量( )	
商品代码		商品品种		规格		牌号	
产　　地		品　　牌		品　级	
出厂日期		生产厂家		执行标准	
声　　明				交易商单位:(公章)	
备　　注					

二、编制入库作业计划及计划分析

入库作业计划是指仓库部门根据本部门和存货人等外部实际情况,权衡存货人的需求和仓库存储的可能性,通过科学的预测,提出在未来一定时期内仓库要达到的目标和实现目标的方法。

入库作业计划是存货人发货和仓库部门进行入库前准备的依据。入库作业计划主要包括到货时间、接运方式、包装单元与状态、存储时间及物品的名称、品种、规格、数量、单件体积与重量、物理、化学、生物特性等详细信息。如图2-5所示。

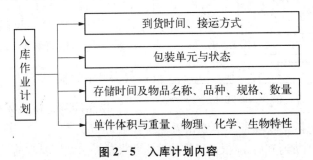

图 2-5 入库计划内容

三、入库准备

入库准备(如图 2-6)是仓库部门根据拟定好的入库作业计划,合理安排好货位及苫垫材料、验收及装卸搬运器械以及人员和单证等,以便货物的入库。经仓库部门对入库计划分析评估之后,即可开始入库准备工作。

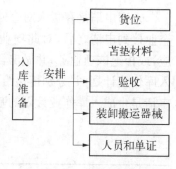

图 2-6 入库准备

四、接运卸货

接运装卸是指及时而又准确地从交通运输部门提取货物。在接运由承运人转运的货物时,必须进行认真检查,分清责任,取得必要的证件,避免将一些在运输过程中或运输前就已经损坏的货物带入仓库,造成验收中责任难分和在保管工作中的困难或损失。

接运可在车站、码头、仓库或专用线进行,因而可以简单地分为到货和提货两种形式。到货形式下,仓库不需要组织库外运输。提货形式下,仓库要组织库外运输,除要选择运输线路、确定派车方案外,更要注意货物在到库途中的安全。

五、核查入库凭证

入库凭证是仓库接收货物准确入库的凭证,如图 2-7 所示。入库货物必须具备下列四种凭证。

(1) 入库通知单和订货合同副本。

(2) 供货单位提供的材质证明书、装箱单、磅码单、发货明细表等。

(3) 货物承运单位提供的运单。若货物在入库前发现残损情况,还要有承运部门提供的货运记录或普通记录,作为向责任方交涉的依据。

(4) 核对凭证。也就是将上述凭证加以整理并全面核对。入库通知单、订货合同要与供货单位提供的所有凭证逐一核对,相符后才可进行下一步的物品检查和验收。

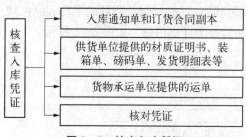

图 2-7 核查入库凭证

六、物品检验

物品检验是审核入库凭证中物实相符的过程,包括验收准备和实物检验两个作业环节。

仓库接到到货通知后,应根据货物的性质和批量提前做好验收前的准备工作。此外,对于有些特殊货物的验收,如毒害品、腐蚀品、放射品等,还要准备相应的防护用品。

所谓实物检验,就是根据入库单和有关技术资料对实物进行数量检验和质量检验,形成检验报告。

七、办理交接手续

交接手续是指仓储对接收到的货物向送货人进行的确认,表示已经接受货物。办理完交接手续,意味着划分清运输、送货部门和仓库的责任。入库货物经过点数、查验之后,可以安排卸货、入库堆码,表示仓库接收货物。在卸货、搬运、堆垛作业完成后,与送货人办理交接手续。

八、入库信息处理

入库信息处理(如图 2-8)是指将货物相关信息录入系统的过程,主要有登账、立卡、建档等三个环节。

图 2-8　入库信息处理

九、生成提货凭证(仓单)

提货凭证是指根据合同的约定或者存货人的要求,向存货人签发仓单,并作为提货时的有效凭证。在存储期满,根据仓单的记载向仓单持有人交付物品,并承担仓单所明确的责任。

仓储经营人准备好仓单簿,仓单簿为一式两联,第一联为仓单,在签发后交给存货人;第二联为存根,由保管人保存,以便今后核对仓单。

提货凭证如表 2-2 所示。

表 2-2　提 货 凭 证

A 公司商品提货凭证

××仓储中心:

我单位同意将存放于_____仓库的_____千克商品提出所存放仓库,有关明细如下表:

单位名称		交易商编号	
地　　址		电　　话	
商品名称		商　　标		批　　号	
牌　　号		产　　地		净重(千克)	
箱　　号		生产日期		备　　注	
仓库名称			
仓库地址		电　　话	

特此证明

(公司盖章)

年　月　日

第三节　商品盘点管理

物品盘点是检查账、卡、物是否相符，把握库存物数量和质量动态的手段。

一、物品盘点作业的目的

（一）确定现存量

盘点可以确定现有库存商品的实际库存数量，并通过盈亏调整使库存账面数量与实际库存数量一致。由于多记、误记、漏记，会使库存资料记录不实。此外，由于商品损坏、丢失、验收与出货时清点有误；有时盘点方法不当，产生误盘、重盘、漏盘等。为此，必须定期盘点确定库存数量，发现问题并查明原因，及时调整。

（二）确认企业资产的损益

库存商品总金额直接反映企业流动资产的使用情况，库存量过高，流动资金的正常运转将受到威胁，而库存金额又与库存量及其单价成正比，因此为了能准确地计算出企业实际损益，必须通过盘点。

（三）核实商品管理成效

通过盘点可以发现作业与管理中存在的问题，并通过解决问题来改善作业流程和作业方式，提高人员素质和企业的管理水平。

二、物品盘点作业的内容

（一）查数量

通过点数计算查明商品在库的实际数量，核对库存账面资料与实际库存数量是否一致。

（二）查质量

检查在库商品质量有无变化，有无超过有效期和保质期，有无长期积压等现象，必要时还必须对商品进行技术检查。

（三）查保管条件

检查保管条件是否与各种商品的保管要求相符合。如堆码是否合理稳固，库内温湿度是否符合要求，各类计量器具是否准确等。

（四）查安全

检查各种安全措施和消防设备、器材是否符合安全要求，建筑物和设备是否处于安全状态。

三、盘点的形式

具体来说,盘点的形式可以有如下划分:
(1) 按商品盘点时间划分,分为定期盘点和临时盘点;
(2) 按商品盘点的范围(工作需要)划分,分为全面盘点和部分盘点;
(3) 按商品盘点的方式划分,分为关门盘点和不关门盘点;
(4) 按商品盘点的地点划分,分为库存区盘点和销售区盘点。

四、盘点的原则

(1) 真实。要求盘点所有的点数、资料必须真实,不允许作弊或弄虚作假,掩盖漏洞、失误。

(2) 准确。盘点过程要求准确无误,无论是资料的输入、陈列的核查、盘点点数,必须准确。

(3) 完整。所有盘点过程的流程,包括区域的规划、盘点的原始资料、盘点点数等,都必须完整,不要遗漏区域、遗漏商品。

(4) 清楚。盘点过程属于流水作业,不同的人员负责不同的工作。所以所有资料必须清楚,书写的字迹必须清楚,货物的整理必须清楚,才能使盘点顺利进行。

(5) 团队精神。盘点是全队人员都参加的运营过程。为减少营业的损失,加快盘点的速度,商场各个部门必须有良好的配合协调意识,以大局为重,使整个盘点按计划进行。

五、盘点技巧

(一) 商品点数方法

要运用科学的盘点方式和技巧进行商品点数。
(1) 盘点货架上商品时要按顺序从左到右,从上而下的进行。
(2) 在整理商品排面时,要将小的放前面,大的放后面,以免遮挡视线,造成漏盘。
(3) 对内仓商品和精品柜的商品要提前盘点,做到账、卡、物相符。
(4) 在清点商品数目时,抄写清单要字迹清晰,避免混淆,更不要随意涂改。
(5) 要进行明确分工,按商品的类别指定专人负责,做到卖场内的商品个个盘点到,一个不漏。
(6) 盘点结束后要在盘点的清单上签上盘点人的姓名,以落实责任。
(7) 对大宗副食品商品,要对实物称重。

(二) 库存商品的盘点技能

1. 盘点准备

(1) 整理单据。检查进货单据、变价单据、净销货收入汇总、报废汇总、移仓单等单据是否入账。

(2) 整理商品,将库内商品按品种分开堆放,界限要分明;检查整箱商品是否已有开箱,重点检查不满的箱子;商品排列要整齐有序,方便点数。

(3) 准备好盘点所用工具,红蓝签字笔,纸张,计算器等。

(4) 填写盘点表。

2. 点数登统操作

(1) 两人一组进行盘点,两人同时点数商品,一人负责填表并复诵数目。

(2) 初点后,依上面同样方法,再数一次,进行复点。

(3) 复点完成后,将结果用红笔记录在盘点表上。

(4) 完成的盘点表,要接受安全部门人员的抽查,检验数据是否正确。

(5) 盘点的审核,数字的书写必须清楚、规范,盘点表的页数应正确。

(6) 两人共同签字,将盘点表上交主管。

(三) 商场内商品盘点

1. 货架商品盘点的操作

(1) 盘点准备操作。

整理商品,检查货架上商品陈列位置是否正确;检查货架上有无混入其他商品;检查商品是否有串号;注意查看有无被遮挡的商品,准备好盘点工具,领取已盘同种商品库存盘点表、笔、计算器等用具。

(2) 点数登记操作。

两人一组进行盘点,两人同时点数商品,一人负责填表并复诵数目。

(3) 盘点后的处理。

将货架点数数据与库存数据汇总,得出最后盘点结果。两人共同签字,将盘点表上交主管。

2. 散货商品盘点的操作

(1) 盘点前准备。

整理商品,检查桶、箱、格等容器内商品,以及展台上所摆放的商品有无洒落情况;检查商品有无掺杂,混乱情况,以免在称重或点数时出现错误。

准备好盘点所用工具,领取已盘同种商品库存盘点表,准备好盘点所用红蓝签字笔及调试好的电子秤等。

(2) 盘点操作。

两人一组进行盘点,一人点数,称量商品,另一人负责填表并复诵数目,未开箱的商品可整箱点数,已开箱的商品,必须全数过称或点数。

六、盘点中的作业

盘点作业顺序:先点仓库、冷冻库、冷藏库,后点卖场。

盘点作业正式开始前,首先分配盘点区域的责任人员,说明盘点工作的重要性,然后是发放盘点清单,告知填写报告的方法。

(1) 平行盘点法。两人各持一份相同的盘点表,从不同角度盘点相同商品,盘完后相互核对,如有差错,及时纠正,要以实物为准,不准以账代实,证实无误后,两人签字上报。

(2) 对仓库内商品的盘点(提前一天盘点仓库内的商品)。

(3) 对冷库内商品的盘点。

(4) 对货架上商品的盘点。货架上商品品种多、数量大,容易产生漏盘现象,应按"S"形陈列顺序盘点,不要将不同货架上同品种商品合并。

(5) 对特殊位置陈列的商品,应该单独盘点。

(6) 退调商品的盘点。应有专人保管,退调商品的进出须两人经手,同时签名,门店经理加以监督。

七、盘点结果处理

(一) 盘点记录整理

盘点作业结束后,会计出商品的盘点金额。要审核有无规格上的计量差错,对出现的一些不正常数字要进行确认,门店要将盘点结果送总部财务部,财务部将所有盘点数据汇总。

(二) 盘点后的善后工作

在确认盘点记录无异常情况,就要进行第二天正常营业的整备和清扫工作,这些善后工作的内容包括补充商品,将商品的陈列恢复到原来的状态,清扫通道,达到整个门店第二天能正常营业的效果。

八、盘点差错的原因及处理

(一) 盘点差错的原因

(1) 账存数有误。

(2) 由于工作疏忽和品种数量上的差错。

(3) 盘点报表计算错误。

(4) 由于管理不善和有关人员工作失职造成。

(5) 由于不法分子营私舞弊和外来人员盗窃侵占造成损失。

(二)差错处理方法

(1)如果账务差错,纠正账务。
(2)如果有关人员失职造成差错,责令其赔偿。
(3)无法查明原因的商品,应填写"财产损溢报告单"上报。

第四节 商品拣货与出库管理

一、拣货的定义

拣货(Order-picking)是指接受顾客的订单后,将顾客的订购品从库存储位中选出,并进行出库的业务。根据订单拣货是配送中心的必经作业之一,也是货物出库配送的前提。

二、拣货的目的

拣货作业的目的也在于正确且迅速地集合客户所订购的商品,从而确保及时有效地为客户进行配送。拣货作业的正确率是配送中心服务质量的重要指针,也是企业形象的象征。从物流成本的角度分析,拣货成本约占总成本的40%左右,是配送作业中人力投入最多之处,如果规划完善合理的拣货系统,可以增加经营绩效与降低成本。

三、拣货作业系统

拣货作业系统共分为拣货单位、拣货作业模式、拣货策略、拣货信息与拣货硬件等五种。

(一)拣货单位

对应着物流中心的储位单位有托盘、整箱与单品;拣货单位也有托盘、整箱与单品三种。

1. 托盘

出货单位以整托盘量为基本单位,必须利用推高机等机械设备来搬运。

2. 整箱

出货以产品本身的外箱为单位,可用人工拣取。

3. 单品

出货数量以产品个别单位为基本单位,可用人工拣取。

（二）拣货模式

拣货方式一般可分为订单别拣取、批量拣取、汇总订单拣取与复合拣取。

1. 订单别拣取

这种作业方式是分别以每一张订单作为作业基础，作业员在仓库内巡回，将客户订购的商品逐一由仓储中挑出集中的方式，是较传统的拣货方式。

订单别拣取的优点是：作业方法单纯，订单处理前置时间短，导入容易且弹性大，作业员责任明确，派工容易、公平，拣货后不必再进行分类作业，适用于数量大、品项少的订单的处理。

但订单别拣取也存在以下缺点：商品品项多时，拣货行走路径加长，拣取效率降低。拣取区域大时，搬运系统设计困难，少量多次拣取时，造成拣货路径重复费时，效率降低。

2. 批量拣取

把多张订单集合成一批次，依商品品类的不同将数量加总后再进行拣取，之后根据客户订单的不同作分类处理，这种方式也可称为"播种式拣取"。

批量拣取的优点是：适合订单数量庞大的系统；可以缩短拣取时行走搬运的距离；增加单位时间的拣取量；愈要求少量、多次数的配送，批量拣取就愈有效。其缺点为：对订单的到来无法做及时的反应，必须等订单达一定数量时才做一次处理，因此会产生停滞的时间。

3. 汇总订单拣取

主要是应用在一天中每一订单只有一个品类的场合，为了提高输配送的装载效率，将某一地区的订单汇总成一张拣货单，做一次拣取后，集中捆包出库。属于订单别拣取方式的一种变形方式。

4. 复合拣取

复合拣取是订单别拣取与批量拣取的组合运用，可以根据订单品项数量决定哪些订单适于订单别拣取，哪些适合批量拣取。

四、拣货流程

拣货作业在配送中心整个作业环节中不仅工作量大、工艺过程复杂，而且作业要求时间短、准确度高，因此，加强对拣货作业的管理非常重要。制定科学合理的分拣作业流程，对于提高配送中心运作效率及提高服务商品具有重要的意义。配送中心拣货作业基本流程如下。

（一）拣货单的形成

根据顾客的订单信息形成拣货单或出库单等拣货资料，并根据顾客的送货要求制定发货日程，最后编制发货计划。

（二）确定拣货策略

采用何种拣货策略将会对日后的拣货作业效率产生巨大的影响，由于不同的订单需求形态，产生出不同的拣货策略，常见的有以下三种拣货策略。

1. 分区拣货策略

即将拣货作业场地作区域划分，依分区的原则不同，可将分区的种类分下列三种。

（1）依拣货单位分。

将拣货作业区按拣货单位划分，例如，成箱拣货区、单品拣货区，或是具有商品特性的低温拣货区。

（2）依拣货方式分。

依拣货方法及设备的不同，划分成若干区，此分区原则通常按商品销售的ABC来分，及依各品项的出货量大小来分。

（3）依工作组别分。

在相同的拣货作业方式下，将拣货作业场地细分成几个分区，由一个或一组固定的拣货人员负责拣取区域内的货品。其优点在于使拣货人员所需记忆的拣货位置及移动距离减少，以缩短拣货的时间，或是配合订单分割方法，运用多组拣货人员在短时间内共同完成订单的拣取。

2. 订单分割策略

当订单所订购的商品品类较多，为了能在短时间完成拣货处理，可将订单切分成若干子订单，交由不同的作业人员同时进行拣货作业。各子订单拣货完必须作汇集的动作。

3. 订单分批策略

订单分批是将多张订单集合成一批，再将每批次订单中的同一项商品品项加总作拣取，然后把货品分类到每一订单别，形成批次别拣取。如此可缩短拣取时平均行走的搬运距离，也可减少重复寻找的时间，进而提升拣货的效率。但是若每批次的订单数目增加时，必须耗费较多的分类时间。除了订单分批以外，还可以依实际的需求设计特殊的分批方式，如按配送的地区或路线分批，按配送的数量、车次、金额分批，或是按商品品类特性分批。

（三）输出拣货清单

拣货清单是配送中心将客户订单资料进行计算机处理，生成并打印出拣货单。拣货单上标明储位，并按储位顺序来排列货物编号，作业人员据此拣货可以缩短拣货路径，提高拣货作业效率。拣货单格式参考表2-3。

（四）确定拣货路线及分派拣货人员

配送中心根据拣货单所指示的商品编码、储位编号等信息，能够明确商品所处的位置，确定合理的拣货路线，安排拣货人员进行拣货作业。

表 2-3 拣 货 单

序号	储位号码	商品名称	商品编码	包装单位			拣取数量	备注
				整托盘	箱	单件		

拣货单号码： 拣货时间：
顾客名称： 拣货人员：
  审核人员：
  出货日期：　年　　月　　日

（五）拣取商品

拣取的过程可以由人工或自动化设备完成。通常小体积、少批量、搬运重量在人力范围内且出货频率不是特别高的，可以采取手工方式拣取；对于体积大、重量大的货物，可以利用升降叉车等搬运机械辅助作业；对于出货频率很高的，可以采取自动拣货系统。

（六）分类集中

经过拣取的商品根据不同的客户或送货路线分类集中，有些需要进行流通加工的商品还需根据加工方法进行分类，加工完毕再按一定方式分类出货。多品种分货的工艺过程较复杂，难度也大，容易发生错误必须在统筹安排形成规模效应的基础上，提高作业的精确性。在物品体积小、重量轻的情况下，可以采取人力分拣，也可以采取机械辅助作业，或利用自动分拣机自动将拣取出来的货物进行分类与集中。

五、拣货方案的设计与应用

一个物流仓库可以按照不同的货品类型采用多种方案和设备，也可以根据投资预期选择最适合自己的拣货方案组合。下面就针对前四种设备和技术方案的原理、特点、应用场景进行介绍。

（一）手工纸面单据

手工纸面单据作为最原始的一种拣货方法广泛应用于物流仓库的拣货流程。

它的特点是流程简单,所需设备单一,容易被员工接受。根据作业方式可以分为拣货单和分货单,格式如图2-9所示。

图2-9 拣货单和分货单

拣货单一般按照客户进行打印,一张拣货单是一个客户的。一张拣货单中包含多个商品明细,并且按照货位排序打印,一个货位放置一种货品,拣货员工按照货位顺序从对应的货位取得相应数量的货品,并在拣货单据上使用笔进行标记,直到这张单据上的所有记录标记完毕。

分货单一般按照先商品后客户进行打印,一张分货单一般包含多个货品,每个货品下包含多个客户,打印时按照客户的相对集货位顺序进行排序。分货时分

第二章 连锁企业物流作业流程管理 49

货员先取一个货品放在拖车上,按照客户顺序将商品逐个放到对应的货位上,并在分货单据上使用笔进行标记,直到这张单据上的所有记录标记完毕。

手工纸面单据最大的缺点是拣货时双手不能得到完全解放,拣货差错率较高,难以统计拣货人员工作量。最原始的拣货方法并不意味着低效率。如果仓库场地能够做到有效的规划,即使使用这种最原始的拣货方法,也会有较高的效率。这些因素中尤其重要的一点是拣货动线规划。而且这种方法具有投资低的优势,特别适合规模较小、业务较少的物流仓库作业。

(二) 手工打印标签

这是使用不干胶标签进行拣货的一种方式,这种方式在国内较少被采用。它的特点是流程简单,一个拣货区仅需要一台标签打印机,加一个ID卡刷卡器,拣货员容易掌握。多用于摘果式拣货作业。

一般作业过程是这样的,拣货员拉一辆拖车到作业点旁边,将员工卡放在ID卡刷卡器上刷过,系统自动分配一张拣货单(属于一个客户的),并通过标签打印机打印出一串不干胶;这串标签中包含多个标签,每个标签代表一件商品,并且是按照货位排序进行打印的;拣货员根据标签上打印的货位顺序从相应的货位上取出货品,放置到拖车上并将这张标签张贴在货品外箱上,如果有多个标签指向的都是同一个货位,即代表要从这个货位取多件相同的商品,并将这些标签一一张贴在这些货品上;直到拣货员手上的标签全部张贴完毕,即代表该张拣货单已经拣货完成。

手工打印标签有诸多优点,拣货差错率很低(接近于0);能够比较及时和信息系统进行库存同步(因为在刷卡的时候扣除库存);非常方便统计拣货人员工作量。同样要求仓库场地能够做到有效的规划;其中良好的拣货动线规划也非常重要。这种方法具有投资较低、应用简单,比较适合于单个客户要货品种分散,并且每个品种要货件数少的物流仓库作业,例如便利仓库的整件货品拣货。如图2-10所示

图2-10 便利仓库的整件货品拣货

（三）无线手持终端拣货技术

这是基于无线局域网、采用移动式的无线手持终端进行拣货作业的一种方案。这种方式比较多地应用于近几年建设的一些新物流中。它的特点是全程无纸化，在整个过程中根据无线手持终端的指导进行拣货，多用于摘果式拣货。

一般作业过程，拣货员开叉车或者拉拖车，先在无线手持终端上发出指令，开始拣货，信息系统自动给该无线手持终端分配拣货单，拣货员根据无线手持终端的显示指示到相应的货位上将货品取下，扫描货品条码，如果货品无误则再点好具体拣货数量，在无线手持终端上确认拣货。一条拣货指令确认完成后，系统自动跳出下一个货位的拣货指令，直到该拣货单全部拣货完毕。

现阶段无线网络已经被广泛地应用于各行各业，整体的成本也比前几年有了较大幅度的下降。首先，稳定的无线信号传播会受客观环境的限制，这就要求仓库的建设过程需要考虑无线网络使用的注意问题，比如仓库的层高、无线 AP 点的分布等。其次，无线手持终端是较专业和较贵重的设备，拣货人员需要培训手持终端电脑的操作习惯和注意事项。

无线手持终端也有诸多优点，拣货货品差错率为 0（因为使用扫描条码，一般情况不可能出错），拣货件数差错率也很低（接近于 0），能够非常及时和信息系统进行库存同步（因为在确认数量的时候扣减库存），也可以非常方便地统计拣货人员工作量，并且可以不受固定场地的限制，可以在整个仓库任何有无线信号的地方作业。但是使用无线手持终端有些时候不能够非常有效地解放双手。这种方案一般投资较高、专业性强，比较适合于单个客户每个要货品种要货件数较多，或者直接使用叉车拣货的物流仓库作业，例如，超市物流仓库的整件货品拣货，批发形态的物流仓库拣货。

（四）电子拣货标签拣货技术

电子标签辅助拣货系统（CAPS）是采用先进电子技术和通讯技术开发而成的物流辅助作业系统，通常使用在现代物流中心货物分拣环节，具有效率高、差错率低的作业特点。电子标签辅助拣货系统根据两种不同的作业方式，可分为摘取式拣货系统 DPS(Digital Picking System)和播种式拣货系统 DAS(Digital Assorting System)，见图 2-11 所示。

摘取式拣货系统 DPS 是指将电子标签安装于货架储位上，一个储位放置一项产品，即一个电子标签代表一项产品，并且以一张拣货单为一次处理的单位，系统会将拣货单中有拣货商品所代表的电子标签亮起，拣货人员依照灯号与显示数字将货品从货架上取出放进拣货箱内。这就是摘取式拣货系统。

播种式拣货系统 DAS 是指每一个电子标签代表一个客户或是一个配送对

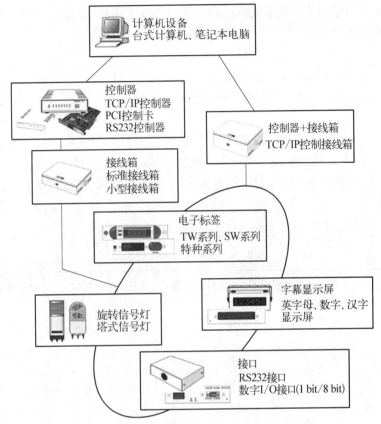

图 2-11 摘取式拣货系统 DPS 和播种式拣货系统 DAS

象,以每个品项为一次处理的单位,拣货人员先将货品的应配总数取出,并将商品信息输入,系统会将代表有订购此项货品的客户的电子标签点亮,配货人员只要依电子标签之灯号与显示数字将货品配予客户即可。这就是播种式拣货系统。

无论是摘取式电子标签拣货系统,还是播种式电子标签拣货系统,它的网络设备构成如图 2-11 所示。它是一套完整的、独立的电子标签系统,一般由比较独立的一套控制软件进行标签的显示调度,可以采用接口的方式和 WMS 系统进行对接。

这类方案在日本和中国台湾的各类物流中广泛被采用,一般多用于拆零商品的拣货。拣货差错率非常低,也能够比较及时和信息系统进行库存同步(因为一般在一张拣货单全部完成的时候扣减库存),可以非常好地解放拣货人员双手,并且每个拣货人员的活动范围较小,极大地降低了拣货人员的大量无用走动,从而使拣货效率大幅度提高,也可以比较方便地统计拣货人员的工作量。但是电子标签方案要有固定的拣货流水线。这种方案一般投资较高,经过简单培训拣货人员可以很快熟练,比较适合于拆零比较高的物流仓库拣货,例如,便利超市物流仓库的拆零货品拣货。

基于电子标签的方案现在已经发展出许多扩展型的应用,一般有以下三种:

(1) 在标签流水线上安装区段满箱标签,可以做到每个货品和周转箱的对应。

(2) 在标签流水线上安装条码扫描枪,可以做到每个货品放入周转箱前进行条码确认,极大地降低了拣货差错率,并且可以取消后续的复核环节。

(3) 在摘果法中采用一对多的标签,一个标签控制多个货品,可以极大地降低投资成本。

下面比较这四种拣货方案的优劣,如表 2-4 所示。

表 2-4 四种拣货方案的优劣

拣货方案	手工纸面单据	手工打印标签	无线手持终端	电子拣货标签
所需设备	普通针式打印机	标签打印机 ID 卡设备	全套无线网络和手持终端设备	全套电子标签拣货系统
拣货效率	较低	较高	一般	较高
拣货差错	高	很低	极低	低
信息及时性	差	较好	好	较好
工作量统计	不方便	方便	方便	较方便
投资情况	低	较低	高	高
仓库规划要求	拣货动线规划	拣货动线规划 安装标签打印机	拣货动线规划 安装无线局域网	拣货流水线规划 安装电子标签 使用流利货架或隔板式货架
应用场景	没有限制所有类型物流仓库	超市、便利物流仓库整件拣货	超市、批发物流仓库整件拣货	超市、便利物流仓库拆零拣货
拣货员使用	1. 拣货员双手得不到解放 2. 对拣货员要求低,上手快,培训简单	1. 拣货员双手得到部分解放 2. 对拣货员要求低,上手快,培训简单	1. 拣货员双手得不到解放 2. 对拣货员要求高,需要经过专业培训	1. 拣货员双手得到完全解放 2. 对拣货员要求较低,仅需一般培训即可

拣货小案例讨论

客户名称：上海可的源通物流有限公司上海仓库
面积：9 600平方米(常温)+1 600平方米(冷链)
货品品种：2 500种(常温)+300种(冷链)
采用的拣货方案如表2-5所示。

表2-5 拣货方案

拣货区域	品种数	拣货方案	其他
常温整件货品	270种	手工打印标签	两条U形货道
常温拆零A类货品	600种	DPS一对一电子标签	两条拣货流水线,中间共用一条传送带
常温拆零C类货品	1 500种	DPS一对五电子标签	单"非"字形布局,四条U形货道
常温紧急加单	所有货品	手工纸面单据	在非正常作业时间个别门店紧急加单
冷链(全部拆零)	300种	DAS一对一电子标签	四条拣货流水线,共用两条传送带

从表2-5中可以看到,常温商品拆零率高达90%,如何提高拣货效率成为当时常温仓库规划的最大问题,但同时还要兼顾投资成本;所以经过详细计算和验证后采用如上方案,其中A类货品和C类货品,完全是根据货品拣货次数进行ABC分析和EIQ分析得出的结果,从而解决了拣货效率和投资成本的矛盾。

另外,在拣货方面针对以上方案还可以进行进一步的优化,例如,常温整件拣货两个U形货道的动线是比较长的,根据现场情况分析,拣货人员不拣货走路的时间占到整个拣货时间的60%—70%,如果能够降低空走的时间,即可提高拣货效率;可的在常温整件拣货区也采用了ABC分析和EIQ分析方法,将拣货频率高的货品放置在离出口近的地方,拣货频率低的放在远的地方,这样从概率上来讲即可降低整体的空走时间,使得拣货效率得到进一步的提高。

第五节 商品配送模式选择

一、配送模式的种类

配送模式是指企业在考虑把所采购的原材料和零部件从供应地转移至生产

地,或把产品或服务从生产地传递给供应链下游环节或消费者时,所选择的物流配送运作方式。

根据企业对物流配送系统资本投入多寡和管理控制能力强弱,可将配送模式分类为四种。

(一)自营型配送模式

在自营型配送模式下,企业自己拥有物流资源,对物流系统有完全自主产权。企业通过独立组建配送中心,实现对内部各部门、厂、店的物品供应——配送。我国传统的大中型企业大都采用这种方式。在这种方式下,企业拥有自己的运输部门、自己的仓库,有能力把自己的产品运送到客户手中。此时,企业一般不愿意向外部市场上的运输、仓储等企业和第三方的物流企业购买部分或全部的物流服务。整个物流过程在企业自身的控制之下,任何的货物损失最终全由企业自身承担。在物流系统的产权问题上也不可能产生权益纠纷的问题。从管理的角度来说,自营型配送模式并不是最有效的,这是因为企业主营业务并非物流,无法对自身的物流业务进行有效的管理,或无法让自有的物流配送系统发挥最高效益,也不利于降低成本,所以许多企业开始抛弃、改造这种对物流系统完全自主产权的物流作业方式。当然也有企业看好对物流系统完全控制的物流运作方式的,如彩电业的巨头康佳集团主管电子商务的负责人认为,康佳从不考虑让别人来做他们的第三方物流,康佳甚至还有意利用自己庞大的销售网络做别人的第三方物流。

(二)第三方物流配送模式

第三方物流配送模式也称外包配送模式。在第三方配送模式的情况下,需要配送服务的企业没有自己的物流配送资源,通过与市场上的配送服务企业订立长期稳定、联系紧密的配送合同完成物流运作。

企业与外部市场的第三方物流公司订立合同购买完整的物流服务,企业本身不拥有物流资源的产权。在外包第三方配送模式下,企业完全不具有物流配送系统的所有权与管理权限。此时的企业与物流公司之间存在长期的配送合同,相当于把第三方物流建立的物流配送网络作为企业自身的配送系统。这种方式是典型的"合同制物流"(Contract Logistics)方式,即利用企业外部的运输、仓库资源来执行本公司的物料管理或产品分销职能,并以合同来约束双方的权利义务。

这种配送模式的特征是:

(1)配送服务消费者与第三方物流公司(物流服务提供方)之间存在一个总的物流合同,该合同规定一段时间内企业全部或部分符合某一要求的产品或货物的物流配送都由第三方物流公司利用其物流网络完成。

(2)物流配送网络资源的产权属于物流公司,物流公司对配送系统行使控制、管理的权力。企业对整个物流配送系统并无控制权,但企业可以根据物流合同约定第三方物流公司的义务与服务标准,通过合同的约束力对整个物流过程施加影响。

(3) 在合同约定期间的物流作业过程中,产生货损货差或合同规定的其他违反合同的情形时,企业可以以违约为由要求物流配送服务提供者采取补救措施或提供赔偿。

(三) 共配送模式

传统的配送模式一般是货主或供应商与客户一一对应的关系(见图2-12),近年来随着社会消费商品的丰富和货物流转速度的加快,无论是为了满足消费的配送物流还是为了完成生产的生产物流,都增加了对多批次、少批量的配送方式的需求。国内大多数企业都面临物流成本上升、投资物流现代化能力不足以及专业人才缺乏等物流问题。因此,如何整合社会资源以提升物流作业的效率、降低物流成本,已成为目前企业经营在挖掘利润过程中最关键的话题之一。共享第三方物流服务,也被称为共同配送,是实现低成本高效物流的有效途径。共同配送是经长期的发展和探索优化出的一种追求合理化配送的配送形式,也是美国、日本等一些发达国家采用较广泛、影响面较大的一种先进的物流方式。

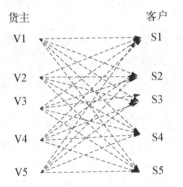

图2-12 传统的供货(配送)模式

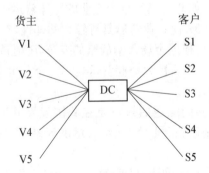

图2-13 共同配送模式

1. 共同配送的内涵

共同配送是指由几个配送中心联合起来,共同制订计划,共同对某一地区的用户进行配送,共同使用配送车辆。也就是把过去按不同货主、不同商品分别进行的配送,改为不区分货主与商品,统统把货物装入同一条线路运行的车辆上,用一台卡车为更多的顾客服务,实现货物及配送的集约化。如图2-13所示。

这是实行物流合理化的一种行之有效的、有良好发展前景的模式。这一模式能解决长途运输车辆跑空车和运费上升的问题。采用共同配送,既能减少连锁超市的物流设施投资,使物流设施布局合理化,也能充分地利用物流资源,同时还可促进实现质量管理的制度化。在目前我国连锁企业资金紧张、城市交通拥挤、污染严重、能源紧张的情况下,推行共同配送具有很大的现实意义。

2. 共同配送的优缺点

共同配送的目的在于企业间结合共同的配送体系,借着专业人才、知识及技术,以解决企业单独投资配送体系所造成的不经济或低效率等问题,提高企业的营运效率,降低总营运成本,以提高企业在市场中的竞争力。

共同配送具有如下优点:

(1) 利用有限的资源达到最佳配送效率。所谓有限的资源包含了配送所需的人力、设备、土地等资源,从社会的角度而言,可以不用浪费多倍的资源去做相同的事情,以最精准的资源投入企业最需要的环节。

(2) 降低营运成本。企业投入配送作业包含硬件及软件的设施成本,对一个企业来说,总的配送成本相当可观,假如投入后并未达到配送的规模效应,造成单位成本过高,企业便无法在市场上具有竞争力。

(3) 维持顾客服务水平。由于专业的物流企业具有专业特长和设施,能够达到一定的顾客服务水平,容易取得市场先机,掌握市场优势。

(4) 提高企业生产力。企业可选择运作效率较低的环节,委托专业物流配送企业,如此可提升整个企业的整体营运效能。

(5) 使企业营运具有较大的弹性,对市场快速作出反应。在共同配送模式下,企业可根据市场营销战略的变革,随时调整配送的运作。

(6) 易扩大企业营运规模。企业可借助共同配送来缩短达成扩大营运规模目标的时间。

共同配送的缺点是在我国发展共同配送涉及许多细节问题,如各企业的产品、规模、商圈、客户、经营意识等差异问题,以及组织协调、费用分摊、商业机密等问题。

(1) 组织协调难度大,因为各个货主对自己的货物的配送都有一定的要求,包括时间、地点、安全、数量都存在差异,要把这些要素统一起来,是一件不容易的事情。

(2) 利益分配上的矛盾,由于共同配送所实现的利益在各货主之间进行分配时缺乏客观的标准,难以做到公平、合理的分配。

(3) 由于共同配送不易保护各经营主体的商业秘密,因此货主出于对自己商业秘密的保护不愿参加。

3. 共同配送的范围及种类

共同配送的范围在于对配送活动进行资源共享的产业合作,以达到经营合理化、效率化的过程,配送的职能就是指以配送中心为中心的运输、配送、保管、包装、装卸、流通加工等作业，共同配送具体内容如表2-6所示。

表2-6 配送共同化的范围

物流资源利用共同化	物流设施与设备利用共同化	物流管理共同化
人 财 物 时间 信息	运输车辆方面 装卸机械 搬运设备 托盘、集装箱 仓储设施 场地	商品管理 在库管理 配送管理 作业管理 成本管理 劳务管理

共同配送按不同标准可作如下分类：

（1）共同配送的种类因主导共同配送的企业型态不同而不同，其种类、内容大致可以如表2-7所示。

表2-7 共同配送按主导企业不同的分类

种　类	执行方式	说　　明
输配送共同型（运输企业主导）	托运共同型	不同货主交由同一车辆运送
	往返互利型	避免回程空载
	运输企业集货型	运输企业利用快速调车的方式，把不同配送服务企业的货集中
	运输企业合作型	运输企业彼此交换同一目的地的货品
	路线运输共同型	以小货车完成集货，再由大货车转运至各目的地，再由小货车配送
配送机能共同型	保管共同型（仓库业者主导）	配送服务需求企业将货品交由专门仓储企业
	交货共同型（交货业者主导）	零售企业联合要求供应商将货送至指定配送企业，统一处理
	全机能共同型（批发业或配送企业主导）	零售企业的采购，透过（批发企业）配送中心统一处理
运销组合型	共同运销型	多个企业合组运销合作机构，统一处理
	协同合作型	不同的企业的产品具互补，且通路相似时，合组新配送中心，协同统一处理

（2）共同配送也可根据企业经营内涵的差异分成同业合作型以及异业合作型两种共同配送，前者是指经营型态相近者，相互合作组织成立的共同配送体

系,以达配送作业效率化;后者虽然经营型态大多不同,但在输送、搬运、储藏亦有很大的重复性,通过合作共同组织配送中心或以委托的方式,解决自行处理配送活动的不经济,这种因为不同行业之间无根本利害关系,所以比前者更容易获得成功。

(3) 按供货和送货的形式确定的模式,有下列三种。

① 共同集货型:由几个物流配送部门组成的共同配送联合体的运输车辆,采用"捎脚"的方式向各货主取货(共同集货)。这种方式可以减少或避免车辆负荷不满的现象,提高车辆的运输效率和降低运输成本,但是这种模式的发货仍采取分散向各客户送货的方式发货。

② 共同送货型:这种模式与共同集货型刚好相反,共同配送中心从货主处分散集货,而向客户送货采用"捎脚"的形式共同送货。其目的与共同集货型类似,可以减少或避免送货车辆负荷不满的现象。

③ 共同集送型:兼有共同集货和共同送货两种模式的优点。它可以使运输效率大大提高,是比较理想的共同化运输模式。

(4) 按共同化范围确定的模式,有下列两种。

① 资源共用型:参加横向集约联合的企业组成的共同配送中心,利用各加盟企业的有限资源(含人、财、物、设施设备、时间和信息),可以使各企业的有限资源得到充分的利用。

② 共同管理型:企业之间在管理方面往往各有所长,尤其是人员的使用与培训,可以采用共同化的管理方法,互通有无,各取所长,达到优势互补的目的。

现在的经营环境不断地快速变化,加上配送费用居高不下,迫使资本额较小的企业放弃自行建立经营配送体系,对外寻求合作或委托专业配送中心,进行共同配送的目标。

4. 建立共同配送的原则

采用共同配送的企业成员彼此都存有利害关系,要如何妥善防范此项因素引起的弊端,需要在构建共同配送系统之前拟定原则,以确保共同配送系统的有效运作,以下便提出四点共同配送建立原则。

(1) 选择成员谨慎原则。

如要成立一个经营稳定的共同配送组织,选择信用度高的成员十分重要。每位成员的加入可带来何种贡献?是资金投入、经验交流,还是提供资源?在成员获利互不冲突下,组织共同配送的成员能否提供自身优势,为组织带来更大的效益?这些都是选择合作成员应考虑的因素。

(2) 确立共同配送的目的。

每一个企业加入共同配送体系都有其各自的目的,有的为解决自身配送能力不足,有些是学习配送经验或者为了能长久发展,无论如何,其目的不外乎增加自身利益。在不同成员怀抱各种不同目的下,相互坦诚沟通便显得十分重要,成员将各自需求充分说明,寻求彼此共识,共同制定组织的目的,避免以后因意见不合产生争执。

(3) 设立共同配送推动委员会。

设立推动委员会来决定体系的规模、合作方式、型态、地点等决定性决策。

(4) 确立共同配送的发展战略和使命。

成功的企业皆拥有明确的发展目标,共同配送也要有鲜明的目标来供全体员工一起努力,企业确立发展战略与使命显示这一结合体系具有清晰的经营方针。

5. 共同配送模式的实施过程

共同配送的实施过程是一个复杂的过程,要以系统的观点来审视,全面分析,细致规划、设计,充分考虑人力、资源、时间、资金等多种要素,以确保所建立的体系能实现预期的目标,具体步骤如下:

(1) 共同配送体的形成。寻找合适合作者及适宜的配送对象。首先,了解参加成员企业的物流实际情况,并设定一定的进入条件,并且适当考虑区域和功能互补。其次,明确开展合作的业务范围,划定需要纳入共同体系的配送商品与服务内容,分别统计其种类、批次、包装、订单截止时间、集货交货时间、验收方法和规划等。

(2) 统一决策机构的建立。达成共识,并经多方协商在决策上达成统一,是架构共同配送体的关键一步。该决策机构负责行使约束与监督权力,督促成员企业达成协议之外,还要负责业务衔接、关系协调和利益调整等。

(3) 推进共同配送主体的确立。结合参与各方的具体情况和意愿,选择合适群体的配送模式与组织形式,同时明确各参加单位对应的负责部门和运营机构,共同组建结构完善、权责明晰的配送推进主体。

(4) 配送系统设计。重新整合共同体的各项配送业务与物流资源,明确整体服务水平和个别要求,选择合适的保管、装卸、理货、备货、拣选、集配等各环节的作业方式,并配置好开展这些作业所需要的设施、设备、车辆、人员等资源,统一退货处理、订发货记录、单据传递、信息传输等流程与标准。

(5) 系统收支分配。主要是做好两方面工作,一是确定共同配送系统内各类费用的计算、分摊办法并能进行相应的控制;二是建立合适的利益分配协调机制。

(6) 系统建立和运行。按系统规划设计的方案投入运营,并同具体的配送业务相结合。

(7) 系统评价。建立科学、合理的评价体系,为共同配送的持续改进打下坚实的基础,确保共同配送顺利、高效地开展。

(四) 综合配送模式

综合配送模式是指企业以供应链管理为指导思想,全面系统地优化和整合企业内外部物流资源、物流业务流程和管理流程,对生产、流通过程中的各个环节实现全方位综合配送,充分提高产品在制造、流通过程的时空效应,并为此而形成高效运行的物流配送模式。

二、配送模式的选择

(一) 选择配送模式应考虑的因素

企业在选择配送模式时,应根据自己的需要和资源条件,综合考虑各方面因素,慎重选择配送模式,以确保自身的配送系统有效地支持日常营业,增进效益。

1. 不同配送模式对企业成功的影响度和企业对配送系统的管理能力

不同企业对配送的需求不一,如配送对企业来说是关键,而企业的配送能力相对较低,则应选择采用第三方物流从事配送业务;如企业对配送的需求度低,同时企业处理配送的能力也低,则采用外购型的配送方式;如配送对企业成功的重要度高,且企业的配送能力较强,则可考虑采用自建自营配送模式。

2. 企业对配送管理能力要求

越是竞争激烈的产业,企业越是要强化对供应和分销渠道的控制,此时企业应该自建配送中心。如商业连锁企业的市场竞争相当激烈,且由于连锁经营要求规模配送,一般都建有自营配送中心。

一般来说,供应链中的末端销售渠道企业和一些强势生产商对渠道或供应链过程的控制力比较强,往往选择自营配送,即作为龙头企业来组织全过程的物流活动和制定物流服务标准。

3. 企业产品自身的配送特点

对于大宗工业品原料的回运或鲜活产品的分销,则应利用相对固定的专业配送服务供应商和短渠道物流;对全球市场的分销,宜采用地区性的专业配送公司提供支援;对产品线单一的或为下游渠道企业做配套的企业,则应在龙头企业统一下自建物流;对于技术性较强的配送服务如口岸物流服务,企业应采用委托代理的方式;对非标准设备的制造商来说,企业自建虽有利可图,但还是应该交给专业配送服务公司去做。

4. 企业规模和实力

一般说来,大中型企业由于实力较雄厚,有能力建立自己的配送系统,制定合适的物流需求计划,保证配送服务的质量。另外,还可以利用过剩的物流网络资源拓展外部业务(为别的企业提供配送服务)。如实力雄厚的麦当劳公司,每天必须把汉堡等保鲜食品运往中国各地,为保证供货的准确及时,就组建了自己的货运公司。而小企业则受人员、资金和管理的资源的限制,物流管理效率难以提高。此时,企业为把资源用于主要的核心业务上,就适宜把配送管理交给第三方专业物流代理公司。

5. 配送系统总成本

在选择是自营配送还是外协配送时,首先应考虑两种模式配送系统总成本的情况。计算公式为:配送系统总成本＝总运输成本＋库存维持费用＋批量成本＋总固定仓储费用＋总变动仓储费用＋订单处理和信息费用＋顾客服务费用。

这些成本之间存在着二律背反现象:减少仓库数量时,可降低保管费用,但会带来运输距离和次数的增加而导致运输费用增加。如果运输费用的增加部分超过了保管费用的减少部分,总的物流成本反而增大。

所以,在选择和设计物流系统时,要对物流系统的总成本加以论证,最后选择成本最小的配送系统。

6. 第三方物流的客户服务能力

在选择物流模式时,考虑成本尽管很重要,但第三方物流为本企业及企业顾客提供服务的能力对于选择配送服务是至关重要的。换言之,第三方物流在满足你对原材料及时需求的能力和可靠性,以及其对你的零售商和最终顾客不断变化的需求的反应能力等方面应该作为首要的因素来考虑。

(二) 选择配送模式的方法——SWOT 分析法

SWOT 分析法是一种综合考虑企业内部条件和外部环境的各种因素,进行系统评价,从而选择最佳经营战略的方法。应用 SWOT 分析法在选择配送模式时,主要考虑如下因素:一是潜在的内部优势 S(Strengths),比如企业在物流人才、物流配送成本、物流配送技术、物流设备、物流配送策略和客户形象等方面优势所在。二是潜在的内部劣势 W(Weaknesses),比如没有明确的物流政策、过时的物流设备、缺乏物流统一的管理或较专业的物流人才、物流配送成本明显高于主要竞争者等。三是潜在的外部机会 O(Opportunities),比如宏观经济政策对物流配送业的鼓励和扶持、物流配送需求量的增长空间、国内外物流理论的发展、物流配送专业人才的不断涌现等。四是潜在的外部威胁 T(Threats),比如成本较低的国外物流服务商的介入、主要竞争对手物流成本的大幅度下降、整个市场不景气、高级物流管理人才的供求矛盾等。

应用 SWOT 分析法选择配送模式的具体方法是:依据企业发展的战略目标,找出对本企业配送活动及发展有着重大影响的内部及外部因素,并根据所确定的标准,对这些因素进行评价,从中判定出企业的优势与劣势、机会和威胁。

(三) 我国连锁企业物流配送模式的选择思路

针对我国连锁企业物流配送存在的普遍问题,根据如上的 SWOT 分析,连锁企业物流配送模式选择的基本思路包含以下三个方面。

1. 协同配送是我国配送的主要趋势

目前我国物流配送中无论是大卖场、超市、便利店,还是专卖店、百货商店,如果已经建有自己的配送中心,面临巨大的外部机会,却受到内部劣势的限制没有明显的规模效益,属于第Ⅱ类(W+O)企业,就应该走战略联盟之路,选择协同配送的模式。如北京的西客隆、华普,太原的美特好、唐久便利等。

(1) 选择协同配送的主要原因。

首先,目前我国多数连锁企业只有几家分店,规模过小,致使不能保证低价的统一进货,不能发挥企业的规模效益,使得部分企业处于亏损状态。因此,考虑到配送收入与配送成本因素,配送中心业应具有相应的配送经济规模。发达国家连锁经验证明,一个连锁企业一般只有发展到 14 家店铺以上才能开始有盈利。

其次,我国的大多数连锁企业都有自己的车辆、仓库,而自有车辆实载率仅为 25%。平均一个配送中心负责配送 20 个店铺左右,平均每辆车承担了 2—3 个店铺的送货,而日本的连锁店的一个配送中心负责配送 70 个店铺只需 4—5 辆车。因而很难恰当地配备各种设施,普遍存在设施不足或过大过多、闲置浪费的现象。

再次,大量运输车辆及装卸设备集中在配送中心——城市商业区,在行驶过程中交错往返,导致交通拥挤,道路堵塞,造成了城市严重的交通问题;对为数众多的自设配送中心的中、小型企业来说,经营管理费用过高,导致成本上升,效益下降,企业不堪重负。

(2) 开展协同配送的建议。

第一,便利店、超市、专业连锁店都可以采用集中式协同物流配送。集中协同物流配送可以推进补货作业的系统化;配送中心将各类商品按货架分拣归类装箱,并把这些货物的有关数据事前通知店方,店方在接收货物时,只要按事前发来的清单验收即可。

第二,不同行业批发商结成联合体,实行共同配送。例如,日本的三友食品公司与 10 家专业批发商合作,共同建立起向饮食连锁店供货的配送中心,充分发挥与零售商合作的潜力,不仅提供单纯的物流配送服务,而且利用 POS 数据系统来提供销售预测及菜单提案等,增强综合服务能力。

第三,饮食连锁经营需要集中式配送物流的支持,并且其物流配送有相当大的发展潜力。饮食店与超市等相比,经营商品种类的绝对量小。但是,如果从饮食连锁经营的规模角度来考虑,供应不足和如何保持零库存是所要解决的重要问题。如果采用以集中协同配送为服务方式的供应系统,那么所带来的利益是非常大的。

2. 外包配送是企业增强核心竞争能力的最佳选择

目前,我国在物流配送方面,有相当一部分中小企业属于第Ⅲ类型(W+T)企业,即内部存在劣势,外部面临强大威胁。这样的企业就应该减少内部劣势,回避外部威胁,选择物流配送外包的模式,集中各种资源,增强自身的核心竞争能力。因为盲目地建立配送中心,很可能造成人、财、物等方面的浪费。配送中心与店铺面积有一个相适应的比例关系,从世界连锁业发展的实践来看,一个便利连锁公司,在拥有20个店,总面积达到4 000平方米时,就可考虑建配送中心;一个超市连锁公司,在拥有10个店,总面积达到5 000平方米时,就有建立配送中心的必要。所以当企业发展还没有达到理想规模数时,选择物流配送外包模式是最佳的战略决策。

3. 实力雄厚的大型企业选择自营或采取综合配送模式

(1) 第Ⅰ类型(S+O)企业选择自营配送。虽然我国的物流配送与发达国家相比相对落后,但是经过二十多年的改革和发展,也涌现出一些实力相对雄厚的大型企业。这些企业具有很好的内部优势以及众多的外部机会,对物流配送越来越重视。据中国连锁经营协会的统计,2001年,国内连锁百强企业中,有80%的企业拥有自己的配送中心,配送中心的面积平均达到9 693平方米。不少企业还引进了先进的自动化立体仓库、电子标签和自动分拣系统等物流配送设备。如联华、华联、农工商、华润等大型连锁超市公司均建立了强大的物流配送系统和现代化的配送中心。

(2) 第Ⅳ类型(S+T)企业选择采取综合配送模式。从位于世界500强之首的美国零售巨头沃尔玛的成功和百年零售大厦凯马特的破产可以看出,供应链管理理念下的采取综合配送模式体系是企业构筑核心竞争能力的关键。面对如此激烈的竞争,即使是有实力的大型企业,也应该下工夫整合整个产业链上的物流配送体系,踏踏实实地构筑自身的优势。在流通领域物流配送过程中,供应商、配送中心和零售商三者之间的协调问题是至关重要的。在供应链管理条件下,供应链的各个环节的活动都是同步进行的,供应商、制造商、分销商都从相互之间的协调性考虑,使供应链相邻两个节点之间的库存管理者对需求的预测保持一致,从而消除了"牛鞭效应"。

三、配送模式的发展趋势——越库配送

(一)越库配送(Cross docking)的含义

越库配送也称交叉站台,就是将供应商送达的货物从卸货平台卸下后,根据目的地的不同进行有效及时的分配,并直接运到装货平台,装上发往不同目的地的车辆,减少货物在仓库的储存时间。

(二)交叉站台货物的分类处理方式

1. 按产品分类处理的模式

这是指同一品种的货物,在始发地采用一个条码进行处理,如图2-14所示。

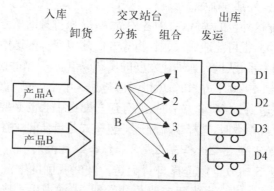

图 2-14 按产品分类处理模式

配送中心会在同一天接收很多车不同品种货物,对条码进行扫描后,工作人员会按目的地的订单需求重新组合运输。

这种处理方式多存在于始发地时间紧迫、操作空间有限等困难的情况下。

2. 按目的地不同分类处理

这是指不同品种的货物在始发地按目的地进行组合,一个目的地就采用一个条码,一车可以装运多个目的地的货物,如图 2-15 所示。

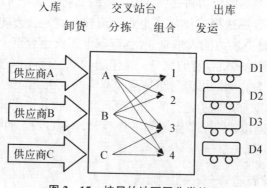

图 2-15 按目的地不同分类处理

这种情况可使配送中心的分拨工作更简单。

(三)越库作业的经济效益

越库作业能给企业带来以下经济效益:

(1) 供货商到仓库及仓库到顾客以整车运送,产生运输经济;

(2) 货不入储存区,故可降低搬运成本;

(3) 码头及车辆容量利用率的有效运用。

(四) 决定交叉站台运用的因素

1. 交叉站台运作的首要条件是下游市场需求拉动

要求每种物品有准确的日需求量数据。交叉站台适用于需求持续且平稳的物品。

2. 单位缺货成本,也就是因缺货而损失的销售额

如果缺货成本低,交叉站台就会更适用,因为运输上节省的费用超出了缺货成本。

3. 分销点距离仓库的远近

当仓库接近销售网点或商场,比较容易形成规模经济和稳定的需求。

4. 信息技术

交叉站台不同于传统的运作模式,还在于它需要准确的信息。每一车货物在未卸入仓库之前都已经确定了不同的去向,这去向是由订单的信息决定的。

关系到交叉站台的信息技术有 EDI、条码技术、集装箱编码等,以及配套的计算机分析和计划系统。

拓展训练

一、问题讨论

1. 造成盘点产生差异的原因有哪些?
2. 摘取式拣货系统和播种式拣货系统有哪些区别?
3. 共同配送的优点有哪些?
4. 什么情况下适合采取越库配送模式?

二、商务实战

郑州市地处中原地区,交通便利,是国家重点支持建设的大型商贸城市之一,在这个拥有 600 万人口的城市里,商业企业和工业企业交错布局,比较适合开展异产业间的共同配送。郑州市仓储企业除了各个产业部门的仓库外,聚集了中央与省级的仓储企业,数量众多,规模较大的有 70 多家,这些仓库目前基本都在从事异产业间的共同配送服务。

思考题:

(1) 你认为同产业和异产业共同配送有哪些优缺点?

(2) 如果让你来组织和运作一个共同配送的项目,你将分几步开展这项工作?

第三章 连锁企业配送中心设计与布局

> **学习目标**
> - 了解配送中心的含义
> - 了解配送中心物流设备的配置
> - 掌握配送中心规模的设计方法
> - 掌握配送中心内部布局的方法
> - 掌握配送中心收发货站台的设计方法

情景案例

现代配送中心的价值

配送中心可视为供应厂商与需求者之间的转运中心,该转运中心除具备传统的转运、仓储与运输规模经济外,在商业现代化过程中,业已成为一集订货处理、仓储管理、拣货、流通加工、配送、寻找客源、咨询服务等功能于一身的信息拥有者。

上海迅达配送中心是一家专为连锁便利店进行日用品配送的公司,其功用可用图3-1说明。

假设供应点与需求点各有n点,若直接运送,则需有n^2个线路,才能完全联系双方;若通过配送中心,则仅需2n个节线,但需负担配送中心的设置成本与营运成本。假设线路数代表一种成本,则直接送货的线路数将呈几何级数增加;而设立配送中心的线路数仅呈算数级数增加,n愈大,双方差距愈大。由图3-1A来看,各厂商要自备人员、司机与仓库等直接成本,也因配送次数的增加造成收货顾客的作业负担,导致整体资源的浪费与庞大的社会成本;而如果由图3-1B通过配送中心的中介、转运功能,不仅减少厂商的直接配送成本,也减少顾客的收货次数。因此,更能有效利用社会资源。

配送中心可达成三项重要的功能:

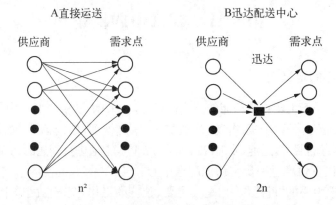

图 3-1 直接运送与配送中心的成本线路与功用比较

(1) 减少交易的次数；
(2) 在制造商与顾客间搭起一座桥梁，使顾客从商品中得到更多的满足；
(3) 使交易程序成为一种惯例，标准化的程序能使厂商通路更有效率。

因此，配送中心正是为降低物流成本，支持后勤服务所应运而生的，其目的就在于降低成本与创造顾客服务价值。

据统计，在专业的配送下，连锁便利店的缺货率已由原先的15%降至千分之六，若以配送成本来看，以往由厂商个别送货，平均送货成本占出货金额的6%—7%，现在则已降至3.5%—4%。

相关调查资料显示，以配送中心的配送成本（含运输、存货及仓库建造等成本）为基准100，则供货商自行配送为190，传统多层级的通路为250。以25家供货商配送250家超市为例，若由供货商自行配送，共需60—70个仓库点与大小型货车约440辆；而若由配送中心配送，则仅需大货车150辆。以3个生产工厂、100家经销点为例估算，若由各工厂直接配送各经销点再销售，运输与存货成本共需4 700万元。若是先集中某一仓库再配送各经销点，则仅需1 090万元。由此可以看出，配送中心的运输与仓储效率都比供货商自行配送为高，整体运销成本自然就较低。

思考题

1. 何谓配送中心？
2. 配送中心有哪些功能？

第一节　配送中心概论

一、配送中心的定义

配送中心是指汇集连锁门店的要货信息,进行采购,从供应商手中接受多种、大量商品,进行储存保管、配货、分拣、流通加工、信息处理,把按各门店需求配齐的商品,以令人满意的服务,迅速、及时、准确、安全、低成本地进行配送的物流设施。

可以从以下角度进一步来认识配送中心:

(1) 配送中心的"配送"工作是其主要、独特的工作,全部由配送中心完成。

(2) 配送中心为了实现配送,要进行必要货物储备。

(3) 配送中心可以按一定的配送辐射范围完全自行承担送货,也可以利用社会运输企业完成送货。配送中心是配送的组织者。

(4) 配送中心利用配送信息网络实现其配送活动,将配送活动与销售或供应等经营活动相结合,因而它不是单纯的物流配送活动。

(5) 在配送中心中,为了能更好地进行送货的组织,必须采取零星集货、批量进货等种种资源搜集工作和对货物的分拣、配备等工作,因此,它具有集货中心、分货中心的职能。为了更有效地配送,配送中心往往还有比较强的流通加工能力。配送中心实际上是集货中心、分货中心、加工中心功能的综合。

(6) 配送中心是现代流通设施,在这个流通设施中,以现代装备和工艺为基础,不但处理商流,而且处理物流,是兼有商流、物流全功能的流通设施。由此可见,配送中心是从供应者手中接收多种大量的货物,进行倒装、分类、保管、流通加工和情报处理等作业,然后按照众多需要者的订货要求备齐货物,针对特定用户,以令人满意的服务水平进行配送的设施。

(7) 配送中心是在物流领域中社会分工、专业分工进一步细化的产物。配送中心现在不但要承担起到物流结点的功能,还要起到衔接不同运输方式和不同规模的运输职能。

二、连锁企业配送中心功能

作为现代物流方式和优化销售体制手段的配送中心,是一种多功能、集约化的物流据点。连锁经营的配送中心通常应具备以下八项功能。

(一) 集货功能

为了满足门店"多品种、小批量"的要货和消费者要求在任何时间都能买到所需的商品,配送中心必须从众多的供应商那里按需要的品种以较大的批量进货,备齐所需商品,此项工作称为集货。

(二) 储存功能

利用配送中心的储存功能,可有效地组织货源,调节商品的生产与消费、进货与销售之间的时间差。

虽然配送中心不是以储存商品为目的,但是为了保证市场的需求,以及配货、流通加工等环节的正常运转,也必须保持一定的库存。这种集中储存,较之商场"前店后库"的分散储存,可大大降低库存总量,增强促销调控能力。这就是为什么连锁超市公司一定要在达到相当规模才能获得良好效益的缘故。由于配送中心按照网点反馈的信息,及时组织货源,始终保持最经济的库存量,从而既保证了门店的要货,将缺品率降低到最低点,又减少了流动资金的占用和利息的支付。所以,降低商品的周转期是配送中心获取效益的重要手段之一。

(三) 拣选功能

在品种繁多的库存中,根据门店的订货单,将所需品种、规格的商品,按要货量挑选出来,并集中在一起,这种作业称为拣选。

商品的拣选工作在现代物流中占有重要地位。这是因为现代化配送中心要求迅速、及时、正确无误地把订货商品送到门店。而规模较大的配送中心往往面对的门店数和商品的种类十分繁多,如百货批发商的配送中心,商品品种可达十几万种,门店遍及全国,甚至世界各地;客户要货的批量又十分零星(有的甚至要开箱拆零);要货时间十分紧迫,必须限期送到;总的配送量又很大。在这种情况下,货物的拣选已成为一项复杂而繁重的作业,商品的拣选技术也成为现在物流技术发展的一个亮点。

(四) 流通加工功能

流通加工是物品在从生产领域向消费领域流动的过程中,为了促进销售、维护产品质量和提高物流效率而对物品进行的加工。例如,以往所有商品均由批发商、制造商向商店直送,店内的验货工作极其繁重,操作人员要花大量时间来验货、交接。有了配送中心,可以把验货工作集中转移给配送中心承担。又如,配送中心可根据各商店的不同需求,按照销售批量大小,直接进行集配分货;可拆包分装、开箱拆零,在配送中心供应零售商的商品中,有一部分十分零星而且品种繁多,需拆箱组配后再拼箱。再如,以食品为主的连锁超市配送中心,还增加了食品加工的功能,设有肉、鱼等生鲜食品的切分、洗净、分装等小包装生产流水线,并在流通过程的储存、运输等环节进行温度管理,建造冷藏和冷冻供货系统,直接产生经济效益。

(五) 装卸搬运功能

这是为了加快商品在配送中心的流通速度必须具备的功能。配送中心应该配备专业化的装载、卸载、提升、运送、码垛等装卸搬运机械,以提高装卸搬运作业效率,减少作业对商品造成的破损。

(六) 运输和配送功能

配送中心需要自己拥有或租赁一定规模的运输工具,具有竞争优势的配送中心不只是一个点,而是一个覆盖全国的网络,因此,配送中心首先应该负责为客户选择满足客户需要的运输方式,然后具体组织网络内部的运输作业,在规定的时间内将客户的商品运抵目的地。除了在交货点交货需要客户配合外,整个运输过程,包括最后的市内配送都应由配送中心负责组织,以尽可能方便客户。

与运输相比,配送通常是在商品集结地——物流据点,完全按照客户对商品种类、规格、品种搭配、数量、时间、送货地点等各项要求,进行分拣、配货、集装、合装整车、车辆调度、路线安排的优化等一系列工作,再运送给客户的一种特殊的送货形式。配送具有不同于旧送货的现代特征。它不单是送货,在活动内容中还有分货、配货、配车等项工作,必须有发达的商品经济、现代的交通运输工具和经营管理水平;配送是分货、配货、送货等活动的有机结合体,同时还和订货系统紧密相连,这就必须依赖现代信息系统的作用,使配送系统得以建立和完善,变成为一种现代化的营销方式。

(七) 信息处理

配送中心有相当完整的信息处理系统,能有效地为整个流通过程的控制、决策和运转提供依据。

无论在集货、储存、拣选、流通加工、分拣、配送等一系列物流环节的控制,还是在物流管理和费用、成本、结算方面,均可实现信息共享。而且,配送中心与销售商店建立信息直接交流,可及时得到商店的销售信息,有利于合理组织货源,控制最佳库存。同时,还可将销售和库存信息迅速、及时地反馈给制造商,以指导商品生产计划的安排。配送中心成了整个流通过程的信息中枢。

(八) 需求量预测功能

配送中心经常负责根据配送中心商品进货、出货信息来预测未来一段时间内的商品进出库量,进而可有效预测市场对商品的需求量。

三、配送中心的类型

为了深化及细化地认识配送中心,要对配送中心做出适当的划分。总结、归纳国内外配送中心的建设与营运情况,可以把配送中心分成许多种类。

(一) 按经营主体划分

1. 厂商主导型配送中心

对于规模较大、实力雄厚的特大型生产厂家来说,通过配送中心的设立,形成具有特色的产供销一体化的经营体制,以此来增强市场竞争能力,保持市场占有率。

建立以配送中心为核心的物流系统,有利于缩短物流距离,减少中间环节,将产品在最短的时间内以较低的物流成本推向市场,在维持产品的低价格水平的基础上,获得较高的收益。通常,家用电器、汽车、化妆品、食品等厂家多采取这种形式。

2. 批发商主导型配送中心

批发主导型配送中心是指由批发企业为主体建立的配送中心。配送中心作为批发商从厂家购进商品,向零售企业,如连锁零售企业的配送中心或店铺直接配送商品的物流基地。为满足零售商日益高度化的需求,批发商必须在订货周期、送货时间等方面不断加以改进,提高服务水平。为了强化批发为零售的服务职能,有的批发企业成立了自由连锁集团。在了解零售店铺经营需求的基础上,采取多种措施支持零售店铺的运营。例如,通过分析零售店铺在经营中遇到的困难及准备采取的对策,归纳出零售商对批发商的要求,即完备的物流功能、低廉的进货价格、商品品种齐全、及时提供信息、销售预测准确等。

3. 零售商主导型配送中心

它是以零售商为主建立的面向终端用户或门店的配送中心,是指零售企业为了减少流通环节,降低物流成本,把来自不同进货者的货物在配送中心集中分拣、加工等,然后按其所属的店铺进行计划配送。一些大型连锁零售企业依靠连锁经营的规模效益,降低物流成本,而支持连锁经营系统的是现代化的后勤保障系统——配送中心。

4. 物流企业主导型配送中心

由物流企业建设的面向货主企业提供配送服务的配送中心。其服务对象一般比较固定,物流企业在与货主企业签订长期物流服务合同的基础上,代理企业开展配送业务,属于第三方服务形态。物流企业提供的不仅是设施和保管、配送等作业服务,而且为货主企业提供物流信息系统和配送管理系统,并对配送系统的运营负责。

5. 共同型配送中心

这是用来开展共同配送的配送中心。共同配送是为了实现物流活动的效率化,有两个或两个以上的企业相互协作共同开展配送活动的一种形式。共同型配送中心一般是由规模比较小的批发业或专业物流企业共同设立的。通过共同开展配送活动,可以解决诸如车辆装载效率低下,资金短缺无法建设配送中心,以及配送中心设施利用率低等问题。为多个连锁店提供配送服务的配送中心也可以看作是共同型配送中心。

(二) 按服务对象划分

1. 面向最终消费者的配送中心

在商物分离的交易模式下,消费者在店铺看样品挑选购买后,商品由配送中

心直接送达到消费者手中。一般来说,家具、大型电器等商品适合于这种配送方式。

2. 面向制造企业的配送中心

根据制造企业的生产需要,将生产所需的原材料或零部件,按照生产计划调度的安排,送达企业的仓库或直接送到生产现场。这种类型的配送中心承担了生产企业大部分原材料或零部件的供应工作,减少了企业物流作业活动,也为企业实现零库存经营提供了物流条件。

3. 面向零售商的配送中心

配送中心按照零售店铺的订货要求,将各种商品备齐后送达零售店铺,包括为连锁店服务的配送中心和为百货店服务的配送中心等。

(三) 按配送物品的种类划分

由于商品的种类、特性多种多样,配送的特点也就各有不同,由此产生了不同类型的配送中心,如日用品配送中心、食品配送中心、生鲜品配送中心、化妆品配送中心、医药品配送中心、图书配送中心、服饰配送中心、电子产品配送中心、农产品配送中心等。

由于所配送的产品不同,配送中心的规划方向就完全不同。例如:书籍产品的配送中心,由于书籍有新出版、再版及补书等特性,尤其是新出版的书籍或杂志,其中的 80% 不上架,直接理货配送到各书店去,剩下的 20% 左右库存,在配送中心等待客户的再订货。

(四) 按配送的层次和范围划分

1. 中央配送中心

该类配送中心主要位于制造商的生产基地,辐射范围广,面向下游的区域配送中心或直接面向客户服务。这种配送中心的特点,与我国物流术语标准中"物流中心"定义的内容比较接近,因此,也可以把中央配送中心称为物流中心。

2. 区域配送中心

这是一类辐射能力较强,活动范围较大,可以跨省、跨市进行配送活动的配送中心。区域配送中心主要接收上游厂商或中央配送中心送来的货物,然后转运到下游的城市配送中心、仓库或直接配送给客户。制造商、分销商或零售商通常会将自己的销售市场进行划分,然后根据一定的条件设立若干区域配送中心。

区域配送中心一般经营规模较大,设施设备齐全,配送的货物批量大而批次相对少,在实践中为完善服务,虽然也从事零星分散的配送,但不是其主要业务。

3. 城市配送中心

该类配送中心是向城市范围内的用户提供门到门的配送服务。由于在城市范围内,货物的运输距离短,大型载重汽车又受到城市道路通行的限制,因此,配送中心在组织送货时,一般使用中小型厢式货车居多,更多地体现了小批量、多批次、高频度的服务特点。因为城市配送中心的服务对象主要是市内的生产企业、零售商或连锁店铺,因此其辐射能力不太强,一般通过与区域配送中心联成网络的方式运作。

(五)按配送中心的功能划分

1. 专业型配送中心

专业型配送中心大体上有两个含义,一是配送对象、配送技术是属于某一专业范畴。在某一专业范畴对具有一定综合性、专业性的多种物资进行配送,例如,多数制造业的销售配送中心。专业配送中心第二个含义是,它属于以配送为专业化职能,基本不从事经营的服务型配送中心。

2. 柔性型配送中心

柔性型配送中心在某种程度上是和专业配送中心对立的一种配送中心类型。这种配送中心不向固定化、专业化方向发展,而向能随时变化、对用户要求有很强适应性、不固定供需关系、不断发展配送用户并向改变配送用户的方向发展。

3. 供应型配送中心

这是专门为某个或某些用户(例如联营商店、联合公司、生产企业等)组织物料和商品等供应的配送中心。例如,专门为大型连锁超级市场组织商品供应的配送中心、向汽车整装厂供应零件和组件的零件配送中心,以及向炼钢厂和发电厂配送原料的配送中心,均属于供应型配送中心。

4. 销售型配送中心

这是以销售经营为目的、以配送为手段的配送中心。建立销售配送中心大体有三种类型:一种是生产企业为将自身产品直接销售给消费者的配送中心;另一种是流通企业将其作为自身经营的一种方式,建立配送中心以扩大销售,我国目前拟建的配送中心大多属于这种类型;第三种,是流通企业和生产企业联合的协作性配送中心。

这类配送中心主要包括不同业态的连锁企业和大型零售业。为了减少流通环节,降低物流成本,把来自不同进货者的货物在配送中心集中分拣、加工等,然后按其所属的店铺进行计划配送。一些大型连锁零售企业依靠连锁经营的规模效益来降低物流成本。

所以支持连锁经营系统的现代化的后勤保障系统正是销售型配送中心。

5. 储存型配送中心

储存型配送中心有很强储存功能的配送中心。一般来讲,在买方市场下,企业成品销售需要有较大库存支持,其配送中心可能有较强储存功能;在卖方市场下,企业原材料、零部件供应需要有较大库存支持,这种供应配送中心也

有较强的储存功能。大范围配送的配送中心,需要有较大库存,也可能是储存型配送中心。我国目前拟建的配送中心,都采用集中库存形式,库存量较大,多为储存型。

配送中心采用集中库存方式,可以将大量采购的商品储存在这里,而各个工厂或店铺不再保有库存,根据生产和销售需要由配送中心及时组织配送。这种将分散库存变为集中库存的作法,有利于降低库存水平,提高库存周转率。

6. 流通型配送中心

流通型配送中心基本上没有长期储存功能,仅以暂存或随进随出方式进行配货、送货。商品在这里停留的时间非常短,商品途经配送中心的目的是为了将大批量的商品分解为小批量的商品,将不同种类的商品组合在一起,满足店铺多品种小批量订货的要求;通过集中与分散的结合,减少运输次数,提高运输效率以及理货作业效率等。配送中心具备高效率的商品检验、拣选以及订单处理等理货和信息处理能力,作业的自动化程度比较高,信息系统也比较发达。

7. 加工型配送中心

加工型配送中心以加工产品为主,因此,在其配送作业流程中,储存作业和加工作业居主导地位。

由于流通加工多为单品种、大批量产品的加工作业,并且是按照用户的要求安排的,因此,对于加工型配送中心,虽然进货量比较大,但是分类、分拣工作量并不太大。此外,加工的产品品种较少(指在某一个加工中心内加工的产品品种),一般都不单独设立拣选、配货等环节。通常,加工好的产品(特别是生产资料产品)可直接运到按用户要求划定的货位区内,并且要进行包装、配货。

四、配送中心和仓库的区别

配送中心和仓库的区别如表3-1所示。

表3-1 配送中心和仓库的区别

内 容	仓 库	配 送 中 心
性质	辅助部门	盈利部门
领导部门	采购、生产、销售部门	物流部门
盈利方式	储存	周转
储存周期	长	短
反应速度	慢	快
功能	物资保管	功能齐全

续表

内　　容	仓　　库	配　送　中　心
作业目的	保证商品质量	提高物流效率、降低成本
空间占用	保管空间	保管一部分、其他一部分
布局设计	平面摆放、通路少	按流程设计货架,立体摆放、严格场所管理
信息	信息不一致	信息准确
作业	基本手工作业	信息系统支持下的自动化和省力化
现代化程度	低	高

第二节　配送中心规模的设计

配送中心规模主要取决于仓库面积的大小,而配送中心仓库所需面积是根据商品储存量、货物品种、保管期限以及商品堆垛高度、仓容定额等因素确定的。此外,为了便于进行装卸、分拣和搬运作业,还要考虑为此部分作业所准备的面积,以及通道面积、行政生活区、辅助作业区所占的面积等。

下面介绍确定配送中心所需面积的步骤。

一、确定配送中心仓库商品总储存量

根据商品需要量和库存控制方法,确定各种商品的储存数量以及总商品储存量。

二、计算年度商品平均储存量

根据各类商品的出入库频率计算商品的平均周转次数,计算商品的平均储存量。年度平均储存量可按下式计算:

$$q = Q/t$$

式中:q指年度商品平均储存量;Q指年度商品储存总量;t指商品平均周转次数。

三、计算商品所需的储存空间

根据年度商品平均储存量、平均仓容占用系数计算储存空间需要量。仓容占

用系数是指单位重量或单位金额的商品所占的储存空间,与各类商品的容重有关。储存空间需要量的计算公式为:

$$P = q \times r$$

式中:P 指储存空间需要量(m^3);q 指年度商品平均储存量;r 指平均仓容占用系数(m^3/吨或 m^3/万元)。

四、配送中心仓库储存面积的计算

在储存空间确定的条件下,配送中心仓储面积的大小取决于商品的堆码高度。利用下列公式可以计算配送中心仓库的储存面积:

$$S = P/H$$

式中:S 指仓库储存面积;P 指储存空间需要量(m^3);H 指商品平均堆码高度(m)。

五、计算配送中心仓库的实际面积

配送中心仓库的实际面积是库房实际可供使用的面积,不包括楼梯、柱子等部分所占用的面积。仓库面积利用系数是仓库储存面积与仓库实际面积的百分比,根据面积利用系数和仓库的储存面积可以计算出仓库的实际面积 Ss:

$$Ss = S/km$$

式中:Ss 指仓库实际面积;S 指仓库储存面积;km 指仓库面积利用系数。

实战案例 3-1

物流中心货架区面积设计

(一)背景介绍

南方物流中心拟存储 A、B 两类货物,包装尺寸(长×宽×高)分别为 500×280×180 mm 和 400×300×205 mm,采用在 1 200×1 000×150 mm 标准托盘上堆垛,每个托盘高度不超过 900 mm。两类货物最高库存量分别是 19 200 件和 7 500 件,采用选取式重型货架堆垛,货架每一货格存放两个托盘货物。作业叉车为电动堆垛叉车,提升高度为 3 524 mm,直角堆垛最小通道宽度为 2 235 mm。

(二)案例要求

1. 确定 A、B 两类货物共需要的托盘数量。
2. 确定货格的单元尺寸。

3. 确定货架层数和排数。

4. 确定叉车货架作业单元面积。

5. 设计货架区面积。

6. 确定货架的排数。

(三)案例分析

1. 计算 A、B 两类货物所需的托盘数量

对 A 类货物，1 200×1 000 mm 托盘每层可放 8 件(不超出托盘尺寸)，可堆层数为 (900－150)/180 = 4.17，取整即 4 层，故每托盘可堆垛 32 件。库存量折合托盘为 19 200/32 = 600 托盘。

同理对 B 类货物，每托盘可堆垛 30 件，共需 250 托盘。

所以 A、B 共需 850 托盘。

2. 确定货格单元尺寸

因每货格放 2 托盘，按托盘货架尺寸要求，确定货格尺寸为：

长：2 750 毫米(其中 50 为货架立柱平行通道方向的宽度)；

深：1 000 毫米；

高：1 100 毫米(含横梁高度)。

3. 确定货架层数

为了叉车的作业安全，叉车的提升高度高于最高的货架横梁高度不低于 200 毫米。由叉车的提升高度 3 524 毫米，有 (3 524－200)/1 100 = 3，因此可确定货架层数为 4 层，含地面层。

4. 确定叉车货架作业单元及面积

叉车两面作业，确定叉车货架作业单元。该单元共有 16 个托盘。长度为两个托盘宽加上 1 个托盘间隙和 2 个托盘与立柱间隙，再加一个立柱宽度，即 L = 1.2×2＋0.1＋0.1×2＋0.08 = 2.78 米，取 2.8 米。

深度为两排货架深度＋背空间隙 100 毫米＋叉车直角堆垛最小通道宽度，即 D = 1×2＋0.1＋2.235 = 4.335 米，取 4.4 米。

则叉车货架作业单元面积 S1 = 2.8×4.4 = 12.3 平方米。

5. 确定货架区面积

由总托盘数除以叉车货架作业单元得所需单元数，再乘单元面积即可得货架区面积(包括作业通道面积)，即单元数 = 850/16 = 53.125 取不小于的整数得 54 个，故面积 S = 54×S1 = 54×12.3 = 664.2 平方米。

6. 确定货架排数

货架总长和排数与具体的面积形状有关。对新建仓库则可以此作为确定仓库大体形状的基础。

本例 54 个单元,假设按 6×9 得货架长 9 个单元,即长 9×2.8+0.08＝25.3 米,共 6 个巷道、12 排货架,深 6×4.4＝26.4 米。深度比长度大,不符合货架最好沿长方度方向布置的原则。可考虑用 4 巷道,取 4×14＝56,此时长度为 39.3 米,深度为 17.6 米。

第三节　配送中心内部布局设计

配送中心的设施分为内部设施和外部设施。配送中心的内部设施一般是由信息中心与仓库构成。信息中心起着汇集信息并对配送中心进行管理的作用。仓库根据各部分不同的功能又可分为不同的作业区。配送中心外部设施主要有停车场和配送中心内道路等。

一、配送中心内部设施与设备

(一) 信息中心

信息中心指挥和管理着整个配送中心,它是配送中心的中枢神经。它的功能是:对外负责收集和汇总各种信息,包括门店的销售、订货信息,以及与部分直接供应商联网的信息,并根据这些信息作出相应的决策;对内负责协调、组织各种活动,指挥调度各部门的人员,共同完成配送任务。信息中心一般是和办公室结合在一起的。

(二) 收货区

在这个作业区内,工作人员须完成接收货物的任务和货物入库之前的准备工作,如卸货、检验等。因货物在接货区停留的时间不太长,并处于流动状态,因此接货区的面积相对来说都不算太大。它的主要设施有:验货用的电脑、验货场区和卸货工具。

(三) 储存区

储存区也称保管区,在这个作业区里分类储存着验收后的货物。储存区一般分为暂时储存区和常规储存区。由于货物需要在这个区域内停留一段时间,并要占据一定位置,因此相对而言,储存区所占的面积比较大。在储存区一般都建有专用的仓库,并配置各种设备。其中包括各种货架、叉车、起堆机等起重设备。从位置上看,有的储存区与收货区联在一起,有的与收货区分开。

(四) 理货区

理货区是配送中心人员进行拣货和配货作业的场所。其面积大小因超市的类型不同而异。一般来说,拣选货和配货工作量大的配送中心,其理货区面积较大。如负责对便利店进行配送的配送中心,按便利店的特点要求,不但要对货物进行拆零,还要完成向多家门店以少批量、多批次的方式进行配送,所以这样的配送中心的拣货和配货区域的面积较大。

与其他作业区一样,在理货区内也配置着许多专用设备和设施。如果是以人工完成拣选任务的,一般有手推货车、货架等。如果采用自动拣选装置,其设施包括重力式货架、皮带机、传送装置、自动分拣装置、升降机等。

(五) 配装区

由于种种原因,有些分拣出来并配备好的货物不能立即发送,而是需要集中在某一场所等待统一发货,这种放置和处理待发货物的场所就是配装区。在配装区内,工作人员要根据每个门店的位置、货物数量进行分放、配车和选择以单独装运还是以混载同运。

因在配装区内货物停留时间不长,所以货位所占的面积不大,配装区的面积比存储区小得多。

需要注意的是,有一些配送中心的配装区与发货区合在一起,称为分类区,因此,配装作业常融合于其他相关的工序中。

此外,因配装作业主要是分放货物、组配货物和安排车辆等,因此在这个作业区除了配装计算工具和小型装卸机械、运输工具以外,没有什么特殊的大型专用设备。

(六) 发货区

发货区是工作人员将组配好的货物装车外运的作业区域。

(七) 加工区

有些配送中心要对鲜活食品进行配送,因此配送中心在结构上除了设置一般性的作业区外,还设有配送货物加工区。在这个区域内对收进的生鲜食品进行加工,如对蔬菜去除老叶、清洗等,对鱼类食品进行抛腹去鱼鳞等,如果超市以经营生鲜食品为主,则配送中心的加工区域所占面积较大。

配送中心物流及结构如图 3-2 所示。

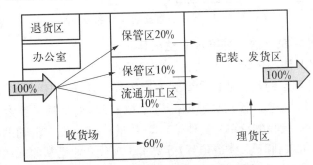

图 3-2 配送中心物流及结构示意图

二、利用系统布置规划合理布置配送中心设备

(一)系统布置规划 SLP(Systematic Layout Planning)的含义

系统布置设计方法常应用于工厂的设计布局,在配送中心布局上也具有一定的适应性,是一种久负盛名的经典方法。

(二)系统布置规划 SLP 的步骤

对于某些类型的流通加工设备布置问题,设备之间的流量实际上不可能得到,有时不易提示的定性因素对布置决策起了决定性作用。在这种情况下,可以使用系统布置设计方法。

SLP方法一般含有四个步骤:

(1) 建立一个相关图,表示各部门的密切程度,相关图类似于车间之间的物流图;

(2) 相关图要用试算法进行调整,直到得到满意方案为止;

(3) 根据建筑的容积来合理地安排各个部门;

(4) 为了便于对布置方案进行评价,系统布置设计也要对方案进行量化。根据密切程度的不同赋予权重,然后试验不同的布置方案,最后选择得分最高的布置方案。

系统布置设计法(SLP)的步骤具体内容如图 3-3 所示。

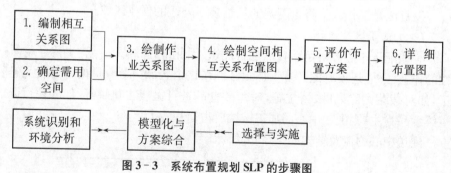

图 3-3 系统布置规划 SLP 的步骤图

(三)动线型 SLP 法与传统 SLP 法的异同

动线型 SLP 法与传统 SLP 法相比存在以下三点不同。

第一,设计基于的基础数据和背景资料不同。传统 SLP 法的设计基于 P(产品)、Q(产量)、R(工艺过程)、S(辅助部门)、T(时间)五个基本要素。动线型 SLP 法主要依赖于 E(接收的订单)、I(种类)、Q(数量)、R(流程)、S(辅助部门和物流服务水平)、T(时间安排)、C(建造预算)等要素。现代企业已从原来的推动式生产转为拉动式生产,故需要根据未来可能的订单或已接收的订单进行布置设计,与传

统 SLP 中基于生产计划的布置设计有着本质的区别。

第二,在程序上有所改变。针对现代企业的特点,在传统 SLP 法的程序模式上,加入了设施布置类型的确定、详细布置设计及动线分析阶段。在动线型 SLP 法中,我们首先强调设施布置类型的确定。确定了布置类型才能确定作业单位及作业单位间的相互关系。其次,评出可选布置方案后,我们建议重复使用综合关系法,对各作业区内部进行详细布置设计。然后进行动线分析,将空间的布置设计和物料搬运系统相协调,因为设施布置设计只有通过完善的搬运系统才能显示出其合理性。

第三,在动线型 SLP 中,我们更强调设施布置设计的柔性。柔性是指系统适应环境变化或输入条件变化的能力。对于现代企业的设施布置设计来说,其柔性体现在能够根据业务的繁忙程度及时对现代企业的设施布置进行调整。

一般来说,现代企业布置设计的柔性、弹性可以从布置设计、建筑技术、机械制造等多方面考虑,采取多种措施来实现。

(四) 物流相关图

根据路线将物流强度从大到小列出,按作业单位对物流的强度划分等级,一般采用著名的 A、E、I、O、U 等级,其中一般 A 占总作业单位对的 10%,E 占 20%,O 占 40%,U 级代表相互之间无物流量的作业单位对。

(五) SLP 相关图技术

1. 非物流关系分析

物流分析所得到的是定量的相互关系,但各作业单位之间还存在着其他的关系,所以在分析作业单位相互关系时,除了物流关系外,还要考虑非物流关系,这一般不能用定量的方法得到,还需要一些定性的方法,这里相关图的格子不但要表示两两之间的密切程度等级,还要加上评级的理由。非物流关系一般包括 A、E、I、O、U、X 六个级别。具体等级见表 3-2 所示。

表 3-2 作业单位相互关系等级

符 号	A	E	I	O	U	X
意 义	绝对重要	特别重要	重要	一般	不重要	禁止
颜 色	红色	橘黄	绿色	蓝色	无色	棕色
量化值	4	3	2	1	0	−1
线条数	4条	3条	2条	1条	无	1条折线
比例(%)	2—5	3—10	5—15	10—25	45—80	根据需要

2. 综合相关图

综合考虑物流和非物流关系,要确定两种关系的相对重要性,一般用相互重要性的比值来表示,比值一般不应超过1∶3至3∶1。如果比值大于3∶1,意味着物流关系占主导地位,只考虑物流关系即可;当小于1∶3时,非物流关系占主导地位,只考虑非物流关系。所以在实际情况下,根据两者的相对重要性来确定。

3. Tompkins 关系表技术

(1) 先将相关图转化为关系工作表;

(2) 将每个作业单位制作出一个相同面积的拼块,得到拼块图;

(3) 将拼块图转化为面积图。

规则:A级关系要边靠边放,E级关系至少角靠角,X级关系不能靠边也不能靠角。

4. 面积图

面积图主要考虑两个问题:一是将前面分析的各作业单位面积需求汇总,根据场地的要求,确定建筑的基本形状;二是在此形状上按各作业单位的面积需求进行分配,结合布置图,做出有面积的块状布置图。

实战案例3-2

利用SLP法进行物流设施布局设计

(一) 案例背景

某新建配送中心需要对商品进行流通加工,该中心有5个加工部门,日常加工的零件主要有3种:A、B、C,其工艺路径及日平均加工量如表3-3所示(1—5分别表示5个部门)。

表3-3

序号	工艺流程	日加工量(个)	每件重量(KG)
A	1-2-5	20	2
B	1-2-4-5	50	1
C	1-3-2-5	30	0.5

5个部门所需要的面积如表3-4所示。

表3-4 5个部门所需面积

部门	1	2	3	4	5
面积(m²)	10	20	20	30	10

(二) 案例要求

请利用系统布置规划SLP方法做以下设计

(1) 列出加工工艺从至表；
(2) 分析物流强度；
(3) 制作物流强度分析表；
(4) 绘制部门关系图；
(5) 绘制线性关系图；
(6) 绘制空间关系图；
(7) 为该中心设计一个合理的设备布局图。

(三) 案例分析

(1) 列出加工工艺从至表（见表3-5）。

表3-5 从至表

从至	1	2	3	4	5
1	—	40+50	15	0	0
2	0	—	0	50	40+15
3	0	15	—	0	0
4	0	0	0	—	50
5	0	0	0	0	—

(2) 分析物流强度。

表3-6 物流强度等级划分表

物流强度等级	符号	物流路线比例(%)	承担物流量比例(%)
超高物流强度	A(4)	10	40
特高物流强度	E(3)	20	30
较大物流强度	I(2)	30	20
一般物流强度	O(1)	40	10
可忽略搬运	U(0)		

(3) 物流强度分析表（由从至表得出）。

表3-7 物流量等级划分（用符号 A、E、I、O、U 表示）

物流量等级	物流量	加工工艺流程
A	80—100 吨	1-2
E	60—80 吨	无

续 表

物流量等级	物流量	加工工艺流程
I	40—60 吨	2-4、2-5
O	0—40 吨	3-2、4-5
U	0 吨	1-4、1-5、3-4、3-5

(4) 部门关系图。

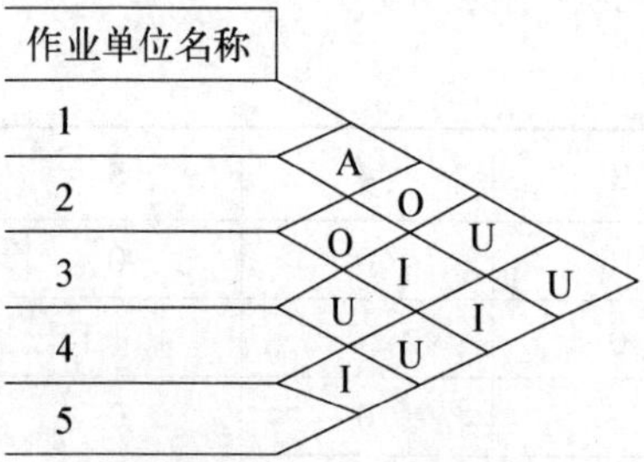

表 3-8

从至	1	2	3	4	5
A	2				
E					
I			4,5	2,5	2,4
O	3	3	1,2		
U					

图 3-4 部门关系图

(5) 线性关系图。

(6) 空间关系图。

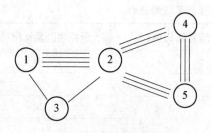

图 3-5 线性关系图

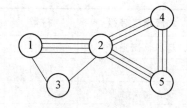

图 3-6 空间关系图

(7) 最终布置图。

由表 3-8 知,5 个部门所需厂房面积如下所示:

部　门	1	2	3	4	5
面积(m²)	10	20	20	30	10

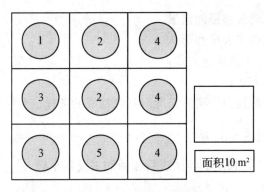

图 3-7 最终布置图

三、利用动线布局法进行物流设施布局

(一) 物流动线的含义

物流动线是作业流程与物理场所相结合形成的空间关系,充分体现了功能区之间的物流关系,功能区的布局是根据具体的物流动线的类型把各个功能区按照一定的顺序进行的空间布局。

物流动线的选择必须结合配送中心周边环境、自身条件和各种物流动线的特性综合考虑。

物流动线的基本类型包括直线型、双直线型、锯齿型或S型、U型、分流式、集中式等,如图3-8所示。

项次	作业区域间的物流路线类型
1	直线型
2	双直线型
3	锯齿型或S型
4	U型
5	分流式
6	集中式

图 3-8 物流动线的基本类型

(二)影响物流动线选择的因素

1. 规划地块本身的大小和形状;
2. 货种、订单分布及拣选方式;
3. 货物的装卸方式;
4. 配送中心内部运作的实际情况对物流动线的选择也有较大影响。

实战案例 3-3

利用动线法进行流通加工设备布局

(一)案例背景

某物流中心的流通加工业务需要 6 台加工设备,统一布置在物流中心。根据商品的流通加工工艺路线,统计出了商品在 6 台设备之间每月的移动次数,如表 3-9 所示。

表 3-9 设备间每月平均移动次数矩阵表

从一至	设备1	设备2	设备3	设备4	设备5	设备6
设备1		207	408	51	32	170
设备2	206		42	180	51	20
设备3	390	104		85	20	10
设备4	10	411	52		31	58
设备5	116	61	90	305		40
设备6	32	85	73	104	380	

设备间每次的搬运成本,如表 3-10 所示。

表 3-10 设备间搬运成本矩阵表

从一至	设备1	设备2	设备3	设备4	设备5	设备6
设备1		0.10	0.10	0.11	0.10	0.11
设备2	0.13		0.11	0.10	0.10	0.10
设备3	0.10	0.10		0.10	0.10	0.11
设备4	0.13	0.10	0.10		0.10	0.11
设备5	0.10	0.12	0.11	0.15		0.10
设备6	0.10	0.10	0.11	0.10	0.10	

(二) 案例要求

请根据上述数据通过计算确定 6 台设备在物流中心的最佳布置方案。

(三) 案例分析

第一步,算出设备间每月搬运成本矩阵,如表 3-11 所示。

表 3-11 设备间每月搬运成本矩阵

从—至	设备 1	设备 2	设备 3	设备 4	设备 5	设备 6
设备 1		20.7	40.8	5.61	3.2	18.7
设备 2	26.78		4.62	18	5.1	2
设备 3	39	10.4		8.5	2	1.1
设备 4	1.3	41.1	5.2		3.1	6.38
设备 5	11.6	7.32	9.9	45.75		4
设备 6	3.2	8.5	8.03	10.4	38	

第二步,再沿对角线把对称的成本元素相加,得到两台设备间的每月总搬运成本表。如表 3-12 所示。

表 3-12 两台设备间的每月总搬运成本

从—至	设备 1	设备 2	设备 3	设备 4	设备 5	设备 6
设备 1		47.48④	79.8①	6.91	14.8	21.9
设备 2			15.02	59.1②	12.42	10.5
设备 3				13.7	11.9	9.13
设备 4					48.85③	16.78
设备 5						42⑤
设备 6						

第三步,按照设备间搬运成本越大,设备布置应该越近的原则,进行设备布置,如图 3-9 所示。

图 3-9 设备布置图

第四节 配送中心的物流设备配置

配送中心设备的配置方案应在配送中心的总体规划与设计中确定。在设备配置的环节主要是权衡各种设备的性能。因此充分掌握各设备制造商的技术特长,从各种技术观点综合评价后,选定最满意的、信赖性高的设备生产商是十分重要的。选择最合适的制造商,可以得到质量高、成本低的配送设备。

一、确定物流作业设备的步骤

(一)决定基本方针

建立配送中心需要投入大量的资金,设备的资金投入占有很大的比例,它的选择和确定对于今后配送中心作业的方式和流程起着决定性的作用。首先要根据社会上配送中心的情况和本行业配送中心应用的水平,明确自己所建立的配送中心的条件和目标,决定建立的基本方针。

(二)提出基本构想

在调查本企业具体数据的基础上分析现状,使用统计和 OR(操作研究)的方法进行分析,对自身的情况做到充分的了解和认识。从物流和信息流方面,总结和发现存在的问题,寻求解决的方法,包括物流调查、入出库和保管调查、事务量调查、总结和制定目标、制订计划。

(三)决定设备的原则

1. 作业范围的确定

在配送中心的作业内容中,确定适于人工处理的作业范围的条件下,明确手工作业和机械作业的范围。一定要统一入库、补货、保管、拣货、出库等全部作业的机械化水平,一定要协调好前后作业物流量的处理效率,在这一原则下决定设备的作业范围和内容。

2. 设备的提出

研究伴随着入出库、保管、拣货、分拣等作业的处理方法,以商品形状和捆包形状为前提,考虑商品的自动化识别技术等,提出各个范围内进行到什么自动化水平的相关设备为适宜。

3. 信息管理的水平

选定针对物流变动所对应的灵活处理信息的系统,输入的手段能够自动进行,输入作业在一个地方进行就可以在任何地方进行处理。通过供货商的进货信息和配送中心的在库信息,能够快速反应到货日期确认、出库作业指示和在库检

第三章　连锁企业配送中心设计与布局

索等,从配送中心作业的全过程跟踪商品物流信息的状况。

(四) 设备预算

1. 制定基本预算书

明确必要的物流作业设备项目,对设备购入、支持物流的信息系统设备制定基本预算书。目的不明的预算会浪费资金,也会造成计划进度的延迟,事后的费用追加也会造成资金的紧张和预算膨胀。

2. 制定全体的时间进度

用管理工程的方法对设备购入及施工项目进行分析,明确应管理的项目,做出时间进度计划,并按计划完成。

3. 设备订货

从许多供货商中进行对比选择,在考察的基础上,通过设备性能、性能价格比等指标对用户情况及其业绩进行评价,特别是在对售后服务等做充分的调查后选择最佳的供货商。

(五) 设备使用

1. 操作培训

设备订货最终确认之后,需要对操作人员进行培训。选择合适的人选,由厂家或供货商对操作人员进行技术指导,了解设备的性能和操作知识并熟练掌握操作技巧。

2. 设备维护培训

如果设立设备科或设备维护部门,还需要有计划地对维修保养人员进行设备维护的培训。还可以通过厂家的代理商等提供设备维护的公司,签订契约委托进行设备的维护与保养。

3. 日常、定期的检查

作业前需要进行设备的安全检查,对设备出现的异常要尽快进行处理,以保证作业者的安全。

二、托盘配置

托盘是使用最早、应用最广的集装单元器具,在配送中心也占重要地位。

(一) 托盘的种类

最早使用木制平托盘约在 20 世纪 30 年代。此后托盘的应用范围迅速扩大,根据不同的使用要求,托盘的种类不断增多,托盘的概念也随之发生变化。

通用托盘可分为平托盘、箱式托盘、筒仓式托盘、罐式托盘、立柱式托盘、滚轮托盘、滚轮箱式托盘、冷藏带轮箱式托盘、纸托盘或称滑板、滑片。按制作的材料分类,托盘有木托盘、胶合板托盘、钢托盘、铝托盘、纸制托盘、塑料托盘和模压托盘等多种。

(二) 托盘的标准规格尺寸

ISO1961年推荐三种尺寸：800×1 000（L×W mm，下同），800×1 200 和 1 000×1 200。1971年增加三种 800×1 100，900×1 100 和 1 100×1 100。1981年建议优先使用尺寸为 800×1 200 和 1 000×1 200。

我国 GB2934-82 规定联运平托盘尺寸三种：TP1(800×1 000，1 000×800)、TP2(800×1 200，1 200×800) 和 TP3(1 000×1 200，1 200×1 000)。优先采用后两种。

(三) 托盘配置数量

配送中心应合理配置一定数量的托盘。配置过少，不便周转，影响储运作业；配置过多，不仅浪费，还多占用库房空间，也会影响储运作业。

托盘的数量大致可按下列办法估计确定。

1. 储存环节

按最大的储存量（重量或容积）和每一托盘的堆载量（重量或容积）来估计托盘数量，一般不必另加周转数量。对储存单一商品的仓库，比较简单。如商品多样，则应考虑每一托盘的平均堆载量，或参考同类型的仓库实际配置的托盘数。

2. 配送环节

按最大的待运量和每一托盘的堆载量来估计，另加周转量 5%—10%。对于日用工业品件杂货，每一托盘（800×1 200）平均堆载量约为 300—350 公斤。

3. 对于综合性配送中心托盘数还应与叉车的数量相适应

据日本调查资料，每辆叉车配置的托盘数因行业差异而不等，平均为 665 块。

4. 要考虑托盘的损坏和维修

正常的维修率可控制在 5%—10%。

(四) 合理使用木托盘

配送中心通常使用的托盘数量较大，其消耗在物流费用中占一定的比例。如何合理使用，减少损耗，延长使用寿命，对配送中心来说具有重大的经济意义。为了达到这一目的，主要应从下列两方面加强托盘管理。

1. 在选购或制作木托盘时，应严格保证托盘的质量

木材材种、材质和铺板、横梁尺寸应符合国家标准的要求，含水率要小于25%，节疤要少，边板不能有木节。

严格验收把关，剔除不合格的托盘。应按 GB4996—85 的测试标准，进行测试。

2. 使用中，要教育叉车司机和装卸搬运工人严格执行《操作规程》

(1) 叉车插取托盘时，叉齿要保持水平，不应上下倾斜。

(2) 叉车必须对准叉孔、垂直于托盘,不应斜着进出托盘。
(3) 严禁甩扔空托盘,更不准空托盘以边角落地。
(4) 不准用叉齿推移、拖拉托盘。
(5) 空托盘应用叉车整齐叠放,避免撞碰和日晒雨淋。

(五) 托盘标准化

物流系统效率化的关键在于使用单元货载系统化。所谓单元货载系统也称为单位载荷制,是把货物归整成一个单位的单件进行运输。其核心是自始至终采用托盘运输,即从发货到货后的装卸,全部使用托盘运输方式。为此,要提高物流效率,就要将物流系统各要素的基准尺寸体系化。其基础就是以单位载荷制为基础的托盘标准化。

在我国,企业托盘的使用还没有普及,而且存在很多问题,主要的问题有以下五个方面。

1. 不能完好地回收托盘,周转率低

目前一般是由供应商使用托盘向客户供货,但在向不同的客户回收托盘时,难度很大。这样,当供应商使用自己的托盘实施托盘化以后,对供应商来说并没有产生效益,而缺点倒不少,当然就很难普及了。

2. 托盘尺寸不统一,装卸效率不高,运费较高

3. 必须采取防止运输途中货物丢失的措施

采用单位载荷的高度是用叉车把货物堆高到不跌落为止,运输途中受到振动冲击,容易发生货物散落,所以必须采取防止货物散落的若干措施,既花费相当的费用,又毫无价值。

4. 和交易单位不能取得一致

当商品交易的单位载荷过大时,如果和顾客商量不成,托盘化就不能实施。

5. 利益的分配不明确

由于实施托盘化,企业、运输商、顾客、供应商各自都应得到实惠。而过去的做法认为供应商的负担过大,利益的分配不适当。

为了解决上述问题,提高企业的效率,应该全社会共同努力,比较可取的办法有:

1. 建立托盘站

作为发货主,如果托盘不能回收,这是一个致命的问题,因此,产生了共同托盘的想法,即托盘到达目的地以后,就给别的货主使用,发货主不回收托盘。

2. 统一托盘标准

为了采用托盘站系统,首先必须统一托盘标准,如果托盘的标准不统一,共用托盘就不能交换。在这种意义下,日本制定了"联运托盘"的JIS标准。对托盘尺

寸1 100×1 100毫米进行修正,过去各企业内使用的托盘和外部使用的托盘简直没有任何关系,各企业内使用的托盘,据说有1 000种以上,而且,按JIS标准中规定的托盘尺寸,能适用的托盘极少。因此,不愿使用这种托盘的所谓反对派相当多,但可经过逐步改进包装尺寸来适合托盘的尺寸。主要是利用托盘站系统时,要采取对货主有利的措施。

3. 标准托盘的出租

标准托盘的出租方式很多。如发货主租用标准托盘,把货物装在托盘上发送。到达目的地以后,再送到当地的托盘库。

三、货架配置

(一) 货架的含义

货架是由立柱片、横梁和斜撑等构件组成,用于存放货物的结构件。

(二) 驶入式货架

可供叉车驶入、存取单元托盘货物的货架。因为叉车作业通道与货物保管场所合一,仓库面积利用率大大提高。

(三) 重型货架

这又俗称横梁式货架,或称货位式货架,属于托盘货架类,是在国内的各种仓储货架系统中最为常见一种货架形式。以立柱片＋横梁形式的全组装结构,结构简明有效。可根据存储单元集装设备的特性加装如隔挡、钢层板(木层板)、金属丝网层、仓储笼导轨、油桶架等功能性附件,满足不同单元集装设备形式的货物存储。

首先须进行集装单元化工作,即将货物包装及其重量等特性进行组盘,确定托盘的类型、规格、尺寸,以及单托载重量和堆高(单托货物重量一般在2 000 kg以内),然后由此确定单元货架的跨度、深度、层间距,根据仓库屋架下沿的有效高度和叉车的最大叉高决定货架的高度。单元货架跨度一般在4 m以内,深度在1.5 m以内,低、高位仓库货架高度一般在12 m以内,超高位仓库货架高度一般在30 m以内(此类仓库基本均为自动化仓库,货架总高由若干段12 m以内立柱构成)。

此类仓库中,低、高位仓库大多用前移式电瓶叉车、平衡重电瓶叉车、三向叉车进行存取作业,货架较矮时也可用电动堆高机,超高位仓库用堆垛机进行存取作业。此种货架系统空间利用率高,存取灵活方便,辅以计算机管理或控制,基本能达到现代化物流系统的要求。

重型货架立柱的规格是55×47×2.0 mm专用货架立柱型材。采用优质带钢经开平、自动轧机轧制、冲床冲孔、再根据客户指定高度切断而成。横梁采用冷轧

P型闭口梁,规格有50×30、64×40、80×50三种规格。

重型货架广泛应用于制造业、第三方物流和配送中心等领域,既适用于多品种小批量物品,又适用于少品种大批量物品。此类货架在高位仓库和超高位仓库中应用最多(自动化仓库中货架大多用此类货架)。

(四)选取式货架

选取式重型货架是使用最普遍的一种货架,有很好的存取效率,多配合托盘和叉车使用,故又名托盘货架、栈板货架。

在选用此类重型货架时,需考虑托盘或料箱的尺寸,货物重量及货位单元数,以选择适当立柱和横梁。

叉车或堆高机的选型将直接影响货物的储存密度。

选取式货架是使用最广泛的托盘类货物存储系统,通用性也较强。其结构是货架沿仓库的宽度方向分成若干排,其间有一条港道,供堆垛起重机、叉车或其他搬运机械运行,每排货架沿仓库纵长方向分为若干列,在垂直方向又分成若干层,从而形成大量货位,方便用托盘存储货物。选取式货架的形式如图3-10所示。

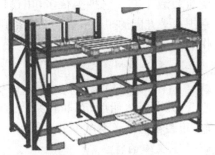

图3-10 选取式货架

(五)悬臂式货架

悬臂式货架是在立柱上装设杆臂来构成的,适合于存放钢管、型钢等长形的物品。若要放置圆形物品时,在其臂端装设阻挡以防止滑落。

四、装卸搬运设备叉车的配置

在配送中心中,对于货物的处理,如果作业量大、品种显著增多,作业方面要求的速度化、小批量化、多频率化等就会被迫降低。这种情况,装卸搬运合理化越来越成为重要的问题。

装卸搬运机械因涉及分拣、分类,所以在此先分析与货物装车有关的设备。

在配送中心的物流设施中,小批量、多品种处理货物时,大多设计高站台;对于大批量、少品种作业时,大多采用低站台。不管是高站台还是低站台,保管货物搬运作业相关的几乎都是托盘装载,采用叉车装卸的方法。所以要求在叉车、托盘、集装箱、平板车等设备选定时将标准化、单元化、省力化及安全性、弹性等作为原则。

设计配送中心时,在选定设备前用IQ曲线进行ABC分析,把品种及发货量分为ABC三个区段。A区段是少品种、大批量发货的区段;B区段是品种和发货批量适中,也是使用比较多的种类;C区段是多品种、小批量发货的区段。如果是少品种、大批量时,使用托盘储存在立体仓库,作业机械选用叉车;品种、批量适中选用叉车及旋转货架;如果批量再少选用一般货架。

在多品种、小批量时代,货物的流程变得复杂了,增加了将货物按顾客不同、运输方向不同进行分类,所有流通领域中都有必要适应新变化。机械分类的代表是自动分类运输机,当然不限于自动分类运输机,例如:利用无轨道无人操作台车、有轨道无人操作台车、托盘等分类的方法,自动分类机的选定需要考虑的因素很多。

(一)叉车概述

1. 叉车定义

叉车又称叉式起重机。按 ISO(国际标准化组织)分类,叉车属于工业起升搬运自装载车辆。它种类很多,用途广泛,是装卸搬运机械中应用最广泛的一种。它把水平方向的搬运和垂直方向的起升紧密结合起来,有效地完成各种装卸搬运作业。

2. 叉车适用范围

叉车广泛应用于港口、车站、机场、货场、工厂车间、仓库、流通中心和配送中心等,并可进入船舱、车厢和集装箱内进行托盘货物的装卸、搬运作业,是托盘运输、集装箱运输必不可少的设备。

3. 叉车的特点

(1)集装卸和搬运于一体,减少了物流操作环节,大大提高劳动效率。特别是与各种类型的托盘结合使用,提高工效的作用更大。

(2)机械化程度高。减轻劳动强度,节省劳动力,缩短装卸搬运时间,从而加速运输车辆的周转。

(3)增加货物堆垛高度,提高仓库容积利用率,堆码高度一般可达 3—5 米。

(4)可以"一机多用"。各类叉车再附加各类属具,如货叉、铲斗、臂架、货夹、抓取器等,适用于各种类型的单件和集装单元货物,大至 40 尺的集装箱,长至 10 多米的钢材,以至各种异形货物,几乎都可用叉车装卸搬运。其适应性之广,为其他设备所无。

(5)机动灵活性好。叉车外形尺寸小,重量轻,能在作业区域内任意调动,适应货物数量及货流方向的改变,室内室外都能使用,转弯半径较小,能在较小的通道内转弯,操作灵活。有的还能就地旋转,在狭小场地内亦能使用。

(二)叉车的种类

1. 叉车按动力的种类可分为两大类,即电动叉车和内燃机叉车

(1)电动叉车。

这是以蓄电池和直流电机作为动力系统的叉车。电动叉车多是小型。载重量一般为2—3吨。

其优点是：噪声小，不污染环境，传动系统构造简单，磨损零件和机械故障较少，操作较简单，营运费用较低。

其缺点是：电瓶容量有限，需经常充电；需配置充电设备和备用电瓶；输出功率不大，行车和货叉提升速度以及爬坡能力都较小；电瓶不耐震动，对路面质量的要求较高。

电动叉车适宜于室内搬运路线较短，作业不很频繁的操作，商业普通仓库的仓间内一般宜用电瓶叉车。冷库尤其适用，国外用于冷库的电动叉车，能在-55℃的低温条件下进行工作。

图3-11 步行式电动托盘搬运车

图3-12 踏板驾驭式电动托盘搬运车

图3-13 侧座式电动托盘搬运车

图3-14 内燃机叉车

（2）内燃机叉车。

这是以内燃机作为动力的叉车。内燃机燃料的种类有汽油、柴油和液化天然气三种。

内燃机叉车的载重量大小都有,国内产品最大为 10 吨,国外产品最大为 55 吨。

其优点是:燃料供应方便,能连续长时间作业;输出功率较大,行走速度、货叉提升速度和爬坡能力均比电瓶叉车大;对路面质量的要求较低。

内燃机叉车适用于:户外路面条件较差,往返路线较长,载重量和装卸搬运工作量都较大的作业。

2. 叉车按结构特点分类,分为以下四种

(1) 前叉式叉车。

其特点是货叉朝向叉车前方。该类叉车按其保持稳定的方法又可分为平衡重式叉车、插腿式叉车、前移式叉车等。

图 3-15　前叉式叉车

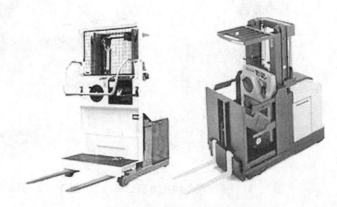

图 3-16　高位拣选叉车

(2) 侧载式叉车。

这是一种侧向的前移式叉车。货叉、门架起升机构位于叉车的侧面中部,车身前后设有侧向伸出的货台(相当于前移式叉车的插腿)。叉车取货时,货叉和门架向侧面伸出,取货后仍缩回,而将货物搁置在货台上。这种叉车主要用于长件货物的装卸搬运。最大起重量:内燃机式为 60 吨,电瓶式为 3 吨。其特点是行驶稳定性好,行驶速度较高,司机视野宽,装卸作业方便(不需改变叉车行驶的方向),但只能在单一的侧面作业,起升高度不大,最大为 4.8 米。

(3) 高位拣选叉车。

操作台上的操作者可与装卸装置一起上下运动,并拣选储存在两侧货架内物品的叉车。

适用范围:适用于多品种、少量入出库的特选式高层货架仓库。起升高度一般 4—6 米,最高可达 13 米,可大大提高仓库空间利用率。为保证安全,操作台起升时,只能微动运行。

(4) 集装箱叉车。

集装箱叉车是集装箱码头和堆场上常用的一种集装箱专用装卸机械,主要用作堆垛空集装箱等辅助性作业,也可在集装箱吞吐量不大(年低于3万标准箱)的综合性码头和堆场进行装卸与短距离搬运。

图 3-17 集装箱叉车

(三) 叉车的主要技术参数

叉车的技术参数是指反映叉车技术性能的基本参数,是选择叉车的主要依据。叉车的主要技术参数有15项。

1. 载荷中心距

载荷中心距是指叉车设计规定的标准载荷中心到货叉垂直段前臂的水平距离。

2. 额定起重量

额定起重量是指货物的重心处于载荷中心距以内时,允许叉车举起的最大重量。如果货物的重心超出了载荷中心距,为了保证叉车的稳定性,叉车的最大起重量需要减小。货物重心超出载荷中心距越远,最大起重量越小。额定起重量还与货物的起升高度有关,货物起升越高,额定起重量就越小。

作业时,如果由于货物体积庞大,或货物在托盘上的位置不当,而使货叉上的货物实际重心超出了规定的载荷中心距,或者最大起升高度超过一定数值时,由于受叉车纵向稳定性的限制,叉车的稳定性会变差,起重量会相应减小,否则叉车将有倾翻的危险。货物实际重心超出载荷中心距越远,则允许起重量越小。

3. 最大起升高度

最大起升高度是指在额定起重量、门架垂直、货物起升到最高位置时,货叉水平段的上表面距地面的垂直距离。

叉车的最大起升高度根据货物装卸搬运的具体需要而定,如无特殊要求,应符合叉车的标准规定。在采用两节门架的叉车上,我国各吨位的叉车最大起升高度大多为3米。

4. 最大起升速度

最大起升速度是指额定起重量、门架垂直、货物起升的最大速度。

5. 门架倾角

门架倾角是指叉车在平坦、坚实的路面上,门架相对垂直位置向前或向后的最大倾角。门架前倾的目的是便于货叉取货,门架后倾的目的是防止叉车载货行驶时货物从货叉上滑落。一般叉车门架的前倾角和后倾角分别为6度和12度。

6. 满载最高行驶速度

满载最高行驶速度是指叉车在平直、干硬的路面上满载行驶时所能达到的最高车速。由于叉车工作环境的限制,没有必要具备太高的行驶速度。一般情况下,内燃叉车的最高运行车速是20—27 km/h,库内作业的最高运行车速是14—18 km/h。

7. 满载最大爬坡度

满载最大爬坡度是指叉车在良好的干硬路面上,能够爬上的最大坡度。由于叉车一般在比较平坦的场地上作业,所以对最大爬坡度的要求不高。一般情况下,内燃叉车的最大爬坡度为20—30度。

8. 叉车的制动性能

叉车的制动性能反映叉车的工作安全性。我国的内燃平衡重式叉车标准对于制动性能作了如下规定:如果采用脚制动,叉车车速为20 km/h,空载运行时,紧急制动的制动距离不大于6 m;叉车在车速为10 km/h,满载运行时,紧急制动的制动距离不大于3 m。如果采用手制动,空载行驶时能在20度的下坡上停住;满载行驶时能在15度的上坡上停住。

9. 最小转弯半径

最小转弯半径是指叉车在空载低速行驶、打满方向盘即转向轮处于最大偏转角时,瞬时转向中心距叉车纵向中心线的距离。

10. 直角通道最小宽度

直角通道最小宽度是指可供叉车往返行驶的、成直角相交的通道的最小理论宽度。直角通道最小宽度越小,叉车的机动性越好,库场的利用率就越高。

11. 堆垛通道最小宽度

堆垛通道最小宽度是指叉车在正常作业时通道的最小理论宽度。叉车的正常作业是指叉车在通道内直线运行并且要做90度转向进行取货。

12. 回转通道最小宽度

回转通道最小宽度是指可供叉车调头行驶的直线通道的最小理论宽度。

13. 叉车的最大高度和宽度

叉车的最大高度和宽度这一参数决定了叉车能否进入仓库、集装箱、船、车厢内部进行作业。

14. 最小离地间隙

最小离地间隙是指在叉车轮压正常时,叉车最低点距地面的距离。离地间隙越大,则通过性能越好,但离地间隙太大会影响叉车的稳定性。

15. 叉车的稳定性

叉车的稳定性是指在作业过程中抵抗倾翻的能力,是保证叉车工作安全的重要指标。叉车的稳定性分为纵向稳定性和横向稳定性。平衡重式叉车由于货物重力及惯性力的作用有可能向前纵向倾翻,转弯时的离心力可能使叉车横向倾翻。

(四) 叉车的选用

1. 选择叉车的影响因素

(1) 作业场地是室内还是室外。室内宜用电瓶或汽油内燃机叉车,室外可用柴油机叉车。

(2) 搬运距离。长距离的宜用行驶速度较高的内燃机叉车,短距离的用电瓶叉车。

(3) 托盘和货物的外形尺寸和重量。

(4) 地坪。楼(地)面的强度必须能承受叉车满载时的最大轮压。路面质量较差的必须选用充气轮胎的叉车,实心轮叉车要求地面平整、光滑、耐磨。

(5) 电梯、集装箱高度。

(6) 日作业量。即作业区的日吞吐量。

2. 叉车选用的原则

(1) 首先应满足叉车的使用性能,包括起重量 Q、工作速度 V、起升高度 H 都是考虑的重点。

(2) 选使用费用低、经济效益高的叉车。要使以下各类费用达到最低:使用费用低、燃料消耗少、维护保养费用低。

3. 选用叉车的评比指标

(1) 自重利用系数 K

$$K = Q/G$$

Q 指叉车载起重量;G 指叉车自重。

(2) 比功率 F(表明叉车单位总重量所需耗用的功率)

$$F = P/(Q+G)$$

P 指叉车功率。

(五) 叉车数量的确定

确定叉车需求数量有很多种方法,考虑的因素也很多,现在我们介绍一种基本方法,即根据工作场所需要的装卸搬运作业量和叉车的生产定额来确定叉车的基本数量。其公式如下:

$$Z = Q/M$$

Z 指所需设备台数;Q 指装卸搬运作业量(T);M 指所使用设备的生产定额(T/台)。

实战案例 3-4

配送中心叉车数量的配置

某配送中心每月(30天)的装卸搬运作业量48 000吨,现欲购买某型号的叉车来作业,该叉车的生产定额为50 T/台小时,每天工作8小时,每天的等待保养时间为工作时间的20%,问该配送中心应购买几台该型号的叉车?假如每天工作时间延长至10小时,又需购买几台?

解:

$$Z = Q/M$$

每天的总作业量:$Q = 48\ 000/30 = 1\ 600\ T$。

一台叉车每天的作业量:$M = 50 \times 8 \times (1 - 20\%) = 320\ T$。

$Z = 1\ 600/320 = 5$ 台。

如每天工作10小时,则 $M = 50 \times 10 \times 80\% = 400\ T$,则 $Z = 1\ 600/400 = 4$ 台。

五、分拣输送设备配置

分拣输送系统是将随机的、不同类别、不同去向的物品,按其要求进行分类(按产品类别或产品目的地不同分)的一种物料搬运系统。

一般而言,拣货作业所需人力占配送中心人力资源的50%以上;拣货作业所需时间占配送中心作业时间的40%;拣货作业的成本占配送中心总成本的15%—20%。

从物流实践来看,大体积、大批量需求的货物多采用直达、直进的供应方式,因此配送的主要对象是中、小件的货物,即分拣多为多品种、小体积、小批量的物流作业。这就使得分拣作业的工艺特别复杂,特别是对于客户多、货物品种多、需求批量小、需求频率高、送达时间要求准的配送服务,分拣作业的速度和质量直接影响到整个配送中心的信誉和生存。

分拣是指为进行输送、配送,把很多货物按不同品种、不同的地点和单位分配到所设置的场地的作业。

(一)输送机械的特点

(1)可以以不间断连续、稳定的流水方式搬运货物,即装货、输送、卸货均连续进行,不必因空载回程而引起运货间断。

(2)沿固定的路线输送货物,动作单一,故结构简单,便于实现自动控制。

(3)通用性较差,每种机型只适用一定类型的货种,一般不适于运输重量很大的单件物品。

(4) 大多数连续输送机不能自行取货,因而需要采用一定的供料设备。

(5) 具有积存性。

(二) 输送机械的作用

(1) 在现代物流系统中,输送机械具有把各物流站衔接起来的作用。

(2) 输送和装卸是物流不同运动阶段之间互相转换的桥梁。

(3) 在操作区域,输送设备起着人与工位、工位与工位、加工与储存、加工与装配之间的衔接作用,具有物料的暂存和缓冲功能。

(三) 自动分拣机的种类

自动分拣是从货物进入分拣系统送到指定的分配位置为止,都是按照人们的指令靠自动分拣装置来完成的。

目前大型分拣系统包括几十个到几百个分拣机,分拣能力每小时达万件以上。主要包括进给台、信号盘、分拣机、信息识别、设备控制和计算机管理等部分,还要配备外围的各种运输和装卸机械,有的还与立体仓库连接起来,配合无人驾驶小车等组成复杂的系统。

自动分拣机按照其分拣装置的结构有各种各样的类型。

1. 挡板型

它是利用一个挡板(或挡杆)挡住在输送机上向前移动的商品,将商品引导到一侧的滑道排出。挡板的另一种形式是挡板一端作为支点,可作旋转。

2. 上跃型

上跃型是把商品从主输送机上托起,而将商品引导出主输送机的一种结构形式。从引离主输送机的方向看,一种是引出方向与主输送机成直角;另一种是呈一定夹角(通常是 30°—45°)。一般是前者比后者生产率低,且对商品容易产生较大的冲击力。

3. 滑梭型

输送机的表面用金属条板或管子构成,如竹席状,而在每个条板或管子上有一枚用硬质材料制成的滑块,能沿条板横向滑动,而平时滑块停止在输送机的侧边。滑块的下部有销子与条板下导向杆连接,通过计算机控制,滑块能有序地自动向输送机的对面一侧滑动,因而商品就被引出主输送。这种方式是将商品侧向逐渐推出,并不冲击商品,故商品不易损伤;它对分拣商品的形状和大小适用范围较广,是目前国外一种新型的高速分拣机。

4. 倾斜型

(1) 条板倾斜式。商品装载在输送机的条板上,当商品行走到需要分拣的位置时,条板的一端自动升起,使条板倾斜将商品移离主输送机。商品占用的条板数是随商品的长度而定,经占用的条板数如同一个单元,同时倾斜。因此,这种分拣机对商品的长度在一定范围内不做限制。

(2) 翻盘式。这种分拣机是由一系列的盘子组成,盘子为铰接式结构,可向左或向右倾斜。商品装载在盘子上行走到一定位置时,盘子倾斜;将商品翻倒于旁边的滑道中。对于长形商品可以跨越两只盘子放置,倾倒时两只盘子同时倾斜。这种分拣机能常采用环状连续输送,其占地面积较小。又由于是水平循环,使用时可以分成数段,每段设一个分拣信号输入装置,以便商品输入,而分拣排出的商品在同一滑道排出(指同一配送点),这样就可提高分拣能力。如日本川崎重工公司生产的翻盘式分拣机系统设有 32 个分拣信号输入装置,有排出滑道 255 条,每小时分拣商品能力为 14 400 件。住友重机械工业株式会社生产的分拣机系统的分拣能力达每小时 30 000 件。铃木公司生产的分拣机系统的排出滑道有 551 条。

(四) 自动分拣设备选型的一般原则

(1) 根据被输送物料的性质。散状货物适用于深槽带式输送机。包装物料适用于一般带式输送机或辊道输送机。

(2) 根据被输送物料的输送量的大小进行选用。

(3) 根据物料的输送距离和方向进行选用。

(4) 根据物料在输送中工艺流程来选用。物料从何处接收、发放到什么设备上或场所,决定着选用不同的输送机械。

(5) 根据安装场地进行选用。

第五节　配送中心收发货站台的设计

一、进出货平台的宽度设计

进货时一般要经过拆装、理货、检查与暂存等作业,在进出货平台上应留有一定的空间作为缓冲区。进货平台需要有连接设备相配合,连接设备有两种,一种是活动连接设备,另一种是固定连接设备;在暂存区和连接设备之间还要配置一定宽度的出入通道。

例如:(1) 活动连接设备:需要宽度 s = 1—2.5 m;

(2) 固定连接设备:需要宽度 s = 1.5—3.5 m;

(3) 出入通道:r = 2.5—4 m(人力搬运);

则进出货平台宽度 w = s + r。

二、进出货平台布置形式

内围式：将站台围在一定空间内，其安全性最高，有利于防止风雨侵袭和冷暖气外泄，但造价较高。

齐平式：站台与仓库外缘齐平，整个站台仍在库内受到保护，能有效避免资源浪费，造价也较低，是最为广泛的形式。

开放式：站台完全突出于库房，站台上的货物不受到保护，也容易引起冷暖气外泄，安全性较低。

图 3-18 展示了三种不同站台布置形式。

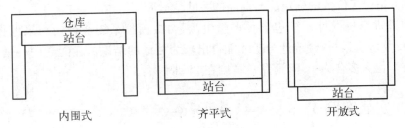

图 3-18 进出货站台布置形式

三、进出货平台的设计形式

进出货平台有两种：直线形和锯齿形（见图 3-19）。

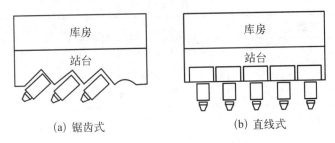

图 3-19 进出货站台设计形式

（一）锯齿型

其优点在于占用仓库内部空间较小，但车辆回旋空间纵深较深，外部空间需求较大（见图 3-19a）。

（二）直线型

其优点在于车辆回旋空间纵深较浅，但占用仓库内部空间较大（见图 3-19b）。

四、进货车位数计算

设计收发货站台时应考虑的因素很多,主要有以下四个方面:

(1) 为了减少装卸搬运环节、实现省力化作业,配送中心通常采用与车厢等高的站台;

(2) 多数站台在车位前设置机动升降或斜坡板,以适应不同高度的卡车,卡车停靠时,尾部就位,方可进行装卸作业;

(3) 站台前的场地均标划白色车位线,一般配送车辆为4吨车,每个车位宽3米、长6米,而厂商送货多为10吨车,每个车位宽3米、长11米;

(4) 站台车位数的确定应与商品的吞吐量适应。

因进货车位设计系统包含很多随机因素,故模拟系统运行的结果也是随机的,须反复多次运行,经统计分析才能得出较为可信的结论。在配送中心里,车道与停靠车位大多合为一体,道路总宽度在25米以上。

实战案例 3-5

进货车位数的计算

(一) 案例背景

进货时间以每天2小时计算,根据配送中心的规模,设进货车台数 N 和卸货时间如表3-13所示。

表 3-13

	进货车台数				卸货时间 min		
	11 t	4 t	2 t		11 t	4 t	2 t
托盘进货	$N_1=2$	$N_2=4$	—	托盘进货	20	10	—
散装进货	$N_3=2$	$N_4=4$	$N_5=1$	散装进货	60	30	20

(二) 案例要求

设进货峰值系数为1.7,要求在3小时内必须将进货车卸货完毕,计算所需车位数 M 为多少?

(三) 案例分析

$$M = (20N_1 + 10N_2 + 60N_3 + 30N_4 + 20N_5) \times 1.7 \div (60 \times 2)$$
$$= (20 \times 2 + 10 \times 4 + 60 \times 2 + 30 \times 4 + 20 \times 1) \times 1.7 \div (60 \times 2)$$
$$= 340 \times 1.7 \div 120$$
$$= 4.8$$
$$\approx 5(个车位)$$

实战案例 3-6

确定收发货站台数量

（一）案例背景

某配送中心每年处理货物 8 000 000 箱，其中 60％的进货由卡车运输，而 90％的出货由卡车运输。配送中心每周工作 5 天，每天 2 班，对于进货卡车，卸货速度是 300 箱/小时，而出货上货的速度是 200 箱/小时，进出货卡车满载都是 600 箱，考虑到进出货并不均匀，设计时应加上 20％的安全系数。

（二）案例要求

为配送中心确定合理的收发货站台数量。

（三）案例分析

第一步：确定进货需求。

（1）年卡车进货量：8 000 000×60％＝4 800 000 箱

（2）年进货卡车次数：4 800 000/600＝8 000 次

（3）每辆卡车的卸货作业时间：600/300＝2 小时

（4）年总进货卡车次数所需作业时间：8 000×2＝16 000 小时

第二步：确定出货需求。

（1）年卡车出货量：8 000 000×90％＝7 200 000 箱

（2）年出货卡车次数：7 200 000/600＝12 000 次

（3）每辆卡车的上货作业时间：600/200＝3 小时

（4）年总进货卡车次数所需作业时间：12 000×3＝36 000 小时

第三步：计算总作业时间。

进出货合计作业时间：16 000＋36 000＝52 000 小时

加上 20％的安全系数为 52 000×（1＋20％）＝62 400 小时

第四步：核算每年工作时数。

52 周×5 天×8×2＝4 160 小时

第五步：确定需要的收发货台数。

62 400/4 160＝15 个

拓展训练

一、问题讨论

1. 通过企业调查试讨论配送中心和传统仓库有哪些区别？
2. 在确定配送中心规模时要掌握哪些必需的数据资料？

3. 我国物流企业在托盘使用过程中存在哪些不合理的现象？如何解决？

4. 配置叉车过程中，在其他条件都相同的前提下，自重利用系数 K 值是越大越好？还是越小越好？

5. 配置叉车过程中，在其他条件都相同的前提下，比功率 F 值是越大越好？还是越小越好？

6. 在设计配送中心进出货平台时应注意哪些事项？

二、商务实战

上海东商集团供配货中心管理

上海东商集团以"第一个吃螃蟹"的勇气组建了大型供配货中心，构建了与其连锁经营相配套的物流、商流、信息流、资金流，将分散的经营转化为规模经营。

由于认识到供配货中心是商业连锁的灵魂，他们采取以小带大、逐步延伸的策略，扩大统配范围，首批统配范围产品主要是家电、电讯和日化，商品除了科龙、海尔、长虹、容声、康佳家电外，还有部分宝洁、雕牌等知名百货类品牌。后来，根据市场反馈信息，供配货中心又开发引进了海信空调、荣事达、三菱、菲利浦等知名品牌，统配范围逐步扩大，而且上述产品年销售额均过千万元。据了解，今年他们的统配商品将扩大到部分高毛利的食品。随着连锁经营的进一步发展和软件设施到位，统配商品比例将进一步扩大。

上海东商供配货中心是物流链上"调节器"，可直接降低进货成本和费用成本，实践证明，六大卖场连锁通过供配货中心正发挥较强的整体优势，占领了较大的市场份额。

供配货中心进、销、调、存"一条龙"，商品流转过程中，减少了成本费用；供配中心取代了分散进货制，取代了家家设立仓库、店店储运的分散多元化物流格局，为实现"零库存"提供了条件。库存结构分散、库存总量偏大是连锁零售企业最为头疼的问题。以往没有供配货中心的管理与监控，各零售店盲目进货，库存结构往往不尽合理，加上经营不善，库存资金积压较大。供配货中心成立后，实行一套库存、一套资金，加强了对零售店资金、进销的监督，使库存更合理。

如今，上海东商集团的各零售店不再租赁仓库，减少了租赁费用，而且没有库存压力，可以集中精力抓销售。

供配货中心成立之后，统配商品的广告宣传统一由集团广告公司制作和对外发布，各零售店对此广告资源共享，避免了过去同样的内容广告几大零售店同时重复刊登的现象。

思考题

1. 从上海东商集团的案例中，谈谈物流配送在连锁企业经营中有哪些作用？

2. 为什么说供配货中心是上海东商集团物流链上的"调节器"？

第四章　连锁企业配送中心选址

学习目标

- 了解配送中心选址的含义
- 了解配送中心选址的意义与步骤、影响因素
- 了解运输表法选址的方法和步骤
- 了解因素评分法选址的方法和步骤
- 掌握重心法选址的应用
- 熟练掌握解析法的选址策略
- 掌握配送中心选址的定性、定量评价方法

情景案例

城市超市的配送中心选址策略

城市超市现拥有多家门店，分布于上海商城、大上海时代广场、巴黎春天百货公司、虹梅路及浦东花旗大厦等上海高级商业区及豪华住宅区（如图4-1所示）。

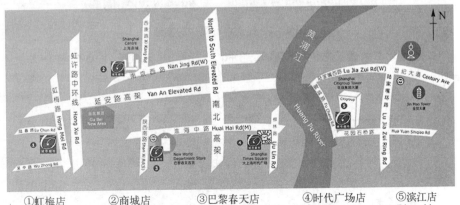

①虹梅店 Hong Mei Shop　②商城店 Shanghai Centre Shop　③巴黎春天店 New World Department Store Shop　④时代广场店 Times Square Shop　⑤滨江店 Riverside Shop

图4-1　城市超市分布图

经营近 10 000 种商品,其中 80% 为进口商品,每周空运、海运各类新鲜食品和杂货,是上海目前最具规模的专营进口食品的超市。蔬果选用国内外优良种子,在城市园艺场中采用有机种植方法精心栽培,每天供应当日采摘的产品,新鲜安全。并自设面包房,每天制作新鲜的西式面包、蛋糕。

城市超市的配送中心就位于城市超市虹梅店,由于城市超市的门店数量暂时只有 5 家,因此把配送中心与门店结合在了一起。

从交通情况来看,该配送中心地处市区西部,周边环绕着贯穿城市的高架和连接外省市的高速公路,不仅为现有的门店配送货物奠定了基础,也为以后门店的继续扩张和发展做出了铺垫,如图 4-2 所示。

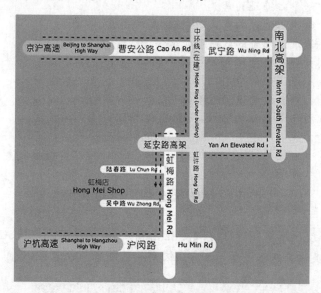

图 4-2　配送中心周边的交通

从地形分布来看,城市超市的配送中心与各门店之间是呈扇形的分布状态,如图 4-3 所示。

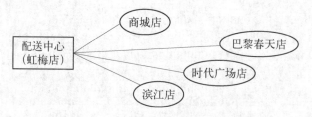

图 4-3　配送中心与门店的扇形分布图

扇形的分布更有利于配送,帮助企业降低成本并且提高配送效率,避免重复

第四章 连锁企业配送中心选址

资源浪费。

从用地情况来看,该配送中心占用了两层楼中的一楼,二楼作为城市超市虹梅店的经营场所。这样既降低了成本,又节约了土地使用面积。

思考题

1. 连锁企业配送中心选址主要考虑哪些因素?
2. 连锁企业配送中心选址可利用哪些模型进行模拟操作?

第一节 连锁企业配送中心选址概述

一、配送中心选址与布局的概念

配送中心选址是以提高物流系统的经济效益和社会效益为目标,根据供货状况、需求分布、运输条件、自然环境等因素,用系统工程的方法,对配送中心的地理位置进行决策的过程,对物流系统的合理化具有决定性的意义。

因为建设物流中心投资规模大,占用大量城市土地以及建成后不易调整,对社会物流和企业经营具有长期的影响,所以对物流中心的选址决策必须进行详细的论证。地址的失误对于社会物流系统而言,可能会导致社会生产和商品交换的无秩序和低效率;对于企业经营而言,可能因为效率低下不能满足客户需要而直接影响企业的经营利润。

配送中心选址合理与否会直接影响到配送中心各项活动的成本、作业效率、服务水平和经济效益。因此,配送中心选址与布局必须在充分调查分析的基础上综合自身经营的特点、商品特性及交通状况等因素,在详细分析现状及预测的基础上进行配送中心选址。

当一个物流系统中需要设置多个配送中心,这时不仅要确定配送中心的位置,而且还要对配送中心的数量、规模、服务范围等进行决策,建立一个服务好、效率高、费用低的物流网络系统。常将此称为网点布局。

二、连锁企业配送中心选址的战略意义

在连锁企业的物流系统中,配送中心居于重要的枢纽地位。较佳的物流配送中心选址方案可以更加有效地节约费用,促进生产和消费的协调与配合,保证物流系统的平衡发展。因此,物流配送中心的合理选址就显得十分重要。

作为物流配送枢纽的配送中心,要发挥其枢纽的作用,首先必须选址最优的

位置来建设。选址合理的位置对于充分发挥配送中心的作用以及优化物流配送体系等有着重要的意义。

(一) 合理位置的配送中心可以提高对门店商品供应的保证程度

如果是门店自己保持库存,由于受到库存费用和库存空间的影响,供应保证程度很难提高,容易发生缺货现象。配送中心可以比任何门店的出货量更大,能够在各区域和门店之间进行商品调配,保证门店商品供应。

(二) 合理位置的配送中心可以降低配送成本,提高经济效益

合理位置的配送中心的配送,一方面可以通过增大经济批量来达到经济地进货,另一方面又可以将不同门店所需的同种商品集中一起进行一次性配送,代替分包向不同门店小批量发货来达到经济配送,从而有效降低配送成本,提高经济效益。

(三) 合理位置的配送中心可以使门店实现低库存或零库存

实现高水平的配送以后,尤其是采取准时配送方式之后,门店可以依靠配送中心的准时配送而不需保持自己的库存,或者只需保持少量保险储备而不必留有经常储备,这样就可以实现"零库存",将门店的仓库空间转化为销售空间,提高门店空间的利用率。

(四) 合理位置的配送中心可以完善运输及整个物流配送系统

物流系统中干线运输可以在长距离、大批量的情况下实现低成本运输,而支线运输可以满足灵活性、适应性、服务性等要求。最佳位置的配送支线从范围来讲可以将支线运输和小搬运统一起来,使配送过程得以优化和完善。

三、配送中心选址的影响因素

配送中心选址是一个牵扯到诸多影响因素的综合性的决策问题,在选址的过程中各种因素对选址的结果都有着不同方面、不同程度的影响,必须将各影响因素集成起来全方位综合考虑,才能使最终的配送中心选址决策最合理、最科学、最实用。一般情况下,配送中心选址决策时应主要考虑的因素有自然环境因素、经营环境因素、物流费用、交通条件、公共设施状况、政策法规条件、环境保护因素、其他因素。

(一) 自然环境因素

1. 气象条件

在配送中心选址的过程中,主要考虑的气象条件有温度、风力、降水量、无霜期、冻土深度、年平均蒸发量等指标。

我国幅员辽阔,不同的地区气象条件迥异,所以气象条件对配送中心的选址决策影响程度也较大,决策时必须全方面地掌握拟选区域的气象情况。如果在同一个地区或城市进行配送中心选址时,气象条件因素对选址方案的影响不大,此

时主要考虑风力和风向因素,在风口的位置建立配送中心的话,容易加快露天堆放物资的老化甚至变质。此外,因为物流过程中各种作业的特点,物流过程中难免产生的粉尘、尾气等,如果配送中心的位置选在风口,各种污染物易飘入市区或居民区,给城市和居民生活造成污染,因此,在建立配送中心时,应尽量避开风口。

2. 地质条件

配送中心是大量商品的集结地。配送中心拥有大量的建筑物及构筑物,有些商品的重量很大,这些都对地面造成很大的压力。如果配送中心地面以下存在着淤泥层、松土层等不良地质条件,会在受压地段造成沉陷、翻浆等严重后果,为此,配送中心选址要求土壤承载力要高。

3. 水文条件

配送中心选址须远离容易泛滥的河川流域与地下水上溢的区域。要认真考察近年的水文资料,绝对禁止选择洪泛区、内涝区、干河滩等区域。

4. 地形条件

配送中心应选择地势较高、地形平坦之处,且应具有适当的面积与外形。

(二) 经营环境因素

1. 经营环境

配送中心所在地区的物流产业政策对物流企业的经济效益将产生重要影响。本地区物流发展水平、行业内竞争情况等也是影响选址的重要因素。

2. 客户分布

配送中心目的是为客户提供配送服务,选址时首先要考虑的就是所服务客户的类型和分布,例如,对于零售商型配送中心,超市和零售店是其主要客户,这些客户多分布在大城市或人口稠密的地区。配送中心多建在城市边缘接近客户分布的地区以提高服务水准及降低配送成本。

3. 供应商的分布

供应商的分布地域也是配送中心选址时应该考虑的主要因素。因为物流的商品皆由供应商所供应,为了将其商品的安全库存控制在较低水平,物流配送中心应接近供应商。但是因为国内通常进货的输送成本是由供应商来负担,因此有时此因素不受重视。

4. 商品特性

物流业和制造业是联动发展的,经营不同类型货品的配送中心应布局在合适的地域,如家电配送中心的选址应与当地的产业结构、产品结构、工业布局紧密结合,看当地是否有成规模的家电生产企业的布局。

(三) 物流费用

配送中心选址必须考虑物流费用,应综合考虑总费用的合理性,大多数配送中心选址接近服务需求地,以便缩短运距、降低运费等物流费用。

1. 物流服务水平成本

配送中心的服务水平是指公共配送中心在经济合理的服务半径内满足用户物流需求的程度和水平。在现代物流服务过程中能否实现准时、高效的送达是衡量物流服务水平高低的重要指标之一,在选定配送中心的位置时应优先考虑将配送中心选在能最好满足用户需求的地方,以保证配送中准时、高质量的物流服务。

2. 运输成本

运输成本在总的物流成本中占有很大的份额。配送中心选址是否合理对物流成本有很大的影响,特别是占物流成本最多的运输成本。选址时应优先选择合适的位置,最好能够紧邻大型制造业或商业集中的区域,以达到缩短运距、降低运输费用的目的,同时提高物流服务的整体效益。这项指标也是配送中心在定量的选址模型中最关注的主要指标,往往是运输费用最低的方案,越接近最优方案。

3. 人力资源成本

在物流配送作业中,最主要的资源需求为人力资源。在选择配送中心位址时,要考虑到可使用的员工条件。随着物流的不断发展和提升,现代化的大型配送中心的运营利用机械化、自动化的程度越来越高,甚至某些综合的高端配送中心呈现智能化的发展态势。因此能否方便地获得一定数量和高素质的员工,也成为选址决策的重要影响的因素之一。由于物流业属于劳动密集型和资金密集型产业,数量充足、素质较高的人力资源条件是配送中心运作的基本保障,在选择配送中心的位置时必须要考虑到当地的劳动资源状况,应优先考虑在劳动力较为充裕且成本相对较低的区域设置配送中心。否则,必然会导致物流费用增加、物流服务水平难以保证,并且也难以发挥出来配送中心应有的作用。因此必须调查该地区的人力资源条件、上班交通及薪资水准等并作出评估。

4. 投资成本

建设配送中心是一个投资巨大的项目,企业的最终目标只有一个:利润最大化。配送中心投资成本的多少直接关系到配送中心建成后的规模、运营成本、投资收益率等诸多方面。因为投资规模受到区域经济发展水平、总的物流需求量以及融资能力等因素的影响,选址决策时应结合当地实际的经济状况和实力,在充分满足物流需求和社会服务的基础上,我们在选址决策时尽可能选择投资成本低的方案。如果是制造企业在全国区域选择多家区域配送中心,就不必自己出资修建配送中心,可以通过租赁的形式实现。所以该项指标是配送中心选址须考虑的一项重要经济指标。

5. 地价成本

配送中心一般占地较多,同时还要考虑配送中心将来的发展,要为以后留足够的发展空间,为此地价的高低对布局规划有重要的影响。由于不同地段土地的价格差别很大,购买土地的费用占去了很多的投资费用,所以地价的高低将会对配送中心的建设规模和投资成本产生直接的影响。进行配送中心选址决策时,应该尽可能在满足以上影响选址因素的同时且符合城市规划用地的前提下,优先选用地价相对低廉的地段。

随着交通运输业的发展,城市土地资源有限性与交通需求间的矛盾日益突出。应充分考虑利用现有货运设施,减少拆迁、建设工作量,避免使用补偿费用过高的用地。

(四) 交通条件

配送中心选址时必须考虑交通运输条件。运输是物流活动的核心环节,配送活动必须依靠各种运输方式所组成的最有效的运输系统,才能及时、准确地将商品送交给顾客。所以,配送中心应尽量靠近交通枢纽的位置进行布局,最好是连接两种或是两种以上的交通方式。如临近港口、高速公路入口、铁路编组站、公路货运站场、交通主干道出入口或是机场等交通便利的地理位置,以方便运输作业。如果配送中心所在的区域拥有良好的交通区位优势,就可以有效地减少运距,大幅度地降低运输成本,从而降低物流总成本。

(五) 公共设施状况

配送中心周围的公共设施也是必须考虑的因素之一。要求有充足的供水、电、气、热的能力和排污能力,此外还应有信息网络技术条件。

(六) 政策法规条件

掌握政府对配送中心建设的法律法规要求,例如,哪些地区不允许建设配送中心,哪些地区政府有优惠政策等。

政策环境条件也是物流选址评估的重点之一,尤其是当前物流用地取得困难,如果得到政府政策的支持,则对于物流业者的发展很有利。政策环境条件包括企业优惠措施(土地提供、减税)、城市规划(土地开发、道路建设计划)、地区产业政策等。

配送中心建设时应参照政府的规划发展,使企业在选择配送中心的位置时符合政府的总体布局要求。

(七) 环境保护因素

在选址决策时,还需要考虑对自然环境与人文环境的保护,尽可能减少配送中心对城市居民生活的干扰。

配送中心的运营,担负着出入配送中心货物的中转、汇集、流通加工、配货、送货等任务,是车辆和人员密集的物流结点,其中的车辆出入频繁,交通密度很大,车辆产生的尾气和噪声不可避免地要对周围环境产生很多负面的影响。因此,配送中心选址时还应充分这些实际的问题,尽量将配送中心布局在远离市中心和居民区的地方,以减轻车辆尾气和噪音对居民生活的干扰,使得城市的交通环境状况能够得到缓解,城市的生态建设得以维持,使经济的发展和城市的发展和谐共生。

(八) 其他因素

1. 周边状况

由于配送中心内部的货物以及车辆的密集程度,所以配送中心被消防部门列为火灾重点防护单位,基于这样的因素,配送中心的位置不宜设在易散发火种的工业设施(如木材加工、冶金企业)的周围,同样更不宜在居民住宅区附近选址。

2. 与城市功能形态的适应性

在选址决策时应综合考虑城市或地区未来的总体规划,其中包括资源空间的集散特性、当地的产业结构与布局、商业区的分布与规模等诸多方面的条件;由于配送中心的规模将来有扩大的可能性,所以还要考虑选址的周围应有足够的发展空间。其次还应尽量考虑到配送中心与周围环境在景观上的协调统一,当然使配送中心的建筑能够融入当地居民的生活习惯,并且维系或改善原有景观是最理想的状况。

表4-1 影响配送中心选址的因素

序号	分析因素		评价标准
	因素名称	因素内容	
1	经营环境	客户分布	接近目标客户的分布
		供应商分布	尽可能接近供应商的分布
2	交通运输	中心位置距离高架的距离	要求距离最短
3	候选地	面积	考虑近期及远景规划,要求面积不宜过小
		形状	要求形状尽量规则,以矩形为宜,适宜物流中心布局
		周边干线	要求路况好
4	自然环境	气象条件	温度、湿度、风力、降水、日照等气象因素适中
		地质条件	符合建筑承载力要求
		水文条件	远离泛滥的河流
		地形情况	要求地形坡度平缓,适宜建筑

续 表

序号	分析因素		评价标准
	因素名称	因素内容	
5	人力条件	人力资源	协调、综合各方面的因素
6	政策环境	政策法规	尽可能得到政府支持,获得各种优惠政策
7	实际环境条件	周边企业状况	要求周边环境和谐,企业密度适中
		地价	地价适中
		发展规划	符合整体规划,实现可持续发展
		供水、电、热、气、通讯、道路	公共设施便利,符合标准

四、配送中心选址的原则

(一) 适应性原则

配送中心的选址须与国家以及省市的经济发展方针、政策相适应,与物流资源和需求分布相适应。

(二) 动态性原则

对环境条件和影响因素要从动态出发,在详细分析现状及合理预测未来变化的基础上对配送中心选址做出决策。

(三) 协调性原则

配送中心的选址应将国家或区域的物流网络作为一个大系统来考虑,使配送中心的设施设备在地域分布、物流技术水平等方面互相协调。

(四) 竞争性原则

物流行业是服务性的行业,用户的选择必将引起物流服务的竞争。不能单单考虑成本最低、线路最短、速度最快等因素,还要考虑今后可能面对的竞争。

(五) 经济性原则

配送中心发展过程中的总费用主要包括建设费用和经营费用两部分。配送中心选址在市区、近郊及远郊,其建设规模和费用以及经营费用是不同的,选址时应用成本费用分析等定量方法进行分析,选择合理的选址地点。

(六) 战略性原则

配送中心的选址应具有战略眼光,既要考虑目前的实际需要,又要考虑日后发展的可能。

五、配送中心选址的步骤

(一) 收集整理资料,确定配送中心的类型及规模大小

收集交通枢纽、道路网、货运量统计等有关交通运输条件信息,确定顾客需求服务范围和功能;依据配送中心设计业务量及成本确定配送中心的经济功能和服务范围及其规模大小。从类型上看,对于加工型制造商型的配送中心,应使其尽量靠近进口港或者上游生产厂;如果是销售型配送,则应离零售地点较近。一般应以进货与出货产品类型特征及交通运输的复杂度,来选择接近上游点或下游点的选址策略。物流中心的规模过大,投资回收期长,效益差,且导致运输工具过多,带来交通堵塞隐患,使物流服务质量降低。规模过小则不能满足社会经济发展对物流需求的需要,造成资源的浪费。在确定规模时,应从运输网络的通行能力出发,从线路通行密度、运输工具载运能力等多角度进行衡量,确定配送中心规模和占地面积的上下限。

(二) 分析选址内水文地质、国土、辅助服务设施等外部条件有关资料

为了减少数据调查的难度、降低用模型计算的复杂度以及减少物流服务中因运输成本的重复计算产生的误差,需对拟建物流中心的服务区域进行划分,将相邻的多个用户合并为一个大的用户来考虑,建立效益和成本模型,预测货运量和分析服务区域在各辐射方向上的货运量和发展趋势。

(三) 物流配送中心布局和选址确定

参考有关规划并根据物流配送中心布局和选址原则,通过比较找出服务区域内满足要求并以获得最大综合经济效益(最小综合费用)为目标,建立布局和选址模型,进行定量分析,通过理论计算,在满足基本要求的所有备选地址中确定中心的最佳个数和地址。

六、配送中心选址的内容

配送中心选址主要包括两个层次的内容,即单一配送中心的选址和多个配送中心的选址。在现实的物流系统中,大量存在多个配送网点的选址问题,即在某计划区域内设置多个配送中心进行货物配送。

单一配送中心的选址是指在计划区域内设置唯一的配送中心的选址问题,主要根据已有的产品、新产品和配送模式来确定,问题较简单。一般采用因素评分法、重心法、数值分析法等方法求解。

另一个层次是多配送中心网络的选址,即要为一个企业所属的多个门店、客户、分销服务中心选择合适的地址,使这些配送中心数量、位置和规模达到优化,多个配送中心的选址问题一般采用线性规划中的整数规划来求解。

第二节 因素评分法选址

一、综合因素评分法

配送中心选址经常要考虑成本因素,但还有许多非成本因素需要考虑,经济因素可以用货币量来权衡,而非经济因素要通过一定的方法进行量化,并按一定规则和经济因素进行整合,这称为综合因素评价法。

综合因素评分法在常用的选址方法中也许是使用最广泛的一种,因为它以简单易懂的模式将各种不同因素综合起来,在允许的范围内给出一个分值。然后将每一地点各因素的得分相加,求出总分后加以比较。得分最多的地点中选。

表4-2给出了某选址问题中影响选址的每个因素及其分值范围。

表4-2 影响选址的每个因素及其分值范围

考 虑 因 素	分值范围	考 虑 因 素	分值范围
区域内货物需要量大小	0—400	气候	0—50
周围的辅助服务设施	0—330	供应商情况	0—200
运输条件	0—200	进货	0—100
配送服务的辐射区域范围	0—100	工会环境	0—50
生活条件	0—100	税收	0—50
出货	0—100	国家激励措施/法律	0—50
与客户距离	0—100	土地成本	0—50
劳动力获取	0—30	公用事业费	0—10
劳动力成本	0—20	适时管理要求	0—50

这种简单的因素评分法存在的最大的一个问题是:这种方法没有将每种因素所关联的成本考虑在内,例如,对某个影响因素来说,最好的和最坏的地址之间只有几百元的差别,而对另一个影响因素来说,好坏之间可能就有几千元的差别。第一个因素可能分值最高,但对选址决策帮助不大;第二个因素分值不高,但能反映各个地址的区别。为了解决这个问题,可将每一因素的分值根据权重来确定,权重要根据成本的标准差来确定,而不是根据成本值来确定。这样就可以把相关的成本考虑进来了。

二、加权因素评分法

对非经济因素进行量化,一般采用加权因素法。

加权因素评分法的具体步骤如下:

(1) 决定一组相关的选址决策因素;

(2) 对每一因素赋予一个权重以反映这个因素在所有权重中的重要性,每一因素的分值根据权重来确定,而权重则要根据成本的标准差来确定,而不是根据成本值来确定;

(3) 对所有因素的打分设定一个共同的取值范围;

(4) 对每一个备选地址,对所有因素按设定范围打分,对各因素就每个备选场址进行评级,可分为五级,用五个字母元音 A、E、I、O、U 表示,各个级别分别对应不同的分数,常见的级别分数为:A=4分,E=3分,I=2分,O=1分,U=0分;

(5) 用各个因素的得分与相应的权重相乘,并把所有因素的加权值相加,得到每一个备选地址的最终得分;

(6) 选择具有最高总得分的地址作为最佳的选址。

运用这种因素评分法应注意:由于确定权数和等级得分完全靠人的主观判断,只要判断有误差就会影响评分数值,最后影响决策。

实战案例 4-1

配送中心选址的加权评分

(一) 案例背景

某小型连锁企业,有25家连锁门店,现考虑在高速发展区域新开设配送中心,其相关因素权重以及专家评分如表 4-3 所示。

表 4-3 某配送中心选址的相关因素权重及专家评分

地理位置因素	权重(a)	专家评分(b)
与各门店的综合距离位置	0.30	40
交通便利情况	0.20	30
与供应商的综合距离	0.15	20
土地费用与建造成本	0.15	40
能源供应情况	0.10	10
劳动力成本	0.10	20

(二) 方案要求

请根据以上资料,求该选址的加权评分。

(三) 方案分析参考

加权评分结果如表4-4所示。

表4-4　某配送中心选址的加权评分

地理位置因素	权重(a)	专家评分(b)	加权评分(a×b)
与各门店的综合距离位置	0.30	40	12
交通便利情况	0.20	30	6
与供应商的综合距离	0.15	20	3
土地费用与建造成本	0.15	40	6
能源供应情况	0.10	10	1
劳动力成本	0.10	20	2
合　　计			30

实战案例 4-2

因素评分法选址设计

(一) 案例背景

某企业对配送中心进行选址规划,设计了甲、乙、丙三个备选地址,专家对影响配送中心选址的因素进行了罗列并给出了每项因素的权重,如表4-5所示。

表4-5　配送中心选址的因素及权重

影　响　因　素	权　重	影　响　因　素	权　重
地理位置	9	风向、日照	5
公路运输情况	8	铁路接轨条件	7
面积和配套	6	供应商情况	3
地势和坡度	2	同城市规划的关系	10
能源供应情况	7		

专家们经过实地市场调查,对甲、乙、丙三个备选地址进行了相关因素的打分,如表4-6所示。

表4-6 甲、乙、丙三个备选地址的相关因素得分

影响因素	权重	可供选址配送中心地址		
		甲	乙	丙
地理位置	9	3	4	5
公路运输情况	8	2	3	2
面积和配套	6	3	5	1
地势和坡度	2	4	3	5
能源供应情况	7	5	2	6
风向、日照	5	2	3	5
铁路接轨条件	7	4	5	2
供应商情况	3	5	3	4
同城市未来规划的关系	10	6	5	7

(二)案例要求

根据以上资料,请确定甲、乙、丙三个备选地址中哪个是最好的新配送中心基地。

(三)案例分析

对表4-6中甲、乙、丙三个备选地址的因素得分与相关权重相乘计算,如表4-7所示。

表4-7 权重相乘表

影响因素	权重	可供选址配送中心地址		
		甲	乙	丙
地理位置	9	3/27	1/9	2/18
公路运输情况	8	2/16	3/24	4/32
面积和配套	6	3/18	5/30	1/6
地势和坡度	2	4/8	3/6	5/10
能源供应情况	7	5/35	7/49	6/42
风向、日照	5	2/10	3/15	5/25
铁路接轨条件	7	4/28	5/35	2/14
供应商情况	3	5/15	3/9	4/12
同城市未来规划的关系	10	6/60	5/50	7/70
合计		217	227	229

结论：从上表计算结果上可以看出丙方案得分数最高，因此选丙场址为配送中心最佳。

第三节 因次分析法

一、因次分析法的含义

因次分析法是将经济因素（成本因素）和非经济因素（非成本因素）按照相对重要程度统一起来，确定各种因素的重要性因子和各个因素的权重比率，按重要程度计算各方案的场址重要性指标，以场址重要性指标最高的方案作为最佳方案。

因次分析法设经济因素的相对重要性为 M，非经济因素的相对重要性为 N，经济因素和非经济因素重要程度之比为 m：n，

则 $M = m/(m+n), N = n/(m+n), M+N = 1$。

二、因次分析法的选址步骤

（一）研究要考虑的各种因素，从中确定哪些因素是必要的

如某一选址无法满足一项必要因素，应将其删除。如配送中心必须靠近交通便利的地址，对交通非常不便利的选址就不要考虑了。确定必要因素的目的是将不适宜的选址排除在外。

（二）将各种必要因素分为经济因素（成本因素）和非经济因素（非成本因素）两大类

经济因素能用货币来评价，非经济因素是定性的，不能用货币表示。同时要决定非经济因素和经济因素的比重，用以反映非经济因素与经济因素的相对重要性。如非经济因素和经济因素同样重要，则比重均为 0.5。非经济因素的比重值可通过征询专家意见决定。

（三）确定经济因素的重要性因子 T_j

设有 k 个备选场址方案，为每个备选场址方案的各种经济因素所反映的货币量之和，即该备选场址方案的经济成本，则：

$$T_{ji} = \frac{1/c_i}{\sum_i 1/c_i}$$

在上式中，T_{ji} 表示第 i 个候选地址的重要性因子，c_i 表示第 i 个候选地址的成本。取成本的倒数进行比较是为了和非经济因素进行统一，因为非经因素越重要

其指标应该越大,而经济成本就越高,经济性就越差,所以取成本倒数进行比较,计算结果数值大者经济性好。

(四) 确定非经济因素的重要性因子 T_f

非经济因素的重要性因子 T_f 的计算分三个步骤。

1. 确定单一非经济因素对于不同候选场址的重要性

就单一因素将被选场址两两比较,令较好的比重值为1,较差的比重值为0。将各方案的比重除以所有方案所得比重之和,得到单一因素相对于不同场址的重要性因子 T_d,计算公式为:

$$T_{dk} = \frac{w_i}{\sum_i w_i}$$

式中:T_{dk}——单一因素对于备选场址 j 的重要性因子;

w_i——单一因素所获得比重值;

$\sum_i w_i$——单一因素对于各备选场址的总比重和。

2. 确定各个因素的权重比率

对于不同的因素,确定其权重比率 G_k,G_k 的确定可以用上面步骤两两相比的方法,也可以由专家根据经验确定,所有因素的权重比率之和为1。

3. 确定重要性因子 T_f

将单一因素的重要性因子乘以其权重,将各种因素的乘积相加,得到非经济因素对各个候选场址的重要性因子 T_f,计算公式为

$$T_{fi} = \sum_k T_{dk} \times G_k$$

式中:T_{fi}——非经济因素 i 对备选场址的重要程度;

G_k——非经济因素 i 的权重比率;

k——非经济因素的数目。

(五) 确定重要性指标 C_t

将经济因素的重要性因子和非经济因素的重要性因子按重要程度叠加,得到该场址的重要性指标 C_t。

$$C_t = MT_j + NT_f$$

式中:T_j——经济因素重要性因子;

T_f——非经济因素重要性因子;

M——经济因素的相对重要性;

N——非经济因素的相对重要性;

C_t——场址方案的重要性指标(选最高者为最佳方案)。

实战案例 4-3

利用因次分析法选址

(一) 案例背景

某公司准备建立一家物流中心,共有三处地点可供选择,各地点每年经营费用如表4-8所示,三处场址非成本因素优劣比较和各因素加权指数如表4-9所示。

表 4-8 每年经营费用 (单位:万元)

场址	A	B	C
运输费用	260	180	280
人力资源费用	160	170	320
能源费用	280	230	180
税收	300	160	300
其他	180	180	220
合计	1 180	920	1 300

表 4-9 非成本因素比较

场址	自然环境	经营环境	公共设施
A	很好	好	一般
B	较好	很好	少
C	一般	一般	较多
加权指数 G_k	0.3	0.5	0.2

(二) 案例要求

假设非经济因素与经济因素同等重要,比重值 $x = 0.5$,试用综合因素评价方法决定配送中心场址应选在何处?

(三) 案例分析

1. 确定经济因素的重要性因子 T_j

$$1/C_A = 1/1\,180 = 8.5 \times 10^{-4}$$
$$1/C_B = 1/920 = 10.9 \times 10^{-4}$$
$$1/C_C = 1/1\,300 = 7.7 \times 10^{-4}$$

$$\sum_i 1/c_i = 27.1 \times 10-4$$

$T_{jA} = 0.313$

$T_{jB} = 0.402$

$T_{jC} = 0.285$

2. 非经济因素的重要性因子 T_f 的计算

根据四个不同的非经济因素，A、B、C 三处的主观评比值 T_d 如下：

(1) 自然环境情况：A＞B＞C

两两相比，如表 4-10 所示。

表 4-10 自然环境两两相比表

场址	A	B	C	比重	T_d
A		1	1	2	0.67
B	0		1	1	0.33
C	0	0		0	0

总比重值：3。

(2) 经营环境情况：B＞A＞C

两两相比，如表 4-11 所示。

表 4-11 经营环境两两相比表

场址	A	B	C	比重	T_d
A		0	1	1	0.33
B	1		1	2	0.67
C	0	0		0	0

总比重值：3。

(3) 公共设施：C＞A＞B。

两两相比，如表 4-12 所示。

表 4-12 公共设施两两相比表

场址	A	B	C	比重	T_d
A		1	0	1	0.33
B	0		0	0	0
C	1	1		2	0.67

总比重值:3。

根据各非经济因素的重要性指数 G_i 和单一因素相对于不同场址的重要性因子 T_d 可以计算每一可行位置的非经济因素的重要性因子 T_f。

现将各非经济因素作评比总结,各候选配送中心评比值如表 4-13 所示。

表 4-13 各候选配送中心评比值 T_f

因素 k		A	B	C	重要性 Gi
自然环境	T_d	0.67	0.33	0	0.3
经营环境	T_d	0.33	0.67	0	0.5
公共设施	T_d	0.33	0	0.67	0.2

计算可得

$$T_{fA} = 0.67 \times 0.3 + 0.33 \times 0.5 + 0.33 \times 0.2 = 0.432$$
$$T_{fB} = 0.33 \times 0.3 + 0.67 \times 0.5 + 0 \times 0.2 = 0.434$$
$$T_{fC} = 0 \times 0.3 + 0 \times 0.5 + 0.67 \times 0.2 = 0.137$$

3. 将经济因素的重要性因子和非经济因素的重要性因子按重要程度叠加,得到该场址的重要性指标 C_t

$$C_{tA} = MT_{jA} + NT_{fA}$$
$$= 0.5 \times 0.313 + 0.5 \times 0.432 = 0.3725$$
$$C_{tB} = MT_{jB} + NT_{fB}$$
$$= 0.5 \times 0.402 + 0.5 \times 0.434 = 0.418$$
$$C_{tC} = MT_{jC} + NT_{fC}$$
$$= 0.5 \times 0.285 + 0.5 \times 0.137 = 0.211$$

4. 决策

根据各位置重要性指标 C_t 的大小,B 场址所得位置量重要性指标 C_t 值在三个候选地址中最高,故选 B 场址作为配送中心场址。

第四节 重 心 法

一、重心法的含义

重心法是一种设置单个配送中心或仓库的方法,这种方法主要考虑的因素是现有设施之间的距离和要运输的货物量,经常用于中间仓库或分销仓库的选择。

商品运输量是影响商品运输费用的主要因素。仓库尽可能接近运量较大的网点，从而使较大的商品运量走相对较短的路程，就是求出本地区实际商品运量的重心所在的位置。

重心法是将配送系统的资源点与需求点看成是分布在某一平面范围内的物体系统，各资源点与需求点的物流量可分别看成是物体的重量，物体系统的重心将作为配送中心的最佳位置。

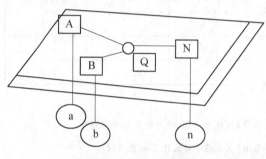

图 4-4 重心法示意图

即把用户对货物需要量按一定比例换算成重锤的重量，用实验的方法确定重心位置，重心的位置即是配送中心的最佳位置。实验时需使用简单的实验器具（见图4-4）。

在平板上放一幅按一定比例绘制的地图，画出客户 A、B……N 所在地点，在各点上分别制出小孔。用一定长度的细绳，分别拴上一个小重锤，每个小重锤的重量都是按用户的需要量依一定比例制造出来的。把拴有重锤的线分别穿过各对应的小孔，在平板上方把各线的端头集中打一个小结，在平板上对打结处做个记号。用手掌托起绳结，让它们自由落下，经过多次反复试验，可确定落下点的准确位置，落下点的位置 Q 即是配送中心的最佳位置。把货运量重心所处的位置作为配送中心的位置，可使配送中心到各个用户的距离与用户所需的商品重量相平衡，从而节省运输费用。

二、重心法假设条件

条件1：运输费只与配送中心和客户的直线距离有关，不考虑城市交通状况。
条件2：不考虑配送中心所处地理位置的地产价格。

三、重心法的计算公式

如拟建配送中心坐标为 $P_0(X_0, Y_0)$，其配送客户的坐标为 $P_i(X_i, Y_i)$，其中 $i=1,2,\cdots\cdots,n$。

W_i 表示各点的运量，C_i 表示各点的运输费率。

则重心的坐标为

$$X_0 = (X_1W_1C_1 + \cdots + X_iW_iC_i)/(W_1C_1 + \cdots + W_iC_i)$$

$$Y_0 = (Y_1 W_1 C_1 + \cdots + Y_i W_i C_i)/(Y_1 C_1 + \cdots + Y_i C_i)$$

四、重心法的缺点

重心法的缺点也是很明显的,配送中心的选址涉及多方面的因素,不可能通过简单的计算就确定位置,由重心法计算出的配送中心地址,不一定是合理的地点。重量本身并不是唯一的标准,因为运输工具的数量也会影响成本。另一方面,重心法确定的距离是采用直线距离,这在大多数情况下是不合理的,比如,计算出的位置已有建筑物或有河流经过,不能建设等。且考虑运输费率后很繁琐,但运输费率数据往往是估算的。

所以用重心法求出的解比较粗糙,它的实际意义在于能为选址人员提供一定的参考。比如,不同选址方案其他方面差不多,可以考虑选择与重心法计算结果较接近的方案。

实战案例 4-4

利用重心法进行家电配送中心选址

(一) 案例背景

某家电集团欲建立一个配送中心,服务四家生产基地,这四家基地是:在 P_1 地生产冰箱,在 P_2 地生产洗衣机,在 P_3 地生产空调,在 P_4 地生产小家电。假设各工厂的运输费相同,各工厂所在地与某城市中心(坐标原点)的距离和每年的产量如表 4-14 所示。

表 4-14　工厂所在地和年运输量

工厂所在地	P_1		P_2		P_3		P_4	
	x_1	y_1	x_2	y_2	x_3	y_3	x_4	y_4
距城市中心的坐标距离(km)	20	70	60	60	20	20	50	20
年运输量	2 000		1 200		1 000		2 500	

(二) 案例要求

求配送中心的坐标?

(三) 案例分析参考

利用重心法选址公式,得:

$X_0 = (20 \times 2\,000 + 60 \times 1\,200 + 20 \times 1\,000 + 50 \times 2\,500)/(2\,000$

$$+1\,200+1\,000+2\,500)$$
$$=35.4 \text{ km}$$
$$Y_0=(70\times 2\,000+60\times 1\,200+20\times 1\,000+20\times 2\,500)/$$
$$(2\,000+1\,200+1\,000+2\,500)$$
$$=42.1 \text{ km}$$

所以,配送中心应选址在坐标为(35.4,42.1)的位置。

实战案例 4-5

利用重心法选择中转配送中心地址

(一) 案例背景

某企业有两个配送中心 P_1、P_2,供应 A、B 两种产品,供应三个市场 M_1、M_2、M_3,各地的地理坐标和其他已知条件如表 4-15 所示,由于业务需要,现在需要设立一个中转配送中心。

表 4-15 配送中心和供应节点的坐标、运量和运输费率

节点	产品	运输总量	运输费率	坐标	
				X	Y
P_1	A	2 000	0.05	3	8
P_2	B	3 000	0.05	8	2
M_1	A&B	2 500	0.075	2	5
M_2	A&B	1 000	0.075	6	4
M_3	A&B	1 500	0.075	8	8

(二) 案例要求

配送中心的坐标位置应设在何处?

(三) 案例分析

1. 初始解(如表 4-16 所示)

表 4-16 初始解

i	X_i	Y_i	V_i	R_i	V_iR_i	$V_iR_iX_i$	$V_iR_iY_i$
1	3	8	2 000	0.05	100	300	800
2	8	2	3 000	0.05	150	1 200	300

续 表

i	X_i	Y_i	V_i	R_i	V_iR_i	$V_iR_iX_i$	$V_iR_iY_i$
3	2	5	2 500	0.075	187.5	375	937.5
4	6	4	1 000	0.075	75	450	300
5	8	8	1 500	0.075	112.5	900	900
					625	3 225	3 237.5

2. 求得 x_0 和 y_0

$$\overline{x_0} = 3\,225/625 = 5.16$$
$$\overline{y_0} = 3\,237.5/625 = 5.18$$

3. 总成本(如表 4-17 所示)

表 4-17 总 成 本 表

i	X_i	Y_i	V_i	R_i	d_i/km	成本=VRd
1	3	8	2 000	0.05	35.52	3 552
2	8	2	3 000	0.05	42.63	6 395
3	2	5	2 500	0.075	31.65	5 935
4	6	4	1 000	0.075	14.48	1 086
5	8	8	1 500	0.075	40.02	4 503
						总成本=21 471

4. 迭代求最优解(如表 4-18 所示)

表 4-18 找 最 优 解

迭代次数	X	Y	总成本
0	5.16	5.18	21 471
1	5.038	5.056	21 431.22
2	4.990	5.031	21 427.11
3	4.996	5.032	21 426.14
4	4.951	5.037	21 425.69
5	4.940	5.042	21 425.44
6	4.932	5.046	21 425.3
……			……
100	4.910	5.058	21 425.14

结论:总成本最小时为21 471。

新物流中心的坐标为(5.16,5.18)。

第五节 运输图表法

运输图表法是一种迭代方法,也称运输模型,是用来在M个"供应源"和N个"目的地"之间决定一个任务分配方法,使得运输成本最小。这是一种可用来进行设施网络选址的优化方法,这种方法实际上是线性规划法的一种特殊形式,其中的"供应源"指的是制造产品的企业,而"目的地"则为配送中心。

运输图表法的基本模型中的"供应源"是工厂(已有工厂或准备新建工厂),"目的地"是配送中心。对于这样一个运输问题,无论是用手工计算还是计算机求解,首先都需要建立一个如表4-20所示的矩阵,或称为表格。表中的行和列分别代表工厂和配送中心(最后一行和最后一列除外),矩阵中的每一个单元中应填入从该单元所在行的工厂向该单元所在列的配送中心运输的量,其中单位运输成本表示在该单元的右上角。运输成本假定与运输量成正比。有时候不希望或不可能有从某一供应源至某一目的地的运输,在这种情况下,可使该单元的单位运输成本足够大,例如其他单元的100倍,这样在模型求解过程中就自然会排除这种选择。在上述模型中,每一行运输量的和应该等于该行所代表的工厂的生产能力,每一列运输量的和应该等于该列所代表的配送中心的需求,分别表示在矩阵的最后一行和最后一列,该生产能力总量还应该等于需求总量。

对于企业来说,运输成本有时在选址决策中扮演着非常重要的角色,这是因为原料运输或成品运输中均会产生运输成本。所以,运输表法的运用可以使企业在网络设施选址中得到巨大的效益。

在实际运用中,这种方法并不能把顾及设施网络选址问题的所有因素,而是在设施位置和各个设施的生产能力给定的条件下,求得最优运输方式。因此,企业的管理者必须对"位置"和"能力"这两个因素变量进行多种组合,在每一种组合下分别使用此方法,从而寻求一个最优的运输方式和最佳位置。此外,用这种方法得到的最优选择只是考虑了运费最优,还需要考虑投资成本、生产成本以及其他一些定性因素,才有可能得出最后的结论。

第四章 连锁企业配送中心选址

实战案例 4-6

运输图表法选址方案设计

（一）案例背景

某公司有三个工厂：A、B、C，在三个城市；有两个配送中心 P、Q，位于不同城市。每个配送中心每月需供应市场 2 100 吨产品。为更好地服务顾客，公司决定再设一新的配送中心。经调查确定 X 和 Y 两个点可建配送中心。其他相关资料如表 4-19 所示。

表 4-19 新旧配送中心和工厂之间的单位运费

工厂	生产能力（吨/月）	到各配送中心单位运费（元）			
		P	Q	X	Y
A	2 400	15	27	48	51
B	2 400	27	12	24	27
C	1 800	45	24	9	15

（二）案例要求

根据以上资料，请确定 X 和 Y 中哪个是最好的新配送中心基地。

（三）案例分析

(1) 假定 X 选中，其解如表 4-20 所示。月总运输费用为 2 100×15＋2 100×12＋300×24＋1 800×9＝80 100（元）。

表 4-20 假定 X 选中的运输优化表

工厂	配送中心				能力
	P	Q	X	虚拟中心	
A	2 100 15	27	48	300 0	2 400
B	27	2 100 12	300 24	0	2 400
C	45	24	1 800 9	0	1 800
需求	2 100	2 100	2 100	300	

(2) 再假定 Y 选中,其解如表 4－21 所示。同样,月总运输费用为 2 100×15＋2 100×12＋300×27＋1 800×15＝91 800(元)。

表 4－21 假定 Y 选中的运输优化表

工厂	配 送 中 心				能　力
	P	Q	X	虚拟中心	
A	2 100 15	27	51	300 0	2 400
B	27	2 100 12	300 27	0	2 400
C	45	24	1 800 15	0	1 800
需求	2 100	2 100	2 100	300	

(3) 两者比较,选择 X 点成本较低,因此选择 X 点较好。

第六节　解 析 法

用解析法对单一配送中心进行选址的方法就是用坐标和费用函数求出的由配送中心至顾客之间配送费用最小地点的方法。

这种方法通常只考虑运输成本对配送中心选址的影响,而运输成本一般是运输需求量、距离以及时间的函数,所以解析方法根据距离、需求量、时间三者的结合,通过在坐标上显示,以配送中心位置为因变量,用代数方法来求解配送中心的坐标。解析方法考虑影响因素较少,模型简单,主要适用于单个配送中心选址问题。对于复杂的选址问题,解析方法常常感到困难,通常需要借助其他更为综合的分析技术。

设有 n 个用户,分布在不同坐标点 (x, y) 上,现假设配送中心设置在坐标点 (x_0, y_0) 处(如图 4－5 所示)。

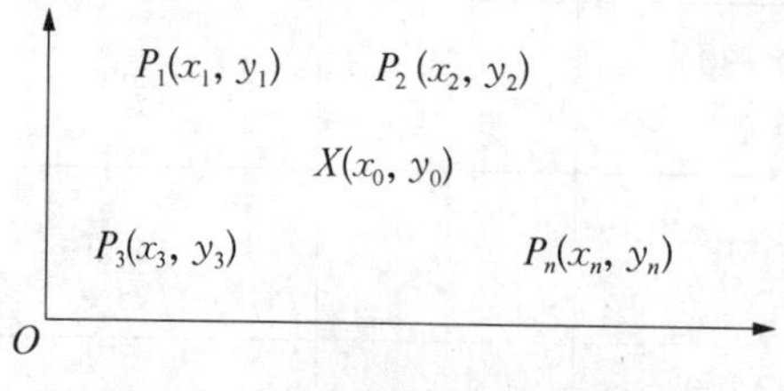

以 e_i 记为从配送中心地到顾客 i 的运输费,则运输总额 H 为

$$H = \sum_{i=1}^{n} e_i$$

图 4－5 单一物流中心与多顾客

设：a_i——配送中心到顾客 i 每单

位量、单位距离所需要运输费；

w_i——到顾客 i 的运输量；

d_i——配送中心到顾客 i 的直线距离，根据两点间距离公式。

$$d_i = \sqrt{(x_0 - x_i)^2 + (y_0 - y_i)^2}$$

总运输费 H 为

$$H = \sum_{i=1}^{n} d_i w_i a_i = \sum a_i w_i \{(x_0 - x_i)^2 + (y_0 + y_i)^2\}^{\frac{1}{2}}$$

希望求得 H 为最小的配送中心地点。

即使

$$\frac{dH}{dx_0} = 0 \qquad \frac{dH}{dy_0} = 0$$

成立的(x_0, y_0)即为适当选址地点。

第七节 选址方案的评估

一、选址方案论证和评价

选址方案论证和评价是指企业通过对与方案有关的市场、资源、工程技术、经济和社会等方面的问题进行全面分析、论证和评价，以确定方案是否可行或者选择最佳实施方案。

（一）配送中心选址基本流程

确定评价方法——确定选址任务——评价各个选址方案——列出选址的影响因素——得到新评价方案——列出组织的选址要求——配送中心地址预选——确定配送中心具体位置——形成最终选址报告——决策者进行决策。

（二）选址方案论证和评价的原则

(1) 经济性原则：以最小的投入取得最好的效果。

(2) 发展原则：发展的前景及适应发展的能力。

(3) 兼容性原则：与原有经济、技术、环境、社会的兼容性。

(4) 相关效果原则：考查相关的经济、技术、环境、社会效果。

(三) 寻找关键成功因素

关键成功因素指的是那些投资者必须坚持且绝对不能妥协的因素,这些因素可以确定和决定选址决策是否能够取得成功。应以关键因素作为评估工具评价各方案。

二、定性分析方法

(一) 优缺点比较法

优缺点比较法是一种最简单的配送中心选址的定性分析方法,尤其适应于非经济因素的比较。该方法的具体做法是:罗列出各个方案的优缺点进行分析比较,并按最优、次优、一般、较差、极坏五个等级对各个方案的各个特点进行评分,对每个方案的各项得分加总,得分最多的方案为最优方案。优缺点比较法的比较要素可从以下方面考虑:区域位置、面积及地形、地势与坡度、风向和日照、地质条件、土石方工程量、场址现在所有者情况、交通情况、与城市的距离、供电与给排水、地震、防洪措施、经营条件、协作条件、建设速度等。

(二) 德尔菲分析模型法

德尔菲法又称专家调查法,最早由美国兰德公司首先使用,并盛行世界。德尔菲法常用于预测工作,但也可用于对配送中心选址进行定性分析,其具体实施步骤如下:

(1) 组成专家小组。按照配送中心选址所需要的知识范围确定专家,人数一般不超过 20 人。

(2) 向所有专家提出配送中心选址的相关问题及要求,并附上各选址方案的所有背景材料,同时让专家提交所需材料清单。

(3) 各个专家根据他们所收到的材料,提出自己的意见。

(4) 将专家的意见汇总,进行对比。并将材料反馈给各专家,专家根据反馈材料修改自己的意见和判断。这一过程可能要进行三到四次,直到每一个专家不再改变自己的意见为止。

(5) 对专家的意见进行综合处理以确定选址方案。

三、定量分析法

通常,一般的规划都有备选方案,完成后应该根据原规划的基本方针,以及原规划的基准,如预算、可能完成的期限、效益等来评估,并选择最佳方案。最常用的评估法是计算各方案的投资金额以及经济效益,以数字作为选择的基础。如表 4-22 所示。

表4-22 方案评估表

	费		用		原物流中心	第一方案	第二方案	第三方案
配送中心	设备成本	土地	所有	资本利息(低价)				
				资本利息(时价)				
				固定资产税				
			租借	地上权利资本利息				
		建筑	所有	租地费				
				资本利息				
				固定资产税				
				折旧税				
				火灾保险费				
			租借	押金的资本利息				
				房子租金				
		设备		资本利息				
				折旧费				
				火灾保险费				
		设备成本合计(A)						
	营运成本	人工费						
		修缮费						
		水电、煤气、冷暖费						
		商品火灾保险费						
		杂费						
		营运成本合计(B)						
	自家仓库成本合计(A+B)=C							
委托配送营业中心	仓库费							
	其他费用							
	营业仓库成本合计(D)							
比较(C-D)								
房间容积								
每单位空间的投资额								
累计作业人员								

物流中心的规划千头万绪，各方面的考虑也要很周密，真正进行规划时，应采用团队作业方式，由管理、建筑、机电、信息、物流等各方面的人才组成，互相取长补短。在规划过程中，应按照规划进程进行，以保证质量。

拓展训练

一、问题讨论

1. 连锁企业配送中心选址与门店开发选址有什么区别？
2. 如果用重心法算出的最佳地点已有建筑物该如何处理？按重心法所选的地点未被公司接受，而只限于 A、B 两个备选地点，如何确定哪个地点最好？
3. 什么情况下适合用加权因素法和因次分析法？
4. 在对选址方案的评估过程中，什么情况适合用定性分析法？什么情况下适合用定量分析法？

二、商务实战

商务实战 4-1

创新医疗设备公司配送中心选址决策

1. 案例背景

创新医疗设备公司生产的电子设备，是用在 MRI、CAT 扫描仪、PET 扫描仪及其他医疗诊断设备中的零部件。创新公司在亚利桑那州的菲尼克斯和墨西哥的蒙特雷设有生产厂。需要这些零部件的客户位于美国和加拿大的某些地方。目前，位于堪萨斯州堪萨斯城的一家配送中心负责接收工厂生产出来的所有零部件，随后再分拨给客户。

由于竞争加剧、客户销售水平变化，公司的销售量有所下降，公司管理层开始考虑配送中心的选址问题。现有配送中心的租赁期即将届满，管理层希望能够考察一下是对现有配送中心再续租约还是另觅租赁地点。配送中心所有人已经允诺若再续租约则租金将极其优惠，为每年每平方英尺 2.75 美元，仓库面积为 20 万平方英尺。据估计若在其他任何地点租同等规模的配送中心，租金将为 3.25 美元/平方英尺。

新租约或续租的期限均为 5 年。转移库存、主要人员的搬迁费用以及其他选址费用将导致一次性支出 30 万美元。各地的仓库运营成本估计基本相同。

最近一年，创新公司的销售额达到近 7 000 万美元。从各工厂到堪萨斯仓库的运输费用为 2 162 535 美元，从配送中心到客户的运输费用为 4 819 569 美元。

仓库租赁费为每年 100 万美元。

为研究配送中心选址问题而搜集的数据见表 4-23 和表 4-24。

表 4-23　最近一年从工厂到堪萨斯城配送中心整车
运输的运量、费率、距离及坐标值数据

工厂位置	年运量(担)	运输费率 (美元/担)	距离 (英里)	网络坐标值	
				X	Y
菲尼克斯	61 500	16.73	1 163	3.60	3.90
蒙特雷	120 600	9.40	1 188	6.90	1.00
总　计					

表 4-24　最近年份从堪萨斯城到配送中心客户用 5 000 磅
卡车运输的运量、费率、距离及坐标值数据

客户位置	年需求量	(担)运输费率 (美元/担)	距离 (英里)	网格坐标值	
				X	Y
西雅图	17 000	33.69	1 858	0.90	9.10
洛杉矶	32 000	30.43	1 496	1.95	4.20
丹佛	12 500	25.75	598	5.60	6.10
达拉斯	9 500	18.32	560	7.80	3.60
芝加哥	29 500	25.24	504	10.20	6.90
亚特兰大	21 000	19.66	855	11.30	3.95
纽约	41 300	26.52	1 340	14.00	6.55
多伦多	8 600	26.17	1 115	12.70	7.80
蒙特利尔	10 700	27.98	1 495	14.30	8.25
总计	182 100				
堪萨斯城				8.20	6.00

尽管运输成本一般并不表示为美元/担/英里的，但已知最近一年的外向运输成本为 4 819 569 美元，加权平均运距为 1 128 英里，年运量为 182 100 担，可估计出以配送中心为起点的外向运输平均费率为 0.023 5 美元/担/英里。

2. 方案设计要求

(1) 根据今年的信息，堪萨斯城是否配送中心的最佳选址点？若不是，更好选址点的坐标是什么?新选址可以带来哪些成本节约?

(2)管理层预期在未来五年西雅图、洛杉矶和丹佛的市场将增长5%,而其他市场会减少10%。运输成本保持不变。菲尼克斯的产量将增加5%,蒙特雷的产量将下降10%。你会改变配送中心选址决策吗?如果是,将如何改变?

(3)若到第五年,配送中心外向运输费率上升25%,配送中心的内向运输费率上升15%。你会改变配送中心选址决策吗?

商务实战4-2

加权因素评分法选址

1. 案例背景

某配送中心在选址过程中,遇到很多非经济因素,为此,公司设计了甲、乙、丙、丁四种方案,让行业专家对这四个方案进行评估打分,经过多轮的考察和讨论,专家们对个方案的非经济因素的权重和评级分数进行了确定,具体情况如表4-25所示,其中等级分数为A=4分、E=3分、I=2分、O=1分、U=0分。

表4-25 专家对各方案非经济因素的评分

非经济因素	权重	各选址方案等级及分数			
		甲方案	乙方案	丙方案	丁方案
地理位置	9	E	A	I	I
交通条件	6	A	A	E	U
地势和坡度	2	O	E	A	I
风向、日照	5	E	E	E	E
供应商条件	7	I	E	I	A
施工条件	3	I	I	E	A
同城市规划的关系	10	A	E	E	I

2. 方案设计要求

请根据专家的评分,利用因素评分法,选出最佳选址方案。

商务实战4-3

利用解析法进行配送中心选址

假设配送公司有三家主要客户A、B、C,它们的位置已经在图4-6上标出,其中从配送中心到A的运输量为100单位,运费为10元/单位;到B的运输量为200

单位,运费为 8 元/单位;到 C 的运输量为 150 单位,运费为 10 元/单位。求最佳配送中心的建设地点?

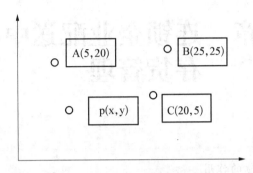

图 4-6　配送公司的客户位置图

第五章　连锁企业配送中心的存货管理

学习目标

- 存货以及存货的作用
- 配送中心存货的种类
- 储位规划的基本原则和规划储位存储策略
- 储位规划的操作流程
- 存货重点分类管理技术
- 配送中心存货绩效评价

情景案例

沃尔玛的存货管理历程

20世纪70年代美国的配送渠道和技术限制了沃尔玛有效地满足消费者需求的能力。从商店发出订单到收到货物,这段时间往往要长达30天之久。那时与一般的商店相比,沃尔玛确实处于劣势。因为沃尔玛的商店分布在乡村,远离传统的配送商的经营范围——大城市,没有人为他们把货品送到各地的商店去。

他们也考虑过请第三方的运输公司帮着运送货物,但是这样首先就牺牲了效率,而且价格很高。存货水平往往和消费者的需求不一致,要么缺货造成销售的损失,要么积压不得不削价处理。

而正是在那个时候,他们开始放弃一般的直接运送货品到商店的方式,转向新的配送理念:集中管理的配送中心。

一个典型的例子就是"货品集合",即把所有的商店的货品需求集中成一个购买订单然后统一在配送中心进行组合或者处理。另一个新的配送方法叫做"中转货仓",即在库房这边接受各种预定的集中订单,然后迅速地进行处理,将货物送到相关的商店。

今天,沃尔玛有30家为美国本土商店服务的配送中心,为国际商店服务的有12家。在沃尔玛的商店里存储了超过80 000种商品,其库房可以在非常短的时间内补充商店5%的存货。这样,当沃尔玛的商店用计算机发出订单,到它的商品补充完毕,这个过程平均只需2天。

思考题
1. 沃尔玛的存货管理策略有何特色?
2. 存货以及存货管理对于企业的意义何在?

资料来源:http://www.jctrans.com。

第一节 连锁企业配送中心存货管理概论

一、存货的概念

存货是指处于储存状态的物品或商品。存货与保管的概念不同,存货是从物流管理的角度追求其合理性和经济性;保管是从物流作业的角度追求其效率化。存货的作用表现在解决商品供应和商品需求在时间上、方式上存在的矛盾。比如,商品的生成从购进原材料、生产出商品到把商品运送到企业销售都需要时间。而顾客却不会等待如此长的时间。这一矛盾只有靠持有存货才能够解决。另一方面,商品的采购往往是大批量的、单品种的,却要尽可能给顾客提供多品种、小批量的商品,这一矛盾也需要通过配送中心持有存货来加以解决。因此,存货是保证配送中心能够正常经营的必要条件。

二、存货的功能

企业之所以保持存货,是因为商品的供应与需求在时间上存在着矛盾,在企业的经营过程中存在着不确定性因素和企业需要降低经营成本等缘故。如果没有存货,企业将无法从事正常的经营活动。因此,存货在企业的经营过程中具有以下五项功能。

(一)时间性功能

任何商品在到达最终消费者之前都要经过较长的生产和流通过程。从原材料的采购、物品的生产到成品的流通都需要时间。而每一位消费者都不愿意等待如此长的时间。如果企业持有存货,就可以缩短甚至消除消费者等待的时间,满足消费者的需要。商品的生产周期越长,流通条件越差,存货保持的时间就越长。

(二)分离功能

存货的分离功能是指存货可以把本来相互衔接、相互依赖的各环节分离开来，使每一环节能以最经济的方式进行。比如，企业的经营过程中，商品的采购环节与各分店的销售是相互连接、相互制约的两个环节。如果没有存货，企业的销售必须按照采购环节的节奏进行，采购环节也必须根据企业的销售节奏进行采购。但是，企业如果保持有商品的存货，就可实现两者的分离，采购环节按照最经济的数量和最合适的时间进行采购，企业销售也可以按照正常的节奏进行。

（三）不确定因素的缓冲功能

在企业的经营过程中，经常会遇到各种意外事件，比如，企业商品的需求量超过了预测的需求量，或订货的前置时间超过了预测的前置时间。在这种情况下，如果企业的配送中心没有持有足够存货，各连锁分店将会发生缺货现象，影响正常经营，造成销售利润和企业信誉的损失。因此，存货具有不确定因素的缓冲功能。

（四）经济性的功能

经济性功能是指存货可使企业利用成本进行方案的选择。存货的存在使得企业能够按照经济数量去进行商品的采购，而不必考虑销售的波动情况。对于波动较大或季节性的商品，存货可使其经营保持均衡，从而降低成本。

（五）投机性功能

对预计以后将要涨价的物品在现行价格较低时便买进额外数量就将降低该商品的采购成本。

三、配送中心存货的种类

由于各类配送中心的具体服务对象不同，它们在存货的种类方面存在很大差异。一般来讲，按照存货的状态，配送中心的存货主要可以分为以下三大类。

（一）原材料

作为原材料的存货主要有钢、木材、特定化学品、纸、谷物、布料和其他未完成商品。原材料是生产服务型配送中心的主要存货种类。为了更好地为生产企业服务和提高自身盈利水平，一些配送中心还根据用户的需求，对这些存货进行一些流通加工作业，如钢板剪切、木材切割等。

（二）零部件

随着社会分工和生产方式的变革，JIT生产方式被越来越多的企业所采用。JIT生产方式的一个主要特点就是组装企业保持零库存状态，零部件供应由零部件生产商直接承担或委托给专业配送中心，由它们按照生产进度小批量、多频次进行配送。而为了提高效率，很多小型零部件生产商一般也会把送货任务外包给配送中心，这样零部件就成为一些专业配送中心的主要存货类型。大多数零部件都是最终产品或组件，可以直接用于装配线或维修服务，配送中心一般不会改变其物理形态。

第五章 连锁企业配送中心的存货管理

（三）最终产品

最终产品一般是已经成为商品的产品。大多数为批发、零售企业服务的配送中心的存货属于这一类。一般来讲，配送中心可以根据服务企业的需要，提供一些简单再包装和加工增值服务，如散装货物重新称重包装、大包装改小包装、促销捆装、衣服熨烫、生鲜食品加工、贴标签等。

四、配送中心存货的特点

配送中心存货必须依据其特点进行管理。配送中心的存货一般有三个特点。

（一）存货数量大，品种多

由于配送中心是生产前和生产后的蓄水池，所以生产和流通中的主要存货都趋于集中存储在各个配送中心，导致配送中心存货数量、品种不断增多。对于一些大型配送中心，其存货余额可高达几十亿元，占企业流动资产的 30%—70%。通常这些配送中心都要兴建现代化的仓库，辟出大块空间，并配备一定数量的仓储设备来完成这些货物的存储。如美国一些大型配送中心的占地面积均在 30 万平方米以上，有的甚至达到 100 万平方米以上。

（二）存货周转快

一般来讲，配送中心是货物的集散地，货物在配送中心不长期储存，存货时间相对较短。这也是配送中心与普通仓库的主要区别。特别是对于一些中转型配送中心来讲，有时货物在配送中心的停留时间不超过 24 小时或基本不做停留，完成分拣和配货作业以后，货物很快就被运出配送中心，发送给 JIT 用户。配送中心存货的这个特点要求配送中心存货系统规划必须充分考虑如何使存货系统满足货物的快速流动。

（三）存货来源广

作为物流节点的配送中心，其服务对象是为数众多的生产或批发零售企业。一般来讲，一个配送中心的服务对象少则几十家，多则数百家。不同客户对货物的种类、数量、规格又会提出不同的要求，这就要求配送中心存货系统具有快速的反应能力。

第二节　配送中心库存量预测管理

一、预测的概论与步骤

（一）预测的概念

预测指对未来可能发生的情况的预计和推测。

（二）预测的一般步骤

（1）决定预测的目的和用途。预测的目的是什么？何时进行预测？

（2）对产品及其性质分类。产品需求可以分为相关需求产品和独立需求产品。

（3）决定影响预测的因素。包括商业周期、产品生命周期、顾客习惯、突发事件、随机因素等等。

（4）确定预测跨度。当预测跨度增大时,预测的精确度将降低。

（5）收集分析资料。

（6）选择预测方法和模型。

（7）计算并核实预测结果。

（8）求出预测值。

（9）应用预测结果。

（10）预测监控。监控是为了确定预测是否像预期的那样进行,如果不是,要重新检查所用的方法以及数据的合理性等,必要时,要做出适当的调整再进行预测。

二、定量预测法

（一）定量预测法的含义

定量预测法是在掌握完整的统计资料为基础,并假定这些资料所描述的趋势适用于被测事物的未来情况的条件下,运用数学方法对数据进行加工处理,通过数学模型反映数据间的内在规律性,最后据此作出预测的方法。定量预测法的应用中,建立数学模型是最重要的一步。

定量预测的假设:过去存在的变量间关系和相互作用机理,今后仍存在并继续发挥作用。

预测之前首先应了解什么是时间序列。

（二）定量预测方法的种类

1. 简单平均法

依据简单平均数的原理,将预测对象过去各个时期的数据平均,以这个平均数作为预测值。这个方法只适用于没有明显波动或较大增减变化的事件的预测。

[例 5-1] 已知某产品第 1、2、3 周的需求量,如表 5-1 所示。请用简单平均法预测第 4 周的需求量。

表 5-1　第 1、2、3 周的需求量

周　　次	实 际 需 求 量
1	149
2	156
3	184
4	

解：第四周的预测值 = (149 + 156 + 184)/3 = 163

2. 加权平均法

在用于预测之前 N 期间资料值乘上合为 1 的加权值，然后求出和作为下一期的预测值。

[例 5-2]　已知某产品第 1、2、3 周的需求量，及其对应的权重，如表 5-2 所示。请用加权平均法预测第四周的需求量。

表 5-2　第 1、2、3 周的需求量及其权重

周　　次	实际需求量	权　　重
1	140	1/6
2	156	2/6
3	184	3/6
4		

解：第四周的预测值 = 1/6 × 140 + 2/6 × 156 + 3/6 × 184 = 167。

3. 简单移动平均法

简单移动平均法是不断向前移动的、n 个数据的平均的方法，它通过引进越来越近的新数据，不断修改平均值作为预测值，这样就可以反映数值的变化趋势。简单移动平均的各元素的权重都相等。简单的移动平均的计算公式如下：

$$F_t = (A_{t-1} + A_{t-2} + A_{t-3} + \cdots + A_{t-n})/n$$

式中：

F_t——对下一期的预测值；

n——移动平均的时期个数；

A_{t-1}——前期实际值;

A_{t-2},A_{t-3}和A_{t-n}分别表示前两期、前三期直至前 n 期的实际值。

[**例 5-3**] 简单移动平均法的应用如表 5-3 所示。

表 5-3 简单移动平均法应用实例(n=3)

月度	销量	合计	均量	下月预测
1	160			
2	150			
3	175	485	161.6	
4	168	493	164.3	161.6
5	165	508	169.3	164.3
6	170	503	167.6	169.3

预测值同简单移动平均所选的时段长 n 有关,具有滞后性。n 越大,对干扰的敏感性越低,预测的稳定性越好,滞后性越强,响应性就越差。

4. 加权移动平均法

加权移动平均预测法是在移动平均预测法的基础上,进一步赋予时间序列中各期实际值以不同的权重,距离预测期较近的数据以较大的权重。

其原理是:历史各期产品需求的数据信息对预测未来期内的需求量的作用是不一样的。除了以 n 为周期的周期性变化外,远离目标期的变量值的影响力相对较低,故应给予较低的权重。

加权移动平均法的计算公式如下:

$$F_t = \alpha_1 A_{t-1} + \alpha_2 A_{t-2} + \alpha_3 A_{t-3} + \cdots + \alpha_n A_{t-n}$$

式中:

α_1——第 t-1 期实际销售额的权重;

α_2——第 t-2 期实际销售额的权重;

α_n——第 t-n 期实际销售额的权重;

n——预测的时期数。

若对最近的数据赋予较大的权重,则预测数据与实际数据的差别较简单移动平均法的结果要小。

近期数据的权重越大,则预测的稳定性就越差,响应性就越好。

[例 5-4] 加权移动平均法的实际应用,如表 5-4 所示。

表 5-4 加权移动平均法的实际应用

月(t)	1	2	3	4	5
实际需求	100	90	105	95	?

加权值为 4 月 0.4,3 月份 0.3,2 月份 0.2,1 月份 0.1。

解:

5 月的需求预测值 F_5:

$$F_5 = 0.4 \times 95 + 0.3 \times 105 + 0.2 \times 100 = 97.5$$

如果,5 月的实际需求为 110 时,6 月的需求预测值:

$$F_6 = 0.4 \times 110 + 0.3 \times 95 + 0.2 \times 105 + 0.1 \times 90 = 102.5$$

5. 一次指数平滑法

指数平滑法是在移动平均法基础上发展起来的一种时间序列分析预测法,它是通过计算指数平滑值,配合一定的时间序列预测模型对现象的未来进行预测。其原理是任一期的指数平滑值都是本期实际观察值与前一期指数平滑值的加权平均。

当时间数列无明显的趋势变化,可用一次指数平滑预测。其预测公式为:

$$F_{t+1} = aA_t + (1-a)F_t$$

式中:

F_{t+1}——$t+1$ 期的预测值;

A_t——t 期的实际值;

F_t——t 期的预测值。

[例 5-5] 一次指数平滑预测法的应用,如表 5-5 所示。

表 5-5 一次指数平滑法的应用($a=0.1$)

月 份	需求实际值	0.1 指数平滑值
1	3 000	
2	2 879	3 000
3	3 121	2 988
4	2 865	2 955
5	2 867	2 896

6. 季节性预测

这是指以市场的循环周期(一般为一年)为跨越期值求得移动平均值,并在移动平均值的基础上求得季节指数,然后以最后一个移动平均值、趋势增长值和季节指数为依据,对市场未来的发展趋势做出量的预测的方法。

[例 5-6] 季节性预测的应用,如表 5-6 所示。

表 5-6 季节性预测的应用

时 段	第一年	第二年	第三年	3 年总和	占全年%
第 1 季度	125	140	183	448	21.43
第 2 季度	270	245	295	810	38.76
第 3 季度	186	174	190	550	26.32
第 4 季度	84	96	102	282	13.49
总 计	665	655	770	2 090	100.00

假设下年度总需求预测值为 830,那么下年度各季度的需求预测值应是多少?

解:

第 1 季度的需求预测值 = 830×448/2 090 = 830×21.43% = 178

第 2 季度的需求预测值 = 830×810/2 090 = 830×38.76% = 322

第 3 季度的需求预测值 = 830×550/2 090 = 830×26.32% = 218

第 4 季度的需求预测值 = 830×282/2 090 = 830×13.49% = 112。

7. 回归分析预测模型

回归分析是把需求作为函数,影响需求的因素作为变量来预测需求量,包括单一变量和多个变量分析。单一变量指单一线形回归分析,多变量指多重线形回归分析。这里我们主要讨论单一线形回归分析。

单一线形回归分析的公式是:

$$\hat{Y} = a + bX$$

Y——函数 Y 的推定值(即,回归线上值);

X——独立变量(需求对需求影响最大的因素);

a——Y 轴的截距;

b——回归线(直线)的斜率。

用最小自乘法求 a, b 下列式子:

$$a = \frac{\sum_{t=1}^{n} Y_t - b\sum_{t=1}^{n} X_t}{n}$$

$$b = \frac{n\sum_{t=1}^{n} X_t Y_t - (\sum_{t=1}^{n} x_t)(\sum_{t=1}^{n} Y_t)}{n\sum_{t=1}^{n} X_1^2 - (\sum_{t=1}^{n} x_t)^2}$$

第三节 配送中心存货管理技术

一、ABC存货重点分类管理技术

一般来说，企业的库存物资种类繁多，每个品种的价格与库存数量也不等，有的物资品种不多，但价值很高；有的物资品种很多，但价值不高。由于企业的资源有限，对所有库存品种均给予相同程度的重视和管理是不可能的，也是不切实际的。为了使有限的时间、资金、人力等企业资源能得到更有效的利用，应对库存物资进行分类，将管理的重点放在重要的库存物资上，进行分类管理，即依据库存物资重要程度的不同，分别进行管理，这就是ABC分类方法的基本思想。

（一）ABC存货分类法的原理

ABC存货分类法的原理是：由于各种存货的需求量和单价各不相同，其年耗用金额也各不相同。那些年耗用金额较大的存货，由于其占压连锁企业的资金较大，对企业经营的影响也较大，因此需要进行特别的重视和管理。ABC存货分类法就是根据存货的年耗用金额的大小，将存货划分为A、B、C三类。A类存货品：其年耗用金额占总存货金额的75%—80%，其品种数却占存货品种数的10%—20%；B类存货品：其年耗用金额占总存货金额的10%—15%，其品种数占总存货品种数的20%—25%；C类存货品：其年耗用金额占总存货金额的5%—10%，其品种数占总存货品种数的60%—65%。

（二）ABC存货分类法的实施步骤

配送中心对其存货实施ABC分类的步骤如下：

1. 搜集数据

配送中心在对存货进行分类之前，首先要搜集有关存货的年总需求量、单价以及重要度的信息。

2. 处理数据

利用搜集的各种存货的年总需求量、单价，计算出各种存货的年耗用总金额。

3. 编制 ABC 分析表

根据已计算出的各种存货品的年耗用总金额,把存货品按照年耗用总金额从大到小进行排列,并计算累计百分比。

4. 确定分类

根据已计算的年耗用总金额的累计百分比,按照 ABC 分类法的基本原理,对存货品进行分类。

5. 绘制 ABC 分析图

将上述的分类结果,在曲线图上表现出来。

(三) ABC 存货管理策略

连锁企业在对存货进行 ABC 分类之后,便应根据企业的经营策略对不同级别的存货进行不同的管理,以便有选择性地对存货进行控制,减轻存货管理的压力。

1. A 类存货

对于这类品种少、价值高的商品,应当投入较大力量精心管理、严格控制,防止缺货或超储,尽量将存货量压缩到最低,并保持最高的服务水平,即最少 98% 的存货可得性。按存货模型计算每种商品的订货量,按最优批量、采用定量订购方式订货,严密监视存货量变化情况,当存货量一降到报警点时便马上订货;存货进出库记录填写严格;对需求进行较精确的预测,尽量减少安全存货量。

2. B 类存货

这类存货品属于一般的品种。按经营方针调节存货水平,保持较高的服务水平,至少 95% 的存货可得性。单价较高的存货品采用定量订购方式;其他的采用经济订货方式,可对若干商品进行联合统一订货,采用非强制存货系统较适合;存货检查较频繁,物品进出库记录填写比较严格,并保持较多的安全存货。

3. C 类存货

对连锁企业的经营影响最小,对其的管理也最不严格。集中大量订货,以较高存货来减少订货费用,并保持一般服务水平,即大约 90% 的存货可得性;存货检查按年度或季度进行;简单填写物品进出库记录,多准备安全存货,减少订购次数,降低订货费用。

(四) ABC 存货管理的作用

ABC 分类管理可以减轻连锁企业配送中心存货管理的工作量。它把"重要的少数"与"不重要的多数"区别开来,从而可以取得以下三种作用。

1. 可以根据 ABC 分类制定不同的采购频率

虽然采购订单下达时间有很多方法,很多行业也有自己特殊的做法,比如汽车生产企业,把每天的需求发布到供应商管理平台,然后供应商按需求时间直送车间工位,但是这并不影响根据 ABC 分类制定不同采购频率的适用性。既然我们按照库存金额占比把存货进行了 ABC 分类,我们可以从既保证生产供应,又能降低库存资金的角度来制定 ABC 各类存货的采购频率。比如:根据企业运行情况,A 类存货保持 6 天的平均消耗量库存即可,C 类存货保持 20 天的平均消耗量库存即可,那么,我们针对 A、C 类物料就可以分别 12 天、40 天下达一次采购订单即可。这里值得一提的是,这是一个理想的推算,它需要基于供应商送货周期可控,并且这些采购存货的需求比较均衡。所以,企业在采用本方法的时候,还要具体结合一下本企业的实际情况。

2. 可以根据 ABC 分类制定不同的供应商管理策略

ABC 分类在很大程度上代表了存货的重要程度,企业可以针对 ABC 分类来制定不同的供应商管理策略,比如哪些供应商可以作为公司的战略供应商进行维护,可以把存货 ABC 作为一个非常重要的考虑因素,从而提高供应商配合度,增强与供应商谈判的议价能力等。另外根据 ABC 分类,企业可以考虑某类存货的活跃供应商数,一是方便供应商及时供货,二是可以避免垄断供应商,以免公司被供应商"绑架"。

3. 可以根据 ABC 分类制定不同的需求计划方式

存货 ABC 分类是一个制定需求计划方式的很好依据。比如,大多数 A 类存货可以采取定量订货方式,基于 C 类存货价值比较低,可以采取再订货点方式,至于 B 类存货,可以根据企业的实际情况选择定量订货、再订货点或其他方式。总而言之,存货 ABC 分类可以为需求计划方式的制定提供非常重要的依据。

(五)ABC 存货管理的注意事项

不能以耗用金额作为唯一的分类标准,还应考虑单价以及商品的重要程度。对于单价高的 A 类商品,应严格控制,而对于单价较低的 A 类商品可按照 B 类商品进行存货管理。而在某项 C 类或 B 类商品的缺少会严重地影响连锁企业的市场形象的情况下,对该项 C 类或 B 类商品必须进行严格的管理,强制其进入 A 类。所以,在进行存货分类时不但要依据商品耗用金额,还要考虑存货单价及重要程度等其他因素。

实战案例 5-1

ABC 分类应用

某仓库存放有 10 种货物,每种货物的有关资料见表 5-7。

表 5-7　仓库货物基本资料

货物编号	单价(元)	货物库存量(件)
A	8.00	1 000
B	4.00	4 250
C	9.00	1 667
D	6.00	26 333
E	2.00	2 500
F	7.00	1 000
G	5.00	400
H	3.00	333
I	6.00	29 667
J	7.00	3 143

试运用库存控制中的 ABC 分类技术,根据库存金额进行分类,填写表 5-8;并根据表 5-8 的分类结果填写表 5-9。

表 5-8　根据库存金额分类

次序	货物编号	库存金额	占总金额比重(%)	累计百分比(%)	分类结果
1					
2					
3					
4					
5					
6					
7					
8					
9					
10					

第五章 连锁企业配送中心的存货管理

表 5-9 货物 ABC 分类

类 别	货物编号	占货物品种比重(%)	库存金额(元)	占总金额比重(%)
A 类				
B 类				
C 类				
总 计				

ABC 分类应用计算。

表 5-10 根据库存金额分类结果

次序	货物编号	库存金额	占总金额比重(%)	累计百分比(%)	分类结果
1	I	178 000	43.10	43.10	A
2	D	158 000	38.26	81.36	A
3	J	22 000	5.33	86.69	B
4	B	17 000	4.12	90.81	B
5	C	15 000	3.63	94.44	B
6	A	8 000	1.94	96.38	C
7	F	7 000	1.69	98.07	C
8	E	5 000	1.21	99.28	C
9	G	2 000	0.48	99.76	C
10	H	1 000	0.24	100.00	C

表 5-11 货物 ABC 分类结果

类 别	货物编号	占货物品种比重(%)	库存金额(元)	占总金额比重(%)
A 类	I D	20%	336 000	81.36
B 类	J B C	30%	54 000	13.07
C 类	A F E G H	50%	23 000	5.57
总 计		100%	413 000	100

二、VMI 存货管理策略

长期以来,流通环节中的零售商、批发商、供应商都有保有存货,也各有自己的存货控制策略。由于存货控制策略不同,不可避免地产生需求的扭曲现象,即所谓的需求放大现象,无法使供应商快速地响应用户的需求。在供应链管理环境下,供应链的各个环节的活动都应该是同步进行的,而传统的存货控制方法无法满足这一要求。近年来,在国外,出现了一种新的供应链存货管理方法——供应商管理用户存货(Vendor Managed Inventory, VMI),这种存货管理策略打破了传统的各自为政的存货管理模式,体现了供应链的集成化管理思想,适应了市场变化的要求,是一种新的有代表性的存货管理思想。

(一) VMI 的基本思想

通常存货是由存货拥有者管理的。因为无法确切知道用户需求与供应的匹配状态,所以需要存货,存货设置与管理是由同一组织完成的。这种存货管理模式并不总是有最优的。例如,一个供应商用存货来应付不可预测的或某一用户不稳定的需求,用户也设立存货来应付不稳定的下游需求或供应链的不确定性。虽然供应链中每一个组织独立地寻求保护其各自在供应链的利益不受意外干扰是可以理解的,但不可取,因为这样做的结果影响了供应链的优化运行。供应链的各个不同组织根据各自的需要独立运作,导致重复建立存货,因而无法达到供应链全局的最低成本,整个供应链系统的存货会随着供应链长度的增加而发生需求扭曲。VMI存货管理系统就能够突破传统的条块分割的存货管理模式,以系统的、集成的管理思想进行存货管理,使供应链系统能够获得同步化的运作。

关于 VMI 的定义,国外有学者认为:"VMI 是一种在用户和供应商之间的合作性策略,以对双方来说都是最低的成本优化产品的可获性,在一个相互同意的目标框架下由供应商管理存货,这样的目标框架被经常性监督和修正,以产生一种连续改进的环境。"

(二) 实施 VMI 策略的原则

实施 VMI 策略要坚持如下四个原则。

(1) 合作精神(合作性原则)。在实施该策略时,相互信任与信息透明是很重要的,供应商和用户(零售商)都要有较好的合作精神,才能够相互保持较好的合作。

(2) 使双方成本最小(互惠原则)。VMI 不是关于成本如何分配或谁来支付的问题,而是关于减少成本的问题。通过该策略使双方的成本都获得减少。

(3) 框架协议(目标一致性原则)。双方都明白各自的责任,观念上达成一致的目标。如存货放在哪里,什么时候支付,是否要管理费,要花费多少等问题都要回答,并且体现在框架协议中。

(4) 连续改进原则。使供需双方能共享利益和消除浪费。VMI 的主要思想是供应商在用户的允许下设立存货,确定存货水平和补给策略,拥有存货控制权。

精心设计与开发的 VMI 系统,不仅可以降低供应链的存货水平,降低成本。而且,用户还可获得高水平的服务,改善资金流,与供应商共享需求变化的透明性和获得更高的用户信任度。

(三) VMI 的实施方法

实施 VMI 策略,首先要改变订单的处理方式,建立基于标准的托付订单处理模式。首先,供应商和批发商一起确定供应商的订单业务处理过程所需要的信息和存货控制参数,然后建立一种订单的处理标准模式,如 EDI 标准报文,最后把订货、交货和票据处理各个业务功能集成在供应商一边。

存货状态透明性(对供应商)是实施供应商管理用户存货的关键。供应商能够随时跟踪和检查到销售商的存货状态,从而快速地响应市场的需求变化,对企业的生产(供应)状态做出相应的调整。为此需要建立一种能够使供应商和用户(分销、批发商)的存货信息系统透明连接的方法。

供应商管理存货的策略可以分如下四个步骤实施。

第一,建立顾客情报信息系统。要有效地管理销售存货,供应商必须能够获得顾客的有关信息。通过建立顾客的信息库,供应商能够掌握需求变化的有关情况,把由批发商(分销商)进行的需求预测与分析功能集成到供应商的系统中来。

第二,建立销售网络管理系统。供应商要很好地管理存货,必须建立起完善的销售网络管理系统,保证自己的产品需求信息和物流畅通。为此,必须:(1)保证自己产品条码的可读性和唯一性;(2)解决产品分类、编码的标准化问题;(3)解决商品存储运输过程中的识别问题。目前已有许多企业开始采用 MRPII 或 ERP 企业资源计划系统,这些软件系统都集成了销售管理的功能。通过对这些功能的扩展,可以建立完善的销售网络管理系统。

第三,建立供应商与分销商(批发商)的合作框架协议。供应商和销售商(批发商)一起通过协商,确定处理订单的业务流程以及控制存货的有关参数(如再订货点、最低存货水平等)、存货信息的传递方式(如 EDI 或 Internet)等。

第四,组织机构的变革。这一点也很重要,因为 VMI 策略改变了供应商的组织模式。过去一般由会计经理处理与用户有关的事情,引入 VMI 策略后,在订货部门产生了一个新的职能负责用户存货的控制、存货补给和服务水平。

一般来说,在以下的情况下适合实施 VMI 策略:零售商或批发商没有 IT 系统或基础设施来有效管理他们的存货;制造商实力雄厚并且比零售商市场信息量大;有较高的直接存储交货水平,因而制造商能够有效规划运输。

实战案例 5-2

雀巢与家乐福的供应商管理库存(VMI)计划

雀巢公司是世界最大的食品公司,由亨利·雀巢(Henri Nestlé)设立于 1867

年,总部位于瑞士,行销全球超过 81 国,200 多家子公司,超过 500 座工厂,员工总数约全球有 22 万名,主要产品涵盖婴幼儿食品、乳制品及营养品类、饮料类、冰淇淋、巧克力及糖果类、宠物食品类与药品类等。家乐福公司为世界第二大的连锁零售集团,1959 年设立于法国,全球有 9 061 家店,24 万名员工。雀巢与家乐福公司在全球均为流通产业的领导厂商,在 ECR(Efficient Consumer Response,有效顾客反应)方面的推动更是不遗余力。2013 年两家公司更协议在 ECR 方面做更密切的合作,雀巢在 2013 年 10 月积极开始与家乐福公司合作,建立整个 VMI 计划的运作机制,总目标是要增加商品的供应率,降低顾客(家乐福)库存持有天数,缩短订货前置时间以及降低双方物流作业的成本。

1. 雀巢与家乐福的关系现状

雀巢与家乐福的关系只是单纯的买卖关系,家乐福对雀巢来说是一个重要的顾客,决定购买的种类和数量,所以雀巢对家乐福设有相对应专属的业务人员。在系统方面,双方各自有独立的内部 ERP 系统,彼此间不兼容。在推动计划的同时,家乐福也正在进行与供货商以 EDI 联机方式的推广计划,与雀巢的 VMI 计划也打算以 EDI 的方式进行联机。

2. 双方的投入

在人力投入方面,雀巢与家乐福双方分别设置专门的对应窗口,其他包括如物流、业务或采购、信息等部门则是以协助的方式参与计划,并逐步转变为物流对物流、业务对采购以及信息对信息的团队运作方式。

在经费的投入方面,家乐福主要是在 EDI 系统建置的花费,也没有其他额外的投入,雀巢方面除了 EDI 建置外,还引进了一套 VMI 的系统。

3. 实施 VMI 所取得的成果

在具体的成果上,除了建置了一套 VMI 运作系统与方式外,在经过近半年的实际上线执行 VMI 运作以来,对于具体目标达成上也已有显著的成果:雀巢对家乐福物流中心产品到货率由原来的 80% 左右提升至 95%(超越目标值);家乐福物流中心对零售店面产品到货率也由 70% 左右提升至 90% 左右,而且仍在继续改善中;库存天数由原来的 25 天左右下降至目标值以下;订单修改率也由 60%—70% 的修改率下降至现在的 10% 以下。

在双方合作关系上,对雀巢来说最大的收获却是在与家乐福合作的关系上。过去与家乐福是单向的买卖关系,顾客要什么就给他什么,甚至是尽可能的推销产品,彼此都忽略了真正的市场需求,导致卖得好的商品经常缺货,而不畅销商品却有很高的库存量。经过这次合作让双方更为相互了解,也愿意共同解决问题,并使原本各项问题的症结点陆续浮现,有利于根本性改进供应链的整体效率,同时掌握销售资料和库存量来作为市场需求预测和库存补货的解决方法。另一方面雀巢在原来与家乐福的 VMI 计划基础上,也进一步考虑针对各店降低缺货率,以及促销合作等计划的可行性。

问题讨论:

(1) 实施 VMI 对企业有什么要求?

(2) 实施 VMI 给雀巢与家乐福带来了哪些好处?

(3) 供应商库存管理一般分为几个步骤?

三、联合存货管理

(一) 联合存货管理的概念

联合存货管理是一种风险分担的存货管理模式。该模式可以从分销中心的联合存货功能谈起。地区分销中心体现了一种简单的联合存货管理思想。传统的分销模式是分销商根据市场需求直接向工厂订货,比如汽车分销商,根据用户对车型、款式、颜色、价格等的不同需求,向汽车制造厂订的货,需要经过一段较长时间才能达到,因为顾客不想等待这么久的时间,因此各个推销商不得不进行存货备货,这样大量的存货使推销商难以承受,以至于破产。据估计,在美国,通用汽车公司销售 500 万辆轿车和卡车,平均价格是 18 500 美元,推销商维持 60 天的存货,存货费是车价值的 22%,一年总的存货费用达到 3.4 亿美元。而采用地区分销中心,就可大大减缓存货浪费的现象。分销中心起到联合存货管理的功能,分销中心既是一个商品的联合存货中心,同时也是需求信息的交流与传递枢纽。

从分销中心的功能中我们得到启发,对现有的供应链存货管理模式可以进行新的拓展和重构,即采取联合存货管理的新模式。近年来,在供应链企业之间的合作中,联合存货管理就体现了战略供应商联盟的新型合作关系。

联合存货管理是解决供应链系统中由于各节点企业的相互独立存货运作模式导致的需求放大现象,提高供应链的同步化程度的一种有效方法。联合存货管理和供应商管理用户存货不同,它强调双方同时参与,共同制定存货计划,使供应链过程中的每个存货管理者(供应商、制造商、分销商)都从相互之间的协调性考虑,保持供应链相邻的两个节点之间的存货管理者对需求的预期保持一致,从而消除了需求变异放大现象。任何相邻节点需求的确定都是供需双方协调的结果,存货管理不再是各自为政的独立运作过程,而是供需连接的纽带和协调中心。

(二) 联合存货管理的优点

基于协调中心的存货管理和传统的存货管理模式相比,有如下五个方面的优点。

(1) 为实现供应链的同步化运作提供了条件和保证。

(2) 减少了供应链中的需求扭曲现象,降低了存货的不确定性,提高了供应链的稳定性。

(3) 存货作为供需双方的信息交流和协调的纽带,可以暴露供应链管理中的缺陷,为改进供应链管理水平提供依据。

(4) 为实现零存货管理、准时采购以及精细供应链管理创造了条件。

(5) 进一步体现了供应链管理的资源共享和风险分担的原则。

(三) 联合存货管理的实施策略

联合存货管理的实施策略包括四个方面的内容。

1. 建立供需协调管理机制

为了发挥联合存货管理的作用,供需双方应从合作的精神出发,建立供需协调管理的机制,明确各自目标和责任,建立合作沟通的渠道,为供应链的联合存货管理提供有效的机制。建立供需协调管理机制,要从以下四个方面着手。

(1) 建立共同合作目标要建立联合存货管理模式,首先供需双方必须本着互惠互利的原则,建立共同的合作目标。为此,要理解供需双方在市场目标中的共同之处和冲突点,通过协商形成共同的目标,如用户满意度、利润的共同增长和风险的减少等。

(2) 建立联合存货的协调控制方法。联合存货管理中心担负着协调供需双方利益的角色,起协调控制器的作用。因此需要对存货优化的方法进行明确确定。这些内容包括存货如何在多个需求商之间调节与分配,存货的最大量和最低存货水平,安全存货的确定,需求的预测,等等。

(3) 建立一种信息沟通的渠道或系统信息共享是供应链管理的特色之一。为了提高整个供应链的需求信息的一致性和稳定性,减少由于多重预测导致的需求信息扭曲,应增加供应链各方对需求信息获得的及时性和透明性。为此应建立一种信息沟通的渠道或系统,以保证需求信息在供应链中的畅通和准确性。要将条码技术、扫描技术、POS 系统和 EDI 集成起来,并且要充分利用因特网的优势,在供需双方之间建立一个畅通的信息沟通桥梁和联系纽带。

(4) 建立利益的分配、激励机制。要有效运行基于协调中心的存货管理,必须建立一种公平的利益分配制度,并对参与协调存货管理中心的各个企业(供应商、制造商、分销商或批发商)进行有效的激励,防止机会主义行为,增加协作性和协调性。

第五章 连锁企业配送中心的存货管理

2. 发挥两种资源计划系统的作用

为了发挥联合存货管理的作用,在供应链存货管理中应充分利用目前比较成熟的两种资源管理系统:MRPII 和 DRP。原材料存货协调管理中心应采用制造资源计划系统 MRPII,而在产品联合存货协调管理中心则应采用物资资源配送计划 DRP。这样在供应链系统中把两种资源计划系统很好地结合起来。

3. 建立快速响应系统

快速响应系统是在 20 世纪 80 年代末由美国服装行业发展起来的一种供应链管理策略,目的在于减少供应链中从原材料到用户过程的时间和存货,最大限度地提高供应链的运作效率。

快速响应系统在美国等西方国家经历了三个发展阶段。第一阶段为商品条码化,通过对商品的标准化识别处理加快订单的传输速度;第二阶段是内部业务处理的自动化,采用自动补库与 EDI 数据交换系统提高业务自动化水平;第三阶段是采用更有效的企业间的合作,消除供应链组织之间的障碍,提高供应链的整体效率,如通过供需双方合作,确定存货水平和销售策略等。

据相关调查分析,实施快速响应系统后供应链效率大有提高:缺货大大减少,通过供应商与零售商的联合协作保证 24 小时供货;存货周转速度提高 1—2 倍;通过敏捷制造技术,企业的产品中有 20%—30% 是根据用户的需求而制造的。快速响应系统需要供需双方的密切合作,因此,协调存货管理中心的建立为快速响应系统发挥更大的作用创造了有利的条件。

4. 发挥第三方物流系统的作用

第三方物流系统(Third Party Logistics,TPL)是供应链集成的一种技术手段。TPI 也称物流服务提供者(Logistics Service Provider,LSP),它为用户提供各种服务,如产品运输、订单选择、库存管理等。把库存管理的部分功能交给第三方物流系统管理,可以使企业更加集中精力于自己的核心业务。第三方物流系统起到了供应商和用户之间联系的桥梁作用,为企业获得诸多好处。

第四节　安全库存量设计

一、安全库存的含义

安全库存也称安全存储量,又称保险库存,是指为了防止不确定性因素(如大量突发性订货、交货期突然延期、临时用量增加、交货误期等特殊原因)而预计的保险储备量(缓冲库存)。

二、安全库存的作用

1. 平衡供求关系,弥补时间差,实现物流的时间效用

由于商品数量、价格和市场政策的变化等原因,导致供求在时间和空间上出现不平衡,企业为了稳定供应和销售,必须准备一定数量的安全库存以避免市场震荡。客户订货后要求收到商品的时间比企业从采购商品到运送商品至客户的时间要短,为了弥补时间差也必须预先储存一定数量的备用库存。

2. 减少采购、销售、配送的复杂性

由于企业供应商的所在地不同,企业拥有的库存也可能在不同的地点,企业的客户更是遍布各地。因此,企业如果不设立安全库存,就会出现非常复杂的运输系统,而通过安全库存,再加上配送这一物流功能,企业可以大大简化运输的复杂性。

3. 降低运输成本,预防意外的发生

仓储管理可以有效地预防如运输延误、零售商缺货、自然灾害等意外事件的发生。

4. 促使企业管理人员及时进行业务调整

当实际库存偏离限定值时,企业的管理人员能够及时知晓,以便迅速作出反应,进行业务调整。

三、降低安全库存的策略

1. 改善需求预测

预测越准,意外需求发生的可能性就越小。还可以采取一些方法鼓励用户提前订货。

2. 缩短订货周期与销售周期

这一周期越短,在该期间内发生意外的可能性也越小。

3. 减少供应的不稳定性

其中途径之一是让供应商知道你的销售计划,以便他们能够及早作出安排。

专栏 5-1

配送中心季节性商品安全库存模型设计

(一)配送中心内季节性商品的特性

(1)季节性商品种类繁多。物流中心经营的商品很多都具有季节性特点,如食品、水果、饮料、啤酒、白酒、服装、部分家用电器、旅游用品等。

(2) 季节性商品储藏难度较高。大部分季节性商品不易储藏或不宜储藏，或者经过储存的产品品质会明显降低。特别是食品类季节商品，都有保质期的规定，储存时间太长，既影响商品销售，也影响商品质量。虽然生产技术上的进步，一定程度上可以解决或缓解此类问题，使有些产品的品质几乎没有下降，但大部分由自然的生产周期决定的季节性商品的品质，不可能完全不受储存因素的影响。

(3) 季节性商品季初和季末的供求关系有着显著差别。通常销售旺季初期出现的是供不应求现象，旺季末期则很少有人问津。

(4) 季节性商品价格波动较大。其基本特征是，刚上市或上市不久商品的市场价格最高，此后价格有所下降，销售末尾阶段市场价格大幅度下跌，有些商家宣传是亏本销售。

(5) 季节性商品过季后要进行库存清理。一般情况是，销售季节一过，一部分未销售出去的商品如月饼必须作销毁处理，其他的季节性商品如一部分服饰也会作报废处理。如果库存控制不合理，导致大量季节性商品积压，会产生庞大的清理费用，严重的将导致物流中心经营亏损。

(6) 不同的商品其季节性特点是不一样的。其中食品类商品具有典型的季节性特点，包括农副产品中的相当一部分商品、水产品中的大部分都有很强的季节性特点。这些商品的季节性基本上决定于自然条件。还有一些商品的季节性主要是由天气变化而产生的，如同样是酒类，白酒的销售旺季在冬天，而啤酒的销售旺季则在夏天。服装是另一类季节性商品，其季节性起因于消费者随季节变换服装穿着的变化。再一类季节性商品是由社会习俗引起的，如月饼、粽子等商品。

(二) 物流中心季节性商品库存管理的主要目标

因为很多企业每年的销售额出现在短期的季节性的销售时段。所以在巅峰的销售时期拥有正确的产品、正确的产品数量，摆在正确的柜台上是对物流中心的计划和执行的至关重要的考验。几乎每个季节都有"热销"商品的缺货现象以及由于一直的销售困难导致的原来"滞销"商品减价的情况。

从本质上来说，季节性商品的库存管理，其目标是要实现库存和市场需求的合理匹配，也就是要实现供需之间的和谐与稳定，既要保证在销售旺季物流中心有足够的商品满足市场需要，同时又要保证在销售转入淡季时，库存不会产生积压。因而对季节性商品的库存管理的关键是：设计一个动态的、合理的安全库存量。

(三) 影响季节性商品安全库存的因素分析

1. 顾客服务水平与安全库存

所谓顾客服务水平(与缺货率是相对的,服务水平＋缺货率＝1),就是指对顾客需求情况的满足程度,公式表示如下:

$$顾客服务水平＝1－年缺货次数/年订货次数$$

顾客服务水平越高,说明缺货发生的情况越少,从而缺货成本就较小,但因增加了安全库存量,导致库存的持有成本上升;而顾客服务水平较低,说明缺货发生的情况较多,缺货成本较高,安全库存量水平较低,库存持有成本较小。我们可以用安全系数值Z来表示顾客服务水平。安全系数值Z与缺货概率的关系如表5-12所示。

表5-12 安全系数Z与缺货概率

安全系数值Z	1.0	1.1	1.2	1.3	1.4	1.5	1.8	2.0	2.05	2.2	3.0
服务水平(%)	84.1	86.4	88.5	90.3	91.9	93.3	96.4	97.7	98	98.6	99.87
缺货概率(%)	15.9	13.6	11.5	9.7	8.1	6.7	3.6	2.3	2	1.4	0.13
在几次订货中发生一次缺货	6	7	9	10	12	15	28	44	50	72	770

2. 提前期与安全库存

商品的提前期一般都有较强的不确定性,主要体现在供应商的交货能力、交货准时度和交货质量的好坏等方面,因此,我们要分析提前期的规律,找出提前期的平均天数(H),以及提前期天数的标准差(h)。这些都是影响安全库存的重要因素。

3. 销售季节变化与安全库存

季节性商品的销售随机性很强,如果按照正常的销售量安排库存,在销售旺季,就会造成经常性的脱销断档;在销售淡季,则会造成库存积压。因此要分析商品的季节性特点,找出商品在不同季节的销售规律,从而设定一个影响安全库存的季节性系数值R。季节系数值R是一个动态的数据,它随着销售季节的变化而变化,销售旺季时R的取值较大,销售淡季时R的取值较小,当销售由淡季转入旺季时,R的取值逐渐增加,而当销售由旺季转入淡季时,R的取值要逐渐减小。

季节系数R的变化规律如图5-1所示。

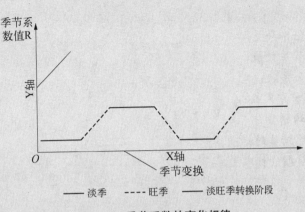

图 5-1 季节系数的变化规律

4. 商品日均销量与安全库存

商品的日均销量是制定安全库存策略的另一个重要影响因素,日均销量预示着市场需求的变化趋势,特别是销售由旺季转入淡季的时候,日均销量会有明显的变化,因此,在设计安全库存水平时要重点分析日均销量的变化规律。当然,有时候日均销量会因为市场、气候、季节、事件以及促销等原因而改变,这时我们可以把日均销量的标准差作为附加因素进行分析。我们可以把日均销量用"D"来表示,把日均销量的标准差用"d"来表示。

(四) 物流中心季节性商品安全库存管理创新模型的假设因素

(1) 物流中心要对市场趋势有一个充分的预测,能够取得相对可靠的相关参数的数据。

(2) 模型没有考虑市场促销因素,因为促销会对库存有一个短暂的高需求。

(3) 模型没有考虑市场外的其他一些特殊因素,如突发事件、政治因素等。

(4) 对缺货的损失有一个可以控制的范围。因为季节性商品要做到完全不缺货是不大可能的,其代价也是比较高的。

(5) 不同的商品特性具有不同的安全库存特点,因此,在制定安全库存策略时,要对不同商品区别对待。

(五) 创新模型的建立

根据对影响季节性商品安全库存的因素分析,我们可以建立安全库存设计模型公式如下:

$$S = R \times Z \times \sqrt{Hd^2 + D^2h^2}$$

其中：

S——安全库存量；
R——季节系数值；
Z——安全系数；
H——提前期天数；
D——日均销量；
d——日均销量的标准差；
h——提前期的标准差。

实战案例 5-3

安全库存管理模型设计

（一）案例背景

某物流中心主要经营农副产品的库存管理和配送服务。以前对季节性商品库存量的控制比较粗放，库存成本居高不下，特别是换季时，很多积压商品不得不销毁处理，给企业造成很大损失。现在公司决定准备重新进行市场调查分析，力争设计一套合理的库存管理方案。

公司首先决定对经营量比较大的糖果产品进行库存分析，以此作为突破口来找出所有季节性产品的新库存策略。

糖果产品具有很强的季节性特点，公司对最近几年的销售数据进行分析后发现，每年的销售旺季在12月份到第二年的3月份，销售淡季是7、8、9三个月份，其他月份的销售处于不旺不淡的状况。

公司所经营糖果产品的种类和安全库存如表5-13所示。

表5-13 公司目前经营的糖果产品

序 号	产品种类	销售额占糖果类产品总销售额的比例	目前的安全库存(吨)
1	大口香糖	55%	13
2	小口香糖	24%	6
3	硬口香糖	14%	4
4	水果糖	7%	2
合 计			25

公司目前糖果产品的库存管理策略是：

(1) 安全库存的设定并不是根据科学的方法计算出来的,而是沿用两年前销售部门凭经验估计出来的标准,由于经营环境的变化,市场的变化,以前设置的安全库存已不能适应现在的市场情况。

(2) 安全库存的设置没有灵活性,导致库存周期过长。对所有产品采用统一的库存控制策略,即对四大类产品,不考虑销量和服务水平,均安排相当于2周销量的安全库存。而且也没有考虑淡季和旺季的区分,7、8、9三个月每月销量只能是旺季时每月销量的三分之一,而安全库存却是常年始终如一。由于市场的变化,导致有些产品成了积压库存,放在仓库里积压半年至一年的产品均有。

(二) 案例要求

(1) 请借鉴物流中心季节性商品安全库存管理创新模型为该公司设计一套安全库存管理新模式。

(2) 新模式有哪些优点?

(三) 案例分析

(1) 设计一套安全库存管理新模式。

第一步：找出新模型的安全库存公式。

新模型的安全库存公式为

$$S = R \times Z \times \sqrt{Hd^2 + D^2h^2}$$

第二步：用新模型重新确定各产品的安全库存。

下面以大口香糖的例子加以说明：

经过市场调查,该产品的季节性系数值为：旺季 $R=1.5$；淡季 $R=0.5$；其他季节的平均 $R=1$。

该产品旺季的一些相关参数如下：

安全系数 $Z=2.05$；

提前期平均天数 $H=4$；

提前期天数的标准差 $h=2$；

平均每天销量 $D=0.78$(吨)；

每天销量的标准差 $d=0.08$(吨)；

则大口香糖旺季的安全库存为：

$$\begin{aligned} S &= R \times Z \times \sqrt{Hd^2 + D^2h^2} \\ &= 1.5 \times 2.05 \times \sqrt{4 \times 0.08^2 + 0.78^2 \times 2^2} \\ &= 4.9(吨) \end{aligned}$$

根据这个计算模式,并参照公司其他产品的相关参数,这样我们可以计算出各产品的各个季节的安全库存量以及平均安全库存量,如表 5-14 所示。

表 5-14 新的安全库存量

产　　品	安全库存量(吨)			
	旺季	淡季	平常	平均
大口香糖	4.9	1.7	3.3	3.3
小口香糖	2.6	1.2	1.8	1.9
硬口香糖	2.2	0.8	1.5	1.5
水果糖	1.6	0.5	0.9	1.0
合计				7.7

(2) 新模式的优点。

由表 5-14 我们可以看出,新的安全库存水平(7.7 吨)相对于旧的安全库存水平(25 吨),降低了 17.3 吨,即降低了 69%。这对于物流中心来说意义非同一般,因为多年来,库存量过大、库存成本过高等库存管理问题,一直困扰着公司的高层领导。而且新的安全库存确定法,在降低库存量的同时,并没有降低物流服务水平,反而使物流服务水平更加合理化、科学化。

第五节　配送中心存货补货方法

存货补货策略是根据客户对存货的要求,订购的特点,预测、计划和执行一种补充存货的行为,并对这种行为进行控制,重点在于确定如何订货、订购多少、何时送货。由于配送中心的存货是快速周转的,所以配送中心的存货管理具有很强的动态管理特征,配送中心需要不断对发出的存货进行补充,以便随时保证顾客对存货的需要。但大多数配送中心都处在一个顾客需求不确定性很大的经济环境中,这就要求配送中心深入研究存货需求变化规律,并使用一些专门的技术手段,制定合适的补货策略,以便在不断寻求降低存货持有成本的同时充分满足顾客需求。

一、配送中心补货系统的概念

所谓配送中心补货系统,就是配送中心完成存货补充订货决策以及具体补货作业的功能子系统。当顾客需求开始消耗现有存货时,补货系统需要根据以往的经验,或者相关的统计技术方法,或者计算机系统的帮助确定最优存货水平和最优订购量,并根据所确定的指标,适时地发出存货再订购指令。配送中心补货系统的目标就是保持存货中的每一种产品都在目标服务水平下达到最优存货水平。

二、配送中心补货系统的基本功能

配送中心补货系统一般应具有以下三个主要功能。

(一)当存货量降低到警戒线时,系统能发出补货信号

这也就是说,配送中心补货系统首先要能够及时发现需要补充订货的存货种类。警戒线存货是指补货系统预先设置的一个存货水平,当存货降至该存货水平时,配送中心就需要进行再订货了,配送中心可以通过人工巡视发现需要再订货的存货种类,也可以通过计算机统计以及一些信息收集工具提示哪些存货应该进行再订货了。

(二)系统能提供订货数量的建议值

这是配送中心补货系统所具有的存货管理决策职能,也是补货系统的核心职能。为了能够提供订货数量的建议值,补货系统需要考察存货的耗用规律,预测未来的需求,并结合存货成本进行综合分析。通常配送中心会应用比较复杂的预测模型以及通过计算机模块的帮助来发现订货数量的建议值,但对于一些需求规律变化不大的存货种类,配送中心也可以采取一些简化的经验方法来确定这个值。

(三)能按照要求完成订购和补货作业,使存货保持最优水平

配送中心确定了需要补充存货的货物种类、订购数量后,还要根据该货物的耗用规律,确定具体订购的时间,发出采购订单,保证货物及时入库,以确保供应。

另外,由于一些货物不断发出,存在拣货区的存货将不断减少,这时配送中心还需要将货物不断由保管区移到拣货区,以保证拣货区的供应和配货工作的顺利进行。这就是配送中心补货系统的最后一项功能——补货作业。

三、配送中心补货系统的一般工作程序

(一)确定现有存货水平

对现有存货水平的检测是配送中心补货系统工作的起点。因为只有准确地知道现有存货的水平,然后才能确定需要补充多少存货。

现有存货的检测方法。主要有两种:定期和连续的检测方法。定期检测是按照一定的周期对存货进行检查的方法,周期的具体确定可以依据实际情况而定,可以是几天、几周或一个月检测一次。连续检测要求存货管理者要连续记录存货

的进出,每次存货处理后都要检测各产品的数量。

(二) 确定订购点

订购点是补货系统的启动机制。在订购点补货系统中,只要现有存货水平低于指定的订购点,就立即发出补货指令。在定期检测补货系统中,则根据预先测定的目标存货水平,在固定的检测时点将现有存货水平与目标存货水平进行比较,如果现有存货水平低于目标存货水平,则需要进行补货。

订购点的确定要考虑前置期存货需求以及安全存货的需要。订购点存货水平 OP 一般由下面公式确定:

$$OP = 前置期内预计需求 + 安全存货$$

例如,如果某种产品的平均历史耗用(销售)是每星期 100 单位,补货的前置期是 2 周,安全存货是 50 单位,那么:

$$OP = 100(耗用) \times 2(周) + 50(安全存货) = 250(单位)$$

换言之,订购点存货水平 OP 由两部分相加组成,一是在等待存货补充订购到达(前置期)期间满足预计顾客需求(耗用量)所需的足够存货,二是应付供需变化的保守存货(安全存货)数量。

一般来讲,前置期内的预计需求可以通过对以往的需求数据进行简单平均来估计,这也是配送中心最常用的预测方法。但应该注意的是,现实生活中需求往往具有很大的不确定性,历史数据往往只能反应现在的部分需求规律,要得出眼下需求的更为准确的估计值,需要采用一些专门预测技术对历史数据进行处理。

另外,安全存货主要是为了应对前置期内需求的不确定性而设置的。由于顾客需求往往具有很大的不确定性,如果预测时估计不足,就很可能会产生缺货。在这样的背景下,通过建立适当的安全存货,可以减小缺货的可能性,从而在一定程度上降低存货短缺成本。但安全存货的加大会使存货持有成本增加,因而,必须在缺货成本和存货成本两者之间进行权衡。

安全存货量的大小与顾客服务水平(或订货满足率)存在很大关系。所谓顾客服务水平,就是指对顾客需求情况的满足程度,用公式表示如下:

$$顾客服务水平 = 年缺货次数 / 年订货次数 \times 100\%$$

顾客服务水平(订货满足率)越高,说明缺货发生的情况越少,从而缺货成本就较小。但因增加了安全存货量,导致存货的持有成本上升;而顾客服务水平较低,说明缺货发生的情况较多,缺货成本较高,安全存货量水平较低,存货持有成本较小,因而我们必须综合考虑顾客服务水平、缺货成本和存货持有成本三者之间的关系,最后确定一个合理的安全存货量。需要注意的是,合理的安全存货量并不能保证完全不缺货。

（三）确定订货数量

订购点确定下来以后，补货系统还要决定订购的数量。订购数量的确定有多种方法，可以根据以往经验确定或按经济订货批量模型（EOQ）得出。经济订货批量模型的原理是通过数学方法，对各种存货成本进行全面均衡，得出存货总成本最小时的订货批量，并将这个数量作为补货数量。

（四）发出采购订单和进行补货作业

订购点和订货数量确定下来以后，补货系统下一个程序就是对需要补充存货的存货种类发出采购订单，进行补充存货的订货。

另外，还要根据拣货作业的要求，对于拣货区需要补充的存货进行补充，也就是将存放在储存区的存货转移到拣货区。

四、配送中心存货补货策略

存货补货策略要解决的问题是：多少时间补充一次，每次补充的数量是多少。决定多少时间补充一次以及每次补充数量的策略称为存储策略。存储策略的优劣如何衡量呢？最直接的衡量标准是计算该策略所耗用的平均费用多少。存储策略一般分成以下四种。

（一）连续性检查的固定订货点、固定订货量策略，即(R，Q)策略

该策略的基本思想是：对存货进行连续性检查，当存货降低到订货点水平 R 时，即发出一个订货，每次的订货量保持不变，都为固定值 Q。该策略适用于需求量大、缺货费用较高、需求波动性很大的情形。

（二）连续性检查的固定订货点、最大存货策略，即(R，S)策略

该策略和(R，Q)策略一样，都是连续性检查类型的策略，也就是要随时检查存货状态，当发现存货降低到订货点水平 R 时开始订货，订货后使最大存货保持不变，即为常量 S，若发出订单时存货量为 I，则其订货量即为(S-I)。该策略和(R，Q)策略的不同之处在于其订货量是按实际存货而定，因而订货量是可变的。

(R，S)策略是(Q，R)策略的改进，它引进了订货量随实际库存而变化。库存始终维持在仓库的最大库存量上，每次订货量是可变的，这样，明确显示了市场供需的时间变化，这种策略适用于市场变化较小且缺货成本较高的物品上。

（三）周期性检查策略，即(t，S)策略

该策略是每隔一定时期检查一次存货，并发出一次订货，把现有存货补充到最大存货水平 S，如果检查时存货量为 I，则订货量为 S-I。经过固定的检查期 t，发出订货，这样周期性检查存货，不断补给。该策略不设订货点，只设固定检查周期和最大存货量。该策略适用于一些不很重要的或使用量不大的物资。

这种策略的特点是固定检查周期,固定最大库存量,而订货量是可变的依每次最大库存——即时库存量来决定,并且还要经过一定的订货周期,因此,补给后的库存量要低于最大库存量水平,不会出现溢出的现象。

(四) 综合存货策略,即(t, R, S)策略

该策略是策略(t, S)和策略(R, S)的综合。它有一个固定的检查周期、最大存货量S、固定订货点水平R。当经过一定的检查周期后,若存货低于订货点,则发出订货,否则,不订货,订货量的大小等于最大存货量减去检查时的存货量。

(t, R, S)策略是前面几种策略的综合考虑,每次的订货量根据具体的库存量多少来确定,是其优势。但因为其检查周期是固定的,在这种情况下,如果检查周期确定不合理或市场需求波动变化较大时,库存往往会出现完全不足,或真空状态。对市场变化的灵敏度不高。

这四种策略都仅仅只从某几个方面的角度去考虑库存补充的决定问题,各有优势,各有欠缺。在实际运行过程中,库存的补充是一个复杂的过程。当一方面的情况被考虑,势必就会不得不舍弃某些方面的考虑或者说考虑得就会薄弱一些,当作次重点。因此各种库存补充策略都各有侧重。每个企业在不同的发展阶段,对于不同的产品生产,都要根据不同的供应链的具体要求,选择各自的最佳库存补充策略,以便更好地为企业节约资源,保障企业的生产经营高效运行。

专栏 5-2

最佳库存量的控制

单时期存贮模型就是一种货物的一次性订货,只有在满足特定时期的需要时发生的,即通常所说的"一锤子"买卖。就是说,当存货销完时,并不发生补充进货问题。由于问题在考虑的时期内,总需求量是不确定的,这就形成了两难的局面。因为货订得多,虽然可以获得更多的利润;但如果太多了,将会由于卖不出去而造成损失。反之,如果订货少了,虽然不会出现货物卖不出去而造成的损失,但却会因供不应求而失掉销售机会。例如,在筹备一个大型的国际性的运动会过程中,到底应准备多少食品、糕点、饮料呢?今年夏天应准备多少件款式时兴的时装呢?明年的挂历应准备多少呢?等等。像这样的问题,其主要特征总是在"太多"与"太少"之间找一个适当的订货量。

报童问题:有一报童每天售报数量是一个离散型随机变量,设销售量 r 的概率分布 $P(r)$ 为已知,每张报纸的成本为 u 元 $(v > u)$。如果报纸当天卖不出去,第二天就降低处理,设处理价为 w 元 $(w < u)$。问报童每天最好准备多少份报纸?

这个问题就是要确定报童每天报纸的订货量 n 为何值时,使盈利的期望值最大或损失的期望值最小?

设 M 为临界点概率,即 $M = k/(k+h)$

订购的最优数量 Q^* 可由以下不等式确定:

$$\sum_{r=0}^{Q^*-1} P(r) \leqslant \frac{k}{k+h} \leqslant \sum_{r=0}^{Q^*} P(r)$$

其中:

r——销售量;

k——每单位产品获利水平;

h——每单位产品销售不掉的损失额;

$P(r)$——销售量为 r 的概率。

实战案例 5-4

报纸订货量模型设计

某种报纸当天如果能销售掉,则能获利数是 $k=150$ 元/百张;如果当天销售不掉,将产生亏损,亏损数是 $h=200$ 元/百张;根据以往的销售情况,销售概率如表 5-15 所示。

表 5-15 销售量及对应概率

销售量(r)	5	6	7	8	9	10	11
概率 P(r)	0.05	0.10	0.20	0.20	0.25	0.15	0.05

问题:每日订购多少张报纸可使赚钱的期望值最高?

解:$k/(k+h) = 150/(150+200) = 0.4286$,

$r = 8$ 时,有:

$p(5) + p(6) + p(7) = 0.35$

$p(5) + p(6) + p(7) + p(8) = 0.55$

$0.35 \leqslant 0.4286 \leqslant 0.55$

故最优订货量 $r^* = 800$ 张时,赚钱的数学期望值最大。

拓展训练

一、问题讨论

1. 什么是存货？它的功能是什么？
2. 配送中心的存货是根据什么分类的？
3. 配送中心存货的特点有哪些？
4. 什么是储位规划管理？它的基本原则是什么？
5. 试述一般常见的储存方法。
6. 简述供应商管理用户存货法。

二、商务实战

商务实战 5-1

库存成本与缺货成本的衡量

美国机械公司是一家以机械制造为主的企业，该企业长期以来一直以满足顾客需求为宗旨。为了保证供货，该公司在美国本土建立了 500 多个仓库。但是仓库管理成本一直居高不下，每年大约有 2 000 万美元。所以该公司聘请一调查公司做了一项细致调查，结果为：以目前情况，如果减少 202 个仓库，则会使总仓库管理成本下降 200 万—300 万美元，但是由于可能会造成缺货，销售收入会下降 18%。

思考题：

(1) 如果你是企业总裁，你是否会依据调查公司的结果减少仓库？为什么？
(2) 如果不这样做，你又如何决策？

思考题提示：

(1) 如果你是企业总裁，你是否会依据调查公司的结果减少仓库？为什么？

答：不会。因为减少 202 个仓库，虽然会使总仓库管理成本下降 200 万—300 万美元，但是可能会造成供货，销售收入会下降 18%，得不偿失。

配送的特点是以客户需求为出发点，根据客户的需求配送货物，最大限度地满足客户，如果供货不足，不能满足客户的需求从而可能会导致客户流失。并且，配送是在经济合理的范围内进行的，美国机械公司获得的利润可以满足其仓库的管理成本。所以不会减少仓库。

(2) 如果不这样做，你又如何决策？

答：首先，要划分市场，划分成合理的区域配送中心；其次，确定目标及原则，

第五章 连锁企业配送中心的存货管理

采用新的运营方式,合理计划运作时间表和运营的预算,找出较好的运营策略,规划完备的物流功能;再次,在仓库的选址方面要具体地分析它的约束条件,如客户需求、公共设施等一些问题,根据实际情况采用定性与定量的方法选择合适的地址;最后,要根据客户的需求和商品的特性进行规划,对原有设施进行改造或者重新布局。

商务实战 5-2

欧莱雅与经销商的 VMI

(一)欧莱雅中国"革委会"

欧莱雅 1997 年正式进入中国,并在苏州设厂,随后在上海设立销售公司,后又成立欧莱雅中国股份公司作为欧莱雅在中国的总部。由于当时欧莱雅总部对中国国情缺乏了解而坚持其原先的分销体系,于是销售人员拼命向经销商压货以完成销售指标,结果是经销商的库存增加,欧莱雅的应收账款随之增加,经销商和欧莱雅都面临资金占用的压力。欧莱雅在中国市场的销售仅占欧莱雅全球的 1%,但资金占用却占欧莱雅全球的 10%。

因为政策的限制,欧莱雅不能直接向欧莱雅专柜供货,必须通过经销商。全国 2 000 多个专柜,40 多个经销商,他们与欧莱雅的信息交流处于极不通畅的状态,"效率低下"。看到当时糟糕的情况,菲利浦决心变革,"一定要改变欧莱雅在中国的分销体系,重新建立供应链,理顺与经销商之间的关系"。

"攘外必先安内",于是诞生了"变革管理部",这是欧莱雅公司中独有的一个部门,DIS 分销系统经理张治和同事们把他们的这个部门叫做"革委会"。

"革委会"领导团队称为 VMI(Vendor Managed Inventroy)小组,在此次变革中,要整合的不是一个企业的各个部门,而是几十家相互独立的分销企业。要使这条供应链上所有的个体能达到信息及时共享,管理共同优化,以致最后利益的最大化,这是实施 DRP 的最终目的。

(二)革经销商的命

"最困难的就是要让全国四十几家分销商接受同样的供应链管理思路。"在国外的零售商和厂商,如沃尔玛和欧莱雅、宝洁之间,已经建立了合作伙伴关系。只是在中国,由于法律上的限制,外资厂商只能与分销商直接建立关系。因此,"如何让中国的分销商改变'受控制'的想法,而认识到这是一种双赢的合作,是非常困难的。而且,要用一套标准的系统和方法来满足四十几家分销商各自迥异的管理需求,使之完全融合到他们不同的工作环境和工作习惯中去,也非常不易。"

北京糖业公司在北京经销欧莱雅品牌。当初他们配合欧莱雅实施 DRP 的情况。欧莱雅为了适应中国国情而改造供应链，实施的时候当然要根据中国国情——多而散、规模小、经销体系不完善和管理的欠缺。

适合国情的第一步就是帮助经销商改进管理。经过调研和测试，欧莱雅请软件公司专门开发了一套能满足各方需求的进销存软件。"这套软件既满足了欧莱雅公司的管理要求，也充分考虑到各地分销商的不同需求。"软件开发完成之后，欧莱雅就在全国四十余家分销商处实施。到目前，各经销商的系统每天会与欧莱雅上海总部的系统进行连接，交换数据。

欧莱雅还专门建立了一支 VMI 队伍，来管理分销商和分销商系统，DIS 软件就是他们的工作平台。

而 VMI 队伍的工作主要是：订单管理、库存管理、日常工作管理。比如订单管理，他们将根据历史销量、新品上市和市场推广计划等，来审核各地分销商的每一笔订货数量，以控制可能出现的缺货和不必要的积压。

他们还被要求协调各地的订货时间和周期，以保证生产线的均衡性。位于分销商处的订单管理子系统根据欧莱雅提供的安全库存公式，计算出安全库存建议值，然后再根据当前库存计算出建议订单。分销商在自动生成订单的基础上可以通过对安全库存的调整来修改订单数量。最后系统导出一份欧莱雅要求的订单文本文件发送到欧莱雅 VMI 部门中。

举个例子说，在一年前，多数分销商会在月初和月末下订单，这直接导致欧莱雅公司的仓库和工厂在月初和月末时的工作量剧增而月中时的开工不足，而现在则不会有这样的情况。

同时，VMI 队伍根据库存和销售信息，在保证销售不缺货的同时，将整条供应链上存货降至最低；分销商因库存管理的加强，大大减轻了资金压力，把更多的精力放在了销售渠道的拓宽上；而大后方的仓库和工厂，更能预知未来的订单总量，从而合理地安排生产工作计划。

完成这些工作后，市场部和销售部随时可以看到在华东地区，有多少护肤品是从百货商店销售出去，有多少彩妆是从超市卖掉的，并根据这些情况来制定相应的市场推广和销售计划。

VMI 的这些工作都是在 DIS 上完成的，欧莱雅 DRP 的精髓在于"搭建平台，获取信息，建立管理"。

已经发生的巨大变化显然使菲利浦充满信心。随着 DRP 计划的推进，欧莱雅整个供应链悄然变化：销售终端的销售信息变得公开、及时和准确，业务人员摆脱了繁琐的报表工作，市场和销售的决策得到更多信息的支持，分销商不再担心库存积压的压力，而欧莱雅公司也慢慢摆脱分销商资金的约束。更为直接的数据是，2014 年同期的销量相比去年有超过 50% 的增长，分销商订货缺货率也由原来的9%下降到了现在的3%,分销商库存天数从2013年10月的83天下降到了2014年10月的53天,欧莱雅外高桥仓库的库存天数也从2013年10月的202天下降到了2014年10月的85天。在分销体系改变过程中非常重要的是改善了资金流的情况。

思考题

1. 与传统的库存控制方法相比,VMI模式有哪些特点?
2. 实施VMI模式应注意哪些事项?
3. 实施VMI有哪些局限性?
4. 在设计与实施VMI系统时,必须把握哪些原则?

第六章　连锁企业流通加工管理

> **学习目标**
> - 了解流通加工的基本业务内容
> - 了解流通加工的分类
> - 熟悉流通加工的主要作用
> - 掌握流通加工过程中移动方式的设计
> - 掌握流通加工顺序的安排

情景案例

上海联华的加工型物流运作模式

联华生鲜的加工按原料和成品的对应关系可分为两种类型：组合和分割，两种类型在 BOM 设置和原料计算以及成本核算方面都存在很大的差异。在 BOM 中每个产品设定一个加工车间，只属于唯一的车间，在产品上区分最终产品、半成品和配送产品，商品的包装分为定量和不定量的加工，原料的类型区分为最终原料和中间原料，设定各原料相对于单位成品的耗用量。

联华生鲜的加工型物流运作是指在配送中心对物品进行生产辅助性加工后再进行配送。其内容包括分割、包装、计量、检验、贴标等。

加工型物流运作的主要作用表现为，通过分割加工，可实现小批量、多批次的配送，有利于降低用户库存或实现零库存配送。包装、贴标是实现自动化的重要手段。加工有利于提高运输工具的配载和装卸效率，可净化物流环境，有利于实现绿色物流，还可增强增值服务功能，增加附加值。

思考题

1. 为什么商品要进行流通加工？
2. 通过联华配送中心的案例试分析流通加工的作用有哪些？

第一节　流通加工管理

一、流通加工的含义

我国国家标准《物流术语》对流通加工的定义是：根据顾客的需要，在流通过程中对产品实施的简单加工作业活动（如包装、分割、计量、分拣、刷标志、拴标签、组装等）的总称。

流通加工是将产品加工工序从生产环节转移到物流中进行的作业安排。由于仓储中物品处于停滞状态，适合于在仓储中进行流通加工，又不影响商品的流通速度。同时又能实现产品及时满足市场消费变化的需要和不同客户的需要。

流通加工是为了提高物流速度和物品的利用率，在物品进入流通领域后，按客户的要求进行的加工活动，即在物品从生产者向消费者流动的过程中，为了促进销售、维护商品质量和提高物流效率，对物品进行一定程度的加工。流通加工通过改变或完善流通对象的形态来实现"桥梁和纽带"的作用，因此流通加工是流通中的一种特殊形式，如图6-1所示。

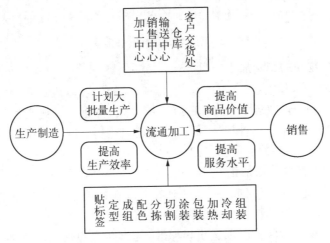

图6-1　流通加工示意图

从本质上来说，流通加工是商品在流通过程中的辅助加工活动，是物流系统的构成要素之一。

加工是改变产品物质的形状和性质，形成一定产品的活动，流通则是改变物质的空间状态与时间状态。流通加工是生产加工在流通领域中的延伸,也可以看成流通领域为了更好地服务而在职能方面的延伸。

流通加工的内容有装袋、定量化小包装、拴牌子、贴标签、配货、挑选、混装、刷标记等。流通加工主要作用表现在:进行初级加工,方便用户;提高原材料利用率;提高加工效率及设备利用率;充分发挥各种运输手段的最高效率;改变品质,提高收益。

随着经济增长,国民收入增多,消费者的需求出现多样化,促使在流通领域开展流通加工。目前,在世界许多国家和地区的物流中心或仓库经营中都大量存在流通加工业务,在日本、美国等物流发达国家则更为普遍。

例如,深海捕鱼时,轮船一出海至少一个月才能返回,为了防止海产品腐烂变味,也为了减少占用空间,渔民们在轮船上进行分选、挖膛等加工,这叫鱼的流通加工。

二、流通加工的基本作业内容

流通加工的作业内容很多,如图6-2所示,常见的有以下六种。

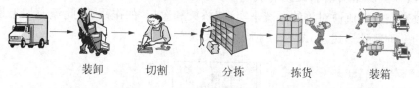

图6-2 流通加工的部分作业内容

(一) 在库物品的初始加工

有的物品过长、过大,为了方便仓储、方便运输和装卸,满足客户需要,要根据需要对物品进行解体、切割。例如,在流通加工点,将原木锯裁成各种锯材,同时将碎木、碎屑集中加工成各种规格板材,甚至还可进行打眼、凿孔等初级加工。这些加工大大方便了物品的运输和装卸。

(二) 在库物品的终极加工

有许多生产企业生产出成品后,将成品存放在物流企业的仓库里,将成品的终极加工整理工作,委托物流企业在出库前完成。

例如,振华物流为服装厂承运出口服装,为满足客户需求的服装厂的终极加工——烫熨整理就由振华物流来做,这极大地减轻了服装厂的生产压力。

(三) 配送物品的印制标签

根据顾客需求印制条码文字标签并贴附在物品外部。贴标签是一项业务量非常大的流水式作业,目前贴标签主要有三种形式。一是手工贴标签。二是半自动化贴标签,其作业方法是:一边电脑打印标签,另一边手工把电脑打印的标签贴在物品上。三是全自动机器贴标签。

贴标签业务既减少了客户的额外工作量,同时又可以给流通加工企业带来丰厚的利润,因此最近几年贴标签业务在很多物流、外贸等企业里发展得非常迅速。

例如,某些外贸公司在做转口贸易时,在保税区仓库内,利用国内外市场间的地区差、时间差、价格差、汇率差等,实现货物国际转运流通加工贴唛头、贴标签、再包装、打膜等,最终再运输到目的国,这样可以赚取转口贸易差额。

(四) 发货物品的集包

根据客户需求将数件物品集成小包装或赠品包装。目的是方便顾客对不同商品的一次性收货。

目前配送中心对物品的集包主要采用自动化的捆包设备,效率比以往大大提高。如图 6-3 为目前常用的托盘自动化捆包设备。

发货物品的集包还常用在买一送一促销包装、根据顾客需求进行商品组合包装等方面,如图 6-4 所示。

由于几个货物集成一起发送到顾客,顾客只需要收一次货,就可以一次收完全部货物。

图 6-3 托盘自动捆包机

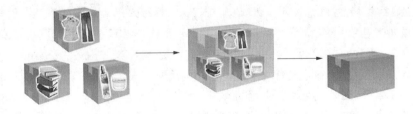

图 6-4 发货物品的组合包装

(五) 分装加工

大包装改小包装、适合运输的包装改成适合销售的包装等。例如,原来分散的商品,进行重新包装后再投放到市场,方便了商品的销售。

分装加工还广泛应用于酒类行业的物流中心,例如,啤酒运到销售地后灌装成听、罐、瓶、袋,再进行销售,这样既减少了物流运输成本,同时又大大方便了市场销售。

(六)货物分拣

货物分拣是指根据不同客户的订单需求,对货物进行分区、装包、称重、制作货物清单等业务活动,目的是保证货物准确发运。

货物分拣在物流活动中具有重要的衔接作用,它是衔接仓库和顾客需求的关键环节,其流程如图6-5所示。

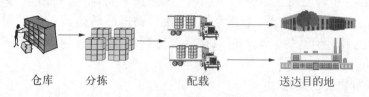

图6-5 货物分拣发送

专栏6-1

消费品的包装

消费品包装,过去只是把包装看作一种在运输过程中保护产品的容器而已,现在也开始利用他们的包装,像瓶子、罐子、盒子和一些塑料包装物来提升销售量。因为它们会进入购物者的视线,而这些购物者通常会在站在货架前的最后一分钟做出购物的决定。

百事可乐将会每隔几个星期就改变一次产品包装,他们正在其旗下品牌激浪汽水的包装上做设计实验,在铝皮包装罐上随意画上涂鸦的作品,会从5—10月变换12次;克里内克丝面巾纸,在坚守了40年的方形和短形盒装后,也开始尝试椭圆形包装;当啤酒冷到一定温度时,库尔斯啤酒瓶子上的标签会变成清凉的蓝色;而好奇公司的河马亨利洗手液瓶上居然安装了一支会持续发光20秒的灯,提示小朋友们:洗手不到20秒就是没有洗干净哦;依云是营销人运用包装手段赋予普通产品奢华气质的典范——其最新的"宫廷瓶"矿泉水正在饭店和宾馆里销售,它的瓶身有一个优雅如天鹅长颈般的瓶脖,坐卧在一个小巧的银盘中。

三、流通加工的作用

流通加工活动是一项具有广阔前景的经营形式,它为流通领域带来巨大的经济效益和社会效益。

（一）改变包装策略

改变包装策略指企业对产品原包装进行改进或改换，或把大包装商品改成小包装商品、散装商品改变成成箱包装、成箱包装改变成托盘包装等，也可在流通加工点将运输包装转换为销售包装。

改变包装包括包装材料的改变、包装形式和图案设计的变化、包装技术的改进等。经过如此加工，使原来不方便流通的商品能迅速方便地流向市场。当原产品声誉受损，销量下降时，可通过改变包装，改变不利状况。

例如，果农改变水果的包装可以创造更多利润。果农们把散装的水果经过科学合理的分拣包装，远销海内外，打开了更多的市场空间。

实战案例

安 利 物 流

安利所有中国的产品都是在广州开发区生产，然后送到广州安利的物流中心，在这里进行一系列流通加工，包括分拣、打包组合、进行物流包装等，然后再送到整个中国的安利仓库，物流中心的流通加工目的主要是衔接全国的各种运输方式，确保各种运输方式的合理运用，提高运输效率，降低物流运输成本。

（二）衔接生产和需求

衔接生产和需求是指通过流通加工使产品的品种、规格和质量适应顾客需求，解决生产和需求分离的现象。如图6-6所示。

目前发展较快的衔接生产和需求的加工有：将水泥加工成生混凝土，将原木或板、方材加工成门窗，钢板预处理、整形，平板玻璃套裁加工等。

工厂生产的玻璃是大块的，安装教室窗户的玻璃时是小块的，为了节约、降低运输成本，该如何进行物流运作？所以要对工厂生产出来的玻璃进行流通加工，根据教室窗户的大小进行分割，并做好编号，然后再运输到教室，对号安装。这样不仅节约了运输成本，同时方便了玻璃安装。图6-7为目前

图6-6 木材的进一步精细加工

图 6-7 全自动数控玻璃切割机

流通加工中心常用的全自动数控玻璃切割机。

（三）改变商品的装潢

商品装潢，即商品包装上的装饰，其目的在于说明、美化商品，刺激消费者的需求欲望。

流通加工通过改变装潢使商品档次跃升而充分实现其价值，有的流通加工将商品利润率一下子提高 20%—50%，这是采取一般方法提高生产率所难以达到的。

在加工中心改变包装取得良好效益的情况很多，例如：内地的许多制成品（如洋娃娃玩具、时装、轻工纺织产品、工艺美术品等）在深圳进行简单的装潢加工，改变了产品外观功能，仅此一项就可使产品售价提高 20%以上。

再如茶叶的包装。茶叶作为世界三大饮品之一，历来就受到人们的喜爱。由于茶叶本身的独特性，传统的对茶叶的包装主要是要求防潮、防高温、防异味和便于运输携带，如图 6-8 和图 6-9 所示。然而随着经济的发展和人们生活水平的提高，茶叶目前的包装已经从过去的散装纸包、塑料袋包、罐装发展到了现在流行的高档精美礼品纸质盒（罐）装、铝箔精致小包装。琳琅满目、绚丽多彩、千姿百态富有创意和文化品位的茶叶包装已成为我国茶文化的重要组成部分，如图 6-10 和 6-11 所示。这些新颖的包装除了保持茶叶原有的实用功能以外，还大大提升了茶叶自身的价值和文化品位。

图 6-8 普通的茶叶包装

图 6-9 普通的茶叶包装

图6-10 新颖的茶叶包装

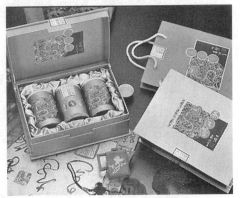
图6-11 新颖的茶叶包装

 实战案例

创意包装改变品牌形象

作为一家有着50多年历史的酿酒企业,北京红星股份有限公司(以下简称"红星公司")生产的红星二锅头历来是北京市民的餐桌酒,一直受到老百姓的喜爱。然而,由于在产品包装上一直是一副"老面孔",使得红星二锅头始终走在白酒低端市场,无法获取更高的经济效益。普通的红星二锅头包装如图6-12所示。

图6-12 普通的红星二锅头

随着红星青花瓷珍品二锅头的推出,红星二锅头第一次走进了中国的高端白酒市场。红星青花瓷珍品二锅头在产品包装上融入中国古代文化的精华元素。酒瓶采用仿清乾隆青花瓷官窑贡品瓶型,酒盒图案以中华龙为主体,配以紫红木托,整体颜色构成以红、白、蓝为主,具有典型中华文化特色,如图6-13所示。该包装在中国第二届外观设计专利大赛颁奖典礼上荣获银奖。国家知识产权局副局长邢胜才在看了此款包装以后表示,"这款产品很有创意,将中国的传统文化与白酒文化结合在一起,很成功。"

对此,红星公司认为,这一产品是公司50多年发展史上具有里程碑意义的一款重要产品。"它的推出,使得红星二锅头单一的低端形象得到了彻底的颠覆。不但创造了优异的经济效益,还提高了公司形象、产品形象和品牌形象。"据了解,红星青花瓷珍品二锅头在市场上的销售价格高达200多元,而普通的红星二锅头酒仅为5—6元。

图 6-13 青花瓷珍品二锅头

（四）商品分类、分拣

商品分类就是根据一定的目的，为满足某种需要，选择适当的分类标志或特征，将所有商品划分成大类、中类、小类，品类或类目、品种，甚至规格、品级、花色等的不同类别的过程。

商品的科学分类以及合理的重新组合，不仅方便了存储、搬运，而且可以提高商品的附加价值，给企业创造额外的利润。所谓分拣，是指根据特定的需要，将正在保管的商品取出的作业。分拣是物流配送中心的中心业务，占作业量的一大部分，一般要投入仓库作业的一半以上人力，作业时间至少占物流配送中心全部作业时间的 30%—40%，作业速度、效率及出错率直接影响物流配送中心的效率及顾客的满意程度。

实战案例

阿迪达斯的流通加工的超级市场

阿迪达斯公司在美国有一家超级市场，设立了组合式鞋店，摆放着不是做好了的鞋，而是做鞋用的半成品，款式花色多样，有 6 种鞋跟、8 种鞋底，均为塑料制造的，鞋面的颜色以黑、白为主，搭带的颜色有 80 种，款式有百余种，顾客进来可任意挑选自己所喜欢的各个部位，交给职员当场进行组合。只要 10 分钟，一双崭新的鞋便唾手可得。这家鞋店昼夜营业，职员技术熟练，鞋子的售价与成批制造的价格差不多，有的还稍便宜些。所以顾客络绎不绝，销售金额比邻近的鞋店多 10 倍。

（五）延迟作用

延迟作用就是通过设计产品和生产工艺，把制造某种具体产品、使其差异化的决策延迟到开始销售之时。

随着企业的生产由原来的推动型逐渐转变为拉动型,要求生产企业能积极响应顾客的要求,实施定制化生产,但生产企业只能按标准规定的规格进行大规模生产,以使商品有较强的通用性,使生产能有较高的效率和效益,所以只好将顾客定制化推迟到流通领域由流通加工来完成。

例如:服装行业的流通加工策略,Benetton 公司存储未染色的服装,直到销售季节开始并获得更多顾客偏好的信息后才开始染色。

实战案例 6-1

金枪鱼罐头企业的延迟策略

美国一家生产金枪鱼罐头的企业就通过采用延迟策略改变配送方式,降低了库存水平。历史上这家企业为提高市场占有率曾针对不同的市场设计了几种标签,产品生产出来后运到各地的分销仓库储存起来。由于顾客偏好不一,几种品牌的同一产品经常出现某种品牌的畅销而缺货,而另一些品牌却滞销压仓。为了解决这个问题,该企业改变以往的做法,在产品出厂时都不贴标签就运到各分销中心储存,当接到各销售网点的具体订货要求后,才按各网点指定的品牌标志贴上相应的标签,这样就有效地解决了此缺彼涨的矛盾,从而降低了库存。

(六) 提高原材料利用率

利用流通加工环节进行集中下料是将生产厂直运来的简单规格产品按使用部门的要求进行下料。例如,将钢板进行剪板、切裁;钢筋或圆钢裁制成毛坯;木材加工成各种长度及大小的板、方等。集中下料可以优材优用、小材大用、合理套裁,有很好的技术经济效果。

(七) 提高加工设备利用率

由于建立集中加工点,可以采用效率高、技术先进、加工量大的专门机具和设备。这样做的好处:一是提高了加工质量,二是提高了设备利用率,三是提高了加工效率。其结果是降低了加工费用及原材料成本。例如,一般的使用部门在对钢板下料时,采用气割的方法,需要留出较大的加工余量,不但出材率低,而且由于热加工容易改变钢的组织,加工质量也不好。集中加工后可设置高效率的剪切设备,在一定程度上防止了上述缺点,而且高效的全自动剪切机还配备自动上料、送料、自动剪切、自动计数及自动称重等功能,大大提高了钢材加工的效率。

四、流通加工的主要应用

（一）食品的流通加工

流通加工最多的是食品。为便于保存，提高流通效率，食品的流通加工是不可缺少的。如鱼和肉类的冷冻、生奶酪的冷藏、将冷冻的鱼肉磨碎以及蛋品加工、生鲜食品的原包装、大米的自动包装和上市牛奶的灭菌和摇匀等。图6-14为菜农在为蔬菜进行初始加工。食品流通加工的具体项目主要有以下四种。

图6-14　蔬菜的初始流通加工

图6-15　生鲜产品的冷冻加工

1. 生鲜食品的冷冻加工

为了保鲜而进行的流通加工，为了解决鲜肉、鲜鱼在流通中保鲜及装卸搬运的问题，采取低温冻结方式加工，如图6-15所示。这种方式也用于某些液体商品、药品等。

2. 分选加工

为了提高物流效率而进行的对蔬菜和水果的加工，如去除多余的根叶等。农副产品规格、质量离散情况较大，为获得一定规格的产品，采取人工或机械分选的方式加工称为分选加工。这种方式广泛用于果类、瓜类、谷物、棉毛原料等。图6-16为果农在进行水果的挑选加工。

3. 农副产品的精制加工

农、牧、副、渔等产品的精制加工是在产地或销售地设置加工点，去除无用部分，甚至可以进行切分、洗净、分装等加工，可以分类销售。这种加工不但大大方便了购买者，而且还可以对加工过程中的淘汰物进行综合利用。比如，鱼

图6-16　水果的挑选加工

类的精制加工所剔除的内脏可以制成某些药物或用作饲料,鱼鳞可以制高级黏合剂,头尾可以制鱼粉等;蔬菜的加工剩余物可以制饲料、肥料等。图6-17所示为自动分拣机对水果进行精挑细选。图6-18所示为茶农在对茶叶进行精细加工。

图6-17 对水果进行精挑细选

图6-18 对茶叶进行精细加工

专栏 6-2

蔬菜的初加工和深加工方向

蔬菜初加工指蔬菜产品经过简单的分级、清洗、包装甚至预冷等过程,减轻蔬菜腐烂,减少城市垃圾,方便居民烹饪。目前,一些大中城市已实现了蔬菜包装进超市,但大部分城郊、农村仍然是未作任何处理就销售,购回后2天就难以食用。深加工指蔬菜产品的再生产,需要一定的加工设备和技术。以蔬菜为原材料,或改变蔬菜原有形状,或提纯特有成分,或浓缩产品营养,简化食用过程,提高贮运效率,拓展交易领域。蔬菜加工是中国农业的一个薄弱环节,它已严重影响到蔬菜产业发展的总体素质和效益发挥,国家已经在科技上给予了较大投入,未来可能会有显著改善。

4. 分装加工

许多生鲜食品零售起点较小,而为了保证高效输送出厂,包装一般比较大,也有一些是采用集装运输方式运达销售地区。为了便于销售,在销售地区按所要求的零售起点进行新的包装,即大包装改小包装,散装改小包装,运输包装改销售包装,以满足消费者对不同包装规格的需求,从而达到促销的目的。

（二）生产资料的流通加工

具有代表性的生产资料加工是钢材的加工：钢板的切割、使用矫直机将薄板卷材展平、纵向切割薄板卷，使之成为窄幅（钢管用卷材）、用气割厚板、切断成形钢材。这种加工以适应顾客需求的变化，服务顾客为目的。

1. 钢材的流通加工

各种钢材（钢板、型钢、线材等）的长度、规格有时不完全适用于客户，如热轧厚钢板等板材最大交货长度可达7—12米，有的是成卷交货，对于使用钢板的用户来说，如果采用单独剪板、下料方式，设备闲置时间长、人员浪费大、不容易采用先进方法，那么采用集中剪板、集中下料方式，可以避免单独剪板、下料的一些弊病，提高材料利用率。剪板加工是在固定地点设置剪板机进行下料加工或设置种种切割设备将大规格钢板裁小，或切裁成毛坯，降低销售起点，便利用户。

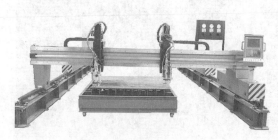

图6-19 钢材的流通加工

剪板加工是在固定地点设置剪板机进行下料加工或设置种种切割设备将大规格钢板裁小，或切裁成毛坯，降低销售起点，便利用户。图6-19为常用的钢板剪板机。

汽车、冰箱、冰柜、洗衣机等生产制造企业每天需要大量的钢板，除了大型汽车制造企业外，一般规模的生产企业如若自己单独剪切，难以解决因用料高峰和低谷的差异引起的设备忙闲不均和人员浪费问题，如果委托专业钢板剪切加工企业，可以解决这个矛盾。专业钢板剪切加工企业能够利用专业剪切设备，按照用户设计的规格尺寸和形状进行套裁加工，精度高、速度快、废料少、成本低。专业钢板剪切加工企业在国外数量很多，大部分由流通企业经营。这种流通加工企业不仅提供剪切加工服务，还出售加工原材料和加工后的成品以及配送服务。采用委托加工方式，使用户省心、省力、省钱。

2. 木材的流通加工

木材的流通加工一般有两种情况，一种是树木在生长地被伐倒后，消费不在当地，不可能连枝带杈地运输到外地，先在原处去掉树杈和树枝，将原木运走，剩下来的树杈、树枝、碎木、碎屑，掺入其他材料，在当地木材加工厂进行流通加工，做成复合木板。也有将树木在产地磨成木屑，采取压缩方法加大容重后运往外地造纸厂造纸。另一种情况是在消费地建木材加工厂，将原木加工成板材，或按用户需要加工成各种形状的材料，供给家具厂、木器厂。木材进行集中流通加工、综合利用，出材率可提高到72%，原木利用率达到95%，经济效益相当可观。图6-20所示为原木的初始加工，图6-21所示为木材的进一步流通加工。

图6-20　原木的初始加工

图6-21　进一步流通加工

3. 煤炭的流通加工

煤炭流通加工有多种形式：除矸加工、煤浆加工、配煤加工等。

（1）除矸加工。这是以提高煤炭纯度为目的的加工形式，如图6-22所示。一般煤炭中混入的矸石有一定发热量，混入一些矸石是允许的，也是较经济的。但是，有时则不允许煤炭中混入矸石，在运力十分紧张的地区要求充分利用运力、降低成本，多运"纯物质"，少运矸石，

图6-22　煤炭的流通加工

在这种情况下，可以采用除矸的流通加工方法排除矸石。除矸加工可提高煤炭运输效益和经济效益，减少运输能力浪费。

（2）煤浆加工。用运输工具载运煤炭，运输中损失浪费比较大，又容易发生火灾。采用管道运输是近年兴起的一种先进技术。在流通的起始环节将煤炭磨成细粉，本身便有了一定的流动性，再用水调和成浆状，则具备了流动性，可以像其他液体一样进行管道输送。将煤炭制成煤浆采用管道输送是一种新兴的加工技术。这种方式不和现有运输系统争夺运力，输送连续、稳定、快速，是一种经济的运输方法。管道运输方式运输煤浆，减少煤炭消耗、提高煤炭利用率。目前，某些发达国家已经开始投入运行，有些企业内部也采用这一方法进行燃料输送，图

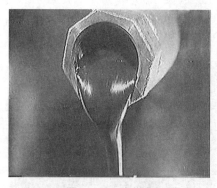

图 6-23 水煤浆

6-23所示为水煤浆。

（3）配煤加工。设置集中加工点，将各种煤及一些其他发热物质，按不同配方进行掺配加工，生产出各种不同发热量的燃料，称配煤加工。这种流通加工方式在民用和工业中尤其是在电力工业中有广泛的应用价值，动力配煤以及在动力配煤基础上的动态动力配煤便是这种流通加工的高级形式。这种加工方式可以按需要发热量生产和供应燃料，防止热能浪费、"大材小用"的情况；也可以防止发热量过小，不能满足使用要求的情况出现。工业用煤经过配煤加工还可以起到便于计量控制、稳定生产过程的作用，在经济及技术上都有价值。

（4）防止煤炭自燃的流通加工。大量储存的煤炭，容易出现自燃现象，不但造成煤炭的严重损失，而且会对环境造成污染和影响，严重的还会造成火灾灾害。物流过程中，在各个结点上的煤炭贮存都会面临这种风险。因此，需要采取特殊的保护措施，防止自燃，这也是煤炭物流过程中的特殊流通加工形式。

4. 机电产品的流通加工

机电产品的加工内容包括零配件的加工、半成品的加工以及机电产品的组装等各项业务。机电产品的加工方法有以下三种。

（1）按图纸加工。主要是根据图纸加工出客户需要的机电产品。

（2）实样测绘仿制。首先需要客户提供所要仿制的原件，然后测绘原件并绘制加工图纸，最后根据图纸加工出客户所需产品。

（3）设计生产样机。该方法是根据客户提供的要求和构思，设计出初步方案和图纸，然后加工出样机，供客户选择。

多年以来，机电产品的储运困难较大，主要原因是不易进行包装，如进行防护包装，包装成本过大，并且运输装载困难，装载效率低，流通损失严重。但是这些货物有一个共同的特点，即装配比较简单，装配技术要求不高，主要功能已在生产中形成，装配后不需要进行复杂的检测及调试。所以，为了解决储运问题，降低储运费用，可以采用半成品大容量包装出厂，在消费地拆箱组装的方式。组装一般由流通部门在所设置的流通加工点进行，组装之后随即进行销售，这种流通加工方式近年来已在我国广泛采用。

专栏 6-3

日本电器配件的流通加工

在日本生产组装的主机有两种电源和保险丝装置,一种是面向北美市场的110伏电压的;另一种是面向欧洲市场的220伏电压的。当时订货至交货的时间很长,并且很难预测在北美和欧洲的需求量,这就可能导致一个洲的产品大量积压,而另一个洲的产品又供货不足出现脱销。但是,如果重新设计一下主机,使之具有通用的电源和保险丝装置,那么产品在送达最终客户之前就不需要进行差异化设计。采用通用的电源装置还有一个附加的好处,就是无论什么时候,只要产品的供求不平衡,产品就可以顺畅地由一个洲运往另一个洲。这样,在日本的主机产量就是全球所需打印机数量的总和,而不用再像以前使用有差异的电源时那样,需要预测110伏和220伏的裸机应该各自生产多少。电源和保险丝装置被标准化了,从而改变了产品的结构。

第二节 流通加工过程中移动方式的设计

产品在流通加工过程的移动方式有顺序移动、平行移动、平行顺序移动。

一、顺序移动方式

顺序移动方式的特点是产品在各道工序之间是整批移动的,即一批产品在前道工序加工完毕后,才转送到后道工序进行加工。在顺序移动条件下,加工周期同零部件批量和工序时间成正比。缺点是生产周期长。

顺序移动方式的加工周期公式:

$$T_{顺} = nt_1 + nt_2 + \cdots + nt_m$$

$$T_{顺} = n\sum_{i=1}^{m} t_i$$

式中:$T_{顺}$——一批零件顺序移动的加工周期;n——零件批量;m——零件加工工序数目;t_i——第 i 道工序的加工时间。

二、平行移动方式

平行移动方式的特点是每件产品在前道工序加工完毕后,立即转移到后道工序继续加工,产品在各道工序上成平行加工。

特点:零件在各工序之间是逐件运送,并在不同工序上平行加工。

平行移动方式的加工周期的计算:

$$T_{平} = \sum_{i=1}^{m} t_i + (n-1)t_长$$

式中:$T_{平}$——一批零件平行移动的加工周期;$t_长$——各道工序中最长工序的单件时间。

三、平行顺序移动方式

平行顺序移动方式的特点是将前两种移动方式结合起来,扬长避短。

平行顺序移动方法加工周期计算:

$$T_{平顺} = \sum_{i=1}^{m} t_i + (n-1)\left(\sum t_{较大} - \sum t_{较小}\right)$$

式中:

$T_{平顺}$——平行顺序移动方式加工周期;$t_{较大}$——比相邻工序单件工时均大的工序的单件工时;$t_{较小}$——比相邻工序单件工时均小的工序的单件工时。

四、选择移动方式应考虑的因素

(一) 加工类型

单件、小批加工宜采用顺序移动方式;大量大批加工,特别是组织流水加工时,宜采用平行移动方式或平行顺序移动方式。

(二) 流通加工任务的缓急程度

对于一些紧急任务,应尽量采用平行移动方式和平行顺序移动方式,以便争取时间,满足需要。

(三) 流通加工的专业化程度

工艺专业化的单位一般宜采用顺序移动方式,对象专业化的单位宜采用平行移动方式和平行顺序移动方式。

(四) 工序劳动量的大小和零件的重量

工序劳动量不大,重量较轻的零件,采用顺序移动方式,有利于减少搬运次数,节约运输力量;工序劳动量较大,很重的零件,为减少资金占用和节省生产面积,可采用平行移动方式和平行顺序移动方式。

(五) 改变加工对象时,调整设备所需的劳动量

如果调整设备所需的劳动量很大,宜采用顺序移动方式;如果调整设备所需

的时间很少,可以考虑采用平行移动方式。

实战案例 6-2

流通加工移动方式的设计

(一) 案例背景

某配送中心需要对一批产品进行相应的流通加工,流通加工产品为 3 件,每件产品都需要经过计量、分拣、刷标志、贴标签、组装 5 个加工步骤,其单件作业时间依次为 10 分钟、15 分钟、20 分钟、10 分钟、10 分钟。

(二) 案例要求

(1) 在顺序移动、平行移动、平行顺序移动三种移动方式下,将 3 件产品全部流通加工好,所需要的时间分别是多少?

(2) 分析这三种加工方式各有什么特点?

(三) 案例分析

(1) 所需要的加工时间:

① 在顺序方式下:$T_{顺} = 3 \times (10+5+20+10+10) = 165$

② 在平行方式下:$T_{平} = (10+5+20+10+10) + (3-1) \times 20 = 95$

③ 在平行顺序方式下:$T_{平顺} = (10+5+20+10+10) + (3-1) \times (10+20-5) = 105$

(2) 分析这三种加工方式各有什么特点?

① 在顺序移动条件下,加工周期同零部件批量和工序时间成正比。缺点是生产周期较长。

② 平行移动方式特点:零件在各工序之间是逐件运送,并在不同工序上平行加工。

③ 平行顺序移动方式的特点是将前两种移动方式结合起来,扬长避短。

第三节 流通加工作业排序

一、加工作业排序

加工作业排序是指在一定时期内分配给各个加工单位的工作任务,根据加工工艺和负荷的可能性,确定各加工单位流通加工作业开始的时间、作业结束时间,并进行作业顺序编号。

同样的加工任务,采用不同的加工作业次序,将产生不同的工作效率和经济效益。优化作业排序,可缩短加工周期,节约加工费用,减少延期交货和违约损失,降低物流成本。

二、优化流通加工作业排序的方法

(一)最短加工时间

最短加工时间法按所需加工时间的长短排列各加工任务,加工时间最短的排在最前,加工时间最长的排在最后,依此顺序进行加工。采用这一方法可使平均流程时间最短,滞留在制品平均占用最少,有利于减少流动资金占用,减少厂房、仓库及加工作业面积和节约保管费用。但这种方法忽视了交货期,可能存在着延期交货问题。

(二)最早预定交货期

最早预定交货期法按预定交货期的先后顺序进行排序,交货期最早的排在最前,交货期最晚的排在最后进行加工。这种方法减少了延期交货现象,减少了违约金和企业信誉损失,但使平均流程时间增加,在制品和流动资金占用增加。

(三)最短加工时间和最早预定交货期综合法

最短加工时间和最早预定交货期综合法按以下步骤处理:
(1)先根据最早预定交货期法排列一个最大延期量为最小的加工方案。
(2)计算所有加工任务的总流程时间。
(3)查出初始方案中预定交货期大于总流程时间的加工任务,按最短加工时间规则,把加工时间最长的排在最后。
(4)根据(2)、(3)步骤反复调整,最终排定加工顺序。

这种方法不但消除了延期量,还减少了加工流程时间。

优化流通加工作业排序的作用是综合的,根据客户需求变化,及时改变作业排序,将取得良好的经济效益。

三、评价加工顺序安排的主要指标

(一)最大流程最短

最大流程是在某工作地完成加工的各项任务所需流程之和,即 $F_{\max}$ 最小。

(二)平均流程最短

在某工作地完成加工的各项任务平均所需经过的时间即为平均流程,表示为 $\bar{F} = \dfrac{1}{n}\sum_{i=1}^{n} F_i$。

(三)最大延期量最小

最大延期量指如果任务的完成时刻 C_i 已超过交货时刻 d_i,则形成交货延期 $D_i = C_i - d_i$,最大延期量 $D_{\max} = \max\{D_i\}$。要求 $D_{\max}$ 最小。

第六章 连锁企业流通加工管理

(四)平均延期量最小

$$\overline{D} = \frac{1}{n}\sum_{i=1}^{n} D_i$$

实战案例 6-3

流通加工顺序的安排

(一)案例背景

某配送中心流通加工部利用某一大型设备进行 6 项流通加工任务,所需时间及预定交货期如表 6-1 所示。

表 6-1 各项任务的加工时间及预定交货期   单位:天

任务编号	J_1	J_2	J_3	J_4	J_5	J_6
所需加工时间 t_i	5	8	2	7	9	3
预定交货期 d_i	26	22	23	8	34	24

(二)案例要求

请根据表 6-1 的资料,按以下要求,为该流通加工部设计合理的加工顺序。

1. 按最短加工时间设计

按加工任务所需加工时间长短,从短到长按顺序排列,数值最小者排在最前面加工,最大者排在最后面加工。并分析该方法的优缺点。

2. 按最早预定交货期设计

即按预定交货期的先后顺序进行排列。预定交货期最早的排在最前,最晚的排在最后。并分析该方法的优缺点。

3. 按最短加工时间和最早预定交货期综合法设计

将上述两种规则综合使用的方法,并分析该方法的优缺点。

(三)案例分析

第一步:按最短加工时间规则进行排序,如表 6-2 所示。

表 6-2 按最短加工时间规则排序

任务编号	J_3	J_6	J_1	J_4	J_2	J_5	合计	备注
所需加工时间 t_i	2	3	5	7	8	9	—	—
计划完成时间 F_i	2	5	10	17	25	34	93	=15.5
预定交货期 d_i	23	24	26	8	22	34	—	=2
交货延期量 D_i	0	0	0	9	3	0	12	

加工排序的方案是：J_3—J_6—J_1—J_4—J_2—J_5

最大加工流程时间：$F_{max}=93$(天)

平均加工流程时间：$T'=15.5$(天)

最大交货延期量：$D_{max}=9$(天)

平均交货延期量：$L'=2$(天)

分析：

优点：节约流动资金占用，减少厂房、仓库及加工作业面积和节约保管费用。

缺点：可能存在着交货延期问题。

第二步：按最早预定交货期规则进行排序，如表6-3所示。

表6-3 按最早预定交货期规则的排序

任务编号	J_4	J_2	J_3	J_6	J_1	J_5	合计	备注
所需加工时间 t_i	7	8	2	3	5	9	—	—
计划完成时间 F_i	7	15	17	20	25	34	118	=19.7
预定交货期 d_i	8	22	23	24	26	34	—	=0
交货延期量 D_i	0	0	0	0	0	0	0	

加工排序的方案是：J_4—J_2—J_3—J_6—J_1—J_5

最大加工流程时间：$F_{max}=118$(天)

平均加工流程时间：$T'=19.7$(天)

最大交货延期量：$D_{max}=0$(天)

分析：

优点：采用此方法可以保证按期交货或交货延期量最小，减少违约罚款和企业信誉损失。

缺点：平均流程时间增加，不利于减少在制品占用量和节约流动资金。

第三步：将上述两种规则综合使用的方法。

具体流程是：

A. 先根据最早预定交货期规则，安排一个最大延期量为最小的方案。

J_4—J_2—J_3—J_6—J_1—J_5

B. 计算完成所有任务总时间：34天。

C. 查出初始方案中预定交货期大于等于总时间的加工任务，按最短加工时间规则，把加工时间最长的排在最后，即J_5。

D. 暂舍去已排定的J_5，剩下J_4—J_2—J_3—J_6—J_1回到第B步。

E. 最后排定的顺序为：J_4—J_3—J_6—J_2—J_1—J_5，如表6-4所示。

表6-4 最终加工顺序

任务编号	J_4	J_3	J_6	J_2	J_1	J_5	合计	备注
所需加工时间 t_i	7	2	3	8	5	9	—	—
计划完成时间 F_i	7	9	12	20	25	34	107	$=17.8$
预定交货期 d_i	8	23	24	22	26	34	—	$=0$
交货延期量 D_i	0	0	0	0	0	0	0	

第四节 流通加工排序的约翰逊—贝尔曼规则

一、约翰逊—贝尔曼规则

约翰逊—贝尔曼规则指比较各零件在两台机床上的加工时间的数值,选出最小值,若在第一行,则该零件最先加工;若在第二行,则该零件最后加工;若A、B两行的最小值相等,则可最先加工,也可最后加工。除去已选定的零件,重复上一步骤,直到全部零件的加工顺序确定为止。

二、约翰逊—贝尔曼规则的应用范围

其应用有两类:n×2排序问题和n×3排序问题。

n×2排序问题是指有n种零件要依次经过A、B两台流通加工设备加工,如何安排它们的加工顺序,使其加工周期最短的问题。

n×3排序问题是指有n种零件要依次经过A、B、C三台流通加工设备加工,如何安排它们的加工顺序,使其加工周期最短的问题。

实战案例6-4

n×2排序问题

(一) 案例背景

某物流中心要对A、B、C、D四种产品进行相应的流通加工,加工项目包括两个,一是贴标签,二是封口包装。每种产品均需先在贴标签机上进行贴标签,然后在封口机上进行封口操作。各个产品在这两台设备上的加工时间见表6-5。

表 6-5　各个产品在这两台设备上的加工时间

	A	B	C	D
贴标机	15	8	5	12
封口机	4	10	6	7

(二) 案例要求

1. 请根据以上资料,为该物流中心设计一个合理的产品的流通加工顺序。
2. 这四件商品总的加工时间是多少?

(三) 案例分析

1. 找出加工顺序

第一步:选出最小值4,在第二行,产品 A 最后加工。

第二步:剩下的产品最小值5,在第一行,产品 C 最先加工。

第三步:剩下的最小值7,在第二行,产品 D 倒数第二加工。

最后结果是:C—B—D—A。

2. 利用图表法求出加工总时间,如表6-6所示。

表 6-6　图表法求加工总时间

时间	0	5		13		25			40	
贴标机		C		B		D		A		
封口机			C		B		D		A	
总时间		5	11	13		23	25	32	40	44

从表6-6可以看出,总加工时间为44分钟。

实战案例 6-5

n×3 排序问题应用

(一) 案例背景

某配送中心将要对一批产品进行流通加工,整个流通加工工程有5个加工段(A、B、C、D、E)3道(a、b、c)工序,其各加工段的工序工期见表6-7。

表6-7 各加工段及其工序工期

工序	流通加工段				
	A	B	C	D	E
a	3	2	8	10	5
b	5	2	3	3	4
c	5	6	7	9	7

(二)案例要求

1. 根据方案资料请确定其最优流通加工次序。
2. 总加工周期是多少天?

(三)案例分析

1. 对于这类问题,如果符合下列两种情况中的一种,就有一个简单的解决办法。这两种情况是:

(1) 第1道工序中的最小加工期大于或等于第2道工序中的最大加工期;
(2) 第3道工序中的最小加工期大于或等于第2道工序中的最大加工期。

本案例符合这个条件。

可按下述方法求得最优施工次序:

第一步,将各项任务中第1道工序和第2道工序的加工期依次加在一起;
第二步,将各项任务中第2道工序和第3道工序的加工期依次加在一起;
第三步,将上两步中得到的加工工期序列看作2道工序的加工期(参见表6-8中的a+b,b+c);
第四步,按上述任务2道工序的方法,求出最优加工次序;
第五步,按所确定的加工次序绘制施工进度图并确定加工总工期。

表6-8 工序工期表

工序	流通加工段				
	A	B	C	D	E
a	3	2	8	10	5
b	5	2	3	3	4
c	5	6	7	9	7
a+b	8	4	11	13	9
b+c	10	8	10	12	11

2. 本方案按上述方法确定出最优加工次序为 B、A、E、D、C，总加工期为 39 天；若按 A、B、C、D、E 的顺序加工，则总工期为 42 天。

第五节　流通加工下料方法设计

流通加工下料法有两种，分散下料和集中下料。

一、分散下料

从流通加工的特性看，从原材料开始下料，消耗开始发生，原材料变成了零件毛坯，物资由储备状态进入了生产状态。目前大多数物流企业，由于原组织设计等原因，都属分散下料。

分散下料的缺陷是无法实施限额供料，造成原材料很大的浪费，人力分散，劳动效率低，设备利用率低等。

二、集中下料

所谓集中下料管理，就是对下料手段、下料任务和下料对象的集中的统一的组织管理。

集中下料方法又可分为单一零件毛坯下料方法和综合零件毛坯混合下料方法。

（一）单一零件毛坯下料法

单一零件毛坯下料法就是在给定的材料上，切割出多个相同规格的零件毛坯方法。其优点是：操作简单，容易掌握。其缺点是：材料下料利用率低。当材料规格（长度、面积）与毛坯尺寸成倍尺关系时，采用此法将提高材料的下料利用率。

（二）综合零件毛坯混合下料法

综合零件毛坯混合下料法，就是在给定的材料上，同时切割出几种零件毛坯的方法，其优点是：在既定的条件下通过科学套裁、数学计算、优化配置、比较分析等办法，能最大限度地利用材料的长度或面积，从而提高材料的下料利用率。

实战案例 6－6

分散下料和集中下料

（一）案例背景

某配送中心下面有甲、乙、丙三个仓库分别需要 2.9 米、2.1 米、1.5 米的棒材各100根。已知供应商提供的棒材规格为7.4米。

(二)案例要求

1. 请分析由各仓库分散下料所需的原材料数量。
2. 分析配送中心集中下料所需的原材料数量。
3. 分析集中下料的优点。

(三)案例分析

1. 分散下料

甲:$7.4 \div 2.9 \approx 2$,$100 \div 2 = 50$(根)
乙:$7.4 \div 2.1 \approx 3$,$100 \div 3 = 34$(根)
丙:$7.4 \div 1.5 \approx 4$,$100 \div 4 = 25$(根)
合计:$50 + 34 + 25 = 109$(根)

2. 采用集中下料

可考虑采用合理套裁,经分析每根规格棒材可有下面7种裁法,如表6-9所示。

表6-9 集中下料的7种裁法

	(1)	(2)	(3)	(4)	(5)	(6)	(7)
2.9米	1	2		1			
2.1米			2	2	1	3	
1.5米	3	1	2		3		4
合 计	7.4	7.3	7.2	7.1	6.6	6.3	6.0
料 头	0	0.1	0.2	0.3	0.8	1.1	1.4

为了得到各100根材料,需混合使用各种裁法。假设集中下料需7种裁法的原材料分别为:X_1、X_2、X_3、X_4、X_5、X_6、X_7。

目标函数:$MinS = 0.1X_2 + 0.2X_3 + 0.3X_4 + 0.8X_5 + 1.1X_6 + 1.4X_7$

约束条件:$X_1 + 2X_2 + X_4 = 100$

$2X_3 + 2X_4 + X_5 + 3X_6 = 100$

$3X_1 + X_2 + 2X_3 + 3X_5 + 4X_7 = 100$

利用单纯型法,得到的结果是:

$X_1 = 30$ $X_5 = 0$
$X_2 = 10$ $X_6 = 0$
$X_3 = 0$ $X_7 = 0$
$X_4 = 50$

原材料最少需要根数为：30＋10＋50＝90(根)

3. 集中下料的优点

经计算，集中下料比分散下料可节省原材料的17.4%，由此说明了流通加工产生的经济效果。

拓展训练

一、单选题

1. 流通加工主要是为促进与便利(　　)而进行的加工。
   A. 流通　　　　B. 增值　　　　C. 流通与销售　　D. 提高物流效率

2. 流通加工满足用户的需求，提高服务功能，成为(　　)的活动。
   A. 高附加值　　B. 附加加工　　C. 必要附加加工　　D. 一般加工

3. 具有代表性的生产资料加工为(　　)。
   A. 钢铁的加工　B. 水泥加工　　C. 木材加工　　　D. 玻璃加工

4. 流通加工最多的产品是(　　)。
   A. 食品　　　　B. 水泥　　　　C. 木材　　　　　D. 机电产品

5. 用运输工具载运煤炭，运输中损失浪费比较大，又容易发生火灾。采用(　　)是近代兴起的一种先进技术。
   A. 管道运输　　B. 汽车运输　　C. 火车运输　　　D. 轮船运输

二、多选题

1. 目前贴标签主要有哪几种形式？(　　)
   A. 手工贴标签。　　　　　　B. 半自动化贴标签。
   C. 全自动机器贴标签。　　　D. 打印标签。

2. 以下哪几类属于消费资料？(　　)
   A. 生存资料。　B. 享受资料。　C. 发展资料。　　D. 机电产品。

三、计算题

1. 六种零件在2台设备上流水加工，工序时间见表6-10所示，试排出加工顺序使总加工周期最短，并求此时总加工周期。

表6-10　工　序　时　间

	J_1	J_2	J_3	J_4	J_5	J_6
M_1	4	3	2	3	5	1
M_2	6	8	9	12	7	10

2. 某加工件批量 $n=4$ 件,需顺序经过 4 道工序加工,各工序的单件作业时间分别为:$t_1=10$ 分,$t_2=5$ 分,$t_3=20$ 分,$t_4=15$ 分,若采用顺序移动方式组织生产,则该批加工件的加工总周期为(　　)。

A. 200 分　　　B. 110 分　　　C. 125 分　　　D. 115 分

四、问题讨论

1. 配送中心开展流通加工业务能取得哪些好处?
2. 配送中心内部有哪些流通加工种类?
3. 调查分析目前配送中心在流通加工业务方面有哪些不合理的现象?如何改进?

五、商务实战

商务实战 6-1

皮鞋厂的流通加工

温州某皮鞋厂的流水线加工节拍是一天生产 2 500 双鞋,全厂有 8 条流水线,通过计算,原来生产每一双皮鞋整体节拍用时 13 秒。若整体节拍加快 1 秒钟,一天就可以增加 320 双皮鞋。所以在流水线上精确计算每一个动作、每一个要领,就可以实实在在地提高企业的效益。

思考题

1. 试分析流通加工的作用有哪些?
2. 提高流通加工效率的策略有哪些?

第七章 连锁企业配送管理

学习目标

- 了解不合理运输的表现
- 了解影响运输合理化的因素
- 熟悉合理化运输的途径
- 熟悉配送线路合理化的原则和目标
- 熟悉车辆调度业务流程
- 掌握配送中心车辆配置数量设计方法
- 掌握连锁企业配送线路优化的方法
- 掌握配送中心配送车辆积载方法
- 掌握零担货物车辆积载方法

情景案例

沃尔玛公司的配送策略

沃尔玛公司是世界上最大的商业零售企业,在物流运营过程中,尽可能地降低成本是其经营哲学。在中国,沃尔玛完全采用公路运输,所以降低卡车运输成本是沃尔玛物流管理面临的一个重要问题。为此,他们主要采取了以下措施:

(1) 沃尔玛使用一种尽可能大的卡车,大约有 16 米加长的货柜,比集装箱运输卡车更长更高。沃尔玛把卡车装得非常满,产品从车厢的底部一直装到最高,这样非常有助于节约成本。

(2) 沃尔玛的车辆都是自有的,司机也是自己的员工。沃尔玛的车队大约有 5 000 名非司机员工,有 3 700 多名司机,车队每周一次运输可以达 7 000—8 000 公里。卡车运输是比较危险的,有可能会出交通事故,因此对于运输车队来说,保证安全是节约成本最重要的环节。沃尔玛定期在公路上对运输车队进行调查,卡车上面都带有公司的号码,如果看到司机违章驾驶,调查人员就可以根据车上的号码报告,以便进行惩处。沃尔玛认为,卡车不出事故,就是节省公司的费用,就是最大限度地降低物流成本,由于狠抓了安全驾驶,运输车队已经创造了300万公里无事故的纪录。

(3) 沃尔玛采用全球定位系统对车辆进行定位,因此在任何时候,调度中心都可以知道这些车辆在什么地方,离商店多远,还需要多长时间才能运到商店,这种估算可以精确到小时。

(4) 沃尔玛的连锁商场的物流部门,24小时进行工作,无论白天或晚上,都能为卡车及时卸货。另外,沃尔玛的运输车队还利用夜间进行运输,从而做到了当日下午进行集货,夜间进行异地运输,翌日上午即可送货上门,保证15—18小时内完成整个运输过程,这是沃尔玛在速度上取得优势的重要措施。

(5) 沃尔玛的卡车把产品运到商场后,商场可以把它整个地卸下来,而不用对每个产品逐个检查,这样就可以节省很多时间和精力,加快了沃尔玛物流的循环过程,从而降低了成本。这里有个非常重要的先决条件,就是沃尔玛的物流系统能够确保商场所得到的产品是与发货单完全一致的产品。

(6) 沃尔玛的运输成本比供货厂商自己运输产品要低,所以厂商也使用沃尔玛的卡车来运输货物,从而做到了把产品从工厂直接运送到商场,大大节省了产品流通过程中的仓储成本和转运成本。

沃尔玛的集中配送中心把上述措施有机地组合在一起,做出了一个最经济合理的安排,从而使沃尔玛的运输车队能以最低的成本高效地运行。

思考题
1. 简述物流运输合理化的途径和要素。
2. 通过该案例分析,如何从综合物流系统的角度降低运输成本?

第一节　连锁企业配送线路不合理的表现

一、合理化运输的意义

合理化运输是指按照货物的特点和合理流向以及运输条件,走最少的里程,经最少的环节,用最少的运力,花最少的费用,以最短的时间,把货物运到目的地。

物流过程的合理运输就是从物流系统的总体目标出发,按照货物流通的规律,合理利用各种运输方式,选择合理的运输路线和运输工具,以最短的路径、最少的环节、最快的速度和最少的劳动消耗组织好货物的调运。

合理化运输的重要意义主要表现在以下四点：

（1）合理运输，有利于物质产品迅速地从生产地向消费地转移，加速资金的周转，提高企业资金的使用效率。

（2）合理运输，缩短了运输时间，加快了物流速度。合理组织运输活动，可使被运输货物的在途时间尽可能地缩短，能达到到货及时的目的，因而可以降低库存商品的数量，实现加快物流速度的目的。

（3）合理运输，能节约运输费用，降低物流成本。运输费用是构成物流费用的主要组成部分。运输合理化必然会达到缩短运输里程、提高运输工具的运用效率、节约运输费用、降低物流成本的目的。

（4）运输合理化，可以节约运力，缓解运力紧张的状况，还能节约能源。运输合理化克服了许多不合理的运输现象，从而节约了运力，提高了货物的通过能力，起到合理利用运输能力的作用。

二、影响运输合理化的因素

影响运输合理化的因素很多，起决定性作用的有以下五个方面的因素，它们被称为合理运输五要素。

（一）运输距离

在运输时，运输时间、运输货损、运费、车辆或船舶周转等运输的若干技术经济指标都与运输距离有一定的比例关系，运距长短是运输是否合理的一个最基本因素。

（二）运输环节

每增加一次运输，不但会增加起运的运费和总运费，而且必须要增加运输的附属活动，如装卸、包装等各项技术经济指标也会因此下降。

（三）运输工具

各种运输工具都有其适用的优秀领域，对运输工具进行优化选择，按运输工具特点进行装卸运输作业，最大限度地发挥所用运输工具的作用，是运输合理化的重要一环。

（四）运输时间

运输是物流过程中需要花费较多时间的环节，尤其是远程运输，在全部物流时间中，运输时间占绝大部分，所以，运输时间的缩短对整个流通时间的缩短有决定性的作用。

（五）运输费用

运费在全部物流费用中占很大比例，运费高低在很大程度上决定整个物流系统的竞争能力。实际上，运输费用的降低，无论对货主企业来讲还是对物流经营企业来讲,都是运输合理化的一个重要标志。

以上五个要素既相互联系,又相互影响,有时甚至是矛盾的。这就要求运输部门进行综合比较分析,选择最佳运输方案。在通常情况下,运输时间短、运输费用省是考虑合理运输的两个主要因素,它集中体现了运输的经济效益。

三、不合理运输的概念及表现

不合理运输是指在组织货物运输过程中,违反货物流通规律,不按经济区域和货物自然流向组织货物调运,在各运输方式间或在同一运输方式线路上,发生相同或可替代产品的对流或相向运输、重复运输以及过远运输、迂回运输和违反各种运输合理分工原则,从而造成不必要的货物周转或装卸工作量,浪费运力,增加运输费用的运输。

货物运输不合理势必造成货物在途时间长、环节多、流转慢、损耗大、费用高,浪费运力和社会劳动力,影响企业生产和市场供应。

常见的不合理运输现象有以下六种形式。

(一) 返程或起程空驶

空车或无货载行驶可以说是不合理运输最严重形式。在实际运输组织中,有时候必须调运空车,从管理上不能将其看成不合理运输,但是,因调运不当、货源计划不周、不采用运输社会化而形成的空驶,则是不合理运输的表现。造成空驶的主要原因有以下三种:

(1) 能利用社会化的运输体系不利用,却依靠自备车送货,这往往出现单程实车、单程空驶的不合理运输;

(2) 由于工作失误或计划不周,造成货源不实,车辆空去空回,形成双程空驶;

(3) 由于车辆过分专用,无法搭运回程货,只能单程实车、单程空驶周转。

(二) 对流运输

这指的是同种货物以不同的发送点同时或先后作面对面的运输,并且彼此重复对方旅程的全部或一部分。如图 7-1 所示。

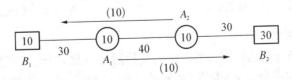

图 7-1 出现对流的调运流量图

把对流运输调整到不含对流的运输,将可以节约运输流程,降低运输成本。如图 7-2 所示。

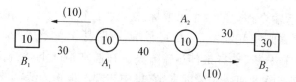

图7-2 消灭对流后的调运流量图

(三) 迂回运输

在货物发点与收点之间由两条以上的同类交通线可以采用时,未能利用最短路径的运输,称之为迂回运输。

在交通网发达,特别时拥有环状交通线时,迂回运输是最容易出现的。在环状线路条件下,货物调运的重要原则是:收点和发点间的货物走行公路数,不应该超过整个环状线路总长度的一半,即必须小于或等于环形园长的二分之一。根据上述原则,在规划货流时,可以编出现状交通线的最短路径图(如图7-3至图7-6)。

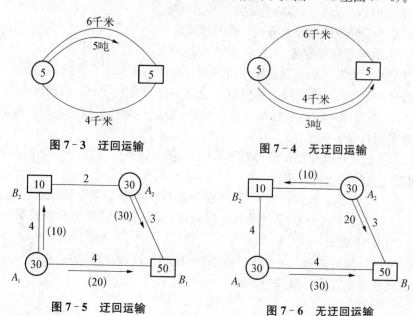

图7-3 迂回运输　　　　　图7-4 无迂回运输

图7-5 迂回运输　　　　　图7-6 无迂回运输

(四) 过远运输

过远运输是指调运物资舍近求远的货物运输现象,即销地完全有可能由距离较近的供应地调进所需要的质量相同的货物,却超出货物合理流向的范围,从远处调运进来,这就造成可采取近程运输而未采取,拉长了货物运距的浪费现象。

过远运输从产生的根源来看,不外两类,一类是由于产销计划和运输计划不当,人为造成的物资调拨不合理,从而引起的货物运行距离的加大。另一类是由生产力布局不合理所造成的。过远运输占用时间长、运输工具周转慢、物资占压资金时间长,又易出现货损,增加费用开支。

(五)运力选择不当

这是指在选择各种运输工具时不正确地利用运输工具造成的不合理现象,常见的有以下三种形式。

(1)弃水走陆。在同时可以利用水运和陆运时,不利用成本较低的水运或水陆联运,而选择成本较高的铁路运输或公路运输,使水运优势不能发挥。

(2)铁路、大型船舶的过近运输。即不是铁路及大型船舶的经济运行里程却利用这些运力进行运输的不合理做法。主要不合理之处在于火车及大型船舶起运及到达目的地的准备、装卸时间长,且机动灵活性不足,在过近距离中利用,发挥不了其运速快的优势,相反,由于装卸时间长,反而会延长运输时间。另外,与小型运输设备比较,货车及大型船舶的装卸难度大、费用也较高。

(3)运输工具承载能力选择不当。不根据承运货物数量及重量选择,而盲目决定运输工具,造成过分超载、损坏车辆及车辆不满载、浪费运力的现象。尤其是"大马拉小车"现象发生较多,由于装载货量小,单位货物运输成本必然增加。

(六)托运方式选择不当

对于货主而言,在可以选择最好托运方式时而未选择,造成运力浪费及费用支出加大的一种不合理运输。例如,本应选择整车运输而未选择,反而采取零担托运,应当直达而选择了中转运输,应当中转运输而选择了直达运输等,这些都属于这一类型的不合理。

第二节　连锁企业配送线路合理化

运输优化主要包括运输方式和商品搭载的优化。配送中心常将生产商送来的商品按类别、品种分门别类地存放到指定位置。进行配送时为了充分利用载货车辆的容量和提高运输效率,配送中心常把一条送货线路上不同用户的货物组合,配装在同一辆载货车上,这样不但能降低送货成本,而且可以减少交通流量、改变交通拥挤状况。

为将货物送到客户手中,需要从一个或多个配送中心组织配送运输。一般地,由于连接一个或多个配送中心和一个或多个配送目的地存在一个道路交通网,如何在这张道路交通网上综合考虑各线路车流量、道路状况、客户的分布状况、配送中心的选址、车辆额定载重量以及其他车辆运行限制等的因素,找出一条最佳的运输线路解决方案,达到节省运输距离、运输时间和运行费用的目的就是配送线路优化的意义。

一、确定配送线路的原则

在满足配送要求的前提下,确定配送路线时所应遵循的原则有以下多种选择。

(一) 效益最高

效益是企业整体经营活动的综合体现,可以将其具体化为以利润来表示。因此在计算时可以利润数值最大化作为目标值。但是由于效益是企业经营活动的综合反映,受多种因素的影响,在数学模型中很难与配送路线之间建立函数关系,因此一般很少采用这一目标。

(二) 成本最低

成本与配送路线之间有着密切的关系,当成本对最终效益起决定作用时,选择成本最低为目标实际上就是选择了效益最高为目标。由于成本目标具体、实用,且与配送路线的长短有直接的关系,所以可采用此目标。

(三) 路程最短

当成本和路程的长短相关性很强而和其他因素是微相关时,就可以采取以路线最短为目标。但需注意的是,有时路程最短却不一定成本最低,例如道路条件、收费等情况都会对成本产生影响,此时仅以最短路程作为最优解显然就不合理了。

(四) 吨公里数最小

吨公里数最小通常是长途运输所选择的目标。在配送路线选择中当采取共同配送方式时,也可用吨公里数最小作为目标。

(五) 准时性最高

准时性是配送中重要的服务质量指标。以准时性为目标确定配送路线就是要将各客户的时间要求和路线的先后到达次序安排协调起来。这样有时难以顾及成本问题。甚至要以较高的成本来满足准时性的要求。为此就要根据不同的情况和要求,在高水平服务和高成本之间权衡利弊,进行抉择。

(六) 运力利用最合理

在运力紧张,运力与成本或效益又有一定的相关关系时,为了节约和充分利用现有运力,以至于不需要租用车辆或新购车辆时,也可以运力安排合理与否为目标,确定配送路线。

(七) 劳动消耗最低

即以司机人数最少、司机工作时间最短、油耗最低等劳动消耗为目标,确定配送路线。

上述任何一项目标在实现时都会受到许多条件的约束和限制,在确定配送路线时,必须在满足各种约束条件的前提下,选择要实现和达到的目标。在一般的

配送中,约束条件有以下五项:
(1) 满足所有收货人对货物品种、规格、数量的要求;
(2) 满足收货人对货物发到时间范围的要求;
(3) 在允许通行的时间(如有些城区公路白天不允许货车通行)进行配送;
(4) 各配送路线的货物量不得超过车辆容积和载重量的限制;
(5) 在配送中心现有运力允许的范围之中。

二、配送线路合理化的途径

为了克服不合理的运输现象,在物流运输管理过程中需要采取一些措施来组织合理的运输。组织合理运输的主要形式有以下五种。

(一)企业应尽可能就近运输,避免舍近求远,缩短运输距离

如在煤炭基地建发电厂,在林业基地建木材加工厂等。

提高运输工具的实载率,具体做法有:

(1) 充分利用专业运输队伍、周密制订运输计划。

(2) 同时要有效利用相关信息。如货源信息、道路交通状况信息、天气预报、同行业运输状况信息等。

(3) 采取合装整车运输方式。合装整车运输也称"零担拼整车中转运输",它主要用于杂货运输。合装整车运输时在组织铁路货运时,由同一发货人将不同品种单发往同一车站、同一收货人的零担托运货物由物流企业自己配组在一个车皮内,以整车运输的方式托运到目的地;或把同一方向不同到站的零担货物集中组配在一个车皮内,运到一个适当的车站,然后再中转分运。

物流部门应尽量减少装卸、搬运、转运等中间环节,尽可能组织直达、直接运输,使货物不进入中转仓库,而由产地直达运销地或客户,减少运输环节。

(二)周密进行运输系统设计

这包括运输与原料采购的配合、运输与产品销售的配合、运输与仓库的合理设计、运输网络的科学布局等。

(三)科学选择运输方式,避免动力闲置浪费

要根据不同货物的特点,分别利用铁路、水运或汽车运输,选择最佳的运输路线,并积极使用最少的运力来运输更多的货物,提高运输生产效率。

例如,铁路、水路的经济运输里程在 200—300 公里以上,适于"重、厚、长、大"的货物。公路的经济运输里程在 300 公里以内,其特点是能做到短距离快速运输、"门到门"的服务,适于"轻、薄、短、小"的货物。

(四)提高运输装备技术水平,增强运输技术含量

改进车船的装载方法、提高技术装载量,最大限度地利用车船载重吨位,充分利用车船装载容积。具体做法有以下三种：

(1) 组织轻重装配。它是把实重货物和轻泡货物组装在一起，既可以充分利用车船装载容积，又能达到装载重量，以提高运输工具的综合利用率。

(2) 实行解体运输。它是针对一些体积大且笨重、不易装卸又容易碰撞致损的货物所采取的一种装载技术。

(3) 堆码技术的运用。应根据车船货位情况及不同货物的包装、形状，采取有效堆码技术，如多层装载、骑缝装载、紧密装载等技术，以提高运输效率。

(五) 发展社会化的运输体系，采用现代运输方式

如采用多式联运、一贯托盘化运输、利用全球卫星定位系统（GPS）进行运输等。

第三节 连锁企业配送线路优化方法

配送线路优化是整个配送网络优化的关键环节。合理确定配送路线就是用最少的动力，走最短的里程，花最少的费用，经最少的环节，以最快的速度把货物运至用户手中。合理规划配送路线对配送成本的影响要比一般运输大得多，所以必须在全面计划的基础上，制定高效的运输路线，选择合理的运输方法、运输方式和运输工具。

一、图上作业法

多对多配送是指由多个供应配送点往多个客户货物接收点的配送，当配送路线成两个或两个以上的圈时，可以用破圈法寻找初始方案。然后用图上作业法寻找最优解，图上作业法的核心就是规划出商品的最优流向图，也就是商品的最优运输方案。一般地说，最优流向图是指既没有对流又没有迂回的流向图。

图上作业法的计算步骤如下：

(1) 根据运输任务，编制产销平衡表；

(2) 绘制产地和销地的交通图；

(3) 按就近运输的原则，画出初始流向图，并检验；

(4) 如果不是最优流向图，就需调整初始方案；

(5) 进一步检验调整后的流向图；

(6) 当确认该方案是最优后，计算总运输吨公里，并把规划结果填在产销平衡表中。

第七章 连锁企业配送管理

实战案例 7-1

运输线路的优化

(一) 方案背景

某集团公司的物流部某天有一批商品需要配送,该公司有 A1、A2、A3、A4 四个配送中心和 B1、B2、B3、B4、B5 五个需求地,其相对位置(距离单位:千米)和运输量(单位:吨)如图 7-7 所示。

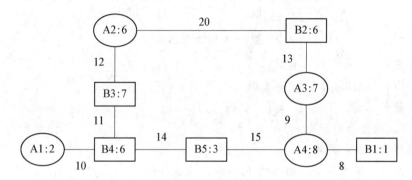

图 7-7 运输调配图

(二) 方案设计要求

(1) 请为该公司设计一个最佳的配送方案。
(2) 该配送方案最小的配送量是多少?

(三) 方案设计

第一步:简化运输图,如图 7-8 所示。

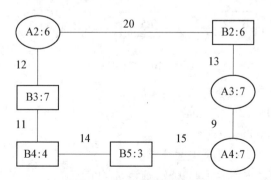

图 7-8 简化运输图

第二步:利用破圈法找初始方案,如图 7-9 所示。
第三步:检验是否含有迂回运输。

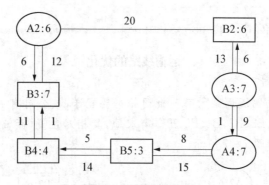

图 7-9 初始调运图

总周长 = 20＋13＋9＋15＋14＋11＋12 = 94
外圈长 = 13＋12 = 25＜94/2
内圈长 = 9＋15＋14＋11 = 49＞94/2
所以，内圈含有迂回。

第四步：方案调整。

内圈统一减去最小运输单位1，同时外圈统一加上1，如图 7-10 所示。

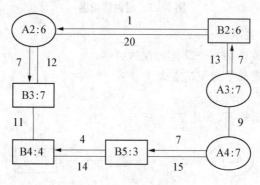

图 7-10 优化运输图

第五步：检验是否还含有迂回运输。

外圈＝13＋20＋12＝45＜94/2
内圈＝15＋14＝29＜94/2

所以不含迂回了。这才是最佳方案。

第六步：总配送方案和总配送量，如图 7-11 所示。

总配送量＝20×1＋13×7＋8×1＋15×7＋14×4＋10×2＋12×7
　　　　＝20＋91＋8＋105＋56＋20＋84
　　　　＝384

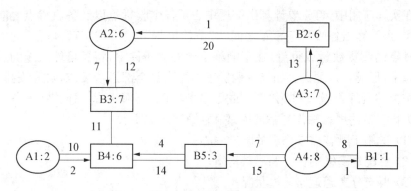

图 7-11 最终运输图

二、节约法

一对多配送是指由一个供应配送点往多个客户货物接收点的配送。这种配送运输模式要求,同一条线路上所有客户的需求量总和不大于一辆车的额定载重量。其基本思路是:由一辆车装载所有客户的货物,沿一条优选的线路,依次逐一将货物送到各个客户的货物接收点,既保证客户按时送货又节约里程,节省运输费用。解决这种模式的优化设计问题可以采用"节约里程"法。

"节约里程"法的基本原理见图 7-12 所示,配送中心 P 向 A 和 B 两地客户送货,它们彼此之间的道路距离分别为 a、b 和 c。

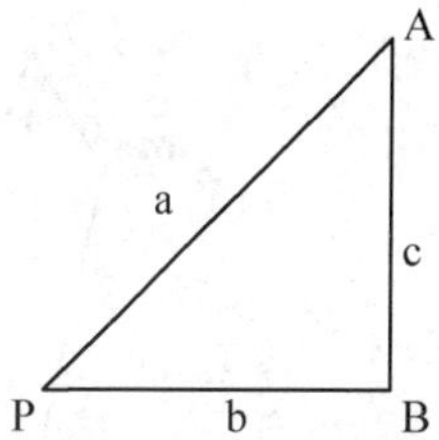

如果使用两辆货车分别向 A、B 两地往返送货,其行驶总里程为 $2a+2b$。

图 7-12 "节约里程"法的配送路径

用一辆货车(车辆可以满足两地送货)由 P—A—B—P 单线巡回送货,其行驶总里程为 $a+b+c$。

两者相比,后一种送货方案比前一种方案可节省的运输距离是:

$$(2a+2b)-(a+b+c)=a+b-c>0$$

这一节约距离称为"节约里程",我们用"S"来表示。

在确定货物配送路线时,如果有多个收货点,将其中能取得最大"节约里程"的两个收货点连接在一起,进行巡回送货,就能获得最大的里程节约。同时,在运输车辆满载的条件下,设法在这条选定的巡回路线中将其他收货点按照它们所能取得的"节约里程"的大小纳入其中,则能获得更大的"节约里程"效果,并做出按"节约里程"值由大到小连接收货点的配送路线。

在实际应用中,首先要计算出配送中心至各个收货点以及各收货点之间的最短距离,再计算出各收货点相互之间的"节约里程",然后按"节约里程"的大小和各收货点的收货数量或重量,在车辆载重允许的条件下,将各可能入选的送货点衔接起来,形成一条配送。如果一辆货车不能满足全部送货要求,可先安排一辆,然后按上述程序继续安排第二、三或更多辆,直到全部收货点连接在多条配送路线中为止。节约里程法需考虑的因素和注意事项如下:

(1) 适用于顾客需求稳定的配送中心;
(2) 各配送路线的负荷要尽量均衡;
(3) 要充分考虑道路运输状况;
(4) 要预测需求的变化以及发展趋势;
(5) 考虑交通的状况;
(6) 利用计算机软件求解优化。

根据节约法的基本思想,如果一个配送中心 P_0 分别向 N 个客户 $P_j(j=1, 2, \cdots, N)$ 配送货物,在汽车载重能力允许的前提下,每量汽车的配送线路上经过的客户个数越多,里程节约量越大,配送线路越合理。如图 7-13 所示。

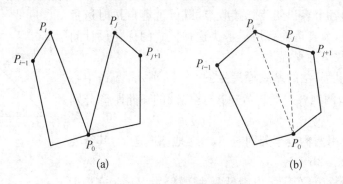

图 7-13 节约里程法应用图

如果把原来图 7-13(a)的运输路线由 $P_0-P_{i-1}-P_i-P_0$ 和 $P_0-P_{j+1}-P_j-P_0$,改为图 7-13(b)的 $P_0-P_{i-1}-P_i-P_j-P_{j+1}-P_0$,则改动之后的节约量是 $S_{i,j}=d_{0,i}+d_{0,j}-d_{i,j}$。

实战案例 7-2

节约里程法应用

(一) 案例背景

上海迅达物流配送中心 P_0 向 5 个连锁零售用户 P_j 配送货物,其配送路线网络、配送中心与用户的距离以及用户之间的距离如图7-14所示,图中括号内的数字表示客户的需求量(单位:吨),线路上的数字表示两结点之间的距离(单位:千米),配送中心有3台2吨卡车和2台4吨两种车辆可供使用。

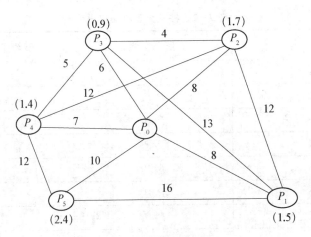

图7-14 配送线路图

(二)案例要求

(1)试利用节约里程法制定最优的配送方案?

(2)设卡车行驶的速度平均为40公里/小时,试比较优化后的方案比单独向各用户分送可节约多少时间?

(三)案例分析

第一步:作运输里程表,列出配送中心到用户及用户之间的最短距离。如表7-1所示。

表7-1 运输里程表

需要量	P_0					
1.5	8	P_1				
1.7	8	(4) 12	P_2			
0.9	6	(1) 13	(10) 4	P_3		
1.4	7	(0) 15	(6) 9	(8) 5	P_4	
2.4	10	(2) 16	(0) 18	(0) 16	(5) 12	P_5

第二步：由运输里程表，按节约里程公式，求得相应的节约里程数，如表7-1中括号内容。

第三步：将节约里程进行分类，按从大到小顺序排列。如表7-2所示。

表7-2 按从大到小顺序排列

序　号	路　　线	节约里程(千米)
1	P_2P_3	10
2	P_3P_4	8
3	P_2P_4	6
4	P_4P_5	5
5	P_1P_2	4
6	P_1P_5	2
7	P_1P_3	1
8	P_2P_5	0
9	P_3P_5	0
10	P_1P_4	0

第四步：确定单独送货的配送线路，如图7-15所示。

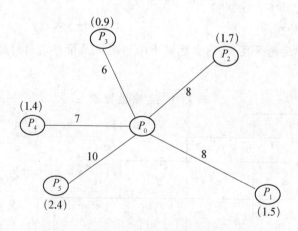

图7-15 单独送货线路

根据单独送货线路可以计算出初始方案配送距离为39×2=78千米。

第五步：根据载重量约束与节约里程大小，将各客户结点连接起来，形成两个配送路线。即A、B两配送方案。如图7-16所示。

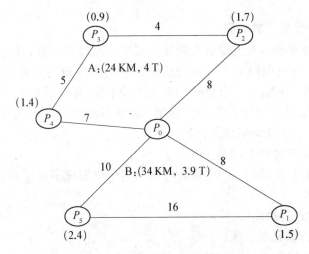

图 7-16 先形成两个配送线路

配送线路 A：$P_0—P_2—P_3—P_4—P_0$

运量 $q_A = q_2 + q_3 + q_4$

$= 1.7 + 0.9 + 1.4$

$= 4$ 吨

用一辆 4 吨车运送，节约距离 $S_A = 10 + 8 = 18$ 千米

配送线路 B：$P_0—P_5—P_1—P_0$

运量 $q_B = q_5 + q_1 = 2.4 + 1.5 = 3.9 t < 4 t$ 车

用一辆 4 吨车运送，节约距离 SB = 2 千米

第六步：与初始单独送货方案相比，计算总节约里程与节约时间。

总节约里程：$\Delta S = SA + SB = 20$ 千米

节约时间核算：与初始单独送货方案相比，可节约时间 $\Delta T = \Delta S/V = 20/40 = 0.5$ 小时。

三、表上作业法

(一) 表上作业法的含义

表上作业法是利用数学模型进行数量分析，例如应用线性规划解决运输问题的数学模型，用表上作业法和图上作业法求解最佳的运输方案，运输方案一般要先求初始方案，然后再求最佳方案。求初始方案的常用方法是最小元素法。

最小元素法中的所谓元素就是指单位运价。此法的基本思想是：运价最便宜的优先调运。

（二）最小元素法的步骤

（1）在运输平衡表与运价表右侧运价表中找出最小元素，其对应的左侧空格安排运输量，运输量取该最小元素对应的产地的供应量与销地的需求量的最小值，然后将对应供应量和需求量分别减去该最小值，并在运价表中划去差为 0 的供应量或需求量对应的行或列（若供应量和需求量的差均为 0，则只能划去其中任意一行或一列，但不能同时划去行和列）。

（2）在未划去运价中，重复（1）。

（3）未划去运价只剩一个元素对应的左侧空格安排了运输量后，初始调运方案便已编制完毕。

（三）运输方案的优化

要会判断方案是否最优。

（1）在初始方案上找闭回路。

每一个空格对应唯一的闭回路，闭回路中除一个空格外，其他拐弯处均填有数字；在闭回路中，我们规定，空格为 1 号拐弯处，其他拐弯处按顺时针或逆时针方向依次编号，直至回到空格为止。

（2）计算检验数。

每一个空格对应唯一的检验数，检验数在空格对应的闭回路中计算，计算公式为

$$\text{检验数} = \frac{1\text{号拐弯处}}{\text{单位运价}} - \frac{2\text{号拐弯处}}{\text{单位运价}} + \frac{3\text{号拐弯处}}{\text{单位运价}} - \frac{4\text{号拐弯处}}{\text{单位运价}} + \cdots$$

（3）判断最优调运方案的标准。

若某物资调运方案的所有检验数均非负，则该调运方案最优。

（4）运输方案的优化。

由最优调运方案判别标准知，若某物资调运方案中存在负检验数，则该调运方案需要进行调整。

调整在含负检验数的空格对应的闭回路中进行，调整量 q 取该闭回路中偶数号拐弯处运输量的最小值，即

$$q = \min（\text{所有偶数号拐弯处的运输量}）$$

调整时，闭回路拐弯处以外的运输量保持不变，所有奇数号拐弯处运输量都加上 q，所有偶数号拐弯处运输量都减去 q，并取某一运输量为 0 的拐弯处作为空格（若有两处以上运输量为 0，则只能取其中任意一个拐弯处作为空格，其他的 0 代表该处的运输量）。

实战案例 7-3

表上作业法应用

某物资要从产地 A1、A2、A3 调往销地 B1、B2、B3，运输平衡表和运价表如表 7-3 所示。

表 7-3 运输平衡表(单位：吨)与运价表(单位：元/吨)

销地产地	B1	B2	B3	供应量	B1	B2	B3
A1				20	50	40	80
A2				50	30	10	90
A3				80	60	30	20
需求量	50	40	60	150			

试用最小元素法编制初始调运方案，并求最优调运方案和最小运输总费用。

解：用最小元素法编制的初始调运方案如下表 7-4 所示。

表 7-4 运输平衡表(单位：吨)与运价表(单位：元/吨)

销地产地	B1	B2	B3	供应量	B1	B2	B3
A1	20			20	50	40	80
A2	10	40		50	30	10	90
A3	20		60	80	60	30	20
需求量	50	40	60	150			

对空格找闭回路，计算检验数，直至出现负检验数：

$l_{12} = 40 - 10 + 30 - 50 = 10$

$l_{13} = 80 - 20 + 60 - 50 = 70$

$l_{23} = 90 - 20 + 60 - 30 = 100$

$l_{32} = 30 - 60 + 30 - 10 = -10 < 0$

初始调运方案中存在负检验数，需要调整，调整量为

$$q = \min(20, 40) = 20$$

调整后的第二个调运方案如表 7-5 所示。

表 7-5 运输平衡表(单位:吨)与运价表(单位:元/吨)

销地产地	B1	B2	B3	供应量	B1	B2	B3
A1	20			20	50	40	80
A2	30	20		50	30	10	90
A3		20	60	80	60	30	20
需求量	50	40	60	150			

对空格再找闭回路,计算检验数:

$l_{12} = 40 - 10 + 30 - 50 = 10$

$l_{13} = 80 - 20 + 30 - 10 + 30 - 50 = 60$

$l_{23} = 90 - 20 + 30 - 10 = 90$

$l_{31} = 60 - 30 + 10 - 30 = 10$

所有检验数非负,故第二个调运方案最优。

最小运输总费用为 $20 \times 50 + 30 \times 30 + 20 \times 10 + 20 \times 30 + 60 \times 20 = 3\,900$(元)

第四节 配送中心车辆调度管理

车辆调度的业务内容包括规划车辆配置数量、设计车辆的运行路线、运行区域、运行时间表,调查运输任务的完成情况,并分析车辆运行规律,优化路线等。

一、配送车辆调度管理概述

(一)配送车辆调度管理的含义

配送车辆调度管理是指安排配送车辆、制定行车路线,使车辆在满足一定的约束条件下,有序地通过一系列装货点和卸货点,达到诸如用车最少、路程最短、费用最小、耗时最少等目标。

(二)车辆调度工作的作用

车辆调度工作的作用体现在以下四点:

(1)保证运输任务按期完成;

(2)能及时了解运输任务的执行情况;

(3)促进运输及相关工作的有序进行;

(4) 实现最小的运力投入。

(三) 车辆调度工作的特点

(1) 计划性：做好车辆的整体计划是车辆调度的工作重点。

(2) 预防性：预防车辆在运输过程中出现的各种问题。

(3) 机动性：留有一定的车辆，提高车辆安排的灵活性。

(四) 车辆调度工作的基本原则

(1) 坚持统一领导和指挥、分级管理、分工负责的原则。

(2) 坚持从全局出发、局部服从全局的原则。

(3) 科学合理调度原则。所谓科学性，就是要掌握单位车辆使用的特点和规律。调度合理就是要按照现有车的行驶方向，选择最佳行车路线，不跑弯路和绕道行驶；不在一条线路上重复派车；在一般情况下，车辆不能一次派完，要留备用车辆，以应急需。

(4) 坚持以均衡和超额完成生产计划任务为出发点的原则。

(5) 灵活机动。所谓灵活机动，就是对于制度没有明确规定而确定需要用车的、紧急的，要从实际出发，灵活机动，恰当处理，不能误时误事。

(6) 最低资源（运力）投入和获得最大效益的原则。

二、配送车辆调度的流程设计和注意事项

第一，根据配送任务和配送计划，编制车辆运行作业计划，并通过作业运行计划组织企业内部的各个业务环节，使其形成一个有机的整体，进行有计划的安排，最大限度地发挥汽车运输潜力。

第二，掌握货物流量、流向、季节性变化，全面细致地安排配送活动，并针对配送工作中存在的主要问题，及时反映，并向有关部门提出要求，采取措施，保证配送计划的完成。

第三，加强现场管理和运行车辆的调度指挥，根据调运情况，组织合理配送，不断研究和改进配送调度工作，以最少的人力、物力完成最多的配送任务。

第四，认真贯彻汽车预防保养制度，保证运行车辆能按时调回进行保养，严禁超载，维护车辆技术状况完好。

具体车辆调度流程如图 7 - 17 所示。

三、车辆调度管理合理化的标准

专业的调度系统管理科学设计主要体现在如下六个标准。

第一，配送总里程最短。配送里程与配送车辆的耗油量、磨损程度以及司机疲劳程度等直接相关，它直接决定运输的成本，对配送业务的经济效益有很大影

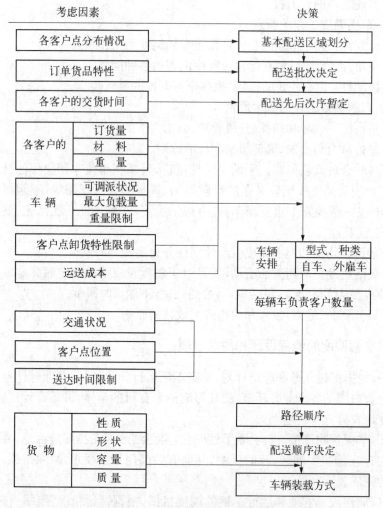

图 7-17 车辆调度管理流程图

响。由于配送里程计算简便，它是确定配送路线时用得最多的指标。

第二，配送车辆的吨位公里数最少。该目标将配送距离与车辆的载重量结合起来考虑，即以所有配送车辆的吨位数（最大载重吨）与其行驶距离的乘积的总和最少为目标。

第三，综合费用最低。降低综合费用是实现配送业务经济效益的基本要求。在配送中，与取送货有关的费用包括车辆维护和行驶费用、车队管理费用、货物装卸费用、有关人员工资费用等。

第四，准时性最高。由于客户对交货时间有较严格的要求，为提高配送服务质量,有时需要将准时性最高作为确定配送路线的目标。

第五,运力利用最合理。该目标要求使用较少的车辆完成配送任务,并使车辆的满载率最高,以充分利用车辆的装载能力。

第六,劳动消耗最低。即以司机人数最少、司机工作时间最短为目标。

四、配送中心车辆配置数量设计

配送中心应该配置什么种类的车,每种车辆应配置多少数量？这是配送中心在规划管理中面临的重要问题,因为配送中心的配送业务并不稳定,有旺季和淡季之分,如配置过多车辆,在配送的旺季可能满足配送任务的需要,但在配送的淡季,大量车辆闲置会造成不必要的浪费。但如配置车辆太少,在配送旺季又满足不了配送任务的要求,有可能要到外面租赁车辆,而临时租赁车辆往往成本会非常高,造成物流成本的上升。因此,配送中心应通过物流数据的调查分析,为配送中心配置合适的配送车辆。

(一) 车种的选择

多数企业是从"车辆制造商所提供的商品说明书同所要求的条件规格相近作为原则来选定"。

"以合乎其条件和规格作为原则的特殊订货"的企业占35%。

为了选择合乎使用条件的车种,首先要全面了解市场上车辆的基本情况和样式范围。一般配送中心用车多是小型汽车(2—3吨)和普通汽车(4—12吨)两种。在车种选定方面,考虑具体样式时,要特别重视必要的项目,例如车厢底板的尺寸、车厢底板的高度、载重量、发动机的性能(主要是功率)、车厢板的结构等其他重要部件。

(二) 车辆台数的配置

通常由于每日配送量有变动,不能完全实行计划。因此,要根据配送量的多少安排好车辆。

当拥有台数过少,配送量多时,难免出现车辆不足现象,要从别处租车。相反,拥有台数过多,配送量少时,会出现车辆闲置现象,造成浪费。所以,对配送中心来讲,应该配置多少台汽车是极为重要的决策。

(三) 配送中心自有车辆配置数量的模型设计

配送中心每日配送的业务量是个随机数,因此,要根据配送单的数量来安排车辆。

配送中心一般采用小型汽车进行配送,可将物品直接配送到最终用户。目前,配送中心普遍采取内外部车辆相结合的配送策略,其降低配送成本的方式主要通过对配送车辆进行路径优化和对自有车辆规模进行优化。

1. 配送周期概念的引入

配送中心配送车辆的需求数量不仅受到客户配送单量的影响,还受到客户配送单集中程度的影响。如果配送中心在一天内获得客户的总配送单量很多,则需要的车辆数也多;但如果这些配送单很分散,则需要的车辆相对要少一些,这是因为在一个较长的时间段内车辆可以多次重复利用。配送中心对车辆需求的产生取决于配送单的出现,车辆需求量的多少取决于一天内在某个时点或时间段随机配送单量的多少。因而,以天为计算周期来反映配送中心对车辆的需求有些欠妥。为了正确反映配送中心对车辆的需求,引入了配送周期的概念。

配送周期是指配送中心收到一批配送单后,安排的第一辆配送车从离开至该配送车再回到配送中心的时间间隔。因此,每天的配送周期数与客户配送单的分布情况有关,而每个配送周期内对车辆的需求数由该周期内配送单量的多少来确定。由于客户每天配送单的出现以及配送单量多少都是随机的,并且所有的配送中心客户配送单的分布规律也各不相同,因此可通过统计法,确定一般配送中心的车辆使用数的分布函数。按配送周期计算配送中心的车辆使用数,可以得到关于配送中心在过去一段时间内,每个配送周期的车辆使用情况统计表。

配送中心在确定合理的车辆规模时,应考虑到配送中心业务的发展趋势,对表中数据进行修正。根据修正后的统计数据得出不同数量车辆的使用频率数及累计频率数,结合以下数学模型,就可算出配送中心应配置的车辆数。

2. 模型构建的假设条件

根据城市配送中心配送距离一般较短的特点,设配送中心所有自有车辆每次配送成本相同,并且所有租赁车辆配送成本相同。设在每个配送周期中自有车辆的运行成本为 C_1,租赁车辆的运行成本为 C_3,如果自有车辆闲置,其闲置成本为 C_2。

3. 模型的建立

以实现配送中心配送费用最小为目标构建模型,通过成本—效益分析法求解配送中心合理的自有配送车辆数。设 X 为配送中心拥有合理的配送车辆数;Y 为每个配送周期实际需要的车辆数,Y 是随机变量,其分布密度为 $P(Y)$。

(1) 当 $Y \leqslant X$ 时,即需要的车辆数比配送中心拥有的车辆数少,设 T 为总费用,则配送中心完成配送任务的总费用为

$$T_1 = YC_1 + (X - Y)C_2$$

(2) 当 $Y \geqslant X$ 时,即需要的车辆数比配送中心拥有的车辆数多,则配送中心完成配送任务的总费用为

$$T_2 = XC_1 + (Y - X)C_3$$

(3) 设 $P(Y)$ 为日常需要车辆数量对应的概率,则得出配送中心的期望总费用为

$$T(x) = \sum_{x=1}^{x}[p(y)\{yC_1+(x-y)C_2\}] + \sum_{y=x+1}^{\infty}[p(y)\{xC_1+(y-x)C_3\}]$$

(4) 求解。

在期望费用公式里进行对 X 求导,使得 $T(x)$ 最小,并根据函数求极限的原理,整理得

$$\sum_{x=1}^{x} p(y) = (C_3-C_1)/(C_3+C_2-C_1)$$

其中:$\sum_{x=1}^{x} p(y)$——频率累计数。

当 $C_1 < C_3$ 时,可以选取适当的 X 值,使得上式成立,从而使得总费用最小。通过概率累计的方法,从而求得 X 的值。

实战案例 7-4

配送车辆数量的配置方案设计

(一) 案例背景

根据某连锁超市配送中心过去一年的日常经营数据,统计出必要的车辆数量分布情况,如表 7-6 所示。

表 7-6 配送中心日常车辆分布表

车辆数量	(0,10)	(11,15)	(16,20)	(21,25)	(26,30)	(31,35)	(36,40)
现频率	10%	20%	25%	20%	15%	5%	5%
频率累计	10%	30%	55%	75%	90%	95%	100%

已知条件如下:自备车辆每天使用费用:$C_1 = 500$ 元,自备车辆每天闲置费用:$C_2 = 300$ 元,租用车辆每天费用:$C_3 = 1000$ 元。

(二) 案例要求

请为该配送中心设计一个方案,该配送中心应该配置多少车辆?

(三) 案例分析

(1) 利用配送车辆数量频率累计数公式:

$$\sum_{x=1}^{x} p(y) = (C_3-C_1)/(C_3+C_2-C_1)$$

求得 $\sum_{x=1}^{x} p(y) = (1\,000 - 500)/(1\,000 + 300 - 500) = 62.5\%$

(2) 根据频率累计数与上表对比，X 取值范围在 $(21,25)$，进一步用内插法可以得到：$X = 22$（辆）

结论：配送中心最佳车辆配置数是 22 辆。

实战案例 7-5

配送经营方案选择决策

（一）案例背景

某配送中心为实现其配送方案优化的决策目标，提出了四种配送经营方案：

方案 1：自营车辆配送；

方案 2：租赁车辆配送；

方案 3：与客户互用车辆配送；

方案 4：外包给第三方物流配送。

配送中心还面临着未来市场自然状态的不确定性。公司经研究把未来市场变化的状态划分为四个等级，即配送要求程度高、配送要求程度较高、配送要求程度一般、配送要求程度低等。

公司把四种方案和四个自然状态的要求进行结合分析，估算出各方案对应各自然状态下的效果损益值，有关资料如表 7-7 所示。

表 7-7 各方案的效果值

效果矩阵 经营方案	自 然 状 态			
	配送要求 程度高	配送要求 程度较高	配送要求 程度一般	配送要求 程度低
方案 1：自营车辆配送	2	1	4	8
方案 2：租赁车辆配送	-1	2	3	6
方案 3：互用车辆配送	3	4	5	2
方案 4：外包给第三方	4	-2	3	6

（二）案例要求

要求运用非确定型决策方法中的乐观法、悲观法和最大后悔值法分别作出最优决策方案的选择。

(三)案例分析

1. 乐观法

求出各经营方案在各自然状态下的最大效果值:

maxA1={2　1　4　8}=8

maxA2={-1　2　3　6}=6

maxA3={3　4　5　2}=5

maxA4={4　-2　3　6}=6

求出各最大效果值为8,即8所对应的经营方案1为应选择的经营方案。

2. 悲观法

(1) 求出各经营方案在各自然状态下的最小效果值。

minA1={2　1　4　8}=1

minA2={-1　2　3　6}=-1

minA3={3　4　5　2}=2

minA4={4　-2　3　6}=-2

(2) 求出各最小效果值的最大值为2,即2所对应的经营方案3为应选择的经营方案。

3. 后悔值法

计算结果如表7-8所示。

表7-8　各方案的后悔值

经营方案＼效果矩阵	后悔值			
	配送要求程度高	配送要求程度较高	配送要求程度一般	配送要求程度低
方案1:自营车辆配送	2	3	1	0
方案2:租赁车辆配送	5	2	2	2
方案3:互用车辆配送	1	0	0	6
方案4:外包给第三方	0	6	2	2

方案1的最大后悔值是3;

方案2的最大后悔值是5;

方案3的最大后悔值是6;

方案4的最大后悔值是6。

因此,选最小最大后悔值3对应的方案1为最优方案。

第五节 配送车辆的积载管理

一、配送积载概论

1. 配送积载的含义

配送中心服务的对象是众多的客户和各种不同的货物品种,为了降低配送运输成本,需要充分利用运输配送的资源,对货物进行装车调配、优化处理,达到提高车辆在容积和载货两方面的装载效率,进而提高车辆运能运力的利用率,降低配送运输成本,这就是积载。

2. 影响配送车辆积载因素

影响配送车辆积载的因素有:货物特性因素、货物包装情况、不能拼装运输,以及由于装载技术的原因,造成不能装足吨位。

3. 配送积载的原则

(1) 轻重搭配的原则。

(2) 大小搭配的原则。

(3) 货物性质搭配的原则。

(4) 确定合理的堆码层次及方法。

(5) 到达同一地点的适合配装的货物应尽可能一次积载。

(6) 装载时不允许超过车辆所允许的最大载重量。

(7) 装载易滚动的卷状、桶状货物,要垂直摆放。

(8) 货与货之间、货与车辆之间应留有空隙并适当衬垫,防止货损。

(9) 装货完毕,应在门端处采取适当的稳固措施,以防开门卸货时,货物倾倒造成货损。

(10) 尽量做到"后送先装"。

二、车辆积载特性

连锁企业门店的销售情况不同,订货的品种也往往不一致。这就使一次配送的货物可能有多个品种,这些商品不仅表现在包装形态、运输性能不一,而且表现在密度差别较大,有的甚至相差甚远。密度大的商品往往达到了车辆的载重量,但体积空余很大;密度小的商品达到车辆的最大体积时,达不到载重量。单装实重或轻泡商品都会造成浪费。如果实行轻重商品配装,即会使车辆达到满载,又充分利用车辆的体积,大大降低运输费用。最简单的配裁是轻重两种商品搭配。

分别测定两种商品的密度和体积,通过二元一次方程式,求得满载满容的最佳搭配。假定需配送的两种商品。两种货物的配装重量为 W_X、W_Y,商品 A,质量体积为 R_A,单件商品体积为 A 体;商品 B,质量体积为 R_Y,单件商品体积为 B 体;车辆载重 K 吨,车辆最大容积 V 立方米。建立二元一次方程式为

$$\begin{cases} W_X + W_Y = W \\ W_X \times R_X + W_Y \times R_Y = V \end{cases}$$

所求得的 W_X、W_Y 值即为 A、B 两种商品的配装吨数。

在很多情况下,要配装的商品品种很多,每种商品的密度和单件体积可能都不相同,能提供的车辆种类较多,车辆的技术指标即 W、V 值不同。这里只能采用以下方法解决。一是利用计算机,将商品的密度、体积及车辆的技术指标值储存起来。配装时,输入将要配装全部商品的编号及目前可以使用的车辆的编号,由计算机输出配装方案,指示配装人员使用什么型号的车辆,装载什么商品,每种商品装多少。二是在没有计算机时,从待配送商品中选出密度最大和最小的两种,利用二元一次方程式手算配装。当车辆的体积和载重尚有余地时,从其他待配送商品中再选密度最大及最小的两种。依此类推。直到满载满容。这种渐次逼近法虽然没有计算机算得迅速,但是由于每次都选密度最大和最小两种搭配,最终的搭配结果使平均密度与车辆载重量和体积的比值最接近。

三、提高配送车辆积载量的方法

在充分保证货物质量和数量完好的前提下,尽可能提高车辆在容积和载重两方面的装载量,以提高运能运力的利用率,降低送货成本。

设送车的额定载重量为 G,若用于配送 n 种不同的货物,货物的重量分别为 W_1、W_2、$\cdots$、W_n。每一种货物分别对应于一个价值系数,用 P_1、P_2、$\cdots$、P_n 表示,它表示货物价值、运费或重量等。设 X_K 表示第 K 种货物的装入数量,则装货问题可表示为:

$$\max F(X) = \sum P_K X_K$$

约束条件:

$$\sum W_K X_K \leqslant G$$

所有 $X_K > 0$ ($k = 1, 2, \cdots, n$)

求解过程可从第一阶段开始,由前向后逐步进行。具体步骤如下:

第一步:装入第一种货物 X_1 件,其最大价值为:

$$F_1(W) = \max P_1 X_1$$

其中，$0 \leq X_1 \leq [G/W_1]$，方括号表示取整数。

第二步：装入第二种货物 X_2 件，其最大价值为

$$F_2(W) = \max\{P_2 X_2 + F_1(W - W_2 X_2)\}$$

其中，$0 \leq X_2 \leq [G/W_2]$

第 n 步：装入第 n 种货物 X_n 件，其最大价值为

$$F_n(W) = \max\{P_n X_n + F_n - 1(W - W_n X_n)\}$$

其中，$0 \leq X_n \leq [G/W_n]$

实战案例 7-6

配送车辆积载优化

载重量为 8 吨的载货汽车，运输 4 种机电产品，其重量分别为 3 吨、3 吨、4 吨、5 吨，见表 7-9 所示，试问如何配装才能充分利用货车的运载能力？

表 7-9 货物的重量和价值系数

货物编号	重 量(吨)	价 值 系 数
1	3	3
2	3	3
3	4	4
4	5	5

（注：本例中的价值系数即物品重量。）

按上述方法，分成四个阶段进行求解，计算结果列成 4 个表格，如表 7-10 至表 7-13 所示。

表 7-10 第一分阶段计算表

W	X_1	$F(W)$
0	0	0
1	0	0
2	0	0
3	1	3

续 表

W	X_1	$F(W)$
4	1	3
5	1	3
6	2	6
7	2	6
8	2	6

表 7-11　第二分阶段计算表

W	X_2	$W-W_2X_2$	$P_2X_2+F_1(W-W_2X_2)$	$F_2(W)$
0	0	0	0+0	0
1	0	1	0+0	0
2	0	2	0+0	0
3	0	3	0+3=3	3
	1	0	3+0=3	
4	0	4	0+3=3	3
	1	1	3+0=3	
5	0	5	0+3=3	3
	1	2	3+0=3	
6	0	6	0+6=6	6
	1	3	3+3=6	
	2	0	6+0=6	
7	0	7	0+6=6	6
	1	4	3+3=3	
	2	1	6+0=6	
8	0	8	0+6=6	6
	1	5	3+3=3	
	2	2	6+0=6	

表 7-12 第三阶段计算表

W	X_3	$W-W_3X_3$	$P_3X_3+F_2(W-W_3X_3)$	$F_3(W)$
0	0	0	0+0=0	0
1	0	1	0+0=0	0
2	0	2	0+0=0	0
3	0	3	0+3=3	3
4	0	4	0+3=3	4
4	1	0	4+0=4	4
5	0	5	0+3=3	4
5	1	1	4+0=4	4
6	0	6	0+6=6	6
6	1	2	4+0=4	6
7	0	7	0+6=6	7
7	1	3	4+3=7	7
8	0	8	0+6=6	8
8	1	4	4+3=7	8
8	2	0	8+0=8	8

表 7-13 第四阶段计算表

W	X_4	$W-W_4X_4$	$P_4X_4+F_3(W-W_4X_4)$	$F_4(W)$
0	0	0	0+0=0	0
1	0	1	0+0=0	0
2	0	2	0+0=0	0
3	0	3	0+4=4	4
4	0	4	0+4=4	4
5	0	5	0+4=4	5
5	1	0	5+0=5	5
6	0	6	0+6=6	6
6	1	1	5+0=5	6

续表

W	X_4	$W-W_4X_4$	$P_4X_4+F_3(W-W_4X_4)$	$F_4(W)$
7	0	7	0+7=7	7
	1	2	5+0=7	
8	0	8	0+8=8	8
	1	3	5+3=8	

寻找最优解方案的次序与计算顺序相反，由第四阶段向第一阶段进行。

在第四阶段计算表中，价值最大值 $F_4(W)=8$，对应两组数据，其中一组中 $X_4=0$，另一组中 $X_4=1$。当 $X_4=1$ 时，即第四种物品装入 1 件，表中第 3 列数字表示其余种货物的装载量。当 $X_4=1$ 时，其他三种货物装载重量为 3；按相反方向，在第三阶段计算表中，查 $W=3$ 时得装载重量最大值 $F_3(W)=3$，对应 $X_3=0$，查表中第 3 列数字，当 $W=3$，其他二种货物装载重量为 3。

在第二阶段计算表中，查 $W=3$ 时，$F_2(W)=3$，对应两组数据：$X_2=0$ 或 $X_2=1$，其余量为 3 或 0，即其他（第一种）货物装载重量为 3 或 0。

再查第一阶段计算表，当 $W=3$ 时，对应 $X_1=1$；当 $W=0$ 时，对应 $X_1=0$。

因此得到两组最优解：

(A) $X_1=1, X_2=0, X_3=0, X_4=1$

(B) $X_1=0, X_2=1, X_3=0, X_4=1$

装载重量为：$F(X)=1\times 3+1\times 5=8$

如果在第四阶段计算表中取 $X_4=0$，则余项 $W-W_4X_4=8$；在第三阶段计算表中，查 $W=8$ 一栏，$F_3(W)=8$ 对应 $X_3=2$，因此得到第 3 组最优解：

(C) $X_1=0, X_2=0, X_3=2, X_4=0$

装载重量为：$F(X)=2\times 4=8$

这三组解，都使装载量达到汽车的最大载重量。

四、零担货物配装问题

设共有 n 批待配装的零担货物，每批货物为一张货票 $N_i(i=1,2,\cdots,n)$；每一票货物的质量为 W_i，容积为 V_i。那么：

(1) 待配装货物的重量集合 $W=\{W_1,W_2,W_3,\cdots,W_n\}$；

(2) 待配装货物的体积集合 $V=\{V_1,V_2,V_3,\cdots,V_n\}$；

(3) 调配的空车标准载重记为 W_0，容积记为 V_0。

令：

$X_i = 0$，当第 i 批货物被选中，转入货车；

或 $X_i = 1$，当第 i 批货物未选中，不装车。

（一）以货车静载重最大为优化目标

以货车静载重最大为优化目标时，必须满足两个潜在的约束条件：

（1）所装载零担货物的总重不超过其标记载重 W_0；

（2）所装货物的体积不超过所装货车的容积 V_0。

其公式如下：

$$\max z = \sum_{i=1}^{n} W_i X_i$$

$$\text{st}\left\{ \sum_{i=1}^{n} W_i X_i \leqslant W_0 \right.$$

$$\text{st}\left\{ \sum_{i=1}^{n} V_i X_i \leqslant V_0 \right.$$

$$(X_i = 0 \text{ 或 } 1, \ i = 1, 2, 3, \cdots, n)$$

（二）以货车装载容积最大为优化目标

这时，主要希望货车载装容积能够充分利用，但货物的装载量也不能太少。故此时只需要货车本身的要求即可。

其公式如下：

$$\max z = \sum_{i=1}^{n} V_i X_i$$

$$\text{st}\left\{ \sum_{i=1}^{n} W_i X_i \leqslant W_0 \right.$$

$$\text{st}\left\{ \sum_{i=1}^{n} V_i X_i \leqslant V_0 \right.$$

$$(X_i = 0 \text{ 或 } 1, \ i = 1, 2, 3, \cdots, n)$$

实战案例 7-7

零担货物配载方案选择

（一）案例背景

某配送中心有五批货物，需要通过铁路装载运输，这五批货物的重量分别为 20 吨、10 吨、18 吨、10 吨、32 吨，其相应的货物体积为分别为 30 立方米、24 立方米、22 立方米、15 立方米、60 立方米，用铁路棚车装运，该铁路棚车的最大装运重量是60吨,即 $W_0 = 60$ 吨,最大装运体积为120立方米,即 $V_0 = 120$ 立方米,分别按不同的优化目标配装。

(二)案例要求

(1)以货车静载重最大为优化目标,如何装载?

(2)以货车装载容积最大为优化目标,如何装载?

(3)对比以上两种配载方式,哪种方式更优?

(三)案例分析

(1)以货车装载重量最大为优化目标。

将5批货物按质量按输入顺序赋以变量 X_1—X_5,配装模型为:

$$Maxz = 20X_1 + 32X_2 + 18X_3 + 10X_4 + 32X_5$$
$$20X_1 + 32X_2 + 18X_3 + 10X_4 + 32X_5 \leqslant 60$$
$$30X_1 + 24X_2 + 22X_3 + 15X_4 + 60X_5 \leqslant 120$$
$$X_i = 0 \text{ 或 } 1, i = 1, 2, 3, 4, 5$$

运行结果:选择物品应为物品2、物品3、物品4。

最优结果显示:总体积:61,总重量:60。

则最优解为: $X_2 = X_3 = X_4 = 1$, $X_1 = X_5 = 0$,即选择重量为32吨、18吨、10吨的货物装车,配成整零车的静载重为60吨、体积为61立方米。

(2)以货车装载容积最大为优化目标。

建立模型:将5批货物按体积由小到大排列赋以变量 X_1—X_5,配装模型为:

$$Maxz = 30X_1 + 24X_2 + 22X_3 + 15X_4 + 60X_5$$
$$20X_1 + 32X_2 + 18X_3 + 10X_4 + 32X_5 \leqslant 60$$
$$30X_1 + 24X_2 + 22X_3 + 15X_4 + 60X_5 \leqslant 120$$
$$X_i = 0 \text{ 或 } 1, i = 1, 2, 3, 4, 5$$

运行结果:选择物品应为物品3、物品4、物品5。

最优结果显示:总重量:60　总体积:97。

则最优解为: $X_3 = X_4 = X_5 = 1$, $X_1 = X_2 = 0$,即选择体积为22立方米、15立方米、60立方米的货物装车,配成整零车的体积为97立方米、静载重为60吨。

(3)两种方案对比。

一般来说,货物配装时优先考虑提高零担车静载重或载重量利用率是正确的。但有时载重量相差不大,货车容积却能得到充分利用,则采用充分利用货车容积的方案才是合理的。如本例中,从运行结果看,采用充分利用货车容积的方案才是合理的。

拓展训练

一、问题讨论

1. 影响配送线路合理化的因素有哪些?
2. 如何判断配送线路是否含有迂回运输?
3. 配送中心配送线路优化模型在实际操作中会遇到哪些突发因素的影响?
4. 配送中心在配置车辆种类和数量时应考虑哪些因素?
5. 配送车辆在装载时应注意哪些问题?
6. 零担货物的配载应如何使车辆装载最优化?

二、商务实战

商务实战 7-1

运输线路优化

设有某种商品的供应地和需要地各四个,位于成两个圈状的路网上,各供应地、需要地的距离及供应地的供应量、需要地的需要量如图 7-18 所示。问如何规划运输方案才能使运输的吨公里数最小?当确认该方案是最优后,计算总运输吨公里数。

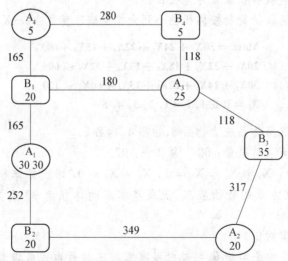

图 7-18 某商品供应地与需要地的网络图

解:第一步,规划初始流向图。如果交通图成圈状,通常假设里程最长的这段线路没有货流通过,使之成为不成圈的交通图。在此例中,应甩去 A_2—B_2。然后按照交通图成线状的情况进行规划。对于交通图成线状，在规划运输方案时，首先要避免对流。一般从交通图各端开始，按就近供应的原则由外向里逐步进行各供应地与需要地之间的供需平衡。就可得到一个初始流向图。

本例的初始流向如图 7-19 所示。

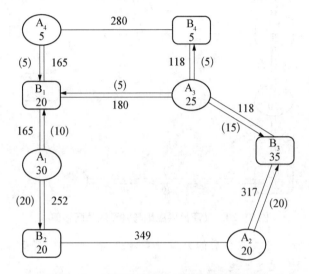

图 7-19　某商品供应地与需要地的网络图

第二步：检验初始流向图。如果上步得出流向图既没有对流又没有迂回，则为最优流向图。

检验的方法是：计算这个流向图的每一个圈的总周长 D_1、D_2，内圈总长 $L_内$，外圈总长 $L_外$。

如果 $L_内 \leqslant D/2$ 且 $d_外 \leqslant D/2$，

那么这个流向图为最优流向图。否则，就不是最优解。

$$\frac{D_1}{2} = \frac{118+280+165+180}{2} = 371.5$$

$$\frac{D_2}{2} = \frac{180+165+252+349+317+118}{2} = 690.5$$

上圈：$L_{内_1} = 180 < 371.5$；$L_{外_1} = 283 < 371.5$

下圈：$L_{内_2} = 283 < 690.5$；$L_{外_2} = 749 > 690.5$

由计算可知，下圈的运输方案不是最优方案，需要进行调整。

第四步：调整初始流向图。调整的方法是在非优化圈的非优化流向上，找出最小的流量，在这个圈统一减去这一最小流量；同时在相反圈上统一加上这一最小流量。本例中,非优化圈是下圈,最小流量为 5 吨。如图 7-20 所示。

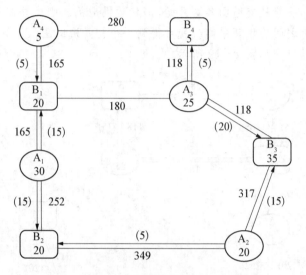

图 7-20 某商品供应地与需要地的网络图

第三步:检验。经过调整后的方案没有对流,各供应地、需要地的数量也满足要求,但还须检验有无迂回运输。

上圈:$L_内 = 0 < 371.5$;$L_外 = 283 < 371.5$

下圈:$L_内 = 632 < 690.5$;$L_外 = 569 < 690.5$

则该方案是最优方案,总运输吨公里 $S = 16\,530$(吨公里)。总之,在运用优化作业法规划商品运输方案时,应遵循以下口诀进行:"流向画右方,对流迂回不应当;内圈、外圈分别算,要求不过半圈长"。

商务实战 7-2

配送中心如何建立高效的物流配送系统

上海迅泰物流配送中心是迅泰集团公司进行多元化经营战略的核心。公司拥有的配送中心是目前华东地区最大的物流配送中心之一,自有营业面积 5 000 多平方米,另有两个以上的外租仓储中心和低温冷库、配送车辆多部、外租冷藏车辆多部。日配送能力可达百万元,并拥有一支专业化、高素质的物流管理团队,每天负责为近百家连锁超市配送物资。

连锁企业物流配送中心的业务类型比较复杂,首先是负责公司本身自营的 8 000 个品种的货品进行物流配送,对分布在上海区域和外省区域的 500 多个连锁店进行日常配送;其次是负责公司多个品牌酒店生鲜商品的加工管理和产品的物流配送;此外,也要负责外租仓库或冷藏仓库的管理和货物的调配以及外租车辆的管理与线路设计调度使用等。

随着门店数量和业务范围的迅速扩张,物流配送中心已开始从单一的物流配送中心逐渐转变成为公司门店提供全方位物流服务的枢纽化、社会化、一体化的物流平台。同时,业务模式的重新定位,需要一个健全的物流管理系统,保持企业信息流和物流的畅通。

根据公司物流配送业务管理需求、信息系统需求以及未来发展战略的考虑,迅泰公司最后决定,采用一套符合公司采购、物流配送业务需要和支持未来一段时间的公司整体业务发展的采购物流配送管理信息系统方案,帮助其完成公司业务的整合与配送流程的优化。

系统设计的核心是细分业务中心,迅泰公司物流配送管理系统划分为五个业务中心。

1. 门店联络中心

实现物流配送工作人员与门店客户进行联络、交互的功能。公司总部采购可以通过 Web/VPN 交互式服务确认身份和服务请求。每天来自门店的领料单通过邮件方式接收并检验导入,生成门店需要的配送单,提高门店的作业效率。

2. 加工配送中心

每天根据每个门店所需要的货品,下达加工生产任务,把配送计划工作分配给各个配送部门,并且根据门店领料单生成的门店配送单和配送线路汇总单,结合自身和外部公司的运输配送能力进行有效的物流服务,并提供运送服务平台。通过对整个物流配送任务的运行过程进行实时服务跟踪,提高整个配送过程的服务质量和客户满意度。

3. 仓储物流中心

物流信息系统是一个多层次的管理系统,可分别从不同库别的货区、货位,库存的进出批次、单件与单品等不同角度反映物品的数量、库存成本和资金占用情况,从而帮助仓库管理人员对库存物品的入库、出库、调拨移动和库存盘点、成本核算、报表分析等操作进行全面的控制和管理,以降低库存,减少资金占用,杜绝物料积压与短缺现象。

4. 营销管理中心

营销管理中心是整个系统的核心控制所在,汇聚了公司各部门的数据并以此对其他部分进行控制和监督。根据公司营运部门店发展计划和门店的每周、每月千元用量,参照 1.5 倍安全库存和 0.5 倍最低库存系数,建立有效的库存管理。同时建立起市场门店开发筹备计划、财务管理、分析报表、绩效考核管理等辅助决策的支持。

5. 信息管理中心

作为整个系统的管理部门,对于系统的正常维护、使用起到关键作用,保证系统从整体参数设置、权限分配、组织架构设置、经营配置、数据的备份与恢复、虚拟网络管理,到具体的业务运作,做到对系统多方面的支持与维护,保证系统正常运转和业务的信息畅通。

效果分析:

经过一段时间的运行,迅泰公司的物流配送系统,可以做到方便地接收来自供货商的订货送货和门店的领料补货配送,及时进行各项业务处理,支持多门店的开发需求,同时,建立起了完整的仓储管理和运输管理功能,确保及时响应门店客户需求,监控订单执行情况,高效完成配送作业。

根据门店的请求,分上午、下午、晚间三个时间段,选择最优的调度分配方法,可制订出合理的线路设计调度和门店分单、配送线路汇总计划,减少了人为的错误,提高了配送调度的效率。

透明的供货商合作关系管理可以保证合作关系的持久发展,根据需求得到供货商有效的响应和执行,提高客户服务的质量,减轻客户服务人员的工作量,实现客户服务"一票到底"。此外,利用供货商合作关系管理的有效数据和信息,可以辅助市场开发人员分析客户的需求,发现更有价值的客户,为公司的客户定位和市场拓展提供帮助。

对整个业务过程中的订单、车辆、货物进行全程业务控制,监控各个业务环节是否出现延滞和错误,以确保正确和及时地执行客户订单,保证整个业务流程的顺畅。

在成本核算上也更准确,可实现按客户、货物、订单等多种类型的成本核算,分析物流成本构成,为实现开源节流提供决策依据。另外,自动对相关数据进行统计,生成各类统计报表,为决策者提供依据。

思考题

1. 迅泰公司物流配送系统的实施效果体现在哪几个方面?
2. 连锁店的配送业务复杂性体现在哪些方面?

商务实战 7-3

零售连锁"7-11"的物流配送系统

(一)"7-11"的发展历程

所谓"7-11"指的是美国零售业中的"7-11"连锁店,也就是从早晨7时到晚上23时都营业的意思。实际上,经过七十多年的发展,虽然名字依然是"7-11",但其已经发展成为24小时营业店,是世界知名的最大的连锁零售商店之一,在全球20多个国家拥有2.1万家左右的连锁店。目前,仅在中国台湾地区就有2 690家"7-11"店,美国5 756家,泰国1 521家。

美国南方公司成立于1927年,最初并没有什么骄人业绩,自从其1945年推出"7-11"便利连锁店以后,由于这种零售业贴近生活,营业时间长,店址多选在居民区,为消费者购物提供了诸多方便,因而受到欢迎。便利商店很快就风行开来,南方公司也因而获得高速发展。

南方公司的销售额在20世纪40年代每年不过几十万美元,1959年增达近1亿美元,1969年又增至9亿美元,1979年达38亿美元,1984年销售额突破100亿美元达到120亿美元,1985年进一步增到127亿美元(这是当时的最高销售额)。南方公司"7-11"便利连锁店的成功,引起了美国和世界各国零售企业界的广泛注意,"7-11"的招牌很快就在美国本土和全球许多城市中打出。

到20世纪80年代末,全美的便利商店总数已有10万家以上,年销售额1 000多亿美元。亚洲、欧洲和拉丁美洲许多国家的大大小小城市,都有不少办得很有生气和特点的便利商店,其中最为成功的,则非"7-11"公司莫属了。

20世纪80年代以来,在美国兴建大型商店的浪潮来势汹涌,诸如超大卖场(平均面积近20 000平方米)、超级中心(平均面积10 000平方米)、会员制仓储商店(平均面积9 000平方米)、超级商店(平均面积3 000平方米)、大专卖店(平均面积2 500平方米)以及折扣商店(平均面积5 000平方米以上)等,得到美国消费者的青睐,而面积只有一两百平方米的便利商店则被冷落了。

美国"7-11"便利连锁店的销售额从20世纪80年代后期起大幅减少,1987年以后销售额下降到80亿美元甚至更少,更为严重的是,1989—1992年,南方公司连续出现巨额亏损,到1990年赔了2.8亿美元。1990年1月,美国"7-11"公司被日本"7-11"公司并购了(后者购买了前者70%的股份)。1992年以后,南方公司和美国便利商店业一样,走出了低谷,重又踏上发展之途,美国便利商店业的销售额1993年增为1 216亿美元,比上年增长8.5%。1994年又增长了8.7%,达1 322亿美元。全行业1992年获纯利(税前)22亿美元,1994年的纯利已达32亿美元。便利商店经营状况之所以好转,先得力于美国经济复苏,同时也受益于美国消费潮流的改变。美国消费者不再只钟情于大商店,便利商店毕竟更靠近他们,购物也更方便,因此,便利商店重新获得了消费者的欢心。

1993年,南方公司在连续4年严重亏损后,首次获得7 200万美元的纯利,1994年和1995年分别增为9 200万美元和2.4亿美元。由同行购并后的南方公司,从改变经营观念着手,采取了以下八项改进措施。

第一是改装店铺。仅1994年一年就改装了1 200多家店铺,加宽店内通道,增强照明亮度,降低天花板高度,改变商品陈列布局,增加店内导购标志,并使其更为醒目。南方公司的所有店铺到1996年底已全部改装完毕。店外引入新型加油设备,1/3的店铺经销高档名牌汽油,以提高商店档次。

第二是增加商品品种,特别是新鲜食品,如三明治、色拉、面包、甜点心等。仅1994年一年就增加了1 500种商品。

第三是提高服务水平,一方面是改善服务态度等,另一方面是采用技术装备,1994年导入了4 500台ATM,加大了信用卡交易力度。

第四是将订货权授予分店店长。

第五是关闭亏损的店铺(南方公司的店铺数已从最多时的7 818家减到1996年的422家)。

第六是改善连锁店系统的通信能力。

第七是扩大店面,降低售价,摆脱过去店小货贵的不良形象。

第八是使商品配送更为科学合理。

研究"7-11"成功的历史,就会发现,和其他成功的连锁零售业一样,"7-11"背后都有一个完善的配送系统来支撑其正常运转。"7-11"从一开始采用的就是在特定区域高密度集中开店的策略,在物流管理上也采用集中的物流配送方案,这一方案每年大概能为"7-11"节约相当于商品原价10%的费用。

一间普通的"7-11"连锁店一般只有100—200平方米大小,却要提供2 000—3 000种食品,不同的食品肯定来自多个供应商,运送和保存的要求也各有不同,每一种食品又不能短缺或过剩,而且还要根据顾客的不同需要随时调整货物的品种,种种要求给连锁店的物流配送提出了很高的要求。如何来运作和管理便利店的这种物流配送系统,就成为便利店是否成功的关键。

(二)"7-11"的物流配送体系

"7-11"便利连锁店的物流管理模式先后经历了三个发展阶段。

最初阶段,"7-11"并没有设立自己的专业配送中心,它的货物配送依靠批发商来完成,批发商直接将商店所订货物送入便利店。早期"7-11"的产品生产商都有自己特定的批发商,相当于中国的总经销商,而且每个批发商一般都只代理一家生产商,这个批发商就是联系"7-11"和其生产商间的纽带,也是"7-11"和生产商间传递货物、信息和资金的通道。生产商把自己的产品交给批发商以后,对产品的销售就不再过问,所有的配送和销售都由批发商来完成。对于"7-11"而言,批发商就相当于自己的配送中心,它所要做的就是把生产商生产的产品迅速有效地运送到"7-11"手中。为了自身的发展,批发商需要最大限度地扩大自己的经营,尽力向更多的便利店送货,并且要对整个配送和订货系统作出规划,以满足"7-11"的需要。

第二阶段,随着"7-11"连锁业务的迅速拓展,这种分散化的由各个批发商分别送货的方式无法再满足规模日渐扩大的"7-11"便利店的需要,"7-11"开始和批发商及合作生产商构建统一的集约化的配送和进货系统。在这种系统之下,"7-11"改变了以往由多家批发商分别向各个便利点送货的方式,改由一家在一定区域内的特定批发商统一管理该区域内的同类供应商,然后向"7-11"统一配货,这种方式称为集约化配送。集约化配送有效地降低了批发商的数量,减少了配送环节,为"7-11"节省了物流费用。

第三阶段,集中批发商或者集约批发商的发展为"7-11"自己建立配送中心提供了经验和业务基础,"7-11"由此创立了配送中心,代替了特定批发商,分别在不同的区域统一集货、统一配送。配送中心有一个电脑网络配送系统,分别与生产商及"7-11"店铺相连。为了保证不断货,配送中心一般会根据以往的经验保留4天左右的库存,同时,中心的电脑系统每天都会定期收到各个店铺发来的库存报告和要货报告,配送中心把这些报告集中分析,最后形成几张向不同供应商发出的订单,由电脑网络传给生产商,而生产商则会在预定时间内向中心派送货物。"7-11"配送中心在收到所有货物后,对各个店铺所需要的货物分别打包,等待发送。第二天一早,派送车就会择路向自己区域内的店铺送货。整个配送过程就这样每天循环往复,为"7-11"连锁店的顺利运行打下了坚实的基础。

配送中心的优点还在于"7-11"从批发商手中夺回了配送的主动权,"7-11"能随时掌握在途商品、库存货物等数据,对财务信息和生产商的其他信息也能及时掌握。有了自己的配送中心,生产商原来让给批发商的利润空间就有可能成为"7-11"价格谈判的筹码,同时集中式采购也为价格谈判创造了条件。"7-11"和生产商之间定期会有一次定价谈判,以确定未来一段时间内大部分商品的价格,其中包括生产商的运费和其他费用。一旦确定价格,"7-11"就省下了每次和供应商讨价还价这一环节,少了口舌之争,多了平稳运行,"7-11"为自己节省了时间,也节省了费用。

随着店铺的扩大和商品的增多,"7-11"的物流配送越来越复杂,配送时间和配送种类的细分势在必行。以中国台湾地区的"7-11"为例,全省的物流配送就细分为出版物、常温食品、低温食品和鲜食食品四个类别的配送,各区域的配送中心需要根据不同商品的特征和需求量每天作出不同频率的配送,以确保食品的新鲜度,以此来吸引更多的顾客。新鲜、及时、便利和不缺货是"7-11"的配送管理的最大特点,也是各家"7-11"店铺的最大卖点。在台湾的"7-11"总共拥有2 690

家连锁店,现在已经开通网上购物,利用庞大的连锁体系,在任何地点网上下单,再到离自己最近的店面取货付款,对于消费者而言,省去运费负担,缩短了接货时间。

"7-11"是根据食品的保存温度来建立配送体系的。"7-11"对食品的分类是:冷冻型(-20℃),如冰淇淋等;微冷型(5℃),如牛奶、生菜等;恒温型,如罐头、饮料等;暖温型(20℃),如面包、饭食等。不同类型的食品会用不同的方法和设备配送,如各种保温车和冷藏车。由于冷藏车在上下货时经常开关门,容易引起车厢温度的变化和冷藏食品的变质,"7-11"还专门用一种两仓式货运车来解决这个问题,一个仓中温度的变化不会影响到另一个仓,需冷藏的食品就始终能在需要的低温下配送了。

除了配送设备,不同食品对配送时间和频率也会有不同要求。对于有特殊要求的食品如冰淇淋,"7-11"会绕过配送中心,由配送车早中晚三次直接从生产商门口拉到各个店铺。对于一般的商品,"7-11"实行的是一日三次的配送制度,早上3时到7时配送前一天晚上生产的一般食品,早上8时到11时配送前一天晚上生产的特殊食品如牛奶,新鲜蔬菜也属于其中,下午3时到6时配送当天上午生产的食品,这样一日三次的配送频率在保证了商店不缺货的同时,也保证了食品的新鲜度。为了确保各店铺供货的万无一失,配送中心还有一个特别配送制度来和一日三次的配送相搭配。每个店铺随时都会碰到一些特殊情况造成缺货,这时只能向配送中心打电话告急,配送中心则会用安全库存对店铺紧急配送,如果安全库存也已告罄,中心就转而向供应商紧急要货,并且在第一时间送到缺货的店铺手中。

问题讨论

1."7-11"的物流配送有哪些特点?

2.你如何认识"7-11"由盈利至亏损,又到再盈利的发展过程?原因是什么?影响这一变化过程的因素是什么?哪些因素是可控的,哪些又是不可控的呢?

3.南方公司在1993年由亏转盈后,从改变经营观念着手,采取了8项改进措施。你如何评价这些改进措施?其核心点应当是什么?

4."7-11"早期经营中的最大特点是每天长达16小时的营业时间,但这无疑要加大营业成本。延时商店在国内各地都已出现,你认为这种经营方式在我国有发展前途吗?

5."7-11"过细的分类配送,在其他商业连锁企业中也不多见,同样这也会造成配送成本的提高。但是,新鲜、及时、便利和不缺货是"7-11"配送管理的最大特点,也是各家"7-11"店铺的最大卖点。对此,你是如何看待的?

第七章　连锁企业配送管理

商务实战 7-4

亚马逊的物流促销

为什么在电子商务发展普遍受挫时亚马逊的旗帜不倒？是什么成就了亚马逊今天的业绩？亚马逊的快速发展说明了什么？带着这一连串的疑问和思索探究亚马逊的发展历程后，我们经过研究后惊奇地发现，正是被许多人称为是电子商务发展"瓶颈"和最大障碍的物流拯救了亚马逊，是物流创造了亚马逊今天的业绩。那么，通过亚马逊的生存和发展经历的研究能带给我们哪些有益的启示呢？

启示一：物流是亚马逊促销的手段

在电子商务举步维艰的日子里，亚马逊推出了创新、大胆的促销策略——为顾客提供免费的送货服务，并且不断降低免费送货服务的门槛。到目前为止，亚马逊已经三次采取此种促销手段。前两次免费送货服务的门槛分别为 99 美元和 49 美元，最近亚马逊又将免费送货的门槛降低一半，开始对购物总价超过 25 美元的顾客实行免费送货服务，以此来促进销售业务的增长。免费送货极大地激发了人们的消费热情，使那些对电子商务心存疑虑、担心网上购物价格昂贵的网民们迅速加入亚马逊消费者的行列，从而使亚马逊的客户群扩大到了 4 000 万人。由此产生了巨大的经济效益：今年第三季度书籍、音乐和影视产品的销量较上年同期增长了 17%。物流对销售的促进和影响作用，"物流是企业竞争的工具"在亚马逊的经营实践中得到了最好的诠释。

很多年来，网上购物价格昂贵的现实是使消费者摈弃电子商务而坚持选择实体商店购物的主要因素，也是导致电子商务公司失去顾客、经营失败的重要原因。在电子商务经营处于"高天滚滚寒流急"的危难时刻，亚马逊独辟蹊径，大胆地将物流作为促销手段，薄利多销、低价竞争，以物流的代价去占领市场，招揽顾客，扩大市场份额。显然此项策略是正确的，因为抓住了问题的实质。据某市场调查公司最近一项消费者调查显示，网上顾客认为，在节假日期间送货费折扣的吸引力远远超过其他任何促销手段。同时这一策略也被证实是成功的，亚马逊把在线商品的价格普遍降低了 10% 左右，从而使其客户群达到了 4 000 万人次，其中通过网上消费的达 3 000 万人次左右。为此，亚马逊创始人贝佐斯得以对外自信地宣称："或许消费者还会前往实体商店购物，但绝对不会是因为价格的原因。"当然这项经营策略也是有风险的。因为如果不能消化由此产生的成本，转移沉重的财务负担，则将功亏一篑。那么亚马逊是如何解决这些问题的呢？

启示二：完善的物流系统是电子商务生存与发展的命脉

电子商务是以现代信息技术和计算机网络为基础进行的商品和服务交易，具有交易虚拟化、透明化、成本低、效率高的特点。在电子商务中，信息流、商流、资金流的活动都可以通过计算机在网上完成,唯独物流要经过实实在在的运作过程,无法像信息流、资金流那样被虚拟化。因此,作为电子商务组成部分的物流便成为决定电子商务效益的关键因素。在电子商务中,如果物流滞后、效率低、质量差,则电子商务经济、方便、快捷的优势就不复存在。所以完善的物流系统是决定电子商务生存与发展的命脉。分析众多电子商务企业经营失败的原因,在很大程度上是缘于物流上的失败。而亚马逊的成功也正是得益于其在物流上的成功。亚马逊虽然是一个电子商务公司,但它的物流系统十分完善,一点也不逊色于实体公司。由于有完善、优化的物流系统作为保障,它才能将物流作为促销的手段,并有能力严格地控制物流成本和有效地进行物流过程的组织运作。在这些方面亚马逊同样有许多独到之处。

1. 在配送模式的选择上采取外包的方式

在电子商务中亚马逊将其国内的配送业务委托给美国邮政和UPS,将国际物流委托给国际海运公司等专业物流公司,自己则集中精力去发展主营和核心业务。这样可以减少投资,降低经营风险,又能充分利用专业物流公司的优势,节约物流成本。

2. 将库存控制在最低水平,实行零库存运转

亚马逊通过与供应商建立良好的合作关系,实现了对库存的有效控制。亚马逊公司的库存图书很少,维持库存的只有200种最受欢迎的畅销书。一般情况下,亚马逊是在顾客买书下了订单后,才从出版商那里进货。购书者以信用卡向亚马逊公司支付书款,而亚马逊却在图书售出46天后才向出版商付款,这就使得它的资金周转比传统书店要顺畅得多。由于保持了低库存,亚马逊的库存周转速度很快,库存平均周转次数达到19.4次,而世界第一大零售企业沃尔玛的库存周转次数也不过在7次左右。

3. 降低退货比率

虽然亚马逊经营的商品种类很多,但由于对商品品种选择适当,价格合理,商品质量和配送服务等能满足顾客需要,所以保持了很低的退货比率。传统书店的退书率一般为25%,高的可达40%,而亚马逊的退书率只有0.25%,远远低于传统的零售书店。极低的退货比率不仅减少了企业的退货成本,也保持了较高的顾客服务水平,并取得良好的商业信誉。

4. 为邮局发送商品提供便利,减少送货成本

在送货中,亚马逊采取一种被称为"邮政注入"方式减少送货成本。所谓"邮政注入"就是使用自己的货车或由独立的承运人将整卡车的订购商品从亚马逊的仓库送到当地邮局的库房,再由邮局向顾客送货。这样就可以免除邮局对商品的处理程序和步骤,为邮局发送商品提供便利条件,也为自己节省了资金。据一家

与亚马逊合作的送货公司估计,靠此种"邮政注入"方式节省的资金相当于头等邮件普通价格的 5%—17%,十分可观。

5. 根据不同商品类别建立不同的配送中心,提高配送中心作业效率

亚马逊的配送中心按商品类别设立,不同的商品由不同的配送中心进行配送。这样做有利于提高配送中心的专业化作业程度,使作业组织简单化、规范化,既能提高配送中心作业的效率,又可降低配送中心的管理和运转费用。

6. 采取"组合包装"技术,扩大运输批量

当顾客在亚马逊的网站上确认订单后,就可以立即看到亚马逊销售系统根据顾客所订商品发出的是否有现货,以及选择的发运方式、估计的发货日期和送货日期等信息。如前所述,亚马逊根据商品类别建立不同配送中心,所以顾客订购的不同商品是从位于美国不同地点的不同的配送中心发出的。由于亚马逊的配送中心只保持少量的库存,所以在接到顾客订货后,亚马逊需要查询配送中心的库存,如果配送中心没有现货,就要向供应商订货。因此会造成同一张订单上商品有的可以立即发货,有的则需要等待。为了节省顾客等待的时间,亚马逊建议顾客在订货时不要将需要等待的商品和有现货的商品放在同一张订单中。这样在发运时,承运人就可以将来自不同顾客、相同类别、而且配送中心也有现货的商品配装在同一货车内发运,从而缩短顾客订货后的等待时间,也扩大了运输批量,提高运输效率,降低运输成本。

完善的发货条款、灵活多样的送货方式及精确合理的收费标准体现出亚马逊配送管理的科学化与规范化。

亚马逊的发货条款非常完善,在其网站上,顾客可以得到以下信息:拍卖商品的发运、送货时间的估算、免费的超级节约发运、店内拣货、需要特殊装卸和搬运的商品、包装物的回收、发运的特殊要求、发运费率、发运限制、订货跟踪,等等。

亚马逊为顾客提供了多种可供选择的送货方式和送货期限。在送货方式上有以陆运和海运为基本运输方式的"标准送货",也有空运方式。送货期限上,根据目的地是国内还是国外的不同,以及所订的商品是否有现货而采用标准送货、两日送货和一日送货等。根据送货方式和送货期限及商品品类的不同,采取不同的收费标准,有按固定费率收取的批次费,也有按件数收取的件数费,亦有按重量收取的费用。

所有这些都表明亚马逊配送管理上的科学化、法制化和运作组织上的规范化、精细化,为顾客提供了方便、周到、灵活的配送服务,满足了消费者多样化需求。亚马逊以其低廉的价格、便利的服务在顾客心中树立起良好的形象,增加了顾客的信任度,并增强了其对未来发展的信心。

思考题

1. 物流会对促销产生影响吗？
2. 运输对促销有影响吗？两者有何深层联系？

商务实战 7-5

车辆调度方案选择

（一）方案设计背景

某建材配送中心，某日需运输水泥 580 吨，盘调 400 吨，和不定量的平板玻璃。该中心有大型车 20 辆、中型车 20 辆、小型车 30 辆。各种车每日只运输一种物质，运输定额如表 7-14 所示。

表 7-14 车辆运输定额表(吨/日/辆)

车辆种类	运水泥	运盘条	运玻璃
大型车	20	17	14
中型车	18	15	12
小型车	16	13	10

（二）方案设计要求

（1）请根据经验派车发，来调度安排各运输车辆，尽量使得运输总量要最大化。

（2）请根据定额比派车发，来调度安排各运输车辆，尽量使得运输总量要最大化。

商务实战 7-6

鸿运车辆智能调度中心

鸿运智能车辆调度系统是集无线通信、GPS 全球卫星定位、GIS 电子地图、计算机网络等技术为一体的综合解决方案。系统将有线、无线、数据库资源管理等有机地结合起来，从而完成电话接单、车辆智能调度、信息系统管理、专业约车/派车管理、车辆报警定位等功能。系统设计具有开放性、继承性、安全性、经济性、远程维护及升级等优势，广泛适用于交通运输、金融、公安、邮政等领域。

在功能上，鸿运系统主要强调了以下五个方面。

1. 电话接单功能

电话接单座席：座席数从 2 至 72 个任意设置，配备班长座席，完成监听、三方通话、来电转移功能。

呼入电话排队：业务排队机对呼入的业务申请循环或顺序排队方式接入各单席位，实现话务统计、自检功能。申请电话来电声光提示，声信号可关闭。

接单自动录放音：申请用车电话呼入，自动启动录音录时系统，管理人员可随时方便地查询、存档、删除、监听。

快速录入：采用模糊查询提高接单员的电脑录入速度。

丰富数据列表：各录入平台有城市的所有地名、路名、住宅小区、标志性建筑及单位的数据库表，方便查询和录入。

来电显示：识别老客户，进行恶意电话拦截，以提高工作效率和服务质量，调整调度优先级别。

约车：可采用立即用车和预约用车两种方式。

2. 调度功能

灵活调度方式：车载移动终端配备各种智能单元，根据配置的不同可选择半自动或全自动调度方式。针对紧急情况可采用人工干预调度方式。

数据兼容：双向数据调度与个呼、级呼话音通信并存。

调度准确、快捷：通过双向数据调度和大屏幕LCD汉字显示器，克服传统话音调度造成的调度内容不准确和无线信道拥挤。

外设丰富：配备GPS、IC卡、条形码接口。

公共信息广播：定时广播天气预报、道路交通堵塞情况，使驾驶员及时掌握城市交通的基本情况。

智能化：自动辨别车种、是否空车、距离远近、出差车次、ID号等信息，做出最合理的派车。

3. 管理功能

网管监测：以直观的图形方式显示闭环系统中每一环节的工作状况、故障定位、接单/调度席忙闲等状态。

业务编排：根据接单席送入的信息，按照时间、车型、吨位、失败业务、重发业务等规律自动编排调度业务单。

投诉和查询：处理客户投诉，提供内、外部的透明业务查询。

遥控：任一车辆的话音通信可由中心遥控屏蔽/解闭。

远程维护：车载移动终端的查询、设置内容可由中心远程下载，调度中心也可远程检查终端的工作状态。

登录：提供远程工作站拨号登录联网，新开用户可方便快捷登录，非登录车辆不享受系统提供的服务。

统计：提供车辆有关业务的日报、月报、年报等关联数据。

4. 报警功能

报警：报警时踩脚踏开关并保持2秒钟以上，或按下遥/近期报警开关，报警车辆自动连接到调度中心。

防劫防盗：调度中心收到报警后，可采取断电断油的方式，并遥控打开秘密监听器。

求助：通过与调度中心的对话，能得到道路指引、医疗求助、故障求援等各种服务。

5. GIS 电子地图

显示功能：高精度、矢量化的电子地图，清晰显示地图细节。

多屏操作：电子地图按功能分屏显示，根据需要可多屏调度。

自动功能：地图画面自动缩放、移动，自动调节画面信息量。

开发功能：矢量化的地图具有二次开发功能，可任意修改由于城市建设发展变化带来的地图不准确性。

思考题

1. 车辆智能调度与传统调度方法有哪些区别？
2. 车辆智能调度能为配送中心带来哪些好处？

商务实战 7-7

配送中心车辆需求数量的配置

某配送中心，已知自有车辆在每个配送周期的使用费用 $C_1 = 200$ 元/次，自有车辆的闲置成本为 $C_2 = 100$ 元/次，租赁车辆的使用费用为 $C_3 = 250$ 元/次，A类客户对配送中心的延期交货的惩罚值 $W = 100$ 元，其中A类客户的配送业务量的比例 $\alpha = 80\%$，自有车辆的准时交货率 $\alpha = 90\%$，租赁车辆准时交货率 $\beta = 60\%$。该配送中心根据过去车辆的使用记录，并结合该配送中心的业务发展趋势，得出车辆需求数量表，见表7-15。请为该配送中心配置合适的车辆数量。

表7-15 配送中心车辆需求数量情况表

车辆数	相对频率	累计频率
3	0.007	0.007
4	0.049	0.056
5	0.075	0.131
6	0.079	0.21

续　表

车　辆　数	相　对　频　率	累　计　频　率
7	0.086	0.296
8	0.089	0.385
9	0.097	0.482
10	0.099	0.581
11	0.093	0.674
12	0.087	0.761
13	0.078	0.839
14	0.047	0.908
15	0.025	0.955
16	0.013	0.98
17	0.007	0.993
18	0.002	1

第八章　连锁企业物流成本管理

学习目标

- 了解物流成本的含义
- 了解物流成本核算方法
- 了解和掌握物流成本控制的内容和方法
- 掌握物流机会成本管理控制的方法
- 熟练掌握物流缺货成本的核算方法
- 掌握 ABC 物流成本法
- 熟练掌握作业成本法在配送中心的使用

情景案例

连锁企业仓储的目标成本

某连锁经营企业上年度以 5 元价格买入 10 万件电器,以平均每件 10 元卖出。有关经营成本如表 8-1 所示。

表 8-1　某连锁经营企业经营成本表

作业	成本动因	数量	单位成本	成本额
购买	购买订单数	1 000	100	100 000
仓储	搬运次数	8 000	20	160 000
分销	分销次数	500	80	40 000
固定成本				100 000

思考题

下一年度购销数量不变,但客户要求有 10% 的折扣,而公司可以从供应商处得到 2% 的优惠。如果下年购买订单数减少到 800,分销装运单位成本降低 5 元,利润保持与上年一样,则仓储的目标成本是多少?

第八章　连锁企业物流成本管理

第一节　物流成本概述

物流成本是物流的核心概念之一，如何计算，与传统的仓储运输费用有什么区别，这些问题不仅关系到如何从宏观上认识当前的物流现状，也关系到具体物流实践的核算和评价。控制是调节系统能达到预期目标的一切手段。所谓物流成本控制是采用特定的理论、方法、制度等对物流各环节发生的费用进行有效的计划和管理。

一、物流成本的定义

根据《中华人民共和国国家标准·物流术语》(GB/T18354—2006)，物流成本可定义为"物流活动中所消耗的物化劳动和活劳动的货币表现"，包括货物在运输、储存、包装、装卸搬运、流通加工、物流信息、物流管理等过程中所消耗的人力、物力和财力的总和以及与存货相关的流动资金占用成本、存货风险成本和存货保险成本，其中，与存货有关的流动资金占用成本包括负债融资所发生的利息支出即显性成本、占用自有资金所产生的机会成本即隐性成本两个部分。

从物流成本管理和控制的角度看，物流成本包括社会物流成本、制造企业与商品流通企业物流成本以及物流企业物流成本三个方面。其中，社会物流成本是宏观意义上的物流成本，而货主企业物流成本以及物流企业物流成本是微观意义上的物流成本。

二、物流成本管理的定义

根据《中华人民共和国国家标准·物流术语》(GB/T18354—2006)，物流成本管理(Logistics Cost Control)是"对物流活动发生的相关费用进行的计划、协调与控制"。

三、物流成本的效益背反理论

"效益背反"又称为"二律背反"，这一术语表明两个相互排斥而又被认为是同样正确的命题之间的矛盾。"效益背反"指的是物流的若干功能要素之间存在着损益的矛盾，即某一功能要素的优化和利益发生的同时，必然会存在另一个或几个功能要素的利益损失，反之也如此。

效益背反物流领域中很经常的很普遍的现象，是这一领域中内部矛盾的反映和表现。例如,包装问题,包装方面每少花一分钱,这一分钱就必然转到收益上来,包装越省,利润则越高。但是,一旦商品进入流通之后,如果简省的包装降低了产品的防护效果,造成了大量损失,就会造成储存、装卸、运输功能要素的工作劣化和效益大减。

(一)物流成本与服务水平的效益背反

高水平的物流服务是由高水平的物流成本作保证的。在没有较大的技术进步情况下,物流企业很难做到既提高物流服务水平,同时也降低物流成本。一般来讲,提高物流服务,物流成本即上升,两者之间存在着效益背反的规律。而且物流服务水平与物流成本之间,并非呈现线性关系。

(二)物流活动的效益背反

现代物流是由运输、包装、仓储、装卸及配送等物流活动组成的集合。在构成物流系统的各个环节(即活动)之间存在着"效益背反"状态。要想较多地达到某个方面的目的,必然会使另一方面的目的受到一定的损失,也就是一方成本降低而另一方成本增大,这便是物流活动的效益背反。如要降低运输和配送成本,就可能要增加仓库和分拨中心的数量,相应增加了仓储成本。

物流系统是以成本为核心,按最低成本的要求,使整个物流系统化。它强调的是调整各要素之间的矛盾,强调要素之间有机地结合起来。这要求必须从总成本的角度出发,以系统的角度看问题,追求整个物流系统总成本的最低。

四、物流成本的构成

物流成本主要由以下部分构成:
(1)从事物流工作人员的工资、奖金和各种形式的补贴。
(2)物流过程中的物质损耗,如包装材料、人力、燃料等消耗;固定资产的磨损、修缮费等。
(3)运输、装卸搬运、储存等费用的支出,包括仓库、场地的租金。
(4)商品在运输、保管过程中的合理损耗。
(5)固定资产投资需支付的银行贷款利息等。
(6)在组织物流活动中发生的其他费用,如办公费用等。

五、物流成本的确定

物流成本是用金额评价物流作业的实际情况。物流成本的大小取决于评价的对象、物流作业的范围和采用的评价方法等。规定的评价范围和使用的方法不同,得出的物流成本的差异是很大的。这种差异也许并不与物流作业的实际效率直接相关,认识到这一点是十分重要的。所以,利用物流成本进行物流管理,必须正确确定物流成本,划分物流成本的范围,建立统一的物流成本计算标准。

典型的物流成本可归类为三大项目:直接成本、间接成本、日常费用。

(一)直接成本

那些为完成物流工作而特别引起的费用。这种成本容易确认。运输、仓储、原料管理以及订单处理及库存的某些方面的直接费用是能从传统成本会计中提取出来的。

(二)间接费用

作为一种物流作业的资源分配的结果,与间接因素有关的费用或多或少是在固定基础上分摊的。例如,必须确认投在房地产、设备和库存的资本成本,这些仅是物流资本结构中的一个领域,物流活动间接费用的归属方式是由管理判断决定的。

(三)日常费用

一个企业的所有组织单位都承受着一笔相当大的日常费用,诸如各种设施中的灯光和暖气的费用。为此,就要求对如何将这些费用、在什么程度上将这些费用分配到特定的作业中去,做出判断和决定。

第二节 物流成本的核算

一、物流成本核算的目的

(1) 以时序观点来看,为了正确地观察成本的变化情况或与其他公司、其他行业进行比较。

(2) 为了制订物流活动计划,为了进行调控或评估。

(3) 为了更好地进行物流管理,向高层管理人员提供物流情况,在公司内部提高员工对物流重要性的认识。

(4) 为了指出应由销售或生产部门负责的不合理的物流活动。

(5) 为了了解并评估物流部门对企业效益的贡献程序。

(6) 使用物流成本建立物流变化或改善物流状况的模型。

应根据这些目的考虑物流成本的核算方式。

二、物流成本的核算方式

以活动为基础确定物流成本的典型方法是将费用分摊到所管理的活动上去。

例如,如果分析的对象是客户的订货,那么从订货到递送的整个完成周期的所有成本都可归结为各项活动成本。以活动为基础确定成本的分析对象可以是门店、供应链、客户等。由此可见,物流成本会随研究对象的不同而不同。

为了将物流成本形成易于测量和控制的财务报告,常使用按支付形态计算物流成本、按功能计算物流成本、按使用对象计算物流成本三种方法。

(一) 按支付形态计算物流成本

把物流成本分别按运费、保管费、包装改装费、配送费、人事费、物流管理费、物流利息等支付形态记账,从中可以了解物流成本总额,也可以了解什么项目花费最多。这对于认识物流成本合理化的重要性,以及考虑在物流成本管理上应以什么为重点,十分有效。

表8-2是一个按支付形态计算物流成本的计算表,从中可以看出物流成本大致包括的项目,当然具体企业所选用的项目也有可能不同,但基本项目应该是一致的。

表8-2 物流成本的支付形态成本计算表

区分	编号	会计科目	支付物流费	内部物流费			物流成本
				人事费	物件费	营运费	
制造成本	302	本期直接材料费购入额					
	306	本期采购零件费购入额					
	309	外包费					
	313	间接材料费					
	314	间接人工费					
	315	福利、劳保费					
	316	折旧费					
	317	租赁费					
	318	保险费					
	319	修缮费					
	320	水电费					
	321	重油等燃料费					
	322	其他制造费用					
	209	销售成本					

续　表

区分	编号	会　计　科　目	支付物流费	内部物流费			物流成本
				人事费	物件费	营运费	
销售费	212	业务员薪资津贴					
	213	差旅费、交通费					
	214	通信费					
	215	支付运费					
	216	包装费					
	219	其他销售费用					
管理费	221	主管薪资津贴					
	222	事务员薪资津贴					
	223	福利、劳保费					
	224	支付利息、贴现金					
	225	折旧费					
	226	税金、规费					
	229	其他管理费用					
物流成本合计							

在计算物流成本之前，首先从会计记录中按照表上的项目，将有关销售、管理费用分离出来；然后针对不同的项目，选用不同的计算基准计算物流费。例如，在计算用于物流活动的工资津贴时，选用人数比率为计算基准，人数比率＝物流工作人员数/全公司人数，再用销售费用栏中的总的工资津贴费用乘以该人数比率就可得到工资津贴在物流方面的分配。在计算光电水热费在物流方面的分配额时，使用面积比率：面积比率＝物流设施面积/全公司面积。

（二）按功能计算物流成本

分别按包装、配送、保管、搬运、信息、物流管理等功能计算物流费用。用这种方法可以判断哪种功能更耗费成本，比按形态计算成本的方法能更进一步找出实现物流合理化的症结。而且可以计算出标准物流成本（单位个数、重量、容器的成本），进行作业管理，设定合理化目标。

按功能计算物流成本，可以从功能的角度掌握；按形态计算出来的物流成本，在将物流部门费用按不同的功能详细划分的时候，其分配基准比例由于行业和企业情况的不同而不同。因此根据本企业的实际情况找出分配基准是很重要的。

如表 8-3 所示。

表 8-3 按功能计算的物流成本计算表　　　　单位：千元

序号	项目	物流费	功能					
			包装费	配送费	保管费	搬运费	信息流通费	物流管理费
1	车辆租赁费							
2	包装改装费							
3	工资津贴							
4	水电光热费							
5	保险费							
6	修缮费							
7	减价损失费							
8	公用费							
9	通信费							
10	软件费							
11	支付利息							
12	杂费							
合计	金额							
	构成比							

（三）按适用对象计算物流成本

按适用对象计算物流成本，可以分析出物流成本都用在哪一种对象上。如可以分别把商品、地区、顾客或营业单位作为适用对象来进行计算。

按支店或营业所计算物流成本，就是要算出各营业单位物流成本与销售金额或毛收入的对比，用来了解各营业单位物流成本中存在的问题，以加强管理。

按顾客计算物流成本的方法，又可分按标准单价计算和按实际单价计算两种计算方式。按顾客计算物流成本，可用来作为选定顾客、确定物流服务水平等制订顾客战略的参考。

按商品计算物流成本是指通过把按功能计算出来的物流费，用以各自不同的基准，分配给各类商品的办法计算出来的物流成本。这种方法可以用来分析各类商品的盈亏，在实际运用时，要考虑进货和出货差额的毛收入与商品周转率之积的交叉比率。

（四）按部门类别的实绩计算物流成本

按部门类别计算物流成本，可以分析出物流成本都用在哪些部门中。按不同运输和配送部门计算物流成本（如表 8-4 所示），就是要算出各营业单位物流成本与销售金额或毛收入的对比，用来了解各营业单位物流成本中存在的问题，以加强管理。

表 8-4　不同运输和配送部门的实绩物流计算表

分　类		序号	项　目	计　算	单　位	物量/金额
实际自行输送费	变动人事费	1 2 3	标准变动人事费单价 实际输送时间 实际变动人事费	1×2	元 小时 元	元 小时 元
	变动车辆费	4 5 6	标准变动车辆费单价 实际输送吨公里 实际固定输送费	4×5	元 吨公里 元	元 吨公里 元
	固定输送费	7 8 9	标准固定输送费单价 实际换算容积单位 实际固定输送费	7×8	元 单位 元	元 单位 元
	输送加成费	10 11	输送吨公里增加费 多频率输送加成费	9×10	％ 元	％ 元
		12 13	输送时间增加率 紧急输送加成费	9×12	％ 元	％ 元
		14	特别时间指定输送加成费	9×12	元	元
		15 16	容积单位增加率 小批量输送加成费	(3+6) ×15	％ 元	％ 元
		17	输送加成费小计	3+6+ 9+17	元	元
		18	自行输送费小计		元	元
支付输送费		19 20 21	支付运费 物流中心使用费 其他支付额		元	元
		22	合　　计	18+22	元	元
实际输送费		23			元	元

表8-4中的10输送吨公里增加率＝(实际输送吨公里－标准输送吨公里)/实际输送吨公里;

表8-4中12输送时间增加率＝(实际输送时间－标准输送时间)/实际输送时间;

表8-4中15容积单位增加率＝(实际换算容积单－标准容积单位)/实际换算容积单位。

表8-4是在不同的输送单位下,提供合理的物流费用计算方式,以建立物流机能的供应者与需求者之间的"公平交易"秩序。

三、机会成本和隐性物流成本核算

(一)隐性物流成本核算步骤

首先,统计存货占用资金额。期末对存货按采购在途、在库和销售在途三种形态分别统计出账面余额。无论按在途或在库哪种状态统计,均以存货正在占用自有资金为统计标准。

其次,计算存货占用自有资金的机会成本:

$$\frac{存货资金}{占用成本} = \frac{存货账面余额}{(存货占用自有资金)} \times \frac{行业基准收益率计算出存货占用}{自有资金所生出的机会成本}$$

其中,对于生产制造和流通企业而言,若企业计提了存货跌价准备,则存货账面余额为扣除存货跌价准备后的余额。

(二)企业隐性物流成本计算

凡是企业在储存、运输、包装、装卸搬运、流通加工等物流活动中使用自有资源产生的机会成本都可以称之为企业隐性物流成本,隐性物流成本包括的范围也较广泛,包括库存积压降价处理、库存呆滞产品、空程回载、产品损耗、退货、缺货损失等。但目前,企业仅仅将流动资金占用成本中使用自有资金产生的机会成本(存货占用自有资金所发生的利息)纳入隐性成本的计算范畴。

企业隐性物流成本主要是指存货占用自有资金所发生的利息,因此从理论上讲,企业要想准确计算出隐性物流成本的数额有两个关键:第一,就是确定存货占用自有资金的数额,以存货账面余额中占用自有资金的数额来衡量。存货相关数据主要来自相关时期的资产负债表。期末对存货按照采购在途、在库、销售在途三种形态分别统计出账面余额。无论按在途或在库哪种状态统计,均以存货正在占用自有资金为统计标准,对于存货已购在途但企业尚未支付货款以及企业已收到销售款但存货仍在库或在途的,不计入统计范围。第二,确定计算存货占用自有资金的利息率。通常以行业基准收益率来代替。若企业无法取得有关行业基准收益率的数据,也可用一年期银行贷款利率或企业内部收益率来代替。

(三) 企业计算隐性物流成本的方法

方法一:流动资金占用成本包括存货占用银行贷款所支付的利息和存货占用自有资金所发生的机会成本,前期是在会计核算中有反映的显性成本,而后者是在会计核算中没有反映的隐性成本。

$$存货占用自有流动资金发生的机会成本(隐性成本) = 流动资金占用成本 - 存货占用银行贷款所支付的利息(显性成本)$$

$$流动资金占用成本 = 存货账面余额 \times 行业基准收益率(或企业内部收益率)$$

方法二:

$$存货占用自有资金发生的机会成本 = 存货占用自有资金 \times 行业基准收益率(或企业内部收益率)$$

其中,存货占用自有资金=存货账面余额-存货占用贷款数额。

实战案例 8-1

物流机会成本管理

(一) 案例背景

某配送中心对玉米进行流通加工销售,2014年6月的财务费用——利息支出7 975元,主要为购买玉米等原材料发生的贷款利息支出。且该公司2014年6月底仓库存货结余明细如下:玉米结余12 175 658千克,玉米粉结余4 040 611.58千克,副产品结余1 482 200.20千克,结余价值总额29 683 691.69元,月初结余价值总额为29 342 314.40元,经查一年期银行贷款利率为5.58%,企业所处配送中心行业的基准收益率为10%。

(二) 案例要求

(1) 分析2014年6月份存货占用自有流动资金发生的机会成本。

(2) 分析2014年6月份存货占用自有资金发生的机会成本。

(三) 案例分析

(1) 流动资金占用成本包括存货占用银行贷款所支付的利息和存货占用自有资金所发生的机会成本,前者是在会计核算中有反映的显性成本,而后者是在会计核算中没有反映的隐性成本。

$$存货占用自有流动资金发生的机会成本(隐性成本) = 流动资金占用成本 - 存货占用银行贷款所支付的利息(显性成本)$$

$$流动资金占用成本 = 存货账面余额 \times 行业基准收益率(或企业内部收益率)$$

$$\begin{aligned}\text{流动资金}\\ \text{占用成本}\end{aligned}=(29\ 683\ 691.69+29\ 342\ 314.40)\div 2\times 5.58\%\div 12=137\ 235.46(元)$$

$$\begin{aligned}\text{存货占用自有流动资金发生的}\\ \text{机会成本(隐性成本)}\end{aligned}=137\ 235.46-7\ 975.00=129\ 260.46(元)$$

(2) 存货占用自有资金发生的机会成本＝存货占用自有资金×行业基准收益率(或企业内部收益率)，其中，存货占用自有资金＝存货账面余额－存货占用贷款数额。

但此时企业所处行业的基准收益率为 10%，存货占用自有资金＝(29 683 691.69＋29 342 314.40)÷2－7 975÷5.58%×12＝27 797 949.28(元)；存货占用自有资金发生的机会成本＝27 797 949.28×10%＝2 779 794.93(元)。

四、缺货成本核算

(一) 缺货成本的定义

缺货成本又称亏空成本，是指由于存货供应中断而造成的损失，包括商品库存缺货造成的拖欠发货损失和丧失销售机会的损失(还应包括需要主观估计的商誉损失)等。

缺货成本能否作为决策的相关成本，应视企业是否允许出现存货短缺的不同情形而定。若允许缺货，则缺货成本便与存货数量反向相关，即属于决策相关成本；反之，若企业不允许发生缺货情形，此时缺货成本为零，也就无须加以考虑。

(二) 缺货成本的类型

1. 延期交货

如果顾客不转向其他商场，一旦恢复存货供应时，再来购买，则不发生缺货成本。但如果公司为了不失去顾客而进行紧急加班生产，利用速度快、收费高的运输方式运送货物，则这些成本就构成延期交货成本。

2. 失去某次销售机会

某些客户在缺货时转向其他竞争者，当下次购买时，又会回头再购买本企业商品。这时缺货成本是未售出商品的利润损失，也包括不可计量的机会损失。

3. 永远失去某些顾客

有些顾客在本企业缺货时，永远转向了其他供应商。这时缺货成本损失最大，由企业每年从该顾客身上获得的利润和该顾客的寿命期限决定。

(三) 计算缺货成本

1. 某次缺货成本

确定缺货类型，将缺货造成的损失成本相加即可。

2. 平均一次缺货成本

(1) 进行市场调查,分析确定三种缺货成本类型的比例。

(2) 计算不同情形下的缺货成本。

(3) 利用加权平均法计算平均缺货成本。

计算缺货成本的目的是为了在既定服务水平下,进行安全库存数量的决策。

3. 缺货率的计算

$$缺货率 = 缺货的商品数 / 总商品数 \times 100\%$$

(四)缺货原因分析

缺货原因,一般原因有以下六种。

(1) 供应商断货。

(2) 资金管理不合理,商场的上下限设置不合理造成大量囤货致使占压货款,无法给供货商结算,造成缺货。调整商场的库存金额十分重要。实际上,理想状态下,除去烟草以及高档酒以外一个销售额为 14 万元的门店保证 4 万元左右的库存金额足够了。

(3) 订货问题,漏订或者订货失误。

(4) 销售出货异常增长。

(5) 车辆送货不稳定性。这个是控制库存金额的关键,也是资金流动性受阻的成因。因为这个不稳定因素造成商场加大库存防止断货,可是正因为这样才会占压资金,造成恶性循环。

(6) 特殊原因,如停止进货、停止销售等。

实战案例 8-2

连锁企业缺货成本核算

(一)案例背景

南方日用品连锁配送中心主要为上海 18 家超市进行商品配送,作为连锁配送企业出现缺货是比较正常和普遍的事情,很多企业司空见惯,不以为然。导致缺货的原因多种多样,其中一条就是企业对于缺多少货、缺货损失是多少不清楚,没有科学准确的计算,因此不能用强有力的数据让领导引起足够的重视,天长日久会影响企业的盈利,解决该问题的重要前提是建立起全员参与收集缺货信息的有效机制,科学计算缺货成本,使缺货成本量化。计算缺货成本的前提是要确定缺货类型,而缺货类型要依据顾客对缺货的反应情形来定。

南方日用品配送中心对 200 名顾客在 2014 年 5 月针对某品牌休闲食品缺货反应调查,如表 8-5 所示。

表8-5 顾客对某品牌休闲食品缺货情形的反应

（调查时间段：2014年5月1日至5月31日）

顾客	反 应 情 形	顾客数量
顾客1	"我回来再买"，并如实做了	16
顾客2	买了一件替代品，使便利店获利更大	5
顾客3	顾客仍要货，并要求货一到就送到顾客手中	13
顾客4	买了一件价格较低的替代品，使便利店获利较少	21
顾客5	到货后请打电话通知我	95
顾客6	顾客转向竞争对手并购买同一种商品	50
合　计		200

公司经过长期的数据统计分析，对缺货后果进行了分类，并计算出了不同缺货类型的缺货损失，如表8-6所示。

表8-6 缺货后果分类和每次损失金额

缺货后果类型	每次损失金额(元)	损 失 原 因
A 延期购买	20	供方承担15%运费
B 失去销售	60	失去销售导致的利润损失
C 客户流失	100	当月客户预计进货5次，每次获利20元

（二）案例要求

（1）根据表8-5的资料，请对顾客反应情形进行评价和分类。

（2）分析该公司2014年5月份平均单次缺货成本是多少？

（三）案例分析

1. 对顾客反应情形进行评价和分类(如表8-7所示)

表8-7 顾 客 分 类

顾客	反 应 情 形	顾客数量	所占比例(%)	评价	缺货后果类型
顾客1	"我回来再买"，并如实做了	16	17	忠实顾客，延迟交货	A
顾客2	买了一件替代品，使便利店获利更大	5			
顾客3	顾客仍要货，并要求货一到就送到顾客手中	13			

第八章 连锁企业物流成本管理 267

续 表

顾客	反 应 情 形	顾客数量	所占比例(%)	评 价	缺货后果类型
顾客4	买了一件价格较低的替代品,使便利店获利较小	21	58	失去销售	B
顾客5	到货后请打电话通知我	95			
顾客6	顾客转向竞争对手出购买同一种商品	50	25	客户流失	C
合计		200	100		

2. 计算每次的缺货成本

延期交货,发生概率为 19%,失去销售,发生概率为 56%,客户流失,发生概率是 25%,每次平均的延期交货成本是 20 元、失销成本是 60 元、客户流失成本是 100 元,则单次缺货损失为:$19\% \times 20 + 56\% \times 60 + 25\% \times 100 = 62$ 元。

因此,由于一次缺货造成的损失是 62 元,所以公司只要增加该品牌休闲食品库存的成本少于 62 元,就应增加库存避免缺货。

第三节 ABC 物流成本法

一、ABC 作业成本法概述

20 世纪美国埃里克·科勒教授首次提出了作业、作业账户、作业会计等概念。1971 年乔治·斯托布斯教授对这些概念作了全面系统的讨论。1987 年芝加哥库伯和哈佛教授开普兰针对美国企业的产品成本与现实脱节的状况,发展了斯托布斯的思想,提出了以作业为基础的成本计算法(Activity Based Costing,ABC)。

(一)作业成本法的概念

作业成本计算法是一种以作业为基础,对各种作业的间接费用采用不同的间接费用率进行分配的成本计算方法。作业是工作的各个单位。例如,顾客服务部门作业包括处理顾客订单、解决产品问题、提供顾客报告。成本动因是分配作业到产品或服务的标准,反映了作业成本与产品之间的相关性,作业的成本分配必须符合相关性的要求,如产品装车和搬运作业的成本均与货物的托盘直接相关,均可选择托盘数作为成本动因。作业成本库指可以用一项共同的成本动因进行间接费用的归集和分配的单位。

(二) 作业成本法的基本思路

(1) 界定企业物流系统中涉及的各个作业。

(2) 确定企业物流系统中涉及的资源。

(3) 确认资源动因,将资源分配到作业。

(4) 确认成本动因,将作业成本分配到产品或服务中。

二、ABC作业成本法的相关概念

(一) 作业

作业是作业成本计算中最基本的概念,是指企业为提供一定量的产品或劳务所发生的、以资源为重要特征的各项业务活动的总称。它是汇集资源耗费的第一对象,是连接资源耗费和产品成本的中介。物流作业包括包装作业、装卸搬运作业、运输作业、仓储作业、配送作业、物流信息处理作业、流通加工作业等。

(二) 物流资源

资源是指作业所消耗的各种成本资源,是成本的原始本源。物流作业需要消耗人力、物力、财力资源,如包装作业需要占用和消耗一定的人员、材料、工具和机器等资源。当一项资源只服务于一种作业时,成本计算简单;但当一项资源服务于多种作业时,就必须通过成本动因把资源的消耗恰当地分配到相应的作业。

(三) 成本动因

成本动因是导致成本发生的各种因素,是决定成本发生额与作业消耗量之间的内在数量关系的根本因素,如直接人工小时、机器小时、货物挪动次数、订购次数等。在作业成本计算中,成本动因就是资源成本的分配标准。成本动因依其在资源流动中所处的位置可划分为资源动因和作业动因两种(如图8-1所示)。

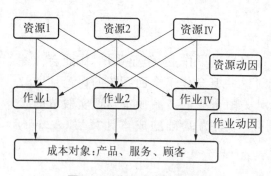

图8-1 作业成本法示意图

1. 资源动因

资源动因(Resource Driver)是作业成本计算的第一阶段动因,它是资源成本分配到作业中去的标准,反映了运输成本管理体系研究的作业对资源的消耗情况。按作业成本法的规则,作业量的多少决定资源的耗用量,资源的耗用量与作业量的这种关系称为资源动因。

资源动因是资源被各种作业消耗的方式和原因,它反映某项作业对资源的消耗情况,是将资源成本分配到作业中的基础。例如,人工费用主要与从事各项作业的人数相关,那么,就可以按照人数向各作业中心(作业成本库)分配人工费用,从事各项作业的人数就是一个资源动因。

2. 作业动因

作业动因(Activity Driver)是作业成本计算的第二阶段动因,可认为是各项作业被最终产品或劳务消耗的方式和原因,它反映产品消耗作业的情况。比如订单处理这项作业,其作业成本与其产品订单所需的处理份数有关,那么,订单处理份数就是一个作业动因,就可以按订单处理份数向产品分配订单处理作业的成本。通过对作业的分析,可以揭示出多余的作业,以及应该减少的部分作业。作业消耗资源,产品消耗作业。

物流成本可能的动因事例,如表8-8所示。

表8-8 物流成本可能的动因事例

序号	作业项目	成本内容	可能的成本动因
1	客户订单处理	接受订单人员成本、订单处理成本	订单数
2	拣货准备	人员成本,准备成本	订单数
3	拣货	人员成本、设备成本	拣货次数
4	货物合流	人员成本、设备成本	每一订单跨区数
5	运输	人员成本、车辆调配、油料、维护折旧	出货托盘数
6	装货	人工成本、辅助设备折旧	订单量
7	人工补货	割箱与搬运人员成本、设备折旧与维护	补货箱数
8	堆高机补货	堆高机人员成本、堆高机折旧与维护	补货托盘数
9	卸货	人员成本、辅助设备折旧	订货标准箱
10	管理作业	财会人员成本、文具费、电脑设备、管理、行政人员成本、通信成本	营业金额

(四)作业中心与作业成本库

作业中心是成本归集和分配的基本单位,它由一项作业或一组性质相似的作业所组成。一个作业中心就是生产流程的一个组成部分。根据管理上的要求,企业可以设置若干个不同的作业中心,其设立方式与成本责任单位相似。但作业中心的设立是以同性质作业为原则,是相同的成本动因引起的作业的集合。例如,为保证产品质量,对 A 产品所花费的质量监督成本与对 B 产品所花费的质量监督成本虽然不同,但它们都是由监督时历消耗的时间引起的,因而性质上是相同的,可以归集到一个作业成本中心中。由于作业消耗资源,所以伴随作业的发生,作业中心也就成为一个资源成本库,也称作业成本库。

三、作业成本法的核算

实施作业成本法进行运输成本核算的具体步骤如下:

(一) 收集运输成本数据

实施作业成本法的基础是数据的收集。数据的收集要注意以下两点。

1. 运输成本数据必须具有真实性和完整性

为了保持数据的真实性和完整性,需要审查财务会计系统记录的运输成本和费用信息,对照财务会计的原则和程序,查找、确认并修改可能存在的问题。

2. 运输成本数据必须具有实时性

根据最新的财务数据和统计数据,我们才能计算出比较准确的运输服务成本。如果收集的数据不具有实时性,很可能导致计算的运输成本失真。

(二) 确认作业成本中心和主要作业

首先把企业整个运输流程分成若干个作业中心,再根据企业的实际情况确认每个作业中心的主要作业。

(三) 将企业的投入资源分配到每个作业中心的成本库中

资源动因是指资源被消耗的方式和原因,在此体现为各种不同的运输作业,据此建立成本库来归集资源成本。例如,运输作业消耗了人力、车辆、材料、设备、动力、资金资源等,因此,按照各作业消耗的资源数量将资源成本分配到各作业中心,形成成本库。

(四) 将各个作业中心的成本分配到最终具体运输业务上

对于电子制造企业来说这就是依据运输所消耗的作业归集运输成本,为企业在运输领域的成本控制和管理提供信息和思路。

利用作业成本法核算时要注意两点:

(1) 有的成本是专属于某一作业中心的,成本发生时直接计入作业中心,如支付的材料运费专属运输作业,但有的费用是多种作业共同耗费的,如管理部门的办公费等就需要根据资源动因在各项作业中进行分配。

(2) 作业中心之间可能会相互提供服务,如运输与配送、包装与流通加工等,这就要对相互耗用的资源在不同的作业之间进行分配,分配法可采用直接分配法、交互分配法等。

（五）将所有作业环节的单位成本相加，确定单位成本

作业成本计算法是把企业消耗的资源按资源动因分配到作业以及把作业收集的作业成本按作业动因分配到成本对象的核算方法。作业成本法的理论基础是：运输任务导致作业的发生，作业消耗资源并导致成本的发生，任务消耗作业。因此，作业成本计算程序就是把各资源库成本分配给各作业，再将作业成本库成本分配给最终的运输作业活动（如图8-2所示）。

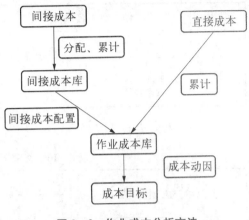

图8-2 作业成本分析方法

实战案例8-3

上海金泰通信技术有限公司的作业成本核算

（一）案例背景

2014年6月，上海金泰通信技术有限公司接到一项订单货物，需要采用自用货车运输一批电子产品，基本运输信息资料：出发地——上海金泰通信技术有限公司配送中心，到达地——华南某销售区域；路线行走距离——350公里；运输商品——产品编号NO.50；托盘装载量——每一托盘装载24件产品；卡车总装载量——每台卡车32托盘，共768个产品，每件商品毛重100千克，共重76 800千克。

（二）作业分析

1. 货车运输的作业

表8-9 货车运输的作业描述

编号	作业名称	作业描述
1	订单处理	订单接单、汇总等
2	开车前检查	检查各种机件
3	使用叉车进行托盘装载	操作员一人
4	关车门	固定产品、关车门、封好
5	事务作业	开车前，进行"出车"等事务作业
6	开动	
7	按路线行驶	驾驶员一人
8	开车门检查	开门，检查产品

续表

编号	作业名称	作业描述
9	卸下托盘	使用叉车
10	清扫	
11	事务作业	后期事务处理
12	隐形成本	回程放空车,误车,等候排队等

2. 运输作业与成本动因

表8-10 货车运输的作业动因

运输作业	成本动因	
	人工费	设备费
1. 订单处理	所需时间	
2. 开车前检查	所需时间	
3. 使用叉车进行托盘装载	所需时间	使用时间
4. 关车门	所需时间	
5. 事务作业	所需时间	
6. 开动	所需时间	
7. 按路线行驶	所需时间	
8. 开车门检查	所需时间	行驶距离
9. 卸下托盘	所需时间	
10. 清扫	所需时间	使用时间
11. 事务作业	所需时间	
12. 隐形成本	所需时间	
		其他

3. 自用货车运输时间分析

表8-11 货车运输的作业时间分析

标准时间	运输作业	成本动因实际数:人数×次数×单位作业时间(分)
订单处理	1. 接单、分单、处理	$1 \times 1 \times 120.0 = 120.0$
	订单处理时间	120.0
货车装载开动标准时间	2. 开车前检查	$1 \times 1 \times 3.0 = 3.0$
	3. 使用叉车进行托盘装载	$1 \times 32 \times 1.5 = 48.0$
	4. 关车门	$1 \times 1 \times 2.0 = 2.0$
	5. 事务作业	$1 \times 1 \times 7.0 = 7.0$
	6. 开动	$1 \times 1 \times 8.0 = 8.0$
	装载、开动合计时间	68.0

第八章 连锁企业物流成本管理

续 表

标准时间	运 输 作 业	成本动因实际数：人数×次数×单位作业时间(分)
途中运输时间	7. 按路线行驶	1×1×450.0＝450.0
	途中运输时间	450
到达卸货标准时间	8. 开车门检查 9. 卸下托盘 10. 清扫 11. 事务作业	1×1×2.0＝2.0 1×32×1.5＝48.0 1×1×5.0＝5.0 1×1×10.0＝10.0
	到达、卸货合计时间	65.0
隐形成本时间	12. 放空车,误车,等候排队等	1×1×160.0＝160.0
	隐形成本时间合计	160.0
	总作业时间	863.0
其他费用标准	燃料费	公里数÷平均公里标准＝总消耗量 350 公里÷5 公里/升＝70 升

对表 8-11 分析可以得出货车运输所耗费用时间分别为：

订单人事费时间是 120 分,托盘上下是：48＋48＝96 分,汽车行驶时间：3＋2＋7＋8＋450＋2＋5＋10＝487 分,隐形成本时间合计：160 分,总时间：120＋96＋492＋160＝863 分。

4. 运输作业成本计算表

表 8-12 货车运输的作业成本分析

A		B		C		D	E
费 用	标号	运输作业	编号	成本动因		单价	一次运输时的运输费
人事费	a b c	订单处理 托盘上下 货车行驶	2,8 其他	所需时间		25 元/分 20 元/分 30 元/分	120×25＝3 000 96×20＝1 920 492×30＝14 760
燃料费	d	车子行驶	6	行驶距离		50 元/升	70×50＝3 500
设备费	e f	使用叉车 使用货车	2,8 6	时间 距离		35 元/分 45 元/公里	96×35＝3 360 350×45＝15 750
隐形成本	g	放空车,误车、排队	9	其他		25 元/分	160×25＝4 000

续表

A	B		C	D	E
费用	标号	运输作业	编号	成本动因	单价	一次运输时的运输费
总运输费	h	a+b+…+g		合计		46 290
产品数	i			768 个		
每件商品运输费	j	h÷i				60.3 元/件
产品重量	k			76.8 吨		
每吨商品运输单价	l	h÷k÷350				1.72 元/吨公里

四、作业成本计算与传统成本计算的区别

作业成本计算和传统成本计算最大的不同，在于它从以产品为中心转移到以作业为中心上来，通过对作业成本的确认、计量，为尽可能消除不增值作业、提高可增值作业，及时提供有用信息，从而促使有关的损失、浪费减少到最低限度。它不是对最终产品进行控制，也不是就成本论成本，而是把着眼点放在成本发生的前因后果上。

从前因看，成本是由作业引起，形成一个作业的必要性如何，要追踪到产品的设计环节。因为索本求源，正是在产品的设计环节，决定产品生产的作业组成和每一作业预期的资源消耗水平以及通过作业的逐步积累而形成的产品，最终可对顾客提供的价值大小和由此可取得的顾客意愿支付的代价。

从后果看，作业的执行和完成实际耗费了多少资源？这些资源的耗费可对产品的最终提供给顾客的价值作多大贡献？对所有这些问题进行动态分析，可以提供有效信息，促进企业改进产品设计，提高作业完成的效率和质量水平，在所有环节上减少浪费并尽可能降低资源消耗，寻求最有利的产品生产以及相应的最有利的投资方向。

由此可以看到，作业成本管理以作业为核心、以资源流动为线索，以成本动因为媒介，通过对所有作业活动进行动态跟踪，对最终产品的形成过程中所发生的作业成本进行有效控制。因此，作业成本管理法与其说是一个先进的成本会计方法，不如说是一种实行目标成本前馈控制与反馈控制相结合、成本计算与成本目标管理相结合的"全面成本经营系统"。

实战案例 8-4

物流成本不同核算方法的应用

(一) 案例背景

×公司是国内一家以仓储为主要业务的第三方物流公司。某月该企业顺利完成了甲、乙两个服务合同。月末结算时该月的总成本为185 000元。已知甲、乙两合同的货物仓储空间分别为18 000立方米和32 000立方米。同时通过公司会计部门的费用汇总得到本月的员工工资及福利为40 000元、电热等费用为10 000元、固定资产折旧为120 000元及办公费用为15 000元。企业还可以提供其他的一些详细资料。

(1) 员工在各个作业步骤的人数及工资福利及劳动时间:出入库叉车司机6人,月工资3 000元,总共有效工作时间为1 000工时;分类、仓储类员工各3人,月工资2 000元,总共有效工作时间为各500工时;订单处理及货物验收人员各2人,月工资分别为3 000元和2 000元、总共有效工时为各350工时。

(2) 电热、折旧和办公费等的详细情况及分摊规则等,如表8-13所示。

(3) 本月内该企业共完成订单处理1 000份,其中甲400份、乙600份;货物托盘数为3 000个,其中甲为1 000个、乙为2 000个。

(二) 案例要求

用传统成本计算方法和作业成本法来分别计算和确定甲、乙两项服务的成本。(此案例中不考虑各种损失因素)

(三) 案例分析

核算方法直接关系到成本的结果,案例中关于物流成本的核算主要有以下两种方法:

(1) 传统成本计算方法。

$$生产企业的产品成本 = 直接人工 + 直接材料 + 制造费用的分摊$$

然而案例中的物流企业却不同于生产企业,它并不提供直接的材料,只是单纯地提供仓储业务;在直接人工费用方面,虽然我们也可以通过时间来计算每个合同各自耗费了多少时间从而得到直接人工成本,然而由于这里的人工复杂性比较大,要真正分离出来并不容易,因此,在这里也把它和其他的成本一起当作期间费用来简单处理。同时,考虑到该企业是提供专业的仓储业务,所以仓储业务应当占有比较大的权重,就把仓储空间作为分配服务合同期间费用的基础。所以各自的成本计算如下:

$$甲服务合同的成本 = 185\,000 \times \{18\,000 \div (18\,000 + 32\,000)\} = 66\,600\,元$$

乙服务合同的成本 = 185 000 × {32 000 ÷ (18 000 + 32 000)} = 118 400 元

（2）作业成本计算法。

第一步：确认该物流企业仓储系统中涉及的主要作业，明确作业中心。

通过分析可知该公司的仓储系统主要包括以下的作业：订单处理、货物验收、入库、分类、仓储、出库六个作业。

第二步：确认企业仓储系统中涉及的资源及资源动因，将资源分配到作业中心成本库中去。

一些专属于某项作业的资源是不需要分配的，所以也就无须为其确认资源动因。只有那些为多项作业所共同耗费的费用才需要确认资源动因。常用的资源动因有人工小时数、使用次数、面积、距离、人数等，企业应根据不同的情况采用适当的资源动因来分配资源，以保证作业中心分配的费用与实际情况相符。经过查询和分析得出了各种费用在各个作业中心的分配情况，如表8-13所示。

表8-13 资源成本库汇集表　　　　　　　　　　单位：元

费用＼作业	订单处理	货物验收	货物入库	货物分类	货物仓储	货物出库
各项作业的工资额	6 000	4 000	9 000	6 000	6 000	9 000
电热等费用	1 000	1 000	2 000	1 000	3 000	2 000
折旧	10 000	5 000	20 000	5 000	60 000	20 000
办公费	5 000	2 000	1 000	1 000	5 000	1 000
合计	22 000	12 000	32 000	13 000	74 000	32 000

第三步：确认成本动因，将作业中心的作业成本分配到最终产品。

表8-14 仓储中心资源及成本动因分析

作业	成本动因
订单处理	订单份数
货物验收	托盘数
货物入库	人工工时
货物分类	人工工时
货物仓储	体积、所占空间
货物出库	人工工时

第四步:计算物流作业成本。

作业成本动因选定后,就可以按照同质的成本动因将相关的成本归集起来,有几个成本动因就建立几个成本库,建立不同的成本库按多个成本动因分配间接费用是作业成本计算优于传统成本计算之处。各作业成本库的作业成本在成本计算对象之间分配时,应通过确定成本动因分配系数(见表8-15)以计算各成本对象的物流作业成本(见表8-16)。其分配公式如下:

$$\text{成本动因分配系数} = \frac{\text{某作业中心发生的作业成本}}{\text{该作业中心可提供的作业量}}$$

$$\text{某成本计算对象应分配的某项作业成本} = \text{该成本计算对象耗用的该项作业的成本动因数} \times \text{成本动因分配系数}$$

$$\text{某成本计算对象的物流作业成本} = \text{该成本计算对象应分配的各项作业成本之和}$$

表8-15 作业成本动因分配率的计算过程

作　　业	订单处理	货物验收	货物入库	货物分类	货物仓储	货物出库
作业成本(元)	22 000	12 000	32 000	13 000	74 000	32 000
提供的作业量	1 000	3 000	500	500	50 000	500
作业动因分配率(%)	22	4	64	26	1.48	64

表8-16 甲、乙两种服务实际成本

作　　业	作业分配率(%)	实际耗用作业成本动因数		实际成本(元)	
		甲	乙	甲	乙
订单处理	22	400	600	8 800	13 200
货物验收	4	1 000	2 000	4 000	8 000
货物入库	64	200	300	12 800	19 200
货物分类	26	180	320	4 680	8 320
货物仓储	1.48	18 000	32 000	26 640	47 360
货物出库	64	200	300	12 800	19 200
合　　计				69 720	115 280

第四节　物流成本控制

一、物流成本控制的意义

物流成本控制在整个物流管理中占有重要的作用。其意义具体表现在以下三个方面。

（一）物流成本控制最根本体现在以最高的效率把货物运输到目的地

其中就包括路线的选择，特别是运输方式，什么样的距离内应该采用哪种方式进行运输，例如短距离的可以采用公路运输，实现门到门的便捷服务，最合适的路程是在250公里以内，大件货物应该采用火车运输或海路运输等，都是根据路程和货物的特性来选择路线以及方式来控制物流的成本。

（二）降低物流成本，是加强物流管理工作的重要内容

物流管理的本质要求就是求实效，即以最少的消耗、最高的效率实现最优的服务，达到最佳的经济效益。积极而有效的物流管理是降低物流运输成本、提高物流经济效益的关键，搞好物流管理，可以实现合理运输，使运输中的损失减少。物流运输成本的降低，可以体现出物流管理的成效，同时也直接影响企业在竞争中的地位。

（三）第三利润的源泉大部分来自物流运输成本

销售部门提高销售额得到的利润称为第一利润；生产部门降低生产成本所获取的利润为第二利润；物流部门降低物流成本所获取的利润称为第三利润。通过专业化的物流服务，物流企业可以帮助降低货主企业物流运营的成本，从中获得利润。而在物流企业全部物流成本中，运输成本所占的比重最大，因此对运输成本的有效管理和控制，将对物流企业自身优势的构建和发展起重要作用。

二、物流目标成本控制

目标成本是指企业在一定时期内为保证目标利润实现，并作为成本中心全体职工奋斗目标而设定的一种预计成本，它是成本预测与目标管理方法相结合的产物。

（一）物流目标成本管理的概念

物流目标成本管理是指企业在市场调查、需求分析的基础上，对物流系统的运输、保管、包装、装卸及流通加工等环节发生的足以影响成本的诸因素进行科学严格计算，制定出目标成本，对实际发生的耗费进行限制和管理，并将实际耗费与

目标成本进行比较,找出差异,采取纠正措施,保证完成预定目标成本的一种成本管理系统。在企业的物流目标成本管理中,物流目标成本的制定是实施成本管理的前提和基础。物流目标成本确定后,企业就需组织由物流、技术、采购、生产、销售和会计等方面人员重新设计物流过程与分销物流服务方式,想方设法来实现目标成本。其中,价值工程是评价设计方案、实施物流目标成本控制的一种系统性、基础性的方法。

(二)物流目标成本控制的特点

与传统成本会计比较,目标成本控制具有下面三个特点。

(1) 传统的成本控制是在企业内部实施的,物流目标成本控制则延伸到企业之间。虽然各个企业的成本控制系统是不一样的,但是有效的控制系统仍有一些共同特征,它们是任何企业实施成本控制的必要条件,扩展到物流上也是一样的。

(2) 传统成本管理是一般被认为是财务人员的事,与其他部门无关,而物流目标成本控制与各业务部门结合得比较紧密,需要各个部门参与进来,很难将它们截然分开,更具有集成性。

(3) 传统成本会计更强调资金的控制,物流目标成本控制在资金之外,更强调物流方面的控制,比如存货管理、物流管理等。

目标成本法与传统成本管理法的区别如表 8-17 所示。

表 8-17 目标成本法与传统成本管理法的区别

	传 统 成 本 管 理	目 标 成 本 法
指导思想	以基期的成本水平为依据,并考虑计划期的因素变动	以市场为向导,围绕企业的经营利润目标
管理范围	局限于事中、事后的成本管理	对产品进行全面、全过程的管理
管理重点	侧重于事后分析,提出下期改进的意见	侧重于事前控制和事中控制,及时分析差异
管理责任	强调成本的产生和综合成本,执行人被动参与成本控制	强调目标成本指标的分解归口管理,强调各部门的成本责任,强调执行人参与成本控制

(三)目标成本的分解

目标成本的分解是指将企业总体的目标值进行分解,将其落实到运输内部各单位、各部门的过程,目的在于明确责任,确定未来各单位、各部门的奋斗目标,从而形成一个由相互联系、相互制约的分目标、子目标构成的有机的目标成本体系,再通过相应的落实,更好地完成对目标成本全面、具体的分析考核。

物流企业目标成本分解的具体实施方法有:按功能分解法、按流程与作业分解法、按费用要素进行分解法、按物流成本构成要素分解法等。按物流成本构成要素分解目标成本,便于企业更好地了解成本构成要素。在下达控制任务的时候,可以明确区分哪些目标应下达到与某种产品生产有直接关系的单位和个人身上来控制,哪些目标应下达到与企业各种产品生产有间接关系的单位和个人身上来控制。

实战案例 8-5

上海金泰通信技术有限公司确定运输目标成本的方法

(一) 案例背景

经市场调查,2013 年上海同行业电子企业运输环节的平均营业利润率为 16%,运输作业的市场价格为 1.8 元/吨公里,上海金泰通信技术有限公司 2014 年的预计作业量为 1 500 万吨公里。

(二) 案例要求

1. 上海金泰通信技术有限公司应如何确定 2014 年的目标单位成本?
2. 上海金泰通信技术有限公司应如何进行目标成本分解?

(三) 案例分析

第一步,确定预计收入:

$$预计收入 = 预计售价 \times 目标作业量$$
$$= 1.8 \times 1\,500$$
$$= 2\,700(万吨公里)$$

第二步,确定目标利润:

$$目标利润 = 预计收入 \times 同类企业平均营业利润率$$
$$= 2\,700 万 \times 16\% = 432(万吨公里)$$

第三步,确定目标总成本:

$$目标总成本 = 预计收入 - 目标利润$$
$$= 2\,700 - 432 = 2\,268(万吨公里)$$

第四步,确定目标单位成本:

$$目标单位成本 = 2\,268/1\,500 = 1.51 元/吨公里$$

第五步,目标成本的分解。

目标成本的分解方法有很多,我们通过按运输业务流程分解作一介绍。

$$\begin{matrix}运输业务流程\,i\,的\\目标成本\end{matrix} = \begin{matrix}运输业务\\目标成本\end{matrix} \times \begin{matrix}流程\,i\,历史成本\\构成百分率\end{matrix}$$

将上海金泰通信技术有限公司运输总目标成本分解,如表8-18所示。

表8-18 上海金泰通信技术有限公司运输总目标成本分解表

运输作业流程	历史成本构成比率	各流程目标成本
订单处理	7%	151
装货卸货	11%	238
送　　货	75%	1 620
隐形成本	7%	151
	100%	2 160

(四) 物流目标成本控制的方法

(1) 倒扣法:根据市场调研结果确定顾客可以接受的单位价格,扣除企业预期达到的单位产品利润、国家规定的税金、预计单位产品流通期间的费用,最后得出单位产品的目标成本。

(2) 比价预算法:将新产品和曾经生产过的功能相近的老产品进行对比,老产品上面有的零件按照老产品的零件价格计算,新产品与老产品不同的零件按照新的材料耗费定额、工时定额、费用标准等加以估价测定。此方法适用于对老产品进行技术改造时目标成本的确定。

(3) 本、量、利分析法:在利润目标、固定成本目标、销量目标既定的前提下,对单位变动成本目标进行计算。

(4) 价值工程法:这是一门新兴的管理技术,是降低成本提高经济效益的有效方法。通过集体智慧和有组织的活动对产品或服务进行功能分析,使目标以最低的总成本(寿命周期成本)可靠地实现产品或服务的必要功能,从而提高产品或服务的价值。价值工程主要思想是通过对选定研究对象的功能及费用分析,提高对象的价值。

价值工程法的思路,就是从寻找有代替性的廉价材料开始,核算其所需要的成本,研究和寻找比它们更便宜的材料以便代替原来的材料,以此循环往复,直到找到包装功能和质量不变而包装材料成本最低的材料为止,因此,这种方法又称为包装费的改善分析或比较分析。

实战案例8-6

运用价值工程法降低包装成本的经验

(一) 案例背景

某连锁配送中心流通加工工段某型号餐饮业用小型搅拌机的包装,原来外包装使用瓦楞纸,内包装用塑料袋,缓冲材料用硬化蕉渣压制板,其包装材料成本如表 8-19 所示。

表 8-19 包装材料成本

包装材料名称	占包装成本比重(%)	关键因素
硬化蕉渣压制板	47	★
瓦楞纸	33	★
平面板	10	
捆扎带	8	
塑料袋	1	
缝合针	1	

(二) 案例要求

如何利用价值工程法降低流通加工中的包装成本?

(三) 案例分析

显然,硬化蕉渣压制板和瓦楞纸的成本比重最大了,应该是改进的第一对象。通过价值分析,该公司依次采用了六个改进方案:

(1) 变更瓦楞纸的材料质量;

(2) 改变上部和下部的硬化压制板,以发泡聚苯乙烯代替;

(3) 改变上部硬化压制板,代之以增强平面板,使其兼有硬化板的构造;

(4) 改变上部硬化压制板,采用与产品外形相符合的冲孔瓦楞纸板;

(5) 废止增强平板的使用;

(6) 以瓦楞纸带取代贴糊方法。

上述六个方案,通过实验的结果表明,采用(1)、(2)、(5)、(6)四个方案,包装材料费可降低 15%。

三、物流标准成本控制

(一) 物流标准成本的概念

物流标准成本是指通过调查分析和运用技术测定等科学方法制定的,在有效的经营条件下开展物流活动时应该实现的成本。标准成本中基本排除了不应该发生的"浪费",因此是一种"应该成本"。

物流标准成本控制以制定标准成本为基础,将实际发生的成本和标准成本进行对比,揭示成本差异的成因和责任归属,落实改正措施,并将各项物流成本支出控制在标准成本范围内的一种成本控制方法。

标准成本法以标准成本为基础，把成本的实际发生额区分为标准成本和成本差异两部分：实际成本＝标准成本＋成本差异。

一旦出现了成本差异，即说明实际成本偏离了标准成本，以此为线索分析成本差异产生的原因，明确责任归属，采取措施降低成本，达到控制目的。

（二）实施标准成本控制的步骤

（1）制定单位物流作业的标准成本。
（2）根据实际作业量和单位标准成本计算物流作业的标准成本。
（3）汇总计算物流作业的实际成本。
（4）计算差异成本。
（5）分析成本差异发生的原因。
（6）提出成本控制措施和报告。

（三）物流标准成本的制定

制定物流标准成本主要是三个标准成本项目的制定，包括直接材料、直接人工和物流服务费用的标准成本。

每一个标准成本项目都是价格标准和用量标准的乘积。三个标准成本项目的数据相加可得到单位运输服务标准成本。如图8-3所示。

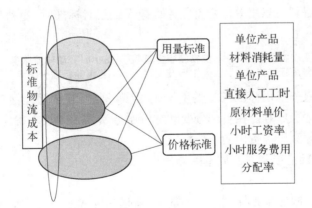

图8-3　物流标准成本的构成

1. 直接材料标准成本的制定

直接材料标准成本由物流直接材料价格标准和运输直接材料用量标准确定。其计算公式是：

$$直接材料标准成本 = 价格标准 × 用量标准$$

直接材料标准成本常见于物流活动中的包装和流通加工，因为这些活动往往需要使用各种材料。

价格标准指购买材料、燃料和动力应付的标准价格,包括发票价格、运费、检验和正常损耗等成本,是取得材料的完全成本。所以需要在征询采购部门的意见后制定。

用量标准指在现有物流运作条件和经营管理水平下,提供单位物流服务所需的材料数量。其中包括必不可少的消耗,以及各种难以避免的损失等。用量标准应根据企业物流作业流程状况和管理要求等制定。

2. 直接人工标准成本的制定

物流直接人工标准成本由物流工资率标准和物流人工用量标准确定。其计算公式是:

$$直接人工标准成本 = 标准工资率 \times 工时标准$$

3. 服务费用标准成本的制定

物流服务费用标准成本分为变动物流服务费用标准成本和固定物流服务费用标准成本。变动物流服务费用标准成本由变动物流服务数量标准和变动物流服务价格标准确定。数量标准可采用单位物流服务直接人工工时标准、机械设备工时标准或其他标准,但需与变动物流服务费用存在较好的线性关系。价格标准即每小时变动运输服务费用的标准分配率,根据变动物流服务费用预算总额除以数量标准总额得到在采用单位物流服务直接人工工时标准时,变动物流服务费用标准成本用公式表示为

$$\begin{matrix}变动物流服务\\费用标准成本\end{matrix} = \begin{matrix}单位物流服务直接\\人工标准工时\end{matrix} \times \begin{matrix}每小时变动物流服务\\费用的标准分配率\end{matrix}$$

变动物流服务费用标准成本的例子也很多,例如,装卸搬运活动中使用的润滑油和配件的标准成本。在各部分变动物流服务费用标准成本确定后,将它们加总就得到变动物流服务费用的单位标准成本。

(四) 物流标准成本法的成本差异分析

1. 成本差异

标准成本控制法是以标准成本为基准,衡量实际成本与标准成本的差异。对差异进行分解并分析。

$$实际成本 > 标准成本:不利差异、逆差、超支$$

$$实际成本 < 标准成本:有利差异、顺差、节约$$

成本差异可按成本项目分解为直接材料差异、直接人工差异和物流服务费用差异(变动成本差异和固定成本差异)。

2. 直接材料差异的分析

物流直接材料成本差异的形成是由于实际价格脱离标准价格、实际用量脱离

标准用量造成的。直接材料成本的差异可以分解为用量差异和价格差异。

$$\begin{aligned}直接材料\\成本差异\end{aligned} = \begin{aligned}实际材料\\成本\end{aligned} - \begin{aligned}标准材料\\成本\end{aligned}$$

$$= \begin{aligned}实际\\用量\end{aligned} \times \begin{aligned}实际\\价格\end{aligned} - \begin{aligned}标准\\用量\end{aligned} \times \begin{aligned}标准\\价格\end{aligned}$$

$$= \begin{aligned}实际\\用量\end{aligned} \times \left(\begin{aligned}实际\\价格\end{aligned} - \begin{aligned}标准\\价格\end{aligned}\right) + \left(\begin{aligned}实际\\用量\end{aligned} - \begin{aligned}标准\\用量\end{aligned}\right) \times \begin{aligned}标准\\价格\end{aligned}$$

3. 直接人工成本差异的分析

物流直接人工成本差异的形成是由于实际工资率脱离标准、实际工时脱离标准造成的。直接人工成本的差异取决于工资率差异和人工效率差异。

$$工资率差异 = 实际工时 \times (实际工资率 - 标准工资率)$$

$$人工效率差异 = (实际工时 - 标准工时) \times 标准工资率$$

4. 物流服务费用(间接变动成本)差异的分析

物流服务费用(间接变动成本)差异的形成是由于实际工时分配率脱离标准、实际工时脱离标准造成的。其差异取决于工时分配率差异和效率差异。

$$工时分配率差异 = 实际工时 \times (实际工时分配率 - 标准工时分配率)$$

$$效率差异 = (实际工时 - 标准工时) \times 标准工时分配率$$

实战案例 8-7

直接材料差异分析

(一) 案例背景

某运输企业制定某物流服务直接材料的标准用量 150 升;材料标准单价为 6.2 元,在实际提供该物流服务时,实际耗用的材料量为 158 升,材料实际价格为 6.25 元。

(二) 案例要求

试分析直接材料成本差异?

(三) 案例分析

$$直接材料费用的差异 = 158 \times 6.25 - 150 \times 6.2 = 57.5 \text{ 元}$$

$$用量差异 = (实际用量 - 标准用量) \times 标准价格$$
$$= (158 - 150) \times 6.2 = 49.6 (元)$$

$$价格差异 = 实际用量 \times (实际价格 - 标准价格)$$
$$= 158 \times (6.25 - 6.2) = 7.9 (元)$$

实战案例 8-9

直接人工成本差异的分析

(一) 案例背景

某公司制定送货作业标准工时 10 小时,标准小时工资率 5 元。作业中实际送货时间为 9.5 小时,实际小时工资率 5.2 元。送货次数 520 次。

(二) 案例要求

试分析直接人工成本差异?

(三) 案例分析

直接人工成本差异 = 实际人工成本 − 标准人工成本

$$520 \times 9.5 \times 5.2 - 520 \times 10 \times 5 = 312(元)$$

工资率差异 = 业务量 × 实际工时 × (实际工资率 − 标准工资率)

$$= 520 \times 9.5 \times (5.2 - 5)$$

$$= 988(元)$$

人工效率差异 = 业务量 × (实际工时 − 标准工时) × 标准工资率

$$= 520 \times (9.5 - 10) \times 5$$

$$= -1\,300(元)$$

 实战案例 8-9

物流服务成本差异分析

(一) 案例背景

某公司制定送货作业标准工时 10 小时,标准小时分配率 2 元。作业中实际送货时间为 9.5 小时,实际小时分配率 1.8 元。送货次数 520 次。

(二) 案例要求

试分析间物流服务成本差异?

(三) 案例分析

$$\text{物流服务成本差异} = \text{实际变动间接成本} - \text{标准变动间接成本}$$

$$= 520 \times 9.5 \times 1.8 - 520 \times 10 \times 2 = -1\,508(元)$$

$$\text{工时分配率差异} = \text{业务量} \times \text{实际工时} \times (\text{实际分配率} - \text{标准分配率})$$

$$= 520 \times 9.5 \times (1.8 - 2)$$

$$= -988(元)$$

第八章 连锁企业物流成本管理

$$\frac{\text{效率}}{\text{差异}} = \frac{\text{业务}}{\text{量}} \times \left(\frac{\text{实际}}{\text{工时}} - \frac{\text{标准}}{\text{工时}}\right) \times \frac{\text{标准}}{\text{分配率}}$$
$$= 520 \times (9.5 - 10) \times 2$$
$$= -520(\text{元})$$

四、物流综合成本控制

(一) 物流综合成本控制概念

这是指在进行物流成本控制时充分考虑物流活动中的效益背反现象,从企业全局出发、从物流系统整体出发进行物流成本的综合控制,其强调的是整个物流过程综合成本的降低和综合效益的提升。

(二) 物流综合成本控制的策略

1. 合理配送

企业实现效率化的配送,减少运输次数,提高装载率及合理安排配车计划,选择最佳的运送手段,从而降低配送成本。目前配送的概念已经在物流业被广泛应用,配送本身就节约成本。

2. 物流业务外包

企业把部分物流业务外包给专业化的第三方物流公司,既可以减少自身投资,还可以保证物流服务质量,缩短商品在途时间,减少商品周转过程的费用和损失。有条件的企业可以采用第三方物流公司直供上线,实现零库存,降低成本。外包时可以通过竞价来控制成本。对如仓储外包的业务进行成本分析是控制成本的主要策略。

3. 运作模式控制

如百胜有"灵活而实用"的物流运营模式,即"自我服务＋供应商提供物流服务＋第三方物流服务"。百胜自我的物流服务比例占50%,主要进行核心业务以及有特殊要求的产品的物流服务,配送核心城市和餐厅密集型区域的核心产品,如必胜客餐厅的沙拉、肯德基餐厅的薯条(温度要求高);第三方提供物流服务的比例占40%,主要是在分散的区域以及对温度要求不是很高的产品;供应商提供物流服务的比例占10%。

4. 库存成本控制

这是指在拥有配送中心的条件下,由配送中心统一库存(根据不同商品要求不一样),各个卖点保持零库存。

当采购中心把货物采购回来并存于仓库中时,公司的管理人员按照采购部购货发票上的金额作为成本入库,入库的产品马上被贴上价格标签和POS条形码,这批入库商品的价格信息就被保存在采购中心的数据库中,下一次采购相同的产品可以以此作为参考。当一个卖场发生缺货现象时,配送中心可以直接从仓库中挑选货物进行配送和上架,节约宝贵的时间。

发出存货的计价是指对发出的存货和每次发出后的存货价值的计算确定,发出存货值的正确确定与否直接影响我们当期损益的计算。由于零售也有存货品种多、数量大和流动的特点,因此和大多数零售业一样选择先进先出法(FIFO)进行发出存货的计价。一般商品采取统一采购,由配送中心存贮,再将商品配送到各个卖点。针对某些商品库存管理费用过大,或者是对保质要求高,则会采用分散采购,而这些商品的库存则交给供应商,由供应商负责及时补充货物,也就是采用 JIT(Just-in-time) 方法,一方面可保证各卖点的零库存,节省费用,另一方面可及时补充货物,避免不必要的积压损耗和过时损耗。

5. 运输成本控制

据有关资料显示,在一家连锁餐饮企业的总体配送成本中,运输成本占到 60% 左右,而运输成本中的 55%—60% 又是可以控制的。因此,降低物流成本应当紧紧围绕运输这个核心环节。

物流成本主要由库存费用、运输成本、物流管理费用和隐性成本等构成,它受到产品因素、环境因素、管理因素、物流服务、核算方式以及物流运作方式等的影响。在具体操作中,企业可以采取效率化的配送和业务外包的方式降低自己的物流运输成本,同时可通过优化运作模式,实行配送中心统一库存以及采取多种灵活方式对运输成本进行控制,最大限度地降低物流成本。

(三)物流综合成本主要控制目标与基本策略

表 8-20 物流综合成本主要控制目标与基本策略

过程	主要控制目标	基本控制策略
销售过程物流成本控制	1. 运输成本 2. 保管成本 3. 订单处理成本 4. 退货成本 5. 物流信息处理成本 6. 直接与间接人工成本	选择运输设备,掌握库存的最佳规模,充分利用空间; 合理利用储存功能,使之配套互补; 减少交货点并简化交货与交易约束条件; 鼓励用户尽可能大批量进货; 合理扩大运输规模; 改革人力激励机制,实行定额承包劳动合同
定额生产过程物流成本控制	7. 人工费用 8. 原料、辅料、半成品、包装物的丢失与损耗 9. 车间内与车间之间调运费 10. 搬运费、仓储费、生产设备维护费 11. 燃料动力费 12. 备件备品成本	生产手段自动化,不断提高劳动生产率; 遵守人工费用为最低的厂址选择策略; 确定合理的生产规模; 鼓励贴牌与代工; 工艺革新,提高工序效率; 准时制生产; 看板控制与流程衔接

续表

过　　程	主要控制目标	基本控制策略
采购过程物流成本控制	13. 订单处理成本 14. 原材料等验收质检成本 15. 搬运成本 16. 运输成本 17. 仓储成本 18. 人工成本	减少运输与搬运； 供应商分布合理； 采购材料和零部件标准化； 采用自动化供货管理； 加强采购的基础管理工作
售后服务过程物流成本控制	19. 维修人员费用 20. 维修网点运营费 21. 备件、备品、工具等库存费 22. 技术文件印刷费 23. 使用操作者培训费 24. 维修工程师培训费 25. 售后服务信息系统运作费	调整售后服务网点数量和规模； 调整售后服务工作范围和质量； 产品设计与开始时充分考虑售后服务的便利性和节省性； 注重售后服务的规模效益； 建立自动诊断、遥控检修、电话维修服务等新模式； 建立集中化、社会化的售后服务系统

（四）物流综合成本控制方法

表8-21　物流综合成本主要控制方法

序号	主要控制方法	具　体　内　容
1	强化运输成本的核算和考核	健全物流管理体制，建立物流运输管理专职部门，实现物流管理的专门化。应用物流作业成本法（物流ABC），把反映物流运输成本的数据从财务会计的数据中准确剥离出来，统一企业成本计算的口径。在提高物流服务水平的同时，加强预算管理，强化成本管理意识，实行定额管理和目标成本管理，进行成本控制目标分解，明确责任，实现责、权、利结合，加强成本核算和考核
2	增强全员的物流成本意识	对运输成本的控制是需要以物流管理部门为主导，物流运输乃至于整个物流功能环节及所涉及的各个部门、所有人员的共同配合，科学规划和协调，做到人人关心成本管理、全员参与成本控制
3	消除运输中不合理现象	在组织运输时，对运输活动及涉及的其他环节要科学规划，统筹安排，尽量压缩不必要的环节。对有条件直运的，应尽可能采取直达运输，减少二次运输。同时，更要消除对流及隐含运输、迂回运输、重复运输、过远运输等不合理现象

续 表

序号	主要控制方法	具 体 内 容
4	合理选择运输方式,提高运输效率	合理选择运输工具。在目前多种运输工具并存的情况下,必须注意根据不同货物的特点及对物流时效的要求,对运输工具的特征进行综合评价,合理选择运输工具,尽可能选择廉价运输工具 合理选择运输方式。要合理组织多式联运。采用零担凑整、集装箱运输等方法,扩大每次运输批量,减少运输次数。采用合装整车运输、直达运输等合理运输形式,有效降低运输成本 提高运输工具技术装载量。改进商品包装,改善车辆的装载技术和装载方法,对不同货物进行搭配运输或组装运输,可使同一运输工具装载尽可能多的货物,最大限度利用运输工具的装载吨位,充分使用装载容积
5	科学设计运输网络,实现优化运输	运用运筹学、管理数学中的线性和非线性规划技术、网络技术等解决运输的组织问题,制定科学合理的运输计划和方案;运用 GPS、GIS 等先进技术,对运输活动及过程进行跟踪、监控和调度,实现对车辆和线路的最优化、节点配送的优化等功能
6	运用现代化的物流信息系统控制和降低物流运输成本	通过运输管理系统(TMS)和其他管理信息系实现有效对接,可使运输环节作业或业务处理准确、迅速;通过信息系统的数据汇总,进行预测分析,控制和降低物流成本;与用户需求信息资源的共享,应对可能发生的各种需求,及时调整运输计划,避免无效作业,减少作业环节,消除操作延迟
7	通过整合运力促进资源优化配置,降低运输成本	企业内部实现信息化管理,企业间尝试通过综合信息平台的建立,加强横向沟通和信息共享,共享资源,实行物流外包
8	通过提高运输服务质量降低运输成本	加强物流运输服务质量管理,形成规模化、集约化经营,提高效率,从根本上降低物流运输成本
9	加强物流运输管理和操作人才的培养	通过内部培养和外部引进的方式,培养人才、使用人才、留住人才。通过他们所掌握的先进知识、理念和技术以及努力工作,实现物流运输活动的优化、效率的提高和成本的降低

第五节 作业成本法在配送中心的应用

一、作业成本法在配送中心成本管理中的应用模式有三个层面

第一个层面,配送中心产品成本计算。这是该应用模式的核心,即应用作业成本法中的独特计算方法准确地计算配送中心产品的成本。作业成本计算法是作业成本法的核心,应用作业成本计算法计算配送中心产品成本也是作业成本法在配送中心成本管理中应用的核心。其他观点和思路的应用都是基于或来源于这个核心。

第二个层面,配送中心的产品定价。即在获得正确的产品成本信息的基础上,将作业分析和资源分析的观点应用于物流产品的定价决策。配送中心可以有两种产品定价方式,即分步定价方式和综合定价方式,两种定价方式的应用基础都是利用作业成本计算法准确算出的产品成本信息。

第三个层面,配送中心的成本控制。在正确计算出物流服务产品的成本,并采用适当的定价方式决定产品价格之后,利用成本动因分析发现配送中心中的无效作业,选择合适的方法进行作业改善,以实现成本管理的最终目的:降低成本、提高效率。

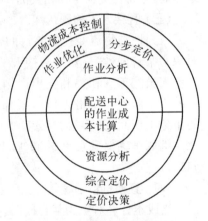

图 8-4 作业成本法在配送中心的应用模式

应用模式的核心是物流服务产品的作业成本计算,外围是物流产品定价决策和物流企业的成本控制。如图 8-4 所示。

二、配送中心成本的计算

配送中心的生产是围绕物流服务合同展开的,一个服务合同相当于一种产品,计算物流企业产品成本实际上就是计算企业为完成物流服务合同所发生的费用。因此,配送中心产品成本的计算方法就是把企业消耗的资源成本分配给各作业,再将作业成本库成本分配给每个服务合同,从而得到了每个合同应分担的成本。

配送中心产品成本的计算过程根据前面的论述分为三步,即:(1)确认和计

量耗费的资源;(2)把资源分配到作业,开列作业成本单,归集作业成本库成本;(3)把作业成本库的总成本分配到产品(合同),并开列产品成本单。

因为配送中心生产的特殊性,在计算其产品成本时,要注意以下四点。

(一)产品所消耗的作业的确认

因为配送中心的产品是服务合同,在确认产品所消耗的作业时,不是很明显。为完成某个合同提供了协助作用的作业,也应与直接操作作业一样,按照其消耗的作业量计入该合同。例如跨境运输合同中的报关作业。

(二)作业层次的确认

因为把配送中心完成的一次合同视为制造企业生产的一种产品,所以为准备合同生产而进行的作业就是产品作业,而与合同中每批货物操作相关的作业是批量作业,与每件货物操作相关的作业是单位作业。

(三)直接人工的确认

因为把与物流委托方签订的合同看作是配送中心生产的产品,当成本计算对象为某合同(客户)时,直接人工是指直接、专门、特定为该合同(客户)服务的工作人员的工资和福利支出。例如,某个特定客户的服务专员(他只负责该客户的售后服务和联络工作),某种产品的打单员、跟单员(他们不参与其他产品的服务工作)。为多客户或多产品服务的人员的人工费用不能归集为直接人工。例如车辆驾驶员和装卸工,他们的人工费用往往要通过其操作的作业来归集。

(四)直接材料的确认

当成本计算对象为某合同时,直接材料是指完成该合同所消耗的直接的、不与其他合同所共用的材料,比如某种货物所消耗的一次性的托盘、标签等。在配送中心,当以运输作业为成本计算对象时,车辆在营运生产过程中消耗的燃料、配件、轮胎等属于运输作业消耗的直接材料,但因为这些材料的消耗不能(或者不容易)直接追溯到某个合同,或者说它们的消耗是为多个合同(客户)服务的,所以当计算某合同的成本时,它们一般归属于营运间接费用,通过该合同消耗运输作业量反映出来。

实战案例 8-10

上海金泰配送中心的物流作业成本核算

上海金泰配送中心签订了甲、乙、丙三个物流服务合同,这三个合同的基本内容都是将 60 000 件同样的某洗涤化装用品从香港运至上海。(为简便起见和对比的需要,假设三个合同中服务的起点和终点相同)

甲合同的要求是：60 000件货物一次入关运到金泰公司的仓库，然后每五天运送10 000件到各便利店。

乙合同的要求是：60 000件货物分三次入关运到金泰公司的仓库，然后每三天运送6 000件到各便利店。

丙合同的要求是：60 000件货物分五次入关到金泰公司的仓库，然后每天运送2 000件到各便利店。

假设这三个合同租用金泰公司仓库各1 500平方米，合同期限都为一个月。假设甲、乙、丙三次服务都不需要直接材料（实际情况也可能如此，例如，货物本身就自带托盘，报关和出入库的单据全部电子化，标签标示的材料费用可以忽略不计），人工费用和材料费用全部是间接费用，计入企业的营运间接费用，那么它们全部的营运成本就只有营运间接费用这一部分。

甲、乙、丙三次服务所需的作业有：用轮船从香港到上海运输化装用品（简称运输作业），货物入境代理报关事务（简称报关作业），搬运装卸货物进入仓库（简称入库作业），货物在仓库中存储（简称仓储作业），搬运装卸货物发出仓库（简称出库作业），汽车运送货物从仓库到各便利店（简称配送作业）。另外还有订单处理作业（包括信息交流、管理等）。即分为7个作业中心。

假设金泰公司该月的全部营运成本和非营运成本费用为200 000元，且该配送中心在该月的所有营运和非营运费用全部由以上的七个作业所引起。公司的成本核算期是一个月，该月只完成了这三个物流服务合同。

按照作业成本法的计算步骤，分别计算如下：

第一步：确认和计量耗费的各种资源。

假设将金泰公司的全部耗费资源局限于人工、材料（车辆和装卸设备的燃料）和设备折旧。经金泰公司统计部门的统计，企业营运和非营运费用中的人工费用80 000元，材料费用60 000元，设备折旧费为60 000元。其中仓管部门（主要负责货物的进、出仓库的搬运装卸工作）发生人工费用28 000元，材料费用10 000，仓管部所用的装卸和升降等设备折旧费为10 000元。

第二步：把资源分配到作业，开列作业成本单，归集作业成本库。

这一步的工作包括以下几方面：

（1）确认作业所包含的资源种类，也就是确认每一作业所包含的成本要素（资源项目）。以仓管部门的"入库作业"作业为例进行计算演示说明，作业"入库作业"消耗三种资源：人工、材料和设备折旧。

（2）确立各类资源的资源动因，将资源分配到各受益对象（作业），据此计算出作业中该成本要素的成本额。仓管部门的总人工成本为28 000元，仓管部门共有两个作业：入库作业和出库作业。据统计，该部门50%的员工全职负责货物的入库工作,故可得出"入库作业"的成本要素"工资"的成本额为 14 000 元。类似的,仓管部的材料费用总额是 10 000 元,设备折旧总额为 10 000 元,因为该部门的搬运设备用于货物进入仓库和发出仓库的操作量是相等的,即可计算出"入库作业"所耗材料为 5 000 元,折旧为 5 000 元。

(3) 开列作业成本单,汇总各成本要素,得出作业成本库的总成本额。以"入库作业"为例,开列作业成本单如表 8-22 所示。

表 8-22 入库作业成本单

成本要素	金额(元)	百分比(%)
工 资	14 000	58
材 料	5 000	21
折 旧	5 000	21
总成本库	24 000	100

类似"入库作业",可分别开列其他六项作业—订单处理作业、运输作业、报关作业、仓储作业、出库作业和配送作业的成本单,计算出各作业成本库的总成本额依次为 10 000 元、60 000 元、10 000 元、40 000 元、24 000 元和 102 000 元。

各作业中心成本分布状况如表 8-23 所示。

表 8-23 各作业中心成本分布状况

成本要素	百分比(%)
运输作业	30
仓储作业	20
配送作业	16
入库作业	12
出库作业	12
订单作业	5
报关作业	5

按业界普遍认同的物流成本计算的概念性公式:

企业物流总成本 = 运输成本 + 库存成本 + 行政管理成本

由于生产地至配送中心之间的商品空间转移,称为运输。而从配送中心到用户之间的商品空间转移,叫配送。故配送成本可归属于运输成本;入库作业、出库作业和仓储作业的成本可合并为库存成本。而报关作业和订单处理作业可合属于行政管理作业。如表8-24所示。

表8-24 物流成本分布状况

成 本 要 素	百分比(%)
运输成本	46
库存成本	44
行政成本	10

由表8-24中可发现,运输成本是比重最高的成本项目,可见物流业的经营重心应在运输作业,亦应将其视为改善与效益提升的首选对象。库存作业成本次之。这两项占了物流成本的绝大部分,共同决定着配送中心的定价。

第三步:选择作业动因,把作业成本库的总成本分配到产品,并开列产品成本单。

这一步骤包括以下三个方面:

(1)确认各作业的作业动因,并统计作业动因的总数,据此分别计算各作业的单位作业动因的费用分配率。根据订单处理作业、运输作业、报关作业、入库作业、仓储作业、出库作业和配送作业与服务型产品甲、乙、丙之间的逻辑关系,选择的作业动因依次为订单处理次数、运输次数、报关次数、入库搬运装卸货物件数、仓储时段数、出库搬运装卸货物件数、配送运输次数。

其统计数和计算的各作业的单位作业动因费用分配率如表8-25所示。

表8-25 单位作业动因的营运与非营运费用分配率计算

作业名称	作业动因	作业成本单总成本(元)	作业动因数	单位作业动因费用分配率(元)
订单处理作业	次 数	10 000	3	3 333
运输作业	次 数	60 000	9	6 667
报关作业	次 数	10 000	9	1 111
入库作业	件 数	24 000	180 000	0.13
仓储作业	时段数	40 000	3	13 333
出库作业	件 数	24 000	180 000	0.13
配送作业	次 数	32 000	46	696

(2) 统计各产品所耗作业量(或作业动因数)。根据有关原始记录进行分类、汇总,得到服务型产品消耗的"作业动因"。统计结果如表8-26所示。

表8-26 产品消耗作业量统计

作业名称及动因	总计	合同甲	合同乙	合同丙
订单处理作业次数	3	1	1	1
运输作业次数	9	1	3	5
报关作业次数	9	1	3	5
入库作业件数	180 000	60 000	60 000	60 000
仓储作业时段数	3	1	1	1
出库作业件数	180 000	60 000	60 000	60 000
配送作业次数	46	6	10	30

(3) 计算合同甲、乙、丙各自承担的费用,开列产品成本单。

以表8-22、表8-23的数据为基础,可计算合同甲、乙、丙按作业动因计算而得的费用成本。如表8-27所示。

表8-27 运营与非运营费用分配表

作业名称	单位作业动因分配率(元)	合同甲		合同乙		合同丙	
		作业动因数	分配额(元)	作业动因数	分配额(元)	作业动因数	分配额(元)
订单处理作业	3 333	1	3 333	1	3 333	1	3 333
运输作业	6 667	1	6 667	3	20 000	5	33 333
报关作业	1 111	1	1 111	3	3 333	5	5 555
入库作业	0.13	60 000	7 800	60 000	7 800	60 000	7 800
仓储作业	13 333	1	13 333	1	13 333	1	13 333
出库作业	0.13	60 000	7 800	60 000	7 800	60 000	7 800
配送作业	696	6	4 176	10	6 960	30	20 880
运营、非运营费用合计			44 220		62 559		92 034
产品生产件数			60 000		60 000		60 000
单位产品费用(元)			0.74		1.04		1.53

事实上,货物的出入库作业还可以细分为几个不同层次的作业。如属于单位作业层次的搬运货物;属于批量作业层次的作业,如装卸、升降设备的准备、货物的抽检;甚至可能有属于产品作业层次的作业,如针对不同合同的货物可能要准备不同的搬运工具、启用不同的升降机械,甚至要雇佣不同的专业操作人员等。

需要指出的是:成本分配的准确性不是绝对的越高越好,当提高成本分配准确性所引起的计量费用不及其所带来的效益时,就应该简化成本计算过程。

三、配送中心物流成本控制策略

(一)强化运输成本的核算和考核

结合企业自身实际,寻找改善运输管理,降低运输成本的最佳途径。健全物流管理体制,建立物流运输管理专职部门,实现物流管理的专门化。应用物流作业成本法(物流 ABC),把反映物流运输成本的数据从财务会计的数据中准确剥离出来,统一企业成本计算的口径。在提高物流服务水平的同时,加强预算管理,强化成本管理意识,实行定额管理和目标成本管理,进行成本控制目标分解,明确责任,实现责、权、利结合,加强成本核算和考核。

(二)增强全员的物流成本意识

运输成本占物流总成本和销售额比例较大,凸显了运输成本管理的重要性。对运输成本的控制是需要以物流管理部门为主导,物流运输乃至于整个物流功能环节及所涉及的各个部门、所有人员的共同配合,科学规划和协调,做到人人关心成本管理,全员参与成本控制,共同降低物流运输成本和物流总成本。

(三)物流作业优化

通过物流作业成本核算和物流作业分析,获得了大量物流作业的相关信息,就可利用这些信息进一步对物流作业流程进行优化管理。通常采用以下四种作业优化方式以实现作业链整体最优和总成本最低。

1. 作业消除

作业消除即消除无效的作业。确认无效(即非增值)作业后,进而采取有效措施予以消除。在物流企业的成本控制中,作业消除是最重要的手段。

2. 作业选择

作业选择,即从多个不同的作业(链)中选择其中最佳的作业(链)。对于物流企业,作业选择是物流决策的常用手段之一。例如选择不同的运输工具和运输路径,会产生不同的运输作业,而不同的运输作业必然产生不同的作业成本。

3. 作业减少

以改善已有物流作业的方式来降低企业物流活动所耗用的时间和资源,也就是改善必要作业的效率或改善在短期内无法消除的无效作业,例如,改善产品的包装作业,通过整合包装降低装卸次数及其成本。

4. 作业分享

作业分享就是利用规模经济提高必要作业的效率,即提高作业的投入产出比,这样就可降低作业动因分配率和分摊到产品的成本。例如,通过对多个零售店的共同配送,提高货车的重载率,就可减少单位产品的运输成本,进而降低总物流成本。作业分享的观点其实也是物流理论中常用的,作业成本法中的一些观念和思路与现代物流理论中的观点思路常常不谋而合。利用作业分享可降低物流成本,第三方物流企业出现和兴起本身就是物流作业分享的体现。

(四)消除运输中不合理现象

物流运输不是一个孤立的环节,在组织运输时,对运输活动及涉及的其他环节要科学规划,统筹安排,尽量压缩不必要的环节,减少个别环节所占用成本。对有条件直运的,应尽可能采取直达运输,减少二次运输。同时,更要消除对流及隐含运输、迂回运输、重复运输、过远运输等不合理现象。

(五)合理选择运输方式,提高运输效率

1. 合理选择运输工具

在目前多种运输工具并存的情况下,必须注意根据不同货物的特点及对物流时效的要求,对运输工具所具有的特征进行综合评价,以便做出合理选择运输工具的策略,并尽可能选择廉价运输工具。

2. 合理选择运输方式

要合理组织多式联运。采用零担凑整、集装箱、捎脚回空运输等方法,扩大每次运输批量,减少运输次数。采用合装整车运输、分区产销平衡合理运输、直达运输、"四就"直拨运输等合理运输形式,有效降低运输成本。

3. 提高运输工具技术装载量

改进商品包装,改善车辆的装载技术和装载方法,对不同货物进行搭配运输或组装运输,可以使同一运输工具装载尽可能多的货物,最大限度利用运输工具的装载吨位,充分使用装载容积,提高运输工具的使用效率。对有条件的货物,开展托盘运输。

(六)科学设计运输网络,实现优化运输

在运费、运距及生产能力和消费量都已确定的情况下,可充分运用运筹学、管理数学中的线性和非线性规划技术、网络技术等解决运输的组织问题,制定科学合理的运输计划和方案;运用 GPS、GIS 等先进技术,对运输活动及过程进行跟踪、监控和调度,实现对车辆和线路的最优化、节点配送的优化等功能,也可进一步提高运输效率,提高安全性,降低成本。

第八章　连锁企业物流成本管理

（七）运用现代化的物流信息系统控制和降低物流成本

现代物流的开展离不开现代化的物流信息系统。通过运输管理系统（TMS）和其他管理信息系实现有效对接,可使运输环节作业或业务处理准确、迅速,也有利于建立起物流经营统一战略系统。通过信息系统的数据汇总,进行预测分析,控制和降低物流成本,同时可以做到与用户需求信息资源的共享,应对可能发生的各种需求,及时调整运输计划,避免无效作业,减少作业环节,消除操作延迟,从而在整体上控制物流运输无效成本发生的可能性。

（八）通过整合运力促进资源优化配置,降低运输成本

消除由于企业内部各部门间壁垒、企业之间壁垒、区域壁垒造成的物流运输资源浪费现象和对效率的影响。企业内部实现信息化管理,企业间尝试通过综合信息平台的建立,加强横向沟通和信息共享,共享资源,实行物流外包。这样可以减少企业间的重复建设所造成的资源浪费、效率低下等现象,优化社会和企业资源配置,减少企业投资,降低运输成本。

（九）通过提高物流运输服务质量降低运输成本

加强物流运输服务质量管理是降低物流运输成本的有效途径。不断提高物流质量,可以减少和消灭各种差错事故,降低各种不必要的费用支出。降低物流运输过程的消耗,可以保持良好的信誉,吸引更多的客户,形成规模化、集约化经营,提高效率,从根本上降低物流运输成本。

（十）加强物流运输管理和操作人才的培养

人才是企业最重要、最有活力、最宝贵、最能给组织带来效益的资源。物流企业要发展,实现现代化物流,就必须重视物流人才队伍的建立。通过内部培养和外部引进的方式,培养人才、使用人才、留住人才。通过他们所掌握的先进知识、理念和技术以及努力工作,实现物流运输活动的优化、效率的提高和成本的降低。

实战案例 8-11

上海迅泰配送中心运输成本控制方案设计

运输成本控制的方案很多,我们以燃油成本控制为例加以说明,汽车驾驶员与叉车驾驶员所耗燃油一直没有很好的成本控制策略,经过成本核算、绩效分析,我们制定了以下考核方案。

（一）燃油考核

确定考核对象：运输车辆驾驶员、内燃机叉车驾驶员。

为将燃油消耗落实到单机单人,便于燃油定量指标考核,抓好节油工作,必须做好四项工作：

(1) 流动机械实行满油箱制,所谓"满油箱加油制",就是当班司机作业完工后,将本车油箱加满油,所加油量即是本工班实际耗油量。

(2) 每月根据单人单机燃油消耗,以及单人完成的操作吨,统计出百吨单耗、平均百吨单耗,以此为指标进行考核。

(3) 制定具体考核措施,进行考核工作。如果设备的作业货种和工艺固定,可以采用固定标准指标考核。如果设备的作业货种多,工艺复杂,则给考核工作带来困难,只能采取浮动考核办法,即每月计算出平均单耗,以此为标准进行考核。

(4) 在考核过程中,要抓住以下三个关键环节。

① 要采取强制措施来实现满箱油制,特别注意临时换车时的满箱油的交接(避免油箱因没有统一的标志,油位的标准不一致而出现矛盾),并做好燃油卡的记录工作。

② 做好现场交接的设备燃油使用的划分工作,尤其是叉车(要求加油车到现场加油)。

③ 做好故障设备的燃油记录工作,和维修完工后的设备燃油记录工作(故障设备故障发生时间不定,无法到加油车前加满油;设备维修时间不等,维修过程中可能造成燃油损失等)。

以上环节都需要有相应的管理措施为基础,为考核工作提供准确可靠基础数据,任何环节出现问题,考核工作都无法进行。

(二) 流动设备成本控制

流动设备如汽车、叉车等的零配件、附油消耗(以下简称为材料消耗)主要与技术员、维修工人、设备司机有关,零配件的质量直接影响设备成本(高质量的配件可以减少故障率,减少自身的磨损,同时可以保证其他相关零件的正常使用寿命;残次品不但影响完好率,同时会影响其他机件使用寿命,造成更大的机损事故)。另外,鉴别维修设备零配件是否更换时、何时更换,早换会提高成本,晚更换会影响其他零件的使用寿命,会造成更大的机损事故,同样提高成本,同样影响设备完好率,这个矛盾的处理,必须由技术员进行,因此技术员在成本控制中起着非常重要的作用。

维修工人在成本控制中,同样起着不可忽视的作用,维修的配件几乎都是由维修工人进行更换的,维修过程中的配件保管、维修质量都直接影响成本和完好率,同时新件质量把关,旧件的更换鉴别,需要维修工人与技术员共同完成,因此必须对维修工人进行考核。

汽车、叉车等设备是七分使用,三分养修,因此设备完好状态与司机有直接的关系,对设备司机进行成本考核,既有利于成本控制,又可以促使设备司机精心使用设备,提高设备的完好率,延长设备的使用寿命。

综上所述，流动设备成本控制必须从三个方面入手——技术员、维修工、机械司机，维修工的考核建立在分组承包的基础上，不承包就不能把单车的成本与维修工挂钩，无法对其考核。对于司机要进行单人考核，其具体考核方案如下：

1. 建立司机的单车单人材料消耗账

设备正常磨损的材料消耗，由单车司机均分，出现责任性机损消耗，由技术员进行责任划分，必要时由全队领导参加鉴定，这样可统计出单车材料消耗、单人材料消耗，根据单车、单人的操作吨，可统计出单车和单人的单耗。

2. 根据单人的单耗，计算月平均单耗

对司机进行浮动指标考核（因为设备技术状况经常发生变化，无法进行车类的划分，无法采用固定指标的考核）。

3. 根据单车的单耗，可以制定相应的考核办法

对维修承包组进行考核，既可采用固定指标考核，又可以采用浮动指标考核。

4. 对技术员的成本控制考核

对于技术员可以进行分车组承包考核，也可以根据上级部门的成本指标，对其进行总额度考核（因为技术人员的个人素质较高，责任心较强，另外对维修工和司机的考核的基础工作，主要由技术员来完成）。

5. 关键环节

(1) 对单人材料消耗的记录和鉴别，必须准确无误。

(2) 统计工作量较大，人为统计效率低，并且失误多，可采用计算机网络管理，实现单车、单人的统计和考核工作。

(3) 维修工的承包设备的划分，不管从技术状态，还是从操作量上要尽可能的均衡合理。

(4) 使用的零配件必须保证质量，价格合理。

在具体操作过程中，要求全员参与，必须提高全体职工成本意识，使得全体职工积极参与，才能很好完成考核工作。

（三）燃油单人考核方案

为将燃油消耗准确落实到单机单人，便于燃油定额考核，抓好节油工作，对燃油管理特做如下规定，由司机们严格遵照执行。

(1) 从某月某日早8时起实行满油箱制，所谓"满油箱加油制"，就是当班司机作业后，将本车油箱加满油，所加油量既是本工班实耗油量。交班司机没加满油，每次扣25分，接班司机如发现交班司机不执行满油制，及时向带班队长汇报，如不汇报，上一班的燃油消耗由接班司机承担。

(2) 每个司机必须持"加油卡"加油，由油槽车司机在"加油卡"上注明加油数量，并签名确认。本队设备司机必须在油槽车司机的"加油本"上签字确认加油

数量。

(3) 队内根据每月的单人单机消耗燃油,以及个人完成的操作吨,对省油的进行加分,对燃油使用超标进行扣分。具体考核措施如下:

① 每月根据司机的燃油消耗和操作吨,计算出百吨油耗、平均百吨油耗。

在平均百吨油耗上下5%的范围内,不进行奖罚,在此范围以外,超出范围0.1—2个百分点,每0.2个百分点加扣0.5分;超出范围2—4个百分点,每0.2个百分点加扣1分;超出范围4—6个百分点,每0.2个百分点加扣1.5分,超出范围6个百分点以上,将进行调查原因,另行研究处理。

② 其他非生产用油不得从设备中抽取,可从带班队长的"现场加油箱"处领取,代班队长在现场加油或其他生产用油,由当班调度打队内作业票,定期交到队部统计员处,进行统计考核。有伪造、修改、涂抹加油卡记录等弄虚作假行为,有偷、卖油行为,或故意浪费者,将严肃处理。

拓展训练

一、单选题

1. 在物流成本的核算中,基本的物流成本核算的对象不包括(　　)内容。
   A. 物流成本功能　　　　　　　　B. 营业网点
   C. 物流范围　　　　　　　　　　D. 物流成本支付形态
2. 在我国,对物流成本的管理更多地停留在(　　)层次上。
   A. 物流成本核算层　　　　　　　B. 物流成本管理层
   C. 成本效益评估层　　　　　　　D. 物流成本预算层
3. 在物流成本核算账户设置中,下列说法正确的是(　　)。
   A. 运输成本作为一级账户　　　　B. 物流成本作为二级账户
   C. 仓储成本作为三级账户　　　　D. 材料费作为四级账户
4. ABC物流成本计算法,全称为(　　)。
   A. 物流成本会计　　　　　　　　B. 活动基准成本计算
   C. 时间序列计算　　　　　　　　D. 物流需求预测
5. 现在越来越多的企业推行(　　),这是一种进行物流成本归集核算的有效方法。
   A. 作业成本法　　B. 经验法　　C. 数量法　　D. 规划论法

二、简答题

1. 什么是物流成本?它的分类是怎样的?
2. 物流成本的主要特性是什么?

3. 试述 ABC 成本法的产生背景。简述作业成本法的适用性。
4. 如何采用 ABC 成本法进行物流成本核算？
5. 简述作业成本法在配送中心的应用模式。
6. 举例说明配送中心产品成本的计算。

三、问题讨论

1. 企业物流成本管理的实质是什么？
2. 物流成本管理具有二律背反的特性，在进行企业物流管理时应如何运用这种特性？

四、商务实战

商务实战 8-1

顺丰上海分公司降低物流成本方法

举措 1：采用油卡管理，控制车辆油耗

上海顺丰快运股份有限公司对于所有公司下属的车辆采用油卡管理车辆油耗，对于每个分公司的每辆自有车辆的加油次数、加油量都记录在油卡上，根据每辆车的周转量油耗定额考察其油耗控制情况，从而降低油耗成本。

举措 2：进行车辆合理配载，提高车辆的吨位利用率

由于上海分公司除自己做第三方物流业务外，还负责总公司的货物分拨工作，因此业务量较大。公司的车辆在发车之前，通常会合理地配载同一方向上的分拨货物和第三方的货物，提高车辆的吨位利用率。同时车辆回程时顺道搭载其他分公司发往上海的分拨货物，保证回程有货，减少了回程空驶率。

举措 3：采用外雇车辆，降低车辆管理成本

在货运旺季或公司承接非快递业务时，公司通常会采用外雇车辆进行运输业务，从而降低了车辆的管理和运营成本，又能完成货运业务。

思考题

1. 请你为顺丰上海分公司设计"油卡"。
2. 企业选择外雇车辆的标准是什么？怎样加强对外雇车辆管理？

商务实战 8-2

连锁企业目标成本分解

某连锁企业经营 A、B、C 三种产品，上年三种产品的销售利润率分别为 20%、12%、15%，计划期要求销售利润率增长 2%，预计销售收入分别为 50 万元、30 万元、20 万元，销售税金分别为 5 万元、3 万元、2 万元。要求：确定企业总体的目标成本和各产品的目标成本。

按基期产品销售利润率计算计划期产品平均销售利润率：

$$\begin{aligned}&\text{计划期产品平均} \\ &\text{销售利润率}\end{aligned} = 20\% \times 0.5 + 12\% \times 0.3 + 15\% \times 0.2 + 2\% = 18.6\%$$

$$\begin{aligned}&\text{计划期总体} \\ &\text{目标成本}\end{aligned} = 100 - 10 - 100 \times 18.6\% = 71.4(万元)$$

计划期各产品目标成本：

$$A 产品 = 50 - 5 - 50 \times 22\% = 34(万元)$$
$$B 产品 = 30 - 3 - 30 \times 14\% = 22.8(万元)$$
$$A 产品 = 20 - 2 - 20 \times 17\% = 14.6(万元)$$

商务实战 8-3

三星的物流管理

在生产制造业的物流管理中，运输成本的管理是最重要的一个环节。三星对运输成本管理有自己独到的做法，那就是"从大处着眼，从小处着手"。

在国内端业务方面，尽管目前受到燃油价格上涨、航班航线等因素的影响，但是三星的运输成本每年仍有15%的下降幅度。之所以如此，出自以下两个原因。

第一，三星不是一味地压低运价，而是与物流服务商共同研究如何整合资源来降低生产成本和运输成本。

比如，通过改变产品包装模数与包装方式，提高包装内的货物量，降低了单位产品的运输成本。又如，根据国内业务发展的需要，改变运输方式。以前送往上海的货物，一般采取空运方式，现在由于高速公路的发展相对比较完善，因此在满足时限和保证服务的前提下改为公路运输。手机充电器、PCB板等零部件的供应商多数在南方地区，这些产品对运输条件要求不太严格，通常采用铁路运输，从而有效地降低了运输成本。另外，随着我国社会经济的发展，货源比较充足。比如在上海地区负责三星零部件、产品运输的物流服务公司，他们可以做到即使三星的产品没有满载，他们也可以协调众多货主的货源，并开辟班车运输，将过去的零担运输改为整车运输，从而大大降低了运输成本。

第二，将给每个城市分销商仓库配货转变为向三个配送中心配货。

过去，三星将每个分销商的订单货物直接发往该分销商的仓库。经常发生的情况是，各种型号的产品在全国各地的销售情况不同，这就造成经销商的实际销量与订货时的预期值有较大差异，有些分销商的货已销售完又继续订货；而有些分销商的货销售较慢，拥有部分库存。在这种情况下，总分销商需要在各地分销商之间进行产品调剂,以避免在推出新型号手机时旧型号产品在某个分销商处过多地压货。这样,在调剂余缺的过程中就产生了额外的物流费用。

目前,三星协同总分销商分别在北京、深圳、上海各建了一个物流库,并将流程改为:三星将产品发到三个物流库,各分销商从就近的物流库取货,总分销商调剂产品只在三个物流库之间进行,减少了全国范围内的多点对多点的配送运输,从而降低了许多不必要的运输费用。另一方面,货物集中运输也减少了运费,三星将节省下来的费用中的一部分作为补贴返还给分销商,提高了分销商与三星业务配合的积极性。

在国际端业务中,由于手机产品更新换代比较快,不适合海运方式,三星主要采用空运方式。在美国的得克萨斯,三星建有自己的配送中心,天津工厂生产的产品(如裸机、电池、充电器等)都是通过空运发往美洲,但是由于从美洲地区回程的货物较少,造成整个航运业运力不平衡。为了解决这个问题,三星与航空公司、物流服务公司三方签订了运输合作协议:三星提供货源,航空公司提供舱位,货代公司保证运输正常以及运价稳定,这样,不仅满足了三星的业务发展需要,也使合作各方都能获得稳定的收益,从而达到"多赢"的目的。

思考题

1. 三星是如何降低运输成本的?
2. 三星是如何选择运输方式的?

第九章　第三方物流管理

学习目标

- 了解第三方物流的基本业务内容
- 了解第三方物流为连锁企业带来的效益
- 熟悉第三方物流的运作模式
- 熟悉第四方物流的发展状况
- 掌握选择第三方物流的方法

情景案例

上海迅捷的 3PL 管理经验

面对电脑硬盘价格持续下降的市场走势,身处日益激烈的市场竞争环境,上海迅捷科技有限公司始终朝着打造更快捷高效的供应链、进一步降低运营成本的目标努力着,以保持自己的行业领先优势。

在整个供应链管理中,上海迅捷非常注重物流的平稳性,即首先要保障整个业务流程的平稳运行,在此前提下控制成本,降低成本。上海迅捷在对第三方物流管理上有两点经验非常值得借鉴。

一、选对 3PL 实施物流外包

选择一家合适的第三方物流公司(3PL)实施物流外包,成为上海迅捷实现供应链管理目标的重点。上海迅捷认为 3PL 必须符合以下六个条件。

(1) 拥有全球性物流网络。

(2) 物流服务范围广,专业经验丰富。服务涉及空运、海运、海关关务、仓储(包括包装、退货、维修、订单处理及进出口操作)、卡车运输、配送、物流项目解决方案等;而经验丰富与否,取决于该公司在此领域提供服务的时间、所服务的客户数量及大客户比率。

(3) 总的物流成本合理,包括空运/海运的航线价格、航空燃油附加费和航空安检附加费的增减、仓储服务价格、保险费用、货币汇率的保证、承诺的年折扣额或每年价格下降比率。上海迅捷提供参考的空运/海运货量和仓储量,由符合条件的第三方物流商进行公开投标。

(4) 一体化的全球信息系统及先进的技术设备,要求:能够与客户的不同系统实现无缝连接;覆盖全球范围,基于 Internet 的网络技术;实现实时的、自动的数据交换;消除不必要的、重复的操作;利用条形码等技术,减少手工操作;能够根据客户需求进行数据的采集、输出和分析。

(5) 管理系统的灵活性及公司高层的承诺。

(6) 风险责任的承担,包括:保险合同的签订;对货物损坏及货物遗失的协议,即第三方物流将承担的风险(如索赔金额超过一定额度,第三方物流承担全部责任);索赔的流程及赔款的期限;其他必要条款。

在上海迅捷看来,3PL 的操作能力与履行承诺的能力尤为重要。例如,在上海机场有多少舱位,人员结构如何,怎样支持上海迅捷的业务运作,尤其是在物流高峰期仍能保证上海迅捷正常的业务运作等,都是上海迅捷看重的因素。

二、采用单一整合的信息系统

上海迅捷在制造和上市发货方面的高效率很大程度上要归功于它所采用的世界级单一、整合的信息系统。由全球知名软件公司为上海迅捷无锡工厂提供了全部软件系统,包括财务系统、MRP、ERP、供应链管理系统等,各系统之间实现了无缝连接,尽可能避免了信息传输的延误,真正做到实时交换信息。同时,上海迅捷与 3PL 也实现了信息系统的实时连接。

作为制造企业的大脑,ERP 系统将上海迅捷内部的市场预测、销售计划、产品生产、成品发货、财务结算等业务流程的管理,与企业供应链管理所涉及的生产计划、原材料采购、供应商管理、产品销售、服务等过程进行了有机结合,实现了生产库存、仓储库存、在运库存、退货、回收等环节的统一管理。

思考题

1. 实行物流外包应如何选择第三方物流企业?
2. 第三方物流与客户之间的关系应如何定位?

第一节 第三方物流概论

一、第三方物流的含义

第三方物流 TPL(Third Party Logistics, 3PL)就是通过物流管理的代理企业(物流企业)为供应方和需求方提供物料运输、仓库存储、产品配送等各项物流服务。

第三方物流处于流通的中间环节,它提供了一体化的物流服务,是中间流通企业。如图9-1所示。

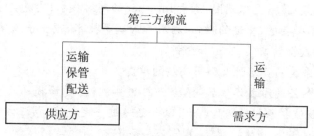

图9-1 第三方物流

(一)广义的第三方物流

广义的第三方物流是以商品交易为参照对象,是相对于自营物流而言的。

广义的第三方物流是指商品买卖双方之外的第三方提供物流服务的形式。按照这种解释,买方承担的物流和卖方承担的物流都不是第三方物流,而除此之外的任何一方所承担的物流都是第三方物流。

(二)狭义的第三方物流

狭义的第三方物流是以物流服务或物流交易为参照对象。

狭义的第三方物流是指能够提供现代化的、系统的物流服务的第三方的物流活动。其具体的描述如下:

(1) 有提供现代化的、系统物流服务的企业素质;

(2) 可以向货主提供包括供应链物流在内的全程物流服务和特定的、定制化服务的物流活动;

(3) 不是货主与物流服务提供商偶然的、一次性的物流服务活动,而是采取委托承包形式的业务外包的长期合作关系;

(4) 不是向货主提供一般性的物流服务,而是提供增值物流服务的现代化物流活动。

第三方物流这一术语的运用,因人因地的不同,其含义也有所区别。一般而言,我们在研究和建立现代物流系统时,第三方物流不是按照自营物流与否来进行区分的,而是应当从狭义的角度去理解,把它看成是一种专业化、现代化的物流服务形式。

(三)国家标准(GB/T18354—2001)物流术语给出的第三方物流的概念

"第三方物流是指由供方与需方以外的物流企业提供物流服务的业务模式。"

第三方就是指提供物流交易双方的部分或全部物流功能的外部服务提供者。在某种意义上可以说,它是物流专业化的一种形式。

第三方物流通常又称为契约物流或物流联盟,是指从生产到销售的整个流通过程中进行服务的第三方,它本身不拥有商品,而是通过签订合作协定或结成合作联盟,在特定的时间段内按照特定的价格向客户提供个性化的物流代理服务。

二、第三方物流的特征

第三方物流具有关系契约化、服务个性化、功能专业化、管理系统化、信息网络化等特征。

(一)关系契约化

首先,第三方物流是通过契约形式来规范物流经营者与物流消费者之间关系的。物流经营者根据契约规定的要求,提供多功能直至全方位一体化物流服务,并以契约来管理所有提供的物流服务活动及其过程。其次,第三方物流发展物流联盟也通过契约的形式来明确各物流联盟参加者之间权责利相互关系。

(二)服务个性化

首先,不同的物流消费者存在不同的物流服务要求,第三方物流需要根据不同物流消费者在企业形象、业务流程、产品特征、顾客需求特征、竞争需要等方面的不同要求,提供针对性强的个性化物流服务和增值服务。其次,从事第三方物流的物流经营者也因为市场竞争、物流资源、物流能力的影响需要形成核心业务,不断强化所提供物流服务的个性化和特色化,以增强物流市场竞争能力。

(三)功能专业化

第三方物流所提供的是专业的物流服务。从物流设计、物流操作过程、物流技术工具、物流设施到物流管理必须体现专门化和专业水平,这既是物流消费者的需要,也是第三方物流自身发展的基本要求。

(四)管理系统化

第三方物流应具有系统的物流功能,这是第三方物流产生和发展的基本要求,第三方物流需要建立现代管理系统才能满足运行和发展的基本要求。

(五)信息网络化

信息技术是第三方物流发展的基础。物流服务过程中,信息技术发展实现了信息实时共享,促进了物流管理的科学化,极大地提高了物流效率和物流效益。

三、第三方物流的运作模式

(一)传统外包型物流运作模式

第三方物流企业独立承包一家或多家生产商或经销商的部分或全部物流业务,不介入企业的生产和销售计划。第三方物流与企业之间缺少协作。

(二) 战略联盟物流运作形式

这包括运输、仓储、信息等以契约形式结成战略联盟，实现内部信息共享和信息交流，相互间协作，形成第三方物流网络系统。

联盟成员是合作伙伴关系，实行独立核算，彼此间服务可相互租用。

(三) 集成物流运作模式

这集成了物流的多种功能：仓储、运输、配送、信息处理和其他一些物流的辅助功能，如包装、装卸、流通加工等。

对上游生产商可提供产品代理、管理服务和原材料供应。

对下游经销商可全权为其代理配货送货业务，可同时完成商流、信息流、资金流、物流的传递。

集成物流的网络结构形式：

(1) 大物流中心加小配送网点的模式，适合商家、用户比较集中的小地域范围；

(2) 连锁经营的模式，在业务涉及的主要城市建立连锁机构，负责该城市和周围地区的物流业务，地区间各连锁店实行协作，适合地域间或全国性物流，还可以兼容前一模式。

(四) 虚拟经营模式

第三方物流企业之间的虚拟经营通过整合各成员的核心能力和资源，在一定区域形成较完善的多功能物流网络，满足客户需求。成员企业通过分享市场和顾客，实现共赢目标。例如，中国外运集团下属多家物流服务企业，联手在国内为三星公司提供从提货、发运、进出口运输、国内海陆空运输、仓储、信息查询、反馈等全方位的物流服务，取得了骄人的业绩。

四、第三方物流所具有的优势

第三方物流的优势集中体现在以下五个方面。

(一) 发挥企业管理优势

第三方物流最大的效益是使企业能够集中精力于自身擅长而核心的管理业务。将不擅长的或条件不足的物流管理业务转移至外部物流服务公司。

(二) 降低生产成本

通过降低原料采购费用来降低原材料成本以达到降低生产成本的目的。例如，原料采购中的运输费用的下降就会影响生产成本。

(三) 提高服务质量

利用第三方物流高质量的服务功能，采用最佳方式，以最快速度，及时将外购零部件配送到位。

(四) 适应需求变化

当企业运输能力不足时,可以借助第三方物流的职能来补充或替代企业的运输工作。当实际需求加大时,企业可以借助第三方物流的保管功能来补充保管容量。当企业加工能力不足时,可以借助第三方物流的包装功能来实现。当企业没有精力进行配货时,也可以借助第三方物流的进行配送。图9-2展示了第三方物流企业的功能。

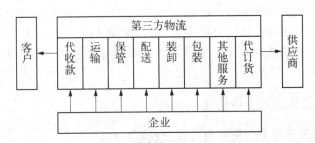

图9-2 现代物流的服务功能

此外,第三方物流的功能还扩展到安装产品、回收次品等项工作,成为一种现代物流的模式。

总之,利用第三方物流的各项功能使企业具有较好的后援能力,以及各种服务能力,以应付瞬息万变的环境。

(五) 不断更新并使用新技术

第三方物流是专门从事物流工作的专职机构,不断追寻物流技术的发展,更新物流设备,应用高技术手段是他们生存的需要。

第二节　第三方物流为连锁企业带来的效益

第三方物流不仅可以使连锁企业获得战略层面的优势,还可以使连锁企业在经营运作层面得到效率和效益的极大提升。

一、连锁零售企业物流外包的背景

物流外包是指企业将其物流业务以合同的方式委托于专业的物流公司运作的业务委托和合约执行方式。连锁零售企业物流外包是连锁零售企业将商品的仓储配送等物流活动,外包给专业物流公司完成,物流公司通过优化物流管理,降低物流成本,提高综合服务质量,满足连锁零售企业的需要。

连锁零售企业的业务活动中,商流与物流是其重要组成部分。商流解决商品所有权的更迭问题,物流解决商品物理性流转问题。连锁零售企业的商流与物流原本是紧密结合的,是连锁零售企业商品流通的两方面职能,是企业的内部活动。

从20世纪80年代开始,随着分工与专业化的发展、连锁零售企业对核心竞争力的重视以及信息技术的发展和应用,商流与物流出现了分化独立的趋势,商流与物流原本的对称统一性被打破,一种新的市场化分工组织——第三方物流企业迅速发展起来。连锁零售企业与批发企业相比,物流大多不是它的强项,在这种情况下,连锁零售企业开始将一些原本由自己来实施的物流活动交给外部的第三方专业物流企业来承担,通过快速沟通的信息技术与第三方专业物流企业实现高效合作。目前,越来越多的连锁零售企业把物流业务进行外包,与外包企业建立合作伙伴关系。

二、第三方物流为连锁企业带来的效益

(一)连锁零售企业物流外包可降低成本

企业将物流业务外包给第三方物流企业,可以减少两种成本,一是投资成本;二是运营成本。一方面,企业可以减少或者取消企业在物流设备、设施方面的投资,譬如仓库、运输车等,以降低资金占用;另一方面,第三方物流企业具备的规模优势、人才优势、专业优势等最终转化为较低的作业成本。

连锁零售企业物流外包也是如此。连锁零售企业进行物流外包可以减少资金消耗,减少在物流方面的大量投入,大大减少被占压的流动资金,节省费用。第三方物流的专业和规模使它能够压缩物流管理费用,规模化、系统化的社会物流可以大大降低物流成本,这样使连锁零售企业通过物流外包所付出的成本低于自己内部从事物流的成本。

(二)连锁零售企业物流外包可使企业专注于核心业务

任何企业的资金、资源都是有限的,很难在所有业务上都面面俱到。从事物流运作需要一定的资金实力和丰富的物流管理经验。连锁零售企业的商流与物流可以结合,也可以分开。连锁零售企业把非核心的物流业务外包给专业物流企业,可以使企业对核心的主业进行重点研究,集中精力做好核心业务,把人力、物力投入到专业优势最显著的领域,再通过交换获得最大的分工效益,实现资源优化配置,从而提高服务质量,进而提高企业的竞争能力。

(三)连锁零售企业物流外包是缘于物流复杂性增加

最早的物流主要靠人力和少量的原始工具完成,物流活动简单且效率低下。工业化初期,物流活动以运输、仓储、包装、装卸、搬运、配送等分割的形式分散在企业生产、流通的各个环节。从20世纪50年代开始,在企业内部出现物流管理一体化,通过对运输、仓储、包装、装卸、搬运等物流活动的集成化管理,实现了物流

管理的专业化、物流技术的先进化和物流运作的效率化。20世纪90年代的物流以计算机网络和信息技术作为支撑,应用了先进的管理技术和组织方式,物流的复杂性增加,专业化的物流成本大大降低。连锁零售企业特别是中小型连锁零售企业网点遍布国内或某一地区、某一城市,点多面广,内部做物流变得既不专业,也不经济,这使得选择物流外包成为一条有效的途径。

(四)连锁零售企业物流外包可以分散经营风险

连锁零售企业从事物流业务要投资兴建仓库或物流配送中心等基础设施、采购车辆等运输工具、构建信息网络化平台,这种投资是需要承担一定的风险的。物流本身是一种长期投资,投资收益很大程度取决于连锁零售企业业务量的增长,这也会给连锁零售企业带来很大的经营风险。连锁零售企业物流外包就可以把这一投资风险转嫁出去,由物流提供商来承担,从而降低了连锁零售企业的经营风险。

(五)创新管理

第三方物流服务可利用物流服务商的创新性物流管理技术和先进的渠道管理信息系统为自己开辟业务发展道路。一流的第三方物流服务商一般在全球拥有广泛的网络,并拥有开展物流服务的经验和专业技术。当企业计划在自己不熟悉的地理环境中开展业务时,可充分利用第三方物流服务商的专有技术和经验来进行有关运作。

(六)提升企业形象

第三方物流服务商与顾客,不是竞争对手,而是战略伙伴,利用第三方物流企业的信息网络和节点网络,能够加快顾客订货的反应能力,加快订单处理,实现货物的快速交付,提高顾客满意度;通过其先进的信息通信技术可以加强对在途货物的监控,及时发现、处理配送过程中的意外事故,保证货物及时、安全送达目的地,尽可能实现对顾客的承诺。他们可利用完备的设施和训练有素的员工队伍对整个供应链实现完全控制;他们通过遍布全球的运送网络和服务提供者(分包方)大大缩短交货期,帮助顾客改进服务和树立品牌形象。第三方物流服务商通过"量体裁衣"式的设计,制订出以顾客为导向、低成本和高效率的物流方案,使顾客在同行业中脱颖而出,为其在竞争中取胜创造有利条件。

实战案例 9-1

货迟发了一天

(一)案例背景

某跨国公司,主营汽车小型配件的生产与供应,总部在美国,在世界主要工业地区有分部,例如韩国、中国、新加坡、欧盟。分部不但要为客户及时提供技术支持,而且要提供零配件,因为缺料会导致客户机台停转,损失动辄几十万元。该公司的零配件的储备是典型的多阶段仓储模式,即在美国有主仓库,各地区有分仓库,在一些重要客户处有寄售点(VMI)。零配件体积小,价值高,客户对时效性要求高,国际货运都采取空运。近年来,该公司推行外包战略,整条供应链从仓库到运输、报关、清关,都由第三方物流公司负责。

最近韩国分部发现,总部从发出配货命令到配货完毕待运,原来在24小时内即可完成,现在却动辄得两天,有时候甚至更长。别的地区也发现类似的问题:原本应该已经在飞机上的货,现在却经常还待在总部。空运又不是天天有,因为货量较低,为节省运费,公司的航运只定在每周的一、三、五。这意味着总部迟配货一天,分部可能迟拿到货3天。如果适逢周末,便是5天。难怪分部怨声载道。

(二)案例要求

(1)试分析第三方物流货迟发了一天对该跨国企业有哪些影响?

(2)造成这一问题的根源是什么?

(三)案例分析

先说财务影响。假定该公司每年的库存周转率为10,这意味着公司应保持36天的库存(365除以10)。货每迟发一天,分部就得多备一天的货,总库存即增加2.8%(1除以36)。假定各分部总库存为3 000万美元,库存增量为84万美元(3 000万乘以2.8%)。假定库存成本为25%(包括仓库成本、人工费、保险费、折旧费等),那么,迟发一天的代价就是21万美元一年。这还不算客户因缺料带来的损失。这只是理论计算。实际案例中,分部过激反应,要求多备一周的货。那么,整个供应链条的总成本就超过百万美金。货迟发一天的影响如此,质量问题、断货、运输延迟、清关延误等的影响就更大。这些因素一起导致供应链库存居高不下。量化这些影响,有利于引起各方面注意,从而采取切实行动。

再说问题根源。这个案例中,问题有三个方面。

(1)第三方物流操作人员不清楚绩效期望。原来的指标是当天发配货指令,当天配货完毕。但是,由于人员变动、培训等问题,这个指标就走了样,变成只要在运输公司提货前完成配货就行。因为不是每天提货,有些员工就搞不准哪天提货,例如想的是周三来提货,就计划在周三配货;但实际上是周二提货,于是这批货就得耽搁几天。

(2)指标没有书面化。当天配货只是双方达成的口头期望,实际中并没有人统计是否达到这个指标。既然没人统计,执行人员就不注意是否达标,直到问题严重,分部频频举报。

(3)第三方物流的管理问题。他们严重依赖于个别人,结果这个人去度假,运

第九章　第三方物流管理

作就出现问题。反应在供应商管理上,就是小供应商的流程可以建立在人的基础上,但不能建立在个别人上。这说的是流程都得由人来驱动,但不能围绕几个个别人来设立。要不,这些人不在了,整个流程就出问题。

知道了根源,问题就迎刃而解。第三方物流公司每天跑两次报表,看当天发指令的货是否配齐;每周指标会议上,第三方物流汇报上周的表现。这样,配货延迟的问题得到了控制。流程过于依赖个别人的问题,一方面通过健全指标系统来缓解,另一方面要培养后备人员。说到这里,不能不提及美国物流行业的一个问题:行业竞争激烈、利润低、薪酬低,难以吸引和保留一流人才。从业员工中,不管是卡车驾驶员、检货员,还是仓库管理员、包装员,人员流动频繁。员工中滥用药物、酒精等问题也较多。这些都直接影响到行业的服务水准,也更需要完善的流程、制度来规范。

第三节　选择第三方物流的方法

一、选择第三方物流要考虑的因素

企业在与第三方物流服务商合作过程中,应首先从自身现状或整个供应链网络加以分析考虑,判断自身和供应链是需要第三方物流服务商作为战略联盟,还是只需要第三方物流服务商提供简单短暂的物流服务。此外企业还应决定选择何种类型的第三方物流服务商作为自己的合作伙伴,因为这在很大程度上影响了物流服务商选择时所选取的评价指标。

选择第三方物流时需要考虑的因素有三类。

(一) 成本因素

企业必须对外购物流资源与内部物流资源的成本进行比较,判断是否需要外购物流资源,如表9-1所示。

表9-1　企业自管物流与外购第三方物流费用比较　　　　单位:元/月

物流管理 费用项目	企业自管物流	外购第三方物流
运输费	30 000	25 000
保管费	50 000	45 000
配　送	10 000	12 000

续 表

物流管理 费用项目	企业自管物流	外购第三方物流
装 卸	5 000	5 000
包 装	1 000	1 000
流通加工	20 000	21 000
合 计	116 000	109 000

结论：可以采用全部物流业务的外购，也可以采用单项物流业务的委托。

对同一物流项目不同的第三方物流申报的价格进行比较，决定选择哪一家第三方物流企业，如表9-2所示。

表9-2 第三方物流比较 单位：元

第三方物流 服务项目	南洋公司	宏大公司	大同公司
500台电视机运输费	10 000	8 000	8 500
500台电视机半月保管费	40 000	42 000	35 000
500台电视机装卸费	3 000	3 000	2 800
合 计	53 000	53 000	46 300

（二）第三方物流企业特长及资源

（1）企业需要外购的物流功能最好是该物流企业擅长的业务。

（2）第三方物流企业可以是一个规模宏大的公司，持有丰富的资源，服务较正规，但物流管理的收费相对也就较高。

（3）第三方物流企业也可以是一个规模较小的公司，持有的资源较贫乏，但服务较灵活，物流管理的收费相对较低。

（三）第三方物流的服务能力

（1）善于理解客户的要求，并能尽量满足客户的特殊要求。

（2）当客户的需求发生变化时，它也能适应灵活多变的环境。

二、选择第三方物流的方法

企业在选择第三方物流供应商过程中，应用较多的选择方法有定性和定量两大类。供应商选择定性的方法主要有经验判断法、公开招标法、协商选择法、标杆法等。目前,国内外对供应商选择方法的研究主要集中在定量模型上。从收集的文献来看,最常用的物流供应商选择与评价模型主要有:层次分析法、数据包络分析、模糊综合评判法、统计分析法等。此外,其他方法模型也在物流供应商选择中得到广泛应用,例如,运用禁忌搜索算法进行物流供应商选择,从总成本角度研究第三方物流供应商的选择,多目标决策方法对物流供应商进行选择,从最大满意度、最小净成本、最小延迟时间三个方面建立约束,利用模糊优化理论对供应商进行选择等。

但这些方法和模型各有缺陷,运用的时机也互不相同(见表9-3)。

表9-3 第三方物流供应商选择模型比较表

选择方法	做法	特点	适合运用时机	缺点
成本比率法	总采购成本与采购金额比率越低的供应商越好	以供应商的采购成本比例为标准	不需考虑其他非成本指标时	非采购成本的指标被忽略
数学规划法	变量须是可量化的,以限制式与目标函数求解	可求得整体最优解	所有指标都是可量化的项目	不可量化的指标无法考虑
层次分析法	利用成对比较的方法进行评选,并以一致性检验鉴别问卷的有效性	通过成对比较方式将受访者感受转换成数字	评估指标或方案不多时	指标或方案太多时,受访者会有感觉错误现象
模糊综合评判	专家制定出各指标下各等级表现范围及隶属函数,将供应商表现建立模糊关系矩阵,进行供应商表现计算	语意变量与可量化变量同时考虑	同时具有量化与语意变量时选用	无法体现同等级方案之间优劣关系
数据包络分析	以决策单元输入输出权重为变量,使用数学规划模型比较决策单元间的相对效率,对决策单元作出评价	权重的决定不受主观因素的影响	具有多输入、多输出相同类型单位的有效性评价	无法进行全排序

综上可知,在对物流供应商选择的研究上,基本上都把选择看作一次性的结果,通过构建某个模型,对各供应商合理打分评价,根据综合评分结果来选择供应商。而实际上,物流供应商提供的是物流服务,属无形产品且过程不可逆,仅依靠一次选择的结果就期望能得到优质的物流服务是不科学的。因此,有学者认为,

单一的供应商选择模型各有弊端。针对单一物流供应商选择模型的缺陷,近年来学者们也进行了一些集成多种方法的综合研究,这些集成模型为供应商的选择提供了更加客观、可靠、公正的参考。

多模型集成方法,应当是伴随着逆向物流、第四方物流、供应链管理以及全球化背景的出现而趋热的。在这些全新的研究背景下,第三方物流供应商的选择更加复杂多变,难以再用单一的指标和模型来评价,因此,建立综合指标体系以及多模型综合方法来评价可以更好地研究错综复杂的评价对象。

三、第三方物流服务供应商的选择过程

选择合适的第三方物流服务商作为企业供应链中的合作伙伴,是加强供应链管理中最重要的一个基础。企业为提高竞争力要成功地选择合适的第三方物流服务商,可归纳为以下五个步骤。

(一) 物流外包需求分析

这是制定外包策略的基础,在决定是否选择第三方物流服务时,从企业的核心竞争力出发,进行必要的市场分析和企业本身的物流过程分析,确定当前的优势和存在的问题,从而明确物流外包活动的必要性与可行性。充分认识到第三方物流的优势,并确立为实现物流外包业务必须要与提供实现其物流业务外包的第三方物流服务商建立合作关系的管理理念和决策,由于大多数第三方物流决策对企业目标的实现关系重大,所以通常对物流外包的需求分析需要花费较长时间。

(二) 确立物流外包目标

确立物流外包目标是选择第三方物流服务供应商的指南,首先应该根据企业的物流服务需求的特点确定选择的目标体系,并能有效地抓住几个关键目标,如是进行市场扩展、全球采购、分销,是为了满足顾客不断增长的期望,还是为了实现企业成本降低计划或管理决策上的变动等,这也是企业对第三方物流服务供应商绩效考核的主要依据。企业必须建立实质性的目标,而且必须确定服务商评价程序如何实施、信息流程如何运作。

(三) 建立物流服务供应商的评价准则

选择物流服务供应商,必须制定科学、合理的评估标准。服务商综合评价指标体系是企业对服务商进行综合评价的依据和标准,是反映企业本身和环境所构成的复杂系统不同属性的指标,按隶属关系、层次结构有序组成的集合。目前企业在选择物流服务商时主要从物流服务的质量、成本、效率与可靠性等方面考虑。此外,由于第三方物流服务供应商与企业是长期的战略伙伴关系,因此,在考核第三方物流供应商时,企业也非常关注降低风险和提高服务能力的指标,如经营管理水平、财务状况、运作柔性、客户服务能力和发展能力。

（四）综合评价与选择物流服务供应商

根据评价准则初步选出符合条件的候选供应商，然后采用科学、有效的方法，如层次分析法、模糊综合评判法、仿真等方法进行综合分析评价，有效的评价方法是正确选择第三方物流服务供应商的前提，通过这些评价方法可以确定两至三家供应商。要确定最终的第三方物流服务供应商，还需要注意企业与供应商的共同参与，以保证所获取数据及资料的正确性、可靠性，并对物流服务供应商进行实地考察。最后对各供应商提供的方案进行比较权衡，从而选择出价格低、服务质量优、信誉高、从业经验丰富的第三方物流服务商。

（五）建立合作关系

经过对供应商的考核评价并做出选择后，根据预期达到目标、时间期限和价格进行合约的谈判和订立。由于涉及实际的契约订立，该阶段对建立长期的战略合作伙伴关系十分重要，契约应当包括服务要求、价格、报酬支付时间表、期限和其他一些特定的事情；特定条款还包括相关契约的取消、提价或成本节约的分担等。

四、连锁企业与第三方物流的合作原则

（一）明确战略目标

物流业务外包是一种经营策略，在选择第三方物流供应商的过程中，企业的整体经营战略是外包的决定性因素，是选择过程中每个步骤的指导性原则。选择第三方物流供应商的决策，必须要建立在能够最大限度地满足企业战略需求的基础上。

（二）实现集中控制

第三方物流供应商必须具备管理物流网络的先进技术和操作手段。通过利用这些先进技术和操作手段，起到对分散在不同地点的厂房与分支机构的集中控制作用。在这种集中式的全新商业经营模式中，第三方物流公司应该能够充当"模式调整执行者"的角色，通过第三方物流公司的参与使企业适应新的商业模式，实现企业物流过程运行的高效稳定。

（三）评价业务经验

大多数企业选择第三方物流服务的核心目的是要获得高水平的运营能力。在第三方物流供应商选择的过程中，第三方物流企业不但要有满足企业所有运作需要的经验，更重要的是这些经验要能够帮助企业实现更高的经营水平。

（四）权衡技术水平

科技在今天已经成为企业发展最重要的动力之一，选择第三方物流供应商必须确保其具备相当的技术能力。这就要求所选择的第三方物流公司要拥有与企

业发展相适应的不断进步的技术。

（五）建立信任关系

良好的业务关系是建立在相互信任的基础上，与第三方物流公司不太信任的关系会给竞争对手带来机会，保持良好的信任关系能够减小风险。在选择第三方物流供应商时可以依据先前存在的合作关系作出决策，也可以参照第三方物流公司与其他客户的关系作出决策。

（六）确保兼容性

虽然第三方物流企业都宣称能够服务任何企业，但每一个物流企业都有自己的核心竞争能力。在选择第三方物流供应商时可以参考第三方物流企业的客户名单，考察客户名单中是否有与企业物流需求相似的客户。此外，应在选择过程的最后阶段对企业文化是否相似的问题进行考虑，应该尽可能与一个认同企业文化并能够把它应用到服务中去的物流公司进行合作。

实战案例 9-2

中外运：三星公司物流的第三方

（一）案例背景

中外运空运公司是中国外运集团所属的全资子公司，华北空运天津公司是华北地区具有较高声誉的大型国际、国内航空货运代理企业之一。中外运空运公司为三星公司提供其在中国的第三方物流服务。

三星公司对物流服务提出了如下要求：

一是提供24小时的全天候准时服务。主要包括：保证三星公司中外业务人员、天津机场、北京机场两个办事处及双方的负责人通讯联络24小时畅通；保证运输车国内24小时运转；保证天津与北京机场办事处24小时提货、交货。

二是服务速度快。三星公司对提货、操作、航班、派送都有明确的规定，时间以小时计算。

三是服务的安全系数高。要求对运输的全过程负全责，要保证航空公司及派送代理处理货物的各个环节都不出问题，一旦某个环节出了问题，将由服务商承担责任，赔偿损失，而且当过失到一定程度时，将被取消做业务的资格。

四是信息反馈快。要求公司的电脑与三星公司联网，做到对货物的随时跟踪、查询，掌握货物运输的全过程。

五是服务项目多。根据三星公司的公司货物流转的需要，通过发挥中外运系统的网络综合服务优势，提供包括出口运输、进口运输、国内空运、国内陆运、国际快递、国际海运和国内提货的派送等全方位的物流服务。

为了选择合适的物流服务商,三星公司设立了如下制度:通过多种方式对备选的运输代理企业的资信、网络、业务能力等进行周密的调查,并给初选的企业少量业务试运行,以实际考察这些企业服务的能力与质量,对不合格者,取消代理资格。三星公司对获得运输代理资格的企业进行严格的月度作业考评,主要考核内容包括运输周期、信息反馈、单证资料、财务结算、货物安全、客户投诉。

在被选中作为三星公司的物流服务公司之后,中外运空运公司根据要求和自身状况采取了相应措施。

(1) 制定科学规范的操作流程。三星公司的货物具有科技含量高、货值高、产品更新换代快、运输风险大、货物周转以及仓储要求零库存的特点。为满足三星公司的服务要求,中外运空运公司不断完善业务操作规范,并纳入了公司的程序化管理。对所有业务操作都按照服务标准设定工作和管理程序进行,先后制定了出口、进口、国内空运、陆运、仓储、运输、信息查询、反馈等工作程序,每位员工、每个工作环节都按照设定的工作程序进行,使整个操作过程井然有序,提高了服务质量,减少了差错。

(2) 提供 24 小时的全天服务。针对客户 24 小时服务的需求,中外运实行全年 365 天的全天候工作制度,周六、周日(包括节假日)均视为正常工作日,厂家随时出发,中外运随时有专人、专车提货和操作。在通讯方面,相关人员从总经理到业务员实行 24 小时的通讯畅通,保证了对各种突发性情况的迅速处理。

(3) 提供门到门的延伸服务。普通货物运输的标准一般是从机场到机场,由货主自己提货,而快件服务的标准是从门到门、桌到桌,而且货物运输的全程都在监控之中,因此收费也较高。中外运对三星公司的普通货物虽然是按普货标准收费的,但提供的却是门到门、库到库的快件的服务,这样既提高了三星公司的货物的运输及时,又保证了安全。

(4) 提供创新服务。从货主的角度出发,推出新的更周到的服务项目,最大限度地减少货损,维护货主的信誉。

为保证三星公司的货物在运输中损失减少,中外运在运输中增加了打包、加固的环节。为防止货物被雨淋,中外运又增加了一项塑料袋包装,为保证急货按时送到货主手中。中外运还增加了手提货的运输方式,解决了客户的急、难的问题,让客户感到在最需要的时候,中外运公司都能及时提供帮助。

(5) 充分发挥中外运网络优势。经过多年的建设,中外运在全国拥有了比较齐全的海、陆、空运输与仓储、码头设施,形成了遍布国内外的货运营销网络,这是中外运发展物流服务的最大优势。通过中外运网络,在国内为三星公司提供服务的网点已达 98 个城市,实现了提货、发运、对方派送全过程的定点定人,信息跟踪反馈,满足了客户的要求。

(6) 对客户实行全程负责制。作为三星公司的主要货运代理之一,中外运对运输的每一个环节负全责,即从货物由工厂提货到海、陆、空运输及国内外的异地配送等各个环节负全责。对于出现的问题,积极主动协助客户解决,并承担责任和赔偿损失,确保了货主的利益。

(二) 案例要求

(1) 中外运空运公司为三星公司提供的是哪种物流外包关系?

(2) 至少说出三个中外运为三星公司提供的第三方物流服务的成功因素。

(3) 三星公司在物流供应商的筛选上有哪些做法是值得我们企业学习的?

(三) 案例分析

(1) 中外运空运公司为三星公司提供的物流外包关系是合同物流。

(2) 中外运为三星公司提供的第三方物流服务的成功因素有:

① 为顾客着想,对顾客需求反应迅速,包括能顾客化或为顾客定制服务;

② 依顾客需求改进服务,并提供门到门的延伸服务和创新服务;

③ 提供给顾客的服务与信息迅速且及时,总是以一致与可靠的方式提供服务。

(3) 三星公司筛选物流供应商的做法中值得中国企业学习的有:明确列举服务要求。许多外包合作关系不能正常维持的主要原因是服务要求模糊,导致供需双方理解出现偏差,而三星公司在筛选物流供应商的过程中就明确列出了五点要求。通过多种方式对备选的运输代理企业的资信、网络、业务能力等进行周密的调查,并给初选的企业少量业务试运行,以实际考察这些企业服务的能力与质量,对不合格者,取消代理资格。同时,还对获得运输代理资格的企业进行严格的月度作业考评,以决定他们是否能继续胜任运输代理资格。

第四节　第四方物流

一、第四方物流的内涵与发展

(一) 第四方物流的含义

第四方物流(Fourth Party Logistics,4PL)的概念是安德森咨询公司提出的。第四方物流是指一个供应链的集成商,它对公司内部和具有互补性的服务供应商所拥有的不同资源、能力和技术进行整合和管理,提供一整套供应链的解决方案。

可以说,第四方物流集成了管理咨询和第三方物流的能力,不仅能够降低实时操作的成本,还通过优秀的第三方物流服务商(3PL)、IT技术服务专家、管理顾问和其他增值服务商之间的联盟,为客户提供最佳的供应链解决方案。

这种第三方物流与第四方物流共生、协作的模式为我国物流业的发展提供了一种崭新的思路和发展方向。如图9-3所示。

（二）我国企业物流外包模式的发展历程

我国企业物流外包模式大致经过了以下四个阶段：企业自营物流模式——自营物流和第三方物流相结合的混合模式——全部外包第三方物流模式——第四方物流模式。如图9-4所示。

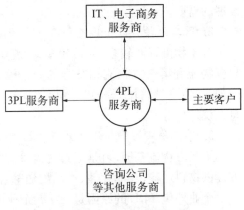

图9-3 4PL基本结构图

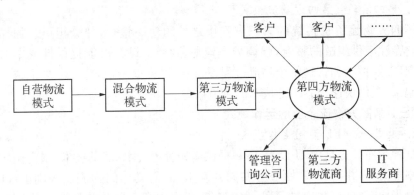

图9-4 企业物流外包模式发展过程

1. 第一阶段：企业自营物流模式

自营物流模式是指在社会物流还没有能力整合企业供应链各物流环节和行使管理职能之前，企业自己利用原有的物流资源或在整合社会物流资源基础上构建自营物流体系。

企业自营物流，可以控制从采购、生产到销售的全过程，掌握最详尽的资料；也可以有效利用原有的资源，盘活物流资源，带动资金流转，为企业开拓更多的利润空间。

但是企业自营物流，首先必须投入大量的资金用于运输、仓储等基础物流设备以及人力资本；其次对于大多数企业来说，物流活动不是企业所擅长的方面，企业自营物流就需要花费更多的时间、精力和资源去从事辅助性的工作，效率较低；再者企业自建物流，难以形成规模，物流配送的专业化程度非常低，不能满足企业发展的需要。

2. 第二阶段：自营物流和第三方物流相结合的混合模式

对于物流资产较多、人员较多、物流业务较多的企业，物流外包业务一般采用自营物流和第三方物流相结合的混合模式，把部分物流外包给第三方物流企业。比如，保留仓储将配送外包，或保留配送、仓储将运输外包，或者把企业物流的信息系统外包等。

3. 第三阶段：全部外包第三方物流模式

第三方物流 TPL 就是通过物流管理的代理企业（物流企业）为供应方和需求方提供物料运输、仓库存储、产品配送等各项物流服务。

企业外包 TPL 的原因是：发展企业的核心竞争力，而将非优势的业务外包，让擅长物流的专业公司——TPL 企业去管理，使企业降低成本，分散风险。TPL 企业具有丰富的物流运营经验，能够利用其专业知识和工具为客户服务。

4. 第四阶段：第四方物流模式

第四方物流负责传统的第三方安排之外的功能整合，并分担更多的操作职责。它专注于供应链的整合，强调分享资源。相比 TPL 仅能提供低成本的专业服务，4PL 能控制和管理整个物流过程，对整个过程提出策划方案，再把这个过程集合起来，提供快速、高质、低成本的物流服务。

（三）第四方物流企业的运作模式

1. 模式一：4PL 协同运作模式

这种运作模式是由 4PL 为 TPL 提供诸如管理技术、信息技术、制定供应链战略规划方案等，并与 TPL 服务方共同开发市场，而具体的物流业务则由 TPL 在 4PL 的指导下完成，并通过 TPL 为多个客户提供全面的物流服务。此运作模式的特点是雄厚的物流配送实力＋最优的解决方案，业务范围多集中在物流配送管理方面，针对性强、灵活性大。

2. 模式二：4PL 方案集成运作模式

这个运作模式是 4PL 帮助客户提供运作和管理整个供应链的解决方案，并利用其资源、能力和技术进行整合和管理，为客户提供全面的供应链管理服务。4PL 作为一个枢纽，可以集成多个服务供应商的能力和客户的能力。

执行该模式的优点是服务对象及范围明确集中，客户的商业和技术秘密比较安全。4PL 与客户关系稳定、紧密而具有长期性，但前提条件必须是客户的业务量要足够大，这样才能使参与的服务商得到满意的收益，否则大多数服务商不愿意把全部资源集中在一个客户上。

3. 模式三：行业创新模式

这种模式是以 4PL 为中心，联合 3PL 服务商、咨询机构等其他服务商，提供运输、仓储、配送等全方位的服务,给多个行业客户提供供应链解决方案,领导整个行业供应链实现创新,给整个行业带来改革和最大利益。4PL会通过卓越的运作策略、技术和供应链运作实施来提高整个行业的效率。

4PL的三种主要运作模式,无论采取哪一种模式,它都是在解决企业物流的基础上,整合社会资源,解决物流信息充分共享、社会物流资源充分利用的问题,能做到真正的低成本、高效率、快速响应,实现最大范围的资源整合。

二、第四方物流与第三方物流的比较

从以下六个方面我们可以看出,第四方物流比第三方物流具有更多的优越性,如表9-4所示。

表9-4 第四方物流与第三方物流的比较

序号	服务项目	TPL	4PL
1	解决方案	只能为客户提供针对企业自身的最优化服务	提供一个全方位的供应链解决方案来满足企业面临的广泛而复杂的需求
2	资源整合	缺乏跨越整个供应链运作以及真正整合供应链流程所需的战略专业技术	能最大限度地对供应链企业的资源进行利用和整合
3	服务质量和运营成本	简单的运输和仓储服务,运营成本局部较低、整体较高	4PL是客户企业利益共享的合作伙伴,借助信息手段,服务质量较高,服务方式不断创新,运营成本更低
4	信息技术	较弱	具有强大的信息技术支持能力和广泛的服务网络覆盖支持能力
5	人才优势	较弱	拥有大量高素质国际化的物流和供应链管理专业人才和团队
6	独立生存能力	强	不强,需要和3PL的共同发展

(一)第四方物流提供了一整套完善的供应链解决方案,而第三方物流服务商只能为客户提供针对企业自身的最优化服务

4PL充分利用了一批服务提供商的功能,包括TPL、信息技术供应商、合同物流供应商、呼叫中心、电信增值服务商等,再加上客户的能力和4PL自身的优势。4PL可以将每一个领域的最佳物流提供商组合起来,为客户提供最佳物流服务,进而形成最优物流方案或供应链管理方案,为客户供应链中的每一个环节创造价值。

而 TPL 的优势在于其运输和仓储,他们针对客户企业自身的资源进行物流优化,只能获得一时的、较少的利益。

(二) 第四方物流能最大限度地对企业资源进行利用和整合

4PL 不但可以从战略的角度对供应链运作进行协调,而且拥有相对独立的解决思路。它将物流服务、咨询服务和 IT 服务整合在一起,对不同的行业知识、相对独立的物流体系和资产进行整合,为客户创造超额价值。

相比之下,TPL 缺乏跨越整个供应链运作以及真正地整合供应链流程所需的战略专业技术。第三方物流商绝大多数相对独立运作,或者是通过与自己有密切关系的转包商为客户提供服务,这种服务是简单的、重复的、低层次的运作。

(三) 第四方物流可以使高质量、低成本的服务得以实现

由于 4PL 并非拥有全部的物流资产,而是以供应链资源整合协调者的身份出现,因此可以以更低廉的成本提供更科学、更高效的解决方案。这表现在以下三个方面:第一,4PL 提供的增值服务将为客户带来更多收益,而其拥有的 IT 能力将保证客户能够及时了解其委托订单的履行情况,使整个物流过程更透明化;第二,通过 4PL,企业可以大大减少在物流设施(如仓库、配送中心、车队、物流服务网点等)方面的资本投入,降低资金占用,提高资金周转速度,减少投资风险;第三,4PL 通过其卓越的供应链管理和运作能力实现供应链"零库存"的目标,为供应链上的所有企业降低仓储成本。

(四) 相对于第三方物流而言,第四方物流将会更加借助于信息技术

4PL 公司强大的信息技术支持能力和广泛的服务网络覆盖支持能力是客户企业开拓国内外市场、降低物流成本时极为看重的,也是取得客户的信赖,获得大额长期订单的优势所在。

4PL 充分重视物流信息系统的建设,如条形码技术、全球卫星定位系统(GPS)、物流采购管理(MRP)等物流管理软件,以充分满足客户日益增长的信息化需求。现在,很多的客户需要得到包括电子采购、订单处理能力、充分的供应链可见性、虚拟库存管理及必不可少的集成技术在内的、实质性增加的服务水平。

(五) 第四方物流拥有更强大的人才优势

4PL 拥有大量高素质国际化的物流和供应链管理专业人才和团队,可以为客户企业提供全面的卓越的供应链管理与运作,提供个性化、多样化的供应链解决方案,在解决物流实际业务的同时实施与公司战略相适应的物流发展战略。

(六) 相对于第三方物流而言,第四方物流独立生存的能力不强

4PL 独立生存的能力不强,但是如果与 TPL 结盟,其生存能力可能会有较大

的提高。4PL 的思想必须依靠 TPL 的实际运作来实现并得到验证，TPL 又迫切希望得到 4PL 在优化供应链流程和方案方面的指导，它们的价值在于"共生"。

拓展训练

一、问题讨论

1. 对连锁企业来说，把物流委托给第三方物流有哪些利弊？
2. 连锁企业选择第三方物流应注意哪些问题？
3. 如何评估第三方物流？
4. 第四方物流能否取代第三方物流？

二、商务实战

商务实战 9-1

公路配送外包该选谁？

同种服务，价格三六九等，在对某日用品制造商 Y 的第三方物流提供商进行了调研分析时，我们发现一个令人惊讶的现象：为 Y 在同一个城市内提供市内分销配送的三家公司（两大一小），彼此做同样的服务，但价格差异却很大——最高的一家价格甚至是较低一家的 2 倍（见表 9-5）。

表 9-5　三家物流商的情况

物流商	物流价格（举例）	物　流　商　性　质
N	3.7 元/吨/公里	Y 公司所在集团参股的第三方大型物流企业
M	3.0 元/吨/公里	第三方大型物流企业
O	1.8 元/吨/公里	第三方小型物流企业（搬家公司）

这种现象是如何产生的呢？我们决定深入研究。

1. 制造商不得已而为之

每年六七月，Y 公司都会举行物流服务商招标会，确定下一年度的物流服务商，同时对区域经销商、物流策略进行相应调整。

问题接踵而至。正如 Y 公司抱怨的，与中标物流企业确定服务价格、协商具体服务合同条款真是个麻烦事。要知道，招投标活动中，招方、投方各有算盘：招方担心物流商报价有假，在投标现场故意砸价，其实真正干起来，服务条款难以保证，物流商到时候还可能借机涨价；投标的物流商担心合作难以持久，成本不好换算，如果为 Y 投入人力物力，甚至购买新物流设备，资金压力太大……

选来谈去，Y公司也看花了眼，忙去查探当地哪个物流公司的口碑好，价格反而先放一边。这样虽能缩小范围，但终究还剩下几家供挑选。如果选个大物流商，店大欺客，物流成本谈不下来；换用个小物流商，虽然服务口碑也不错，配送能力又未必胜任。

到底选哪一家呢？最后，Y公司只好大小通接，于是就有了那一幕：同样的服务，价格差异却很大，生产商也无法管理。

2. 物流企业道出满腹苦水

其实，物流提供商也一肚子委屈。我们调研了报价高的那家N大型运输公司的管理者——他们虽然隶属于Y公司，但合作条件其实与第三方物流公司相同。

这宗大单对N公司来说，不仅意味着巨大的业务量，同时也得承担Y公司的物流风险：毕竟现在Y公司要求的报价单与过去有所不同，物流公司的解决方案报价明明白白列出了N公司的成本底线，成本透明且没有任何弹性空间。一旦遭遇淡季或是由于其他原因引起销量变化，N公司就有亏本的危险。而M物流公司除了Y公司之外还有其他客户，一些如叉车、货架、人工等服务资源都可以共享，成本摊薄。

从专业角度讲，如果O企业在报价时采用作业成本法（Activity Based Costing）来具体分析仓储配送各项成本，则报价低的可能性确实存在。因此，Y公司基本无法判断O的报价是真实的低成本低价，还是恶意报低价。Y还拿O和M公司的价格去找N公司，一再表示别人的报价比N公司低。

3. 问题根源在于供应链本身

研究发现，问题的本质并不是选择一家或几家物流公司这么简单，根源在于Y公司主导的供应链本身。

Y公司有上百个单品，在产品规格增加的情况下，多个品种规格产品的存放就是一个难题：是每个仓库都平均备货？还是把单个品种存放在一个仓库中？

目前，Y公司把销量小的规格品种存在一个仓库中。而分销客户订货平均包含10多个品种，为了完成配货，物流商需要在各个地点的仓库装货，完成配货需要花费大概一整天的时间，而物流商真正运输的时间平均只有一天，如此则增加了物流成本。

同时，产品规格的增加还导致物流商运输工具装载能力下降。以60吨的火车皮为例，如果装载单一品种，可以满载60吨。但是客户一般订货平均有10多种规格的产品，数量大小不一，装载能力就下降到50吨，吨均运输费用因此增加了20%。

假如对规格进行有效管理，使得车皮装载能力提高到53吨，吨均运输费用就可降低约5%，则物流企业每年可节约运输费用400万元左右。这种装载问题同样存在于厢式货车(市内配送)等固定容积运输工具。

物流管理问题不改进,加上有 N 公司这样一个"特殊关系"企业,Y 公司更难在招标中进行精细化的考虑了。招标考察不精细,招投两边又犹犹豫豫,尴尬场面就很容易出现。

思考题

1. Y 公司如何改进物流管理问题才能提高物流效率,降低物流成本?请为该公司设计一个合理的操作方案。

2. 作为一个大型日用品制造商,如何进行物流外包?如何选择物流供应商?如何评估物流供应商?

商务实战 9-2

黑莓的物流管理

作为全球通信领域的领导者,黑莓自进入中国以来,一直以先进的技术和充满个性的产品引领着中国通信市场的潮流,并占领了很大的市场份额。

黑莓在中国市场乃至全球市场取得如此成绩,是与其各项业务的成功运作和先进管理分不开的。在当今人们一致认为物流是企业第三利润源,并致力于从物流管理中寻找"金矿"的时候,黑莓是如何挖掘这个"金矿"的?黑莓的物流管理有什么特色?

(一) 招标选择物流服务商

黑莓的供应商遍及全球各地,实行统一采购,根据订单的需求以及成本因素统一安排生产,物流管理在企业的生产经营过程中起着举足轻重的作用。国际、国内航空运输业和交通状况以及一些政策因素的变化对于像黑莓这样的跨国公司的影响相当大。

黑莓专门设有一个管理团队从事物流管理,负责黑莓物流、运输工作的协调和管理以及物流服务商的选择和管理,团队的主要成员由黑莓各个事业部的物流骨干人员以及总公司骨干人员组成。

黑莓每年安排一次全球性的招标会,确定物流服务商。黑莓招标选择物流服务商的基本原则是,根据公司全球总的物流量,按一个统一的标准进行招标,统筹考虑,最终按照"5+2"的方式来确定,即 5 家货运代理企业、2 家快递服务商,这不仅大大地减少了物流服务商的数量,以更加集中的货物量获得具有竞争力的价格,也便于对物流服务商进行日常管理。

通过招标方式,一方面可以使黑莓获得国内外优秀的物流服务商提供的优质服务;另一方面,这种招标方式也在物流服务商之间形成一种潜在的竞争机制,如果某个物流服务商不能够为黑莓提供始终如一的完善服务,就有可能被淘汰,使其他物流服务商也有机会入围,从而在整个物流行业形成一种竞争向上的氛围,促进物流服务质量的提高。通过对物流服务商的统一招标选择,黑莓全球范围内的资源得到了整合,物流成本降低了30%—40%。

黑莓对物流服务商的管理有以下四个突出的特点。

1. 采取收货方付费的原则

黑莓在全球范围内,不论是供应商、还是黑莓跨国公司内部间的物流运输,都是谁收货谁付费,并严格按照全球统一的FCA条款进行。国际FCA条款中规定,作为收货方有权选择和指定物流服务公司,因为这些公司最清楚当地的海关、商检和其他政府部门的规定及政策,从而便于提供"门到门"的物流服务。

2. 物流服务商不用交纳运输保险费,所有货物运输保险费由黑莓总部统一交纳

只要收货方或发货方中有任何一方是黑莓公司或收发货双方都是黑莓公司,其物流服务商的运输费中则不含有保险费,而且也不需要为运输单独另付保险费,使物流业务操作手续更为简便。一旦产生货损,物流服务商将按IATA条款进行赔付,黑莓将按索赔程序由指定的保险公司进行追索。保险条款中有一定限额的免赔额,因此,选择好的物流服务商是黑莓公司首先考虑的问题。

3. 实行全球运输管理——百分考核制

IT电子产品的价值相当高,一箱电路板可能价值上百万元。在运输过程中,这些产品、零部件又不包含保险费,因此,物流服务商的招标选择以及管理工作非常重要。为此,黑莓还成立了一个全球性物流资源公司,通过多种方式对备选的物流服务企业的资信、网络、业务能力等方面进行周密的调查,并给初选合格的企业以少量业务进行试运行,实际考察这些企业的服务能力与质量。对不合格者,则取消其对黑莓的服务资格;对获得物流服务资格的企业则进行严格的月度作业考评。主要考核内容包括:运输周期、信息反馈、单证资料准确率、财务结算、货物安全、客户投诉等,考核标准是按照各项的完成率加权,考核结果按百分制评定。黑莓根据这些考核分数值确定其服务质量,并与合同以及业务量挂钩,如果分数值在98分以上,属于优秀服务商,增加其业务量;如果分数值在94—98分,属于合格服务商,需进一步改进;如果分数值在93分以下,会自动解除合同。同时针对生产线和客户的不同需求情况,黑莓还要求物流服务商提供多种服务。对运输周期的考评,有两种最典型的方式:其一是标准服务,满足标准时限;另一种是应急快速服务,满足生产线和客户的紧急需求。在对服务商的考评过程中,物流服务商的急货处理能力也是黑莓重要的考核指标。

4. 物流业务量分配遵循"80/20"原则

黑莓的物流业务量首先按全球大区进行划分,每个区域的物流业务量按80%和20%合同量分配,即在招标中,服务与价格比较好的物流公司可以得到80%的业务量,位于其次的物流服务公司得到20%的业务量。"80/20"原则包含有两层含义:一是那些优秀的物流服务公司可以获得更多的业务量,从而确保对黑莓的物流服务及时到位;二是如果80%的货物由于某些原因不能及时到达生产线,还有20%的货物来补充,有效地避免生产线因缺货而停滞,确保生产的顺利进行。同时,也创造了一个公平竞争的环境,如果处理80%业务量的货代公司服务考核不达标,按照合同就会减少以后的业务量,而处理20%业务量的货代公司如果服务质量不错也有机会去获取更多的业务合同。同时,保持某些重要线路上有两家服务商同时操作,可以避免因某种原因某一家服务商不能提供服务时,另外一家可以迅速接管整个业务,从而避免风险。

(二) 建立数字化物流系统

对于手机产品来说,市场对手机供应商的要求很多,其中价格合理、技术含量高占了很大的比重,再有就是交货周期短。也正是基于这样的要求,供应商必须实行规模化采购与生产,不断推出新产品,并设计好非常有效的经销网络。全球采购、本地化生产是黑莓目前的基本运作模式,上百个型号、几万种原材料的管理依赖于一套完整的管理系统。

黑莓手机厂的 ERP 项目,包含了原材料采购、材料管理、计划管理(其中包含销售计划、制造计划、生产调度等)、销售管理、质量管理、生产系统、协同制造、成本管理等各个方面的应用模块,并与天津生产厂原有的产品数据管理、产品研发、工程管理、仓储管理(包括VMI)等相关系统进行了连接。比如,全球任何一个国家或地区的订单信息进入系统后,计划部门可以通过系统中预设的和更新的企业当前的生产能力、原材料配额情况等各种资源状况,迅速回馈给客户一个交货计划,同时,根据客户订单的要求对比库存信息,进行相应的原材料采购,配备生产线和人员,制定相应的生产计划。由于全球采用统一的系统,彼此间的生产和制造计划还可以进行相互协调。

目前,黑莓手机厂的仓库由几个部分组成。一个是原料库,设在天津港保税区,采用了较为先进的供应商 HUB 管理模式。由于全球供应商都与 HUB 相联网,供应商可以根据与黑莓的计划共享系统来管理库存(VMI),库存状况非常透明。另一部分是成品库,由物流服务商管理。黑莓自己的仓库设在工厂里。现在,黑莓的生产量已经是过去的4倍,但库存只有过去的1/3,大约30多家大的零部件供应商在天津工厂的周边地区设有工厂或仓库,黑莓每天将原料、零部件需求计划提供给这些供应商,供应商每天实行4次送货,真正地实现了JIT(Just-in-time)生产。

数字化物流系统不仅支撑了整个生产,也为其他业务打开了突破口。在国际端业务中涉及海关问题。由于海关的工作时间目前不可能像制造企业那样全年365天、每天24小时连续运转,黑莓为了保证生产线原料及时供应,保证生产线的稳定运转,一方面密切配合海关各项工作,严格遵守国家的制度,为企业创造良好的诚信度;另一方面,黑莓从内部管理着手,做到业务程序完善、专业化,单证齐全,单据的格式、数字准确,积极与海关的工作相配合,从而缩短因单证问题所造成的清关延误。2003年7月,黑莓的电子账册与海关正式联网,将自己的原材料与成品进出口业务对海关透明,这一方面有助于海关对企业实行监管,从根本上在海关树立诚信度;同时,它还提高了保税工厂的保税核销工作效率,过去需要2个月完成的工作现在仅需24小时即可完成。各项工作的到位、准确,使黑莓自海关实行分级制度以来,在海关的诚信级别中一直处最高级(AA级)。由于拥有很高的诚信度和规范化的作业,黑莓在通关方面做到节假日都可放行,保证了生产的正常运转。

下一步,黑莓的计划是使物流系统的整体运作更趋于全球化、数字化和平台化,真正地实现无纸化物流;加大物流系统平台化发展,进一步实现物流资源整合,信息共享和服务共享将使黑莓的物流成本更具有竞争力。

思考题
1. 黑莓在物流运输中采取收货方付费的原则原因是什么?
2. "80/20"原则在运输中如何起作用的?

商务实战 9-3

"大众包餐"的物流

"大众包餐"是一家提供全方位包餐服务的连锁公司,由上海某大饭店的下岗工人李杨夫妇于2013年创办,如今已经发展成为苏锡常和杭嘉湖地区小有名气的餐饮服务企业之一。

"大众包餐"的服务分成两类:递送盒饭和套餐服务。盒饭主要由荤菜、素菜、卤菜、大众汤和普通水果组成。可供顾客选择的菜单:荤菜6种、素菜10种、卤菜4种、大众汤3种和普通水果3种,还可以定做饮料佐餐。尽管菜单的变化不大,但从年度报表上来看,这项服务的总体需求水平相当稳定,老顾客通常每天会打电话来订购。但由于设施设备的缘故,"大众包餐"会要求顾客们在上午10点前电话预订,以便确保当天递送到位。

在套餐服务方面,该公司的核心能力是为企事业单位提供冷餐会、大型聚会、以及一般家庭的家宴和喜庆宴会上。客户所需的各种菜肴和服务可以事先预约，但由于这项服务的季节性很强，又与各种社会节日和法定假日相关，需求量忽高忽低，有旺季和淡季之分，因此要求顾客提前几周甚至1个月前来预定。

　　大众包餐公司内的设施布局类似于一个加工车间。主要有五个工作区域：热制食品工作区，冷菜工作区，卤菜准备区，汤类与水果准备区，以及一个配餐工作区，专为装盒饭和预订的套菜装盆共享。此外，还有三间小冷库供储存冷冻食品，一间大型干货间供储藏不易变质的物料。由于设施设备的限制以及食品变质的风险制约着大众包餐公司的发展规模。虽然饮料和水果可以外购，有些店家愿意送货上门，但总体上限制了大众包餐公司提供柔性化服务。李杨夫妇聘用了10名员工，包括两名厨师和8名食品准备工，旺季时另外雇佣一些兼职服务员。

　　包餐行业的竞争是十分激烈的，高质量的食品、可靠的递送、灵活的服务以及低成本的运营等都是这一行求生存谋发展的根本。近来，大众包餐公司已经开始感觉到来自愈来愈挑剔的顾客和几位新来的专业包餐商的竞争压力。顾客们愈来愈需要菜单的多样化、服务的柔性化，以及响应的及时化。

　　李杨夫妇最近参加现代物流知识培训班，对准时化运作和第三方物流服务的概念印象很深，深思着这些理念正是大众包餐公司要保持其竞争能力所需要的东西。但是他们感到疑惑，大众包餐公司能否借助第三方的物流服务。

思考题

1. 大众包餐公司的经营活动可否引入第三方物流服务？请说明理由。
2. 大众包餐公司实施准时化服务有无困难？请加以解释。
3. 在引入第三方物流服务中，你会向大众包餐公司提出什么建议？

商务实战 9-4

外包物流管理

　　怡敏信公司是一家从3M公司独立出来的科技公司，年产值25亿美元，主要生产软磁盘、专用胶片、数据储存产品和其他影像制品。公司没有自己专门的运输部门，也没有仓库，只是使用3M公司7个相距遥远的仓库里的有限空间。它也没有值得一提的仓储和运输软件，只是与3M公司有20年历史的老式计算机系统联机，编排流程表和规划的能力相当有限。

　　独立之初，怡敏信公司就想把工作重点放在主业上，而把物流管理服务工作留给专业公司去做。于是，它开始物色物流外包企业处理它在北美地区的仓储、分拨以及货运业务。公司要求无论谁接手这份工作都得组建一个后勤供应系统，建立新型的计算机网络，把价值25亿美元的货物从3M公司的仓库里有条不紊地运出来。

怡敏信公司根据3M以及惠普等公司与物流外包服务企业合作的情况，最终选择了门罗服务公司。门罗服务公司为怡敏信公司建造的第一个设施——位于俄勒冈州怀特城的原材料仓库开始运营，17天后两家公司签订了合同。如今，门罗公司派了225名雇员为怡敏信公司工作，其中一些人的工作地点在母公司CNF运输公司俄勒冈州波特兰技术中心，负责在怡敏信公司、门罗公司、供应商、用户和负责运输的卡车公司之间传递信息。这类信息目前主要通过计算机网络，利用电子数据交换(EDI)系统来传递，门罗公司协调卡车分配。

由于门罗公司实施了先进的质检流程，并用本公司的仓储管理和运输规划系统改进了怡敏信公司的计算机系统，怡敏信公司的订货准确率达99.9%。这个计划甚至把仓库也省了下来，在那里建了一个新的生产线。

虽然门罗公司最擅长的是货运，但它也通过事实已证明自己能够节省开支——如改进包装，尽管这不那么起眼。它督促怡敏信公司把商标印在所有即将运出的箱子的显著位置，并设计了能够使胶片边不打折的新箱子。门罗公司还把运往同一个目的地的所有小包裹用塑料胶带捆在一起再让联合包裹运输公司承运，这看起来似乎微不足道，但仅这一项革新就使怡敏信公司每年付给联合包裹运输公司的运费节省80%。在把包裹捆在一起交付运输之前，联合包裹运输公司可能会按照昂贵的小件包裹向怡敏信公司收取费用。

思考题

1. 提供物流外包服务的企业在物流运作上有哪些优势？
2. 提供物流外包服务的企业的作用是什么？
3. 门罗公司为怡敏信提供物流外包服务的利润来源主要是什么？

第十章 连锁企业物流绩效评估

学习目标

- 了解配送中心建立绩效评价体系的原则
- 了解配送中心绩效评价体系的设计要求
- 了解配送中心的评价要素
- 熟悉配送中心绩效评估的内容
- 掌握配送中心绩效评估KPI方法

情景案例

施乐公司的物流运作绩效评估

20世纪80年代,当时日本的竞争对手在复印行业中取胜,他们以高质量、低价格的产品,使施乐的市场占有率在几年时间里从410%减少到22%。为了迎接挑战,施乐高级经理们引进了若干质量和生产率计划的创意,其中对于物流管理的绩效标杆法的应用就是最有代表性的一项。以前公司花费了80%的时间关注市场的竞争,现在施乐公司却花费80%的精力集中研究竞争对手的革新与创造性活动。施乐公司更多地致力于产品质量和服务质量的竞争而不是价格的竞争。结果,公司降低了50%的成本,缩短了25%的交货周期,并使员工增加了20%的收入,供应商的无缺陷率从102%提高到105%,采购成本也下降了45%,最可喜的是,公司的市场占有率有了大幅度的增长。

资料来源:http://sw188.bokee.com/5637347.html。

思考题

1. 施乐公司的物流运作绩效评估运用了哪些指标?
2. 这些指标的改善能否提高施乐公司的竞争力?

第一节 配送中心绩效评价与指标

合理的配送中心绩效评价体系可以使高层管理者判断经营活动的获利性,及时发现尚未控制的领域,有效地配置企业资源,评价管理者的业绩。现代配送中心的绩效评价体系应该有明确的目的,有周密的计划,即一套完整的体系和程序。

一、配送中心建立绩效评价体系的原则

(一) 客观公正

坚持定量与定性相结合,建立科学、适用、规范的评价指标体系及标准,避免主观臆断。以客观的立场评价优劣,公平的态度评价得失,合理的方法评价业绩,严密的计算评价效益。

(二) 目标与激励

配送中心绩效评价体系的设计目标和激励是必不可少的。目标的实现是很重要的激励机制;另一方面以报酬作为激励也是配送中心不可缺少的管理机制。配送中心存在的目的就是要实现自己的目标,有效经营的配送中心最有希望实现预定目标及战略目标。

(三) 多层次、多渠道、全方位评价

多方收集信息,实行多层次、多渠道、全方位评价。在实际工作中,综合运用上级考核、同级评价、下级评价、职员评价等多种形式。

(四) 时效与比较

评价绩效,数据是最佳衡量工具,但是如果没有比较的基准数据,再及时的评价也是徒劳的。因此配送中心的盈余或亏损,须同过去的记录、预算目标、同行业水准、国际水平等进行比较,才能鉴别其优劣。一定的基准数据同评价企业的经营结果进行比较及分析,配送中心绩效评价才具有实际意义。

(五) 连贯性

配送中心绩效评价体系的建立要依据连贯性原则,避免设定指标的大起大落和指标定义的变动。

(六) 经常化、制度化的评价

配送中心必须明确评价的原则、程序、方法、内容及标准,制定科学合理的绩效评价制度,将正式评价与非正式评价相结合,形成评价经常化、制度化。

二、配送中心绩效评价体系的设计要求

任何一个体系的设计都同组织结构有着密不可分的关系。配送中心绩效评价体系是设计在整个组织结构之内的，适应配送中心经营的组织结构，有助于实施适当控制，同时组织结构也影响信息的流向与流量。总体而言，这个体系的设计必须满足八个要求。

（一）及时

只有及时获取有价值的信息，才能及时评价，及时分析，迟到的信息会使评价失真或无效。因此，何时计量及以什么样的速度将计量结果予以报告，就是配送中心绩效评价体系的关键。

（二）准确

要想使评价结果具有准确性，与绩效相关的信息必须准确。在评价过程中，计量什么，如何计量，都必须十分清楚，才能做到量化值的准确。

（三）可理解

能够被用户理解的信息才是有价值的信息。难以理解的信息会导致各种各样的错误，所以确保信息的清晰度是设计配送中心绩效评价体系的一个重要方面。

（四）可接受

配送中心绩效评价体系，只有有人利用才能发挥其作用。而不被人们所接受或者不情愿地接受下来，就称不上是有价值的体系。勉强被接受，信息可能是不准确、不及时、不客观的信息，所以在体系设计时必须满足使用者的需求。

（五）目标一致性

有效的配送中心绩效评价体系，其评价指标与发展战略目标应该是一致的。

（六）可控性与激励性

对管理者的评价必须限制在其可控范围之内，只有这样，他才能接受，对管理者也公平。即使某项指标与战略目标非常相关，只要评价对象无法实施控制，他就没有能力对该项指标的完成情况进行负责，非可控指标应尽量避免。另外，指标水平应具有一定的先进性、挑战性，这样才能激发其工作潜能。

（七）应变性

良好的绩效评价体系应对配送中心战略调整及内外部的变化非常敏感，并且体系自身能够做出较快的相应调整，以适应变化的要求。

（八）反映企业的特性

有效的配送中心绩效评价系统，必须能够反映企业独有的特性。从控制的观点出发，绩效评价焦点一般是集中在评价公司及经理，以确定被评价的配送中心的业绩及效益。

三、配送中心的评价要素

评估配送中心作业效率可以根据下面八大要素来进行。

(一)设施空间利用率

该指标衡量整个配送中心设施是否已经充分利用。所谓设施是指除人员、设备以外的一切硬件,包括办公室、休息室、仓储室、拣货区、收货区和出货区等区域空间的安排及一些消防设施设置等。

所谓设施空间利用率就是针对空间利用度、有效度进行考虑。一句话,提高单位土地面积使用效率。一般以货架、仓储区的存储量,每天配货场地的配货周转次数等为主要指标。

(二)人员利用率

衡量每一个人员有无尽到自己最大的能力。对于人员作业效率的考核分析,是每一个物流企业经营评估的重要指标。人员利用率评估主要从三个方面着手:

第一,人员编制,要求人员的分配达到最合理程度,避免忙闲不均,这里包括上班作息时间的安排,通常包含工作需要性、工作量、人员流动性、加班合理性四个方面;

第二,员工待遇;

第三,人员效率,人员效率是管理的目的,是为了提高人员的工作效率,使每一个作业人员在作业期间内能发挥最大劳动生产效率,掌握操作人员的作业速度,使配送中心的整体处理量相对提高。

(三)设备利用率

衡量资产设备有无发挥最大的产能。配送中心设备主要用于保管、搬运、装卸、配送等物流作业活动。由于各种作业有一定的时间性,设备工时不易计算,通常从增加设备机动时间和提高设备每单位时间内的处理量来实现提高设备利用率的目的。

(四)商品、订单效率

衡量商品销售是否达到预定目标。配送中心应该抓好以下三项工作:

(1)通过对配送中心出货情况的分析,提示采购人员调整水平结构;

(2)要求根据客户的要求,快速拆零订单;

(3)严格控制配送中心的库存,既要留有合理存货以降低缺货率,又要避免过多的存货造成企业资产积压、商品质量出现问题等损失。

(五)作业规划管理能力

衡量目前管理层所做的决策规划是否合适。规划是根据决策目标应采取的行动方案,规划的目的是为了让整个物流活动过程选择合理的作业方式、正确的行动方向。

要制定出最佳的产出效果,规划管理人员必须首先决定作业过程中最有效的资源组合,然后依据环境,设计出最好的资源方式,来执行物流运作过程中的每一环节工作。其中及时修正规划是很重要的一环。

(六) 时间效益率

衡量每一项作业是否时间利用得最有效。缩短资源时间,一方面可以使工作效率提高,另一方面可以使交货期提前。时间是衡量效率最直接的因素,最容易看出整体作业能力的高低。例如,某段时间搬运了多少商品,平均一小时配了多少箱商品,平均每天配送了多少家商店的货等。

评估时间效益,主要是掌握单位时间内的收入、产出量、作业单元数及各作业时间比率等情况。

(七) 成本率

衡量此项作业的成本费用是否合理。配送中心的物流成本是指直接或间接用于收货、存储保管、拣货配货、流通加工、信息处理和配送作业费用的总和。

(八) 质量水平

衡量配送中心服务质量有无达到客户满意的水平。对于物流质量的管理,一方面要建立合理的质量标准,另一方面还需要加强对存货管理及作业过程的监督,尽可能避免不必要的损耗、缺货、不良率等,以降低成本,提高客户的服务质量。

四、影响配送绩效评价的因素

(一) 快速响应

快速响应关系到配送中心能否及时提供满足顾客需求的配送服务的能力。时间是衡量效率最直接的因素,最能体现配送中心的整体作业能力。因此,配送中心要降低顾客从订货到收货的时间,使配送活动能在较短的时间内完成。信息技术提高了在较短的时间内完成作业和尽快交付顾客所需物品的能力,使用信息技术,配送中心把作业的重点从过去根据预测储备大量的物品,转移到根据顾客需求进行配货和送货方面上来。

(二) 最小变异

变异是指破坏系统稳定的任何意想不到的事件,最小变异用来衡量配送活动的服务质量有无达到客户满意的水平。顾客的最大担心是害怕供应不能保证,因此配送重要的一点是必须提高对顾客供应的保障能力。配送中心应做到:减少缺货次数;要根据顾客的指示把货物交付到正确的地点;按时按质进行送货。

配送中心要根据顾客的要求进行配送,特别是当出现特殊情况时,按时按质送货就显得尤为重要。特别需要强调一点是配送中心的供应保障能力是一个科学的合理的概念,而不是无限的概念。具体来讲,如果供应保障能力过高,超过了实际的需要,就会增加成本,这也属于不合理,所以配送中心的供应保障能力是有限度的。

第二节 配送中心绩效评估的内容

配送中心绩效评估主要从三个方面来进行:内部绩效评估、外部绩效评估和供应链绩效评估。

一、内部绩效评估

内部绩效评估对配送中心内部物流绩效进行评价,主要将现在的物流作业结果与以前的作业结果或是本期的作业目标进行比较。例如,配送错误率可以与上一期的实绩比较,也可以与本期的目标比较。内部评估的数据比较容易收集,所以大多数配送中心企业都进行内部绩效评估。评估的内容一般包括五个方面:成本、顾客服务、生产率、管理、质量。具体内容如表10-1所示。

表10-1 配送中心内部绩效衡量内容

物流成本	物流顾客服务	物流生产率	物流资产管理	物流质量
总成本分析 单位成本 仓储费用 采购运输费用 配送运输费用 行政管理费用 订货处理费用 劳动力成本 实绩与预算的比较 成本趋势分析	填写单据速度 是否有现货 运送错误 及时发送 订货完成时间 顾客反馈 销售部门反馈 顾客调查	每个雇员发送的单位 与以往的数据对比 目标实现的情况 生产率指标	存货周转率 库存成本 存货水平 日供应量 过时存货 投资报酬率 净资产收益率	损坏频率损坏的金额 顾客退货数 退货费用

(一)物流成本评估

物流绩效最直接的反应就是完成特定物流运作目标所发生的真实成本。物流成本绩效的代表性指标是以总金额表示的销售量的百分比或每个单位数量的成本。

(二)物流顾客服务

衡量物流顾客服务可以考察公司满足顾客需求的相对能力。

（三）物流生产率评估

生产率是系统用于配送该商品而投入的资源与产出服务之间的相对关系。通常用比率或指数表示。

生产率指标有三种类型：静态的、动态的和替代性的。静态的是指在计算一个特定时期内的生产率，例如 2014 年的产出与投入之比就是静态指标。动态的是指将一个时期的生产率与另一个时期的生产率相比较，结果就是动态的生产率指标。例如，2014 年的静态生产率与 2013 年的生产率相比就是动态指标。

替代指标是指用与生产率相关的指标来替代生产率，如顾客满意度、利润、效率等。

（四）物流资产评估

物流资产评估的主要内容是为评估实现物流目标而投入的设施和设备的资本以及用于存货的流动资金的使用情况。资产评估着重对存货等流动资本周转和固定资产的投资报酬率等方面进行评估。

（五）物流质量评估

物流质量评估是指向全过程的最重要的评估内容，它用来确定一系列活动的效率而不是个别的活动。当今在物流中最高质量就是"零缺陷服务"。它关注的是整个物流的绩效，而非单个功能。它要求从订单进入、检查库存、拣选、装货、送货、开票、支付等整个过程的每一个环节都不能出错。

二、外部绩效评估

虽然内部评估对改进企业物流绩效、激励员工很重要，但是从外部、从顾客、从优秀企业的角度对物流绩效评估也是非常重要的，它能使企业获得更多的新信息。外部绩效评估包括两部分内容。

一是从顾客的角度，来评估本公司物流完成的情况。这种评估可以通过调研或订货系统追踪获得。评估的主要内容有：库存可得性、订货完成时间、提供的信息程度、问题解决的情况等。

二是确定标杆与其他优秀的企业进行比较。现在越来越多的企业应用标杆，将它作为企业运作与相关行业中的竞争对手或顶尖的企业相比较的一种技术。而且，一些企业在重要的战略决策中将标杆作为物流运作的工具。比较的领域有：资产管理、成本、顾客服务、生产率、质量、战略、技术、运输、仓储、订货处理等。

（一）物流标杆法

标杆法是建立在过程概念之下，通过对先进的组织或者企业进行对比分析，了解竞争对手的长处和具体的行事方式，在此基础上，对比自己的行事方式，然后制定出有效的赶超对策来改进自己的产品服务，是较为系统的一种有效改进方式或改进活动。

简而言之,标杆法就是:研究竞争对手的物流战略战术、学习竞争对手先进的物流模式、改进企业的物流流程及各种操作模式。

物流标杆法中需要找一个企业作为参照系,这个参照系与自己企业的水平不能相差太多,否则就没有意义了。所以要特别注意寻找比较合适的参照企业。

(二) 物流标杆的实施步骤

绩效标杆法一般由四个阶段组成。

第一阶段:识别什么可成为标杆;识别可作为对照或对比的企业;数据的收集。

第二阶段:确定当今的绩效水平;制定未来绩效水平计划;标杆的确认。

第三阶段:建立改进目标;制订行动计划。

第四阶段:执行行动计划和监督进程;修正绩效标杆。

一个绩效标杆作业往往需要 6—10 个月的实践,才能达到目标。需要这么长时间,是因为绩效标杆既需要战略的因素,也包括战术或运作的因素。从战略上讲,绩效标杆涉及企业的经营战略和核心竞争力问题;从战术上讲,一个企业必须对其内部运作有充分了解和洞察,才能将之与外部诸因素相对比。

(三) 绩效标杆的实践运作

绩效标杆的实践运作主要包括以下三种类型。

第一种类型是工作任务标杆。比如搬运装车、成组发运、排货出车的时间表等单个物流活动。

第二种类型是广泛的功能标杆。就是要同时评估物流功能中的所有任务,例如改进仓储绩效的标杆(从储存、堆放、订货、挑选到运送等每一个作业)。

第三种类型是管理过程的标杆。把物流的各个功能综合起来,共同关注诸如物流的服务质量、配送中心的运作、库存管理系统、物流信息系统及物流操作人员的培训与薪酬制度等,这种类型的标杆更为复杂,因为它跨越了物流的各项功能。

运用绩效标杆法实际上可打破根深蒂固的不愿改进的传统思考模式,而将企业的经营目标与外部市场有机地联系起来,从而使企业的经营目标得到市场的确认而更趋合理化。

例如,它建立了物流顾客服务标准,鼓励员工进行创造性和竞争性思维,并时常提高员工物流运作成本和物流服务绩效的意识。

三、供应链绩效评估

供应链管理是通过前馈的信息流和反馈的物流及信息流将供应商、制造商、零售商直到最终用户联系起来的一个整体的管理模式。因此它与现行企业管理模式有着较大区别,在对企业运行绩效的评价上也有许多不同。

(一) 现行的企业绩效衡量的特点

现行企业绩效评估侧重于单个企业,评价的对象是某个具体连锁企业的内部职能部门或者个人。其评价过程有如下一些特点:

(1) 现行企业绩效评估的数据来源于财务结果,在时间上略微滞后,不能反映供应链动态运营情况。

(2) 现行企业绩效评价主要评价企业职能部门工作完成情况,不能对企业业务流程进行评价,更不能科学、客观地评价整个供应链的运营情况。

(3) 现行企业绩效评价指标不能对供应链的业务流程进行实时评价和分析,而是侧重于事后分析,因此,当发现偏差时,偏差已成为事实,其危害和损失已经造成,并往往很难补偿。

鉴于此,为衡量供应链整体运作绩效,以便决策者能够及时了解供应链整体状况,应该设计出更适合于度量供应链企业绩效的方法。

(二) 供应链绩效衡量的特点

根据供应链管理运行机制的基本特征和目标,供应链绩效衡量应该能够恰当地反映供应链整体运营状况以及上下节点企业之间的运营关系,而不是单独地评价某一供应商的运营情况。

例如,对于供应链上的某一供应商来说,该供应商所提供给零售商的商品价格很低,如果孤立地对这一供应商进行评价,就会认为该供应商的运行绩效较好。如果其下游节点企业仅仅考虑商品价格这一指标,而不考虑商品的其他性能,就会选择该供应商所提供的商品。而该供应商提供的这种价格较低的商品,性能不能满足该节点连锁企业销售的要求,势必增加库存成本,从而使这种低价格商品所节约的成本被增加的其他成本所抵消。所以,评价供应链运行绩效,不仅要评价该节点企业(或供应商)的运营绩效,而且还要考虑该节点企业(或供应商)的运营绩效对其上层节点企业或整个供应链的影响。

现行的绩效衡量主要是基于部门职能的绩效衡量,不适用于对供应链运营绩效的评价衡量,供应链绩效衡量是基于业务流程的绩效衡量。

(三) 供应链绩效评价的原则

随着供应链管理理论的不断发展和供应链实践的不断深入,为了科学、客观地反映供应链的运营情况,应该考虑建立与之相适应的供应链绩效评价方法,并确定相应的绩效评价指标体系。

反映供应链绩效的评价指标有其自身的特点,其内容比现行的企业衡量更为广泛,它不仅仅代替会计数据,同时还提出一些方法来测定供应链的上游企业是

否有能力及时满足下游企业或市场的需求。在实际操作上,为了能有效衡量供应链绩效,应遵循如下原则:

(1) 应突出重点,要对关键绩效指标进行重点分析;

(2) 应采用能反映供应链业务流程的绩效指标体系;

(3) 评价指标要能反映整个供应链的运营情况,而不是仅仅反映单个节点企业的运营情况;

(4) 应尽可能采用实时分析与评价的方法,要把绩效度量范围扩大到能反映供应链实时运营的信息上去,因为这要比仅做事后分析有价值得多。

(四) 供应链绩效评价的主要指标

基于上述评价原则,在评价企业绩效时应综合考虑客户满意与质量、时间、成本和资产四个方面,并分别为每个方面设定对应的评价指标。另外,企业绩效的评价和指标设定应根据具体的发展远景和战略进行,因而对于不同的企业供应链来说,其评价侧重点和具体评价指标可以不同。

实战案例 10-1

某连锁企业对第三方物流服务商的管理和考核制度

第三方物流服务商是公司的战略合作伙伴,物流服务商运作效率的高低影响着公司的整体服务水平和物流运输成本,因此要加强对第三方物流服务商的综合管理和绩效考核,具体来说,应从以下三个方面进行完善。

(一) 通过招标选择物流服务商

竞争招标是选择物流服务商的最佳途径之一,因此公司应建立一套良好的投标、招标管理体系。

公司应成立一个物流服务商选择和管理团队。

该团队负责公司物流、运输工作的协调和管理以及物流服务商的选择和管理。

公司每年年底可安排一次全球性的物流服务商招标会,选择合适的第三方物流服务商。

公司招标选择第三方物流服务商的基本原则是,根据公司全球总的物流运输量,按一个统一的标准进行招标,统筹考虑,最终按照"6+4"的方式来确定,即 6 家国际货运代理企业、4 家国内物流快递服务商,这样做,既可以减少物流服务商的数量,以更加集中的货物量获得具有竞争力的服务价格,也便于对物流服务商进行日常管理。

通过招标方式,一方面可以使公司获得优秀的第三方物流服务商提供的优质物流运输服务;另一方面,这种招标方式也在第三方物流服务商之间形成一种潜在的良性竞争机制。假如某个第三方物流服务商不能够为公司提供良好的物流服务,就将被淘汰,从而使其他第三方物流服务商也有机会入围,这样,在整个物流行业就会形成一种竞争向上的氛围,促进物流服务质量的提高。

(二) 对第三方物流服务商实行全球运输管理——百分考核制

连锁企业每天的商品的物流量非常大,在运输过程中,因此,第三方物流服务商的招标选择以及管理工作非常重要。为此,公司应建立完善的物流服务商考核体系,对进入招标初选合格的物流服务商,先外包少部分物流量委托其运输,然后进行综合考核,考核时间可以分月度考核、季度考核和年度考核,考核方法可以选择百分考核制,考核项目可以设置得全面一点,如应包括运输能力、运输速度、运输成本、信息处理能力、单证资料准确率、货物质量安全、特殊情况处理能力以及客户投诉情况等。考核标准设置满分百分制,按照各项指标的完成率加权,最后计算每个物流服务商的年度总得分,对得分较高的前三名物流服务商,第二年增加其物流运输量;得分后三名的物流服务商,判定为不合格物流服务商,对不合格者,则取消其继续服务资格,重新进行招标选择,再选择优秀服务商进行补充。

每年的物流服务商考核分数是公司分析第三方物流服务商服务质量、评定优秀物流服务商的重要依据,这些分数还可以与合同以及业务量挂钩,如果分数值在98分以上,属于优秀服务商,增加其业务量;如果分数值在94—98分,属于合格服务商,需进一步改进;如果分数值在93分以下,自动解除合同。

(三) 运输业务量分配实行"20/80"原则

公司的运输业务量首先按全球大区进行划分,每个区域的运输业务量按80%和20%合同量分配,即在招标中,服务与价格比较好的物流公司可以得到80%的业务量,位于其次的物流服务公司得到20%的业务量。"20/80"原则包含有两层含义:一是那些优秀的物流服务公司可以获得更多的业务量,从而确保对公司的物流服务及时到位;二是如果80%的货物由于某些原因不能及时到达生产线,还有20%的货物来补充,有效地避免生产线因缺货而停滞,确保生产的顺利进行。同时,也创造了一个公平竞争的环境,如果处理80%业务量的货代公司服务考核不达标,按照合同就会减少以后的业务量,而处理20%业务量的货代公司如果服务质量不错也有机会去获取更多的业务合同。同时,保持某些重要线路上有两家服务商同时操作,当由于某种原因某一家服务商不能提供服务时,另外一家可以迅速接管整个业务,从而避免风险。

第三节 配送中心绩效评估 KPI 方法

关键业绩指标即 KPI(Key Process Indication),是通过对组织内部流程的输入端、输出端的关键参数进行设置、取样、计算、分析,衡量流程绩效的一种目标式量化管理指标,是把企业的战略目标分解为可操作的工作目标的工具,是企业绩效管理的基础。KPI 可以使部门主管明确部门的主要责任,并以此为基础,明确部门人员的业绩衡量指标。

KPI 的核心观念是设定与企业关键流程相关的标准值,定出一系列的对企业发展、经营有提示、警告和监控作用的标准衡量指标,然后对经营过程中产生的相关指标实际值与预先设定的标准值进行比较和评估,并分析原因,找出解决的方法和途径,从而对企业的流程做相应的调整和优化,以使未来的实际绩效指标值可以达到令决策者满意的程度。KPI 应该是一组具有紧密联系,能够客观全面反映企业关键绩效的指标体系。

确定 KPI 指标系统的一个重要原则是 SMART 原则。SMART 是五个英文单词首字母的缩写:S 代表具体(Specific),指绩效考核要切中特定的工作指标,不能笼统;M 代表可度量(Measurable),指绩效指标是数量化或者行为化的,验证这些绩效指标的数据或者信息是可以获得的;A 代表可实现(Attainable),指绩效指标在付出努力的情况下可以实现,避免设立过高或过低的目标;R 代表现实性(Realistic),指绩效指标是实实在在的,可以证明和观察;T 代表有时限(Time bound),注重完成绩效指标的特定期限。

与物流项目运作相关的 KPI 绩效指标系统可分为四大块:库存过程、运输管理、客户服务、财务指标。

一、建立仓储管理 KPI 指标

(一) 建立仓储管理 KPI 指标体系的意义

1. 有利于提高仓储的经营管理水平

因为经济核算中的每个指标都反映了现代仓储管理中的一个侧面,而一个有效的、完整的指标体系能反映管理水平的全貌。同时,KPI 指标体系的建立能够使企业充分利用有限的人力、物力、材料和管理资源,针对企业关键流程进行测量、评价,寻找不足,持续改进,达到企业以较小成本获得管理持续提升的目的。

2. 有利于落实仓储的经济责任制

按劳取酬、多劳多得是市场经济的一般规律。仓储管理 KPI 指标体系的建设,有助于推进现代仓储管理的经济责任制的形成,从而使仓储企业每个层级具有衡量绩效的关键性客观量化标准。

3. 有利于仓储设施设备的现代化建设

一定数量和水平的设施设备是保证各项仓储活动高效运行的必要条件,通过对比仓储管理KPI各项指标,可以及时发现仓储作业流程的薄弱环节,以便有计划、有步骤地对相关设施设备进行技术改造和设备更新,推进仓储设施设备的现代化建设。

4. 有利于提高仓储的经济效益

经济效益是衡量仓储工作的重要标志,通过仓储管理KPI指标的考核与分析,可以对各项仓储活动进行客观的检查、比较、分析,确定合理的仓储作业定额指标,制订优化的仓储作业方案,从而提高仓库利用率、提升客户服务水平、降低仓储成本,以合理的劳动消耗获得理想的经济效益。

(二) 建立仓储管理KPI指标体系的原则

1. 科学性

要求企业首先对关键流程进行识别,然后在此基础上设定相应的绩效指标。指标体系应该能够客观、准确、全面地反映仓储管理实际水平。指标宜精不宜多,应该符合"二八原则",不然会使实施者无所适从,抓不住重点。

2. 可行性

要求指标简单易行,数据容易获取,便于统计分析比较。在指标值设定时应该适度,不宜过高和过低。过高难以完成,会打消工作积极性;过低没有挑战性,无法提升企业管理水平。

3. 综合性

全面、系统的指标体系才能使各指标相互联系、综合反映,指标之间应该相互协调,避免相互矛盾和重复。

4. 可比性

在指标评判和分析过程中,需要对指标进行横向和纵向比较。横向应该做到企业内部部门之间可以比较,企业与行业单位之间可以比较;纵向要做到不同时期的指标可以比较。因此,这也要求企业的指标在一定的时间内应该保持相对稳定,不宜经常变动。

(三) 主要的仓储经济技术指标

仓储部门经济技术指标分为:货物储存的效益、货物储存的质量、货物储存的效率、货物储存的经济性和货物储存的安全性指标。这里主要介绍货物储存的效益、质量和效率指标。

1. 货物储存的效益指标

它是反映仓库容量、能力及货物储存数量的指标,是仓储部门最基本的经济

指标,主要包括:

(1) 期间货物吞吐量。

货物吞吐量也叫货物周转量,例如在烟草行业一般以万担、万支、吨等计量单位表示,有烟叶原料吞吐量、卷烟吞吐量、烟用材料吞吐量等指标。期间货物吞吐量的统计常以年、季度或月为周期。计算公式为

期间货物吞吐量 = 期间货物总进库量 + 期间货物总出库量 + 期间货物直拨量

其中,直拨量是指没有办理出入库手续就直接出入库的货物数量。

(2) 单位面积平均储存量。

它反映的足仓库平面的平均利用效率。计算公式为

单位面积平均储存量 = 统计期间日平均储存量 / 库房或者货场的平均使用面积

(3) 期间平均库存量。

期间平均库存量是仓储企业的基本指标之一,能够从整体上反映仓储企业的工作绩效。例如,对烟叶原料仓库来说,原料平均库存总量应该和所服务的卷烟生产单位的卷烟产量相匹配,由于烟叶自然醇化的要求,储存量一般为年需求量的2—3倍。卷烟仓库和烟用材料仓库则应该合理控制库存总量,在满足客户需求的同时,尽可能减少库存成本。计算公式为

期间平均库存量 = 期间每日库存量累计数 / 累计天数

2. 货物储存的质量指标

它是一类用来反映存储工作质量、货物损耗、费用高低和经济效益的指标,主要包括:

(1) 收发货差错率。

该指标是仓库管理中的重要工作质量考核指标,能反映仓库保管人员收发货的准确性,可作为竞争上岗、考核奖金的依据。计算公式为

收发货差错率 = (收发货差错累计笔数 / 收发货累计总笔数) × 100%

(2) 货物的损耗率。

该指标主要用于那些易干燥、风化、挥发、失重或破碎商品保管工作的考核。计算公式为

货物损耗率 = (货物损耗数量 / 货物保管总数量) × 100%

其中的"数量"可以是件数、重量,也可以用金额表示。为了核定商品在保管过程中的损耗是否合理,一般对不同的商品规定相应的损耗率标准,又称为标准损耗率。若仓库的实际商品损耗率低于该标准损耗率,则为合理损耗;反之,为不

合理损耗。

(3) 平均保管损失。

该指标是按货物储存量中平均每单位货物的保管损失金额来计算的。计算公式为

$$平均保管损失 = 保管损失金额 / 平均储存量$$

其中,保管损失的计算范围是因保管养护不当而造成商品的霉变残损、丢失短缺、超定额损耗及不按规定验收和错收错付而发生的损失等。有保管期的货物,经仓库预先催办调拨,但货主部门未及时调拨出库而导致的损失,不算作仓库的保管损失。

(4) 平均收发货时间。

制定和考核该指标的目的是缩短仓库的收发货时间,提高服务质量,加速在库商品与资金的周转,促进购销,提高经济效益。计算公式为

$$平均收发时间 = 收发时间总额 / 收发货总笔数$$

其中,收货时间自单货到齐开始计算,到商品经验收入库后,把入库单据送交保管会计登账为止。发货时间自仓库按到发货单开始,经备货、包装、填制装运清单等,直到办妥出入库手续为止,一般不把在库待运的时间列为发货时间计算。

(5) 货物及时验收率。

该指标主要用于货物验收工作质量或效率的考核,计算公式为

$$货物及时验收率 = (期内及时验收笔数 / 期内收货总笔数) \times 100\%$$

此指标需要对是否"及时"进行科学的时间界定,并给予量化的判断标准。

3. 货物储存的效率指标

它是一类反映仓储设施、设备及资金利用效果的指标,主要包括:仓库利用率和仓库劳动生产率。

(1) 仓库利用率。

它是衡量和考核仓库利用程度的指标,可以用仓库面积利用率和仓库容积利用率两个指标来表示,计算公式分别为

$$仓库面积利用率 = (仓库的有效堆放面积 / 仓库总面积) \times 100\%$$

$$仓库容积利用率 = (报告期平均库存量 / 库房总容量) \times 100\%$$

仓库面积利用率是反映仓库管理工作水平的主要经济指标之一。

(2) 仓库劳动生产率。

它是以平均每人每天完成的出入库货物量来表示的指标。计算公式为

$$仓库劳动生产率 = 全年货物出入库总量 / 仓库全员年工日总数$$

需要指出的是,该指标也可以用仓库员工日平均收发货物笔数、员工平均保管面积或保管货物吨位数等指标来考核评价。

4. 期间货物周转速度

它是用来反映仓储运作效率水平的一项指标,可用周转次数和周转天数两个指标来表示,计算公式分别为

$$期间货物周转次数 = 期间货物出库总量 / 期间货物平均储存量$$

$$期间货物周转天数 = 期间天数 / 期间货物周转次数$$

货物周转次数越少,则周转天数越多,表明货物的周转速度越慢,周转效率越低。

二、建立基于 KPI 指标的运输绩效考核体系

运输绩效考核的指标可分为运输营运绩效 KPI 考核指标、运输服务 KPI 指标、车管部司机 KPI 考核指标、车辆油耗 KPI 考核指标等。

(一) 建立运输营运绩效 KPI 考核指标

运输营运绩效 KPI 指标主要包括及时到货率、到货完好率、到货准确率、签单返回率、急单满足率以及关键事件,如货物丢失和重大投诉等。

及时到货率是指每月及时发货总数与月发货总数之比,主要考核运输部门的送货及时率,其中不可抗因素如天气原因等不计入延迟订单数。

到货完好率是指每月货物总票数减去月破损数与月发货总数之比,是一个非常重要的指标,要求运输团队在运输过程中必须注意如易碎品等物料的安全运输问题。

到货准确率是指月到货准确数与月发货总票数之比,这项指标也许按实际情况记录,如拣货环节出现问题或运输配送过程出现问题。

签单返回率是指每月签单返回总数与月发货总数之比,签收单必须保证每票返回,如企业有收货章等需加盖企业有效章。

急单满足率是指每月急单完成总数与月急单总票数之比,急单满足率越高,一般客户的满意度也就越高。

关键事件一般包括货物丢失、重大投诉和虚假信息,货物丢失、重大投诉和虚假问题都较为严重,必须确保万无一失。

运输营运绩效指标的建立可以反映出整个运输团队的运作情况,包括在运输时间上的控制以及对货物安全性的保障等。但是在考核的同时也应注意各种突发事件或不可控因素的发生,如遭遇长时间的堵车、重大雨雪天气以及客户方面要求更改送货时间等情况,均应考核其状况的真实性,如确属实,则无需计入不合格指标数值,只在备注中写明何种特殊情况导致即可。运输营运绩效 KPI 考核如表 10‐2 所示。

表 10‐2　运输营运绩效 KPI 考核表

指标	定义	现值	目标值
及时到货率	(月发货总票数－月延误总票数)×100%/月发货总票数	90%	98%
到货完好率	(月发货总票数－月破损总票数)×100%/月发货总票数	91%	99.5%
到货准确率	(月发货总票数－月错发总票数)×100%/月发货总票数	90%	99%
签单返回率	签单返回总数量×100%/月发货总票数	95%	100%
急单满足率	月急单完成总票数×100%/月急单需求总票数	85%	95%
关键事件	货物丢失(票)	3	0
	重大投诉(次)	2	0
	错误或虚假信息(包括更改发运和签收时间,伪造签字等)	1	0

(二) 建立运输服务 KPI 绩效考核指标

运输服务 KPI 指标包括运输时限、人员配备、客户服务满意度、客户投诉率、投诉处理及时率等。

运输时限的要求是一般物资 3 个工作日,特殊物质 6 个工作日,应急物资 24 小时到分公司库房。

人员配备指提供充足的能胜任基本运输业务需求的人员负责协同运输任务,定期对人员培训、考核,满足相关业务需求。

客户满意度是指对客户服务总体满意的程度,客户的满意是企业的重要目标。

客户投诉率即为客户投诉的次数与总的订单次数的比率,确保货物的完好和服务的满意率。

投诉处理及时率是指及时处理投诉数量/投诉总数量,收到投诉须及时处理,尽量降低客户的负面情绪。表 10‐3 即为运输服务 KPI 考核表。

表 10-3　运输服务 KPI 考核表

指　标	定　　义	现值	目标值
运输时限	一般物资 3 个工作日，特殊物质 6 个工作日，应急物资 24 小时到分公司库房	不定	如定义
人员配备	提供充足的能胜任基本运输业务需求的人员负责协同物流任务，定期对人员培训、考核，满足相关业务需求	较缺乏	如定义
客户服务满意度	对客户服务总体满意的程度	97%	99%
客户投诉率	客户投诉的次数与总的订单次数的比率	<3%	<0.5%
投诉处理及时率	及时处理投诉数量/投诉总数量	>97%	100%

三、建立财务成本 KPI 绩效考核指标

财务成本 KPI 绩效考核指标包括以下三项。

（一）失去销售比率

该指标反映了客户未满足既定需求的情况。如果是由于第三方企业的原因导致客户的某些销售业务无法进行，就损害了客户的利益。这里用失去销售比率来表示。该指标可用失去销售额占总销售额的百分比来表示。

（二）企业利润率

这指在 T 时间段内客户支付给物流企业的物流费用减去物流企业为完成这些业务所支出的成本的差与 T 时间段内客户支付给物流企业的物流费用的比率。

$$物流企业利润率 = (收入 - 成本支出)/收入$$

（三）运输/库存破损赔偿率

这指在 T 时间段内由于运输、仓储所造成的货物破损赔偿与在 T 时间段内物流业务收入的比率。

$$运输/库存破损赔偿率 = 货物破损赔偿费用/业务收入$$

第四节　配送中心绩效评估的平衡计分卡方法

平衡计分卡（The Balanced Score Card，BSC）是绩效管理中的一种新思路。它将企业战略目标逐层分解转化为各种具体的相互平衡的绩效考核指标体系，并

对这些指标的实现状况进行不同时段的考核,从而为战略目标的完成建立起可靠的绩效管理体系。

一、平衡计分法的含义

平衡计分法是指从财务、客户、内部业务过程、学习与成长四个方面来衡量评价绩效。

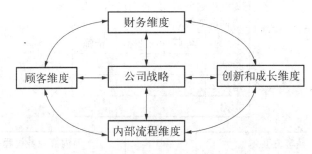

图 10-1 平衡计分法的评价角度

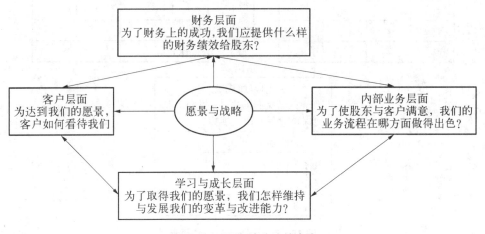

图 10-2 平衡计分法的内容

二、平衡计分法的内容

平衡计分法有以下四项内容:
(1) 从财务绩效评估指标分析企业获利能力;
(2) 从客户子模块指标分析企业竞争能力;

(3) 从内部经营分析企业综合提升力;
(4) 从学习创新设计分析企业持续发展的后劲。

三、平衡计分卡的要素

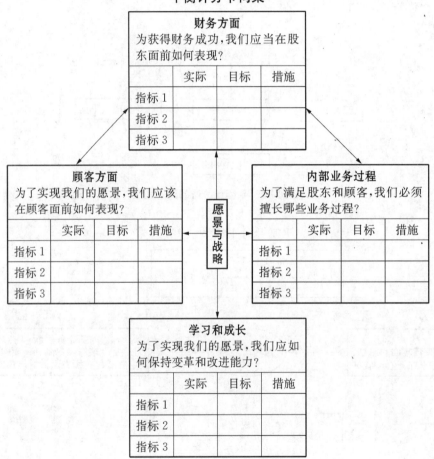

图 10-3 平衡计分卡的要素

(1) 维度:包括财务、客户、内部作业和学习成长四个维度,每个维度均包含战略目标、绩效指标、目标值、行动方案和任务几个部分。

(2) 目标:关键性目标,每个目标都包括一个或多个绩效指标。

(3) 绩效指标:衡量目标实现效果的定性与定量尺度。

(4) 指标值:指标的具体要求和尺度。

(5) 行动方案：由一系列相关任务或行动组成，目的是达到或实现每个指标的期望值。

(6) 任务：执行行动方案过程中的特定行为。

四、平衡计分法的运用程序

(1) 建立企业战略和经营战略。

(2) 建立财务、客户、内部经营过程、学习与创新的具体指标。

(3) 研究制定每一阶段管理业绩评价指标的具体量化标准。

(4) 企业内部沟通与教育。

(5) 考核评价。

(6) 修正平衡计分法指标。

第五节　配送中心绩效评估结果的分析方法

一、判断绩效评估数据好坏的方法

在前面，我们已整理出许多物流绩效评估指标，然而，针对这些指标，我们如何判断其数据是好是坏，要不要进行改善，就必须有判断好坏的基准。比较的基准有三种方法，如图 10-4 所示。

(一) 竞争比较

一般竞争对象清楚的企业，如能和同业其他公司的状况做比较，就能判断本身的好坏。在物流业中，性质相仿的公司不少，即使不是直接竞争的公司，

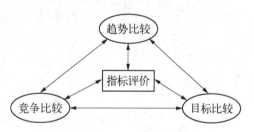

图 10-4　物流绩效评估分析方法

只要规模、作业性质差不多，都可作为比较学习的对象。但这种竞争性的比较资料收集较不易，除了一些属于一般性的财务资料可从相关刊物中获得外，较详细的资料很少。当然还可以通过参观、沟通来取得，但在国内目前各公司资料不全与极端保密的情形下，要做到这一点并不容易。

(二) 趋势比较

将企业本身前后期的营运作业情况作比较可清楚知道企业如今是处于成长或衰退的状况。譬如，本期算出人员生产力为 100 000，但该数据究竟比过去变好还是变坏了，就必须经比较才能下结论，成长的 100 000 与衰退的 100 000 代表的

意义将完全不同。而且,即使与 A 公司比较此"100 000"的数据稍差,但若 A 公司营运正逐渐恶化,但本公司人员生产力有逐渐提升的趋势,这也是一项不错的信息。所以,进行企业本身若干期资料的比较,注意其倾向趋势是绝对必要且有效的。

(三) 目标比较

公司自我分析时,除注意趋势变化外,如果公司已设定好目标或预算值,则应进一步与目标或预算值比较,以了解公司运作水准是否有达到预期的程度,是过了还是没有达到,其结果可作为管理者今后计划的方向或重新设定新目标值的参考。

二、评估指标的分析

在评估过程中,首先是获得营运作业所有的各项评估指标,然后选择了比较基准判断指标数据的好坏,接下来就是依照指标反映的状况进行分析。

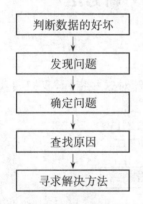

图 10-5 评估指标的分析步骤

所谓分析,是为了解事情真相并找出问题症结而对物流系统所做的详细探讨。因此,评估指标分析是指对实际数据做的分析,以发掘问题,把所需采取的行动整理出来,决定改善对策。其分析步骤如图 10-5 所示。

对于问题的发掘,应不厌其烦地加以确认,找出真正的问题点,且对于需要改善的问题点,从其营运作业的机能以及各种角度上探讨其发生原因,进而想出解决方案,并予以改善。

然而,有时问题点并非由单一指标即可明显看出,必须配合两三个不同项目指标才能找出真正问题,因而对于指标数据的分析,应从两方向来进行。

第一,单一指标分析法:即以单一指标来评估营运生产力。其问题在于有些指标在单独使用时,往往会忽略另一些重要的层面。

第二,多元指标分析法:找出互有关系性的指标,由多个相关性指标以分析公司现况及可能原因,即同时以多个指标来评估生产力。其问题在于各种指标在评估过程中究竟应占多大比重? 多元指标相互之间并不一定是周延的(所谓周延是指指标间的配合掌握,完全没有遗漏)。

既然这两种方法都有问题,那么究竟什么时候该使用何种方式分析,需要判断,以做出对公司最有益的分析。

三、改善的步骤及要点

所谓改善就是要打破现状，使事情做得更好，因此，一旦把问题找出并加以检讨之后，必定会产生改善构想，而这种改善原则应是以科学（客观）的观点配合企业所追求的目的，选取最佳的措施。现况改善是一种实务从事的工作，可由以往的或别人所采行的方法进行模仿，或根据改善构想要点作为改善基准，当然也有以创意而获致良好改善成果的。不论是采用何种改善方式，都应依基本的改善步骤来进行现况改善。具体的改善应按以下步骤操作：

第一，找出亟待解决的问题。

就是要进行问题的评估，即预测每一问题对公司未来营运绩效的影响程度，根据影响程度的不同安排先后解决时机。问题经评估后，其重要性通常可区分为下列四级：

（1）错误的警示：对公司影响程度很小的问题，应予以摒弃。

（2）非紧急性：对将来可能会有影响，可先延后，将来再解决。

（3）稍微的紧急性：指必须在下一规划周期之前解决的问题，改善的计划及日期应在此阶段中制定出。

（4）紧急的问题：指必须立即处理的问题。

第二，就是要收集事实，调查比较各个事实间之相互关系，确定改善目标。

第三，分析事实，检讨改善方法。这一步希望全体工作人员共同献计献策，朝轻松（疲劳的减轻、熟练的移转）、良好（品质的维持、提升）、迅速（作业时间的缩短）、低廉（成本的抑减）、安全（灾害事故的防止）的改善目标来寻求改善方案。

第四，就是将构想出的改善方案提报检核，并做好实施的准备计划。

第五，就是先试行改善，且详细追踪记录实施结果。

第六，评价试行实施结果，并使之标准化。检讨改善效果，是否确实较改善前的情况进步，如果是，就考虑将改善后的方式标准化，以作为往后的依据。而在最后的步骤，即要针对新的作业方式拟定日后管理制度以便追踪衡量，以确定长期的改善效果。

第七，设定管制标准，执行管理。

拓展训练

一、问题讨论

1. 试分析在连锁企业物流配送业务中关键业绩指标应包括哪几个方面？
2. 供应链管理的绩效考核指标应包括哪些重要内容？

二、商务实战

商务实战 10-1

配送车辆成本控制与绩效考核

(一) 车辆的固定成本管理

车辆的固定成本中,主要是车辆折旧、年审费、养路费、年票、车船税、营运费、营运证季审费、保险费。在这些成本费用里面,能够节省的,或者说是能够合理规划的,主要是车辆的折旧,那么我们在车辆采购前要进行分析,什么价位、什么品牌、什么车型的车才适合公司的业务需要,合适的才是好的,这样可以兼顾到成本和使用。另一方面是保险,要通过集团规模化进行统一的采购招标来节约保险费用。当然,保险费用也和商业险的保额有关系,正常情况下市内运行的车辆,购50万元的商险就可以了,而不必要购更高的保额。而干线车或者是从事高危产品运输的车辆可以考虑购买更高的保额。

同时,要节约固定成本,那么对于车辆的采购预算也是很关键的一项,在进行车辆采购前,先要进行预算,根据业务量、线路规划、车型大小,进行车辆采购前的综合的需求分析。不要采购不必要的车辆,造成浪费,从而产生过多的固定成本。

(二) 车辆的变动费用管理

车辆的变动费用中,主要有油料费、修理费、路桥停车费、轮胎费等。

1. 油料费

正常情况下,物流公司的油耗成本,占所有的变动费用的65%—70%左右。具体怎样管理油耗,应从选车型、定油耗标准、聘用合适的司机、选好加油站、油卡管理、加辅助工具、分车型监控、车速管控等方面入手。

2. 修理费

车辆维修保养费用在一般情况下占到车辆变动成本的8%—10%左右。管理好维修保养费,同样会为公司节约费用。要管理好维修保养,主要从选好修理厂、自建修理厂、建立修理流程和制度、旧件回收等方面入手。

3. 路桥停车费

一般综合型的物流公司中,路桥停车费在变动费用中所占的比例约是18%—20%左右。具体怎样规范路桥停车费,主要从合理的线路规划、市内市外停车标准等方面入手。

4. 怎样管理好轮胎费

一般综合型的物流公司中,轮胎费在变动费用中所占的比例约是3%—5%左右。主要从选购性价比高的轮胎、合理使用轮胎、做好轮胎保养等方面入手。

(三) 物流公司车管部司机绩效考核

1. 考核具体方案

考核内容包括四个方面：安全管理、成本费用、服务质量和组织纪律。

2. 无提成的司机薪酬结构

试用期司机人员工资(试用期两个月)为：基本工资和加班费＋全勤奖＋公司补贴＋其他奖惩(各种补贴按公司规定的各地区标准执行)；试用期工资有最低限额。

转正期司机人员工资为：基本工资和加班费＋全勤奖＋公司补贴＋其他奖惩(各种补贴按公司规定的各地区标准执行)。司机人员通讯补贴和其他补贴按公司规定的各区域标准执行。

3. 有提成的司机薪酬结构

试用期司机人员工资(试用期两个月)为：基本工资和加班费＋全勤奖＋公司补贴＋其他奖惩(各种补贴按公司规定的各地区标准执行)；试用期两个月，第一个月不参与提成，第二个月才开始提成。转正后司机人员工资为：基本工资和提成(此部分进行考核)＋全勤奖＋公司补贴＋其他奖惩(各种补贴按公司规定的各地区标准执行)。

4. 司机提成方案

市内取派货驾驶员每日计件的方法：由票数、件数、公斤数、公里数构成，按以下计费方法：××元/票，××元/件，××元/公斤，××元/公里，由以上4个数据总和为驾驶员每日绩效数，按月计算提成总数并进行考核。此提成是指同车又带搬运工的情况下的计算方案，如不带搬运工，则计算提成时在此基础上加××%。

支线班车驾驶员每月计件的方法：由公里数进行计算：××元/公里，按月计算提成总数并进行考核。此部分提成计件各分公司先按此标准进行两个月，两个月后再调整和完善。

上述考核数据由各车管部负责人负责基础数据的记录，考核计算由财务负责。

所有的司机试用期工资不低于××元，转正后的司机每月最低工资加绩效提成的总数不低于××元(不违反公司的相关规章制度，正常出满勤的前提情况下)。

5. 主要考核项目

安全项目：对事故次数、事故责任损失、违章次数进行考核，权重占××%；成本费用：根据各车辆的具体情况制定油费、修理费等各项标准，并通知到各车辆的司机，权重占××%；品质服务：根据公司相关规定制定出考核标准并执行，服务满意度方面权重占××%。

组织纪律：根据公司的《员工手册》和车管部的相关规定执行。

6. 考核说明

没有转正的司机不参与考核评比。司机在报销路桥费、油料费和修理费时弄虚作假的，除不予报销外，给予辞退处理；司机未经许可擅自在外维修车辆的，其产生的费用自付，如发现为谋私利而私自更换车辆零配件的行为，除承担公司损失外，给予辞退处理；司机出车时为谋取私利携带私货的追回其非法所得并予以辞退；行车途中发现饮酒的，予以辞退，如造成事故，追究一切经济法律责任。

（四）建立油耗 KPI 绩效考核体系

该考核体系的考核对象是运输车辆驾驶员和内燃机叉车驾驶员。

具体方法是将燃油消耗准确落实到每辆车辆、每位驾驶员，便于燃油定额考核，这项工作的关键环节主要有以下三个方面。

(1) 采取满箱油制，即临时换车时的满箱油的交接制度，每辆车辆配备一个燃油卡，每次车辆交接时要求驾驶员们做好燃油卡的记录工作。

所谓"满油箱加油制"，就是当班驾驶员作业完成后，将本车油箱加满油，所加油量既是本工班实耗油量。交班驾驶员没加满油，每次扣 20 分，接班驾驶员如发现交班驾驶员不执行满油箱制，及时向带班车队队长汇报，如不汇报，上一班的燃油消耗由接班驾驶员承担。

(2) 每个驾驶员必须持"加油卡"加油，由油槽车驾驶员在"加油卡"上注明加油数量，并签名确认。本队车辆驾驶员必须在油槽车驾驶员的"加油本"上签字确认加油数量。

(3) 队内根据每月的单人单机消耗燃油，以及个人完成的操作吨，对省油的进行加分，对燃油使用超标进行扣分。

思考题

1. 结合本案例说明配送车辆的成本构成主要有哪些？
2. 物流公司车管部在司机绩效考核方面要注意哪些事项？
3. 试分析建立油耗 KPI 绩效考核体系有哪些优点？在连锁企业的配送中心是否可以采用该方法？

商务实战 10－2

某物流公司的绩效考核

王胜旗是一家物流公司的总经理，手下员工数千名，素质参差不齐，他为此深感困惑:"那么多人,应该如何进行绩效管理呢?比如公司有一笔收入过百万元的业务,是由一个团队完成的,该怎样将业绩细化到每一个人头上?"

带着这些问题,他参加了日前中欧国际工商学院在深圳举办的"中欧沙龙"。该沙龙主要是为华南地区的高层经理人提供交流的平台,这一期讨论的主题正是"总经理的困惑"。

在沙龙上,主持人、中欧国际工商学院管理学教授肖知兴倾听了王胜旗的描述后,问到场的企业家:"王经理的困惑是否也同样困扰着你?企业该如何进行有效的绩效考核?考核对象应该是整个团队还是个人?两者又该如何平衡呢?"

1. 绩效:销售额×利润率÷时间

来自深圳的学员庞春霖发言表示,绩效管理非常重要,只要遵循一定的方法,就可以对业绩进行量化考核,结果自是一目了然。他还介绍了自己公司的经验:"我的主要工作职责是拿回订单、取得回款及保证客户的忠诚度,我们公司就是根据我的这些职责,设定了一系列可量化的参数对我的绩效进行评估。"

庞春霖认为,绩效考核的前提应是对每个组织单位的基本职责非常明确,核心则是建立相应的数据采集系统,而这套数据采集系统主要包含三大参数,即质量指标、数量要素和完成时间。

接着,庞春霖对他提出的三大参数作了详细解释:"对每个岗位的考核,应该细化到对每个岗位的评价要素。比如要对销售人员进行考核,可以根据业务实际来设计销售人员各个评价要素的权重,以单位时间内完成的销售额为数量参数,以单位时间内获得的利润率为质量参数,以完成任务的时间为时间参数;参数确定后,结合权重、参数及基础数据,进行绩效计算。"

他还建议说,公司绩效其实不必考核到每个员工,员工考核可以由部门经理负责。作为高层管理人员,只需考核部门经理,再由部门经理制定一些原则去考核主管即可。

2. 平衡计分卡原理

听完庞春霖的介绍,肖知兴教授问道:"你刚才所讲的三个参数,如果加上长期发展指标,其实就是平衡计分卡的评估参数。那么在评估每个员工的绩效时,应不应该考虑将员工分数与员工所属小组、部门的分数挂钩呢?"

庞春霖回答说:"部门可以采用两种绩效指标进行考核,一种是对部门内所有成员的绩效加权平均后形成的绩效指标,另一种是上级部门下达的绩效指标。后一种指标,反映了公司对部门的整体考核,重点是部门在公司战略中所承担任务的完成情况。我们公司更侧重于前一种指标,以加权平均后的绩效值为指标,对每个员工的实际表现进行评估。"

肖知兴点点头,继续分析:"平衡计分卡其实就是综合绩效考核,不仅考核当期财务指标,还要考核客户指标、内部流程指标以及学习能力指标。'平衡'包括两层含义,一是外部与内部的平衡,即客户情况与内部财务状况、学习状况的平衡;二是时间上的平衡,比如只考核7月份的绩效,就无法看到10月份的绩效,了解员工绩效的升降状况。"

3. 起码找10%的人与你达成共识

听了大家的讨论,王胜旗表示对绩效考核有了较深认识,但也坦言了自己的担心:"平衡计分卡理论上是可行的,但实际运用起来很难操作,因为它所涉及的数据提取、参数比例计算等问题都较难解决。在我们这个领域,好像只有DHL在这方面做得比较成功。"

听完大家的发言,王胜旗总结说:"大家提出的建议,如设定参数和运用平衡计分卡等,对我很有启发。此外,我还认为,有效执行比理论更重要。由于行业本身的复杂性,物流的运作链条环节很复杂,绩效考核的执行挑战非常大,而我们的物流信息化进程才刚刚起步。面对这样的现实,一步到位的解决方案很难找到,我们必须在理论的指导下循序渐进。"

思考题

1. 结合本案例说明绩效考核的重要性及绩效考核要注意哪些问题?
2. 请帮王经理设计绩效考核的指标。

(资料来源:http://www.askedu.com/cn/info/info_10_arc61804.htm。)

主要参考文献与资源链接

1. 中国物流采购网,www.chinawuliu.com.cn
2. 全国物流信息网,www.56888.net
3. 阿里巴巴物流服务网,www.56.1688.com
4. 中国国际海运网,www.shippingchina.com
5. 中国冷链网,www.coldlog.cn
6. 中国交通运输协会,www.cctanet.org.cn
7. 环球运费网,www.100allin.com
8. 锦程物流网,www.jctrans.com
10. 中国物流产品网,www.56products.com
10. 物流杂志网,www.logisticsm.net
11. 现代物流杂志网,www.materialflow.com.cn
12. 慧聪物流采购网,www.hc360.com
13. 快递100网,www.kuaidi100.com
14. 中国物通网,www.chinawutong.com
15. 航运在线,www.sol.com.cn
16. 长风网,www.cfnet.org.cn
17. 物流沙龙,www.logclub.com
18. 好运物流网,www.haoyun56.com
19. 物流英才网,www.job1001.com
20. 物流天下,www.56885.net
21. 集装箱跟踪网,www.igenzong.com
22. 物流大超市,www.101010101056.com
23. 飞驿网,www.56gate.com
24. 中国物流网,www.6-china.com
25. 中国帝欧物流咨询网,www.do-logistics.com.cn
26. 赵刚:《物流定量模型与应用》,四川人民出版社,2009
27. 林丽华、刘占峰:《物流工程》,人民交通出版社,2005

28. 张芮:《配送中心规划设计》,中国物资出版社,2011
29. 李毅学:《物流规划理论与案例分析》,中国物资出版社,2010
30. 杨扬:《物流系统规划与设计》,电子工业出版社,2013
31. 赵启兰、刘宏:《生产计划与供应链中的库存管理》,电子工业出版社,2003
32. 刘宏志:《库存管理》,高等教育出版社,2005
33. 周德科:《物流案例与实践》,高等教育出版社,2005
34. 王国文、赵海然:《供应链管理:采购流程与战略》,企业管理出版社,2006
35. 文振华、黄慧:《现代物流概论》,湖南人民出版社,2007
36. 王欣兰:《物流成本管理》,清华大学出版社、北京交通大学出版社,2010
37. 冯耕中等:《物流成本管理》,中国人民大学出版社,2010

图书在版编目(CIP)数据

连锁企业物流管理/殷延海主编. —上海:复旦大学出版社,2015.2(2022.7重印)
(复旦卓越·连锁经营管理系列)
ISBN 978-7-309-11173-6

Ⅰ.连… Ⅱ.殷… Ⅲ.连锁企业-物流-物资管理-高等职业教育-教材
Ⅳ.F717.6

中国版本图书馆 CIP 数据核字(2014)第 309095 号

连锁企业物流管理
殷延海 主编
责任编辑/鲍雯妍

复旦大学出版社有限公司出版发行
上海市国权路 579 号 邮编:200433
网址: fupnet@fudanpress.com http://www.fudanpress.com
门市零售: 86-21-65102580 团体订购: 86-21-65104505
出版部电话: 86-21-65642845
盐城市大丰区科星印刷有限责任公司

开本 787×960 1/16 印张 23.5 字数 412 千
2022 年 7 月第 1 版第 4 次印刷

ISBN 978-7-309-11173-6/F·2110
定价: 46.00 元

如有印装质量问题,请向复旦大学出版社有限公司出版部调换。
版权所有 侵权必究